織田信長権力論

金子　拓［著］

吉川弘文館

目　次

第二部　信長と寺社

第三部　信長と朝廷

挿図表目次

挿図

系図

挿表

はじめに

――織田信長権力論に向けて――

一　編纂と研究のなかから

本書は、筆者が東京大学史料編纂所に着任した一九九八年から現在に至るまでに取り組み、発表した織田信長権力のあり方に関する論考を収めるとともに、あらたに執筆した論考もいくつか加え構成したものである。

筆者は、着任以来日本史の基幹となる編年史料集である『大日本史料』第十編（以下十編と略称する）の編纂を職務としてきた。十編は織田信長が足利義昭をともなって上洛をするため近江佐和山城に入った永禄十一年（一五六九）八月七日から、本能寺の変で信長が命を落とす天正十年（一五八二）六月二日の翌日三日までを担当する。

編年史料集の編纂という仕事は、「何年何月何日に何が起きた」というその日のできごとの要約文、年表の文章にあたる記事（『大日本史料』ではこれを綱文と呼ぶ）に対し、その記事の根拠となる史料を列挙してゆくため、その事象をめぐる前後の脈絡に注意しながら関連する史料を収集し、すでに研究がなされているのならばそれを学び、史料がその事象を裏づけられるものかどうかを考証し、時間順に、また、根拠史料としての重み（同時代の信頼しうる一次史料なのか、後世に編まれた二次史料なのかなど）にも気を配りながら史料を配列して、史料原本について写真や写本などにもよりながらこれらを活字にし、出版するものである。

右に述べた史料集編纂のための史料収集・考証、先行研究の参照という作業は、実は方法としては研究そのものであるといってよい。

学問、およびその根幹をなす個人研究とは、本来それに取り組む人間個々の自由な発想にもとづいておこなわれるべきものである。これにはいくつかのただし書きが必要で、ある種の理系分野のように大型実験装置を必要とする研究は一人ひとりの自由な発想だけでは簡単に進められないこともあるだろうし、研究室を主宰する研究者とその教え子の学生との共同作業で進められる（つまり学生は指導教員の研究テーマにある程度縛られる）ばあいもあるだろう。

歴史学のような文系分野にも、もちろん共同研究という形態はある。科学研究費補助金などにより進められる研究は、参加する個々の研究者全員の研究関心とかならずしも合致するわけではなく、ひとつの課題に多数の研究者が共同で（分担しながら）取り組むものであり、課題設定の場面での「自由な発想」はあらかじめ取り上げられている。

また、複数の研究者がそれぞれ論文を寄せて論文集を刊行するというばあいでも、編者によって「これこれの主題で書いてほしい」という依頼がなされ、それがその時点での研究者が関心をもっている主題とは限らない。

編纂のための研究のばあいも、主題（編纂の場合綱文の内容）が研究者の自由な発想にもとづくものではないこと、また結果として表現されるのが、論文というかたちでなく、その綱文を裏づける史料の列挙という体裁をとること、以上二点において一般的な研究とは大きく異なる。

年記のない文書を年次比定してある年月日の綱文に配置し根拠史料としたり、人名を注したりといった推測の要素もあり、『大日本史料』によって示された内容が絶対的に正しいといえるものではない（もちろん編纂する立場としては少なくとも誤りがないことを期している）ことは、あえて説明するまでもない。当然、刊本を目にして、なぜこの年次に比定したのか、なぜこの人物と推測したのかといった疑問を持ち、みずから検証する方もあろうと思われる。

こうした疑問に答えられないのが『大日本史料』という史料集の限界で、年次比定や人物比定の根拠などを本文のなかに盛りこむことは難しい。せめて関係する史料も一緒に収め、その推測にかかわる材料を手厚く提示することしかできない。

本書には、筆者が十編を編纂する過程で研究をすすめ、その結果としての史料集を刊行したあとに論文としてまとめたものをいくつか収めている。とすれば、右に述べたように、「史料集において年次比定や人名比定などの根拠を示すことができなかった欲求不満が論文としてかたちになったのか」と問われれば、多少は当たっていて、残りの大部分は違っていると答えることになるだろう。では「違っている」点とは何なのか。

これは先に編纂のばあい、テーマが研究者の自由な発想にもとづくものではないと書いたことと関係する。編年史料集を編むとき、その年月日に起こったできごとについて、どこにどういった史料がどのくらいあるのかわからず、すでに何らかの研究がなされているかもわからない、多くはそんな状況から出発する。先に編纂は研究そのものであると書いたが、そうであるとしても、研究の果実である論文にまとまるかどうかまったくわからない。誤解を恐れずにいえば、自由な発想とは真逆の位置にある究極の〝不自由な〟出発点から手さぐりで研究を進めてゆかなければならないのである。

常識的な判断力を有する研究者であれば、モノになるかわからない、先行きがまったく見えない主題を選択することは、あまりない。しかし編纂のばあい、そういう主題であっても、研究とおなじ手法によって史料を収集検討し、史料集を編む必要がある。その結果として史料集収録を見送るということがらも出てくる。史料集にすら表現されない、収めないことが研究としての編纂のひとつの結果となるばあいもある。研究者としては大きな徒労感を味わうことになるが、編纂者としてはこれもひとつの立派な〝研究成果〟である（でもこのことはなかなか外には伝わりにくい）。筆者はある時点で、こうした立場で研究をおこなうことが得がたいものであることに気づいた。

何も成果が得られない可能性が高い危険をおかしてまで、試掘をしてみようという冒険心を持つ研究者はどのくらいいるだろうか。職業としてその研究（編纂を目的とする）をしなければならないからこそ、みんながあえて近づこうとしなかった、あるいはまったく気づかれていなかったことがらや人物から明らかにできることもあると感じたのである。

本書に収められたいくつかの論文は、そのような姿勢からまとめられたものである。ひとつの方向にまっすぐ流れてゆく時間の上をひたすら歩んでいて、目の前に誰もがふみこむのを躊躇してしまうような、雑草の生い茂った草むらが広がっていたとしても、ためらわずに分け入り、そこで見つけたものを史料集というかたちにする。見つけた原石が時間の流れのなかで何かを主張しうる宝石になりそうであれば、それを研究者に共有してもらうべく磨きあげる（論文としてまとめる）。十編の時期に関心をもち、研究する人は少なくないと思われるが、そのなかで一人くらいは〝不自由な〟立場の者がいてもよいだろう。ある時から自分の立ち位置をそのように覚悟し、現在まで研究をおこなってきた。

そんな十七年間にわたる職業生活のある部分が、織田信長権力のあり方を論じる方向へ向かい、ある程度のまとまりをみせたのは、いくつかの偶然の重なりによる。たまたま編纂のなかでそうしたできごとを担当したこと、自分自身の研究者としての関心が政治史的な分野にあったこと、また、たまたま十編が天正二年後半から三年にかけてという、信長にとって、義昭追放後武田勝頼の攻勢などもあって一時的に危機的状況に陥ったあと、そこから勢力を挽回して長篠の戦いを経、権力を固めてゆく時期にあたっていたことである。

もともと信長権力について明確な意識をもって研究に取り組んだわけではなく、編纂といういとなみのなかで自然とそうした意識が芽生えてきた。これは前述のように編纂対象時期が天正二年から三年であったという条件が大きいと感じている。しかしこのことを考えると、まだまだ信長権力を論じるための鉱脈はたくさん眠っており、見いだされることを待っている史料も多くあるように思われる。その意味ではいまだ道半ば、と言うべきなのかもしれないし、その道すら先につながっているのかはわからない。

以下本書に収めた各論考について、簡単に執筆の契機や改稿の要点などを記したい。

二　本書の構成

第一部　信長と同時代の人びと

ここには、三淵藤英・久我晴通・織田信直という三人の人物の伝記的研究についての論考を収めた。信長の一族である織田信直はまだしも、ほかの二人は信長権力と本質的な関わりはない。しかしながら彼らは、信長権力と深い関わりのあった足利義昭に近仕していた。このため彼らの生涯を追うことが間接的に信長権力を別の視点から考える材料となり、また信長権力が同時代を生きた人びとに及ぼした影響を考えることにもなろうかと考え、本書に収録することにした。

第一章　室町幕府最末期の奉公衆三淵藤英　十編之二十三（二〇〇〇年三月刊）において天正二年七月六日条として収めた三淵藤英・秋豪父子の卒伝を編纂したさいの成果である。発給文書について、一覧表（表1）に初出発表後に知りえたものを増補した。ただし本文にはそれら増補史料の内容は反映させず、若干の加筆修正のみにとどめた。

『大日本史料』では、主要人物の死没時、没日にかけて、その人物の伝記史料・発給文書を編纂収録する。それを「卒伝」と呼ぶ。筆者が十編を担当することになって初めて携わった仕事のうちのひとつである。一人の人物の一生について掘り下げて調べてゆくことが、時代の大きな流れを考えることにつながる面白さを感じた。

第二章　久我晴通の生涯と室町幕府　十編之二十八（二〇一四年三月刊）において天正三年三月十三日条として収めた久我晴通の卒伝を編纂したさいの成果である。発給文書の年次比定・花押型の検討などの前半部分（第二節まで）は、「久我晴通の花押と文書」と題し『東京大学史料編纂所附属画像史料解析センター通信』六六号（二〇一四年七月）に発表した。本書ではこれをもとに第三節以降を加え、前半もそれに応じて加筆修正した。

分析方法は三淵藤英の卒伝編纂のときと変わらない。対象人物の一生を跡づける史料や発給文書を総ざらいし、年譜を作りながらその人物の生涯を追いかけることで、自然に見えてくるものがある。三淵藤英にせよ、久我晴通にせよ、この時代を研究する研究者のあいだではある程度知られた人物であったと思われるが、こうして伝記史料を編むと、まだまだ明らかになっていないことが多くあると感じる。

第三章　織田信直と「伝織田又六画像」　十編之二十四（二〇〇三年三月刊）に収めた天正二年九月二十九日条（信長による長島一向一揆の殲滅）編纂の成果である。初出論文に若干の加筆修正をおこなった。

第二部　信長と寺社

ここには信長権力と寺社との関わりを論じた論考を収めた。それぞれの寺社に残された関係史料を整理し、読みこむことから検討を始めている。たまたま大和の寺院を多く対象としているが、これには二点の理由がある。ひとつは、編纂を担当した天正二年から三年という時期が、信長権力が大和国と接触する最初の時期にあたっていたこと。もうひとつは、これらの寺院に伝来した史料がこれまでの信長権力研究のなかで十分に活用されてこなかったこと。とくに後者の点について、第三部のほうに収めた興福寺関係史料にも共通するが、今後この分野においてこれら史料の研究利用が促進されるように、史料紹介的な意味合いも持たせた。

第一章　賀茂別雷神社職中算用状の基礎的考察　後の第三部第二章のところで述べたような経緯で、野田泰三氏代表の科研報告書に掲載していただいた。十編之二十七（二〇一一年七月刊）の天正二年雑載物価・算用条に同年分の賀茂別雷神社職中算用状を収めるにあたり、同社算用状の全体像と算用状の作成方法をつかむ必要があった。あわせて算用状に登場する同社氏人の人名比定をしなければ算用状の性格も明らかにできないだろうという認識のもと、人名比定の根拠となる同社の諸職補任の記録（『氏人鬮取過目録』）と氏人の花押を付き合わせ、氏人人名比定のための基礎データを作成した。それが附録として収めた「天文～天正年間賀茂別雷神社氏人一覧」である。収録にあたり賀茂別雷神社の格別のご理解を得た。賀茂別雷神社とその氏人については須磨千頴氏による基礎的研究があり、須磨氏の研究なしにはどこから手をつけてよいかわからなかったかもしれない。野田氏代表の科研およびそれに先行する京都府教育委員会、また藤井譲治氏代表による科研「織豊期主要人物の居所と行動に関する基礎的研究」の調査によって賀茂別雷神社文書が目録化され、その大部分が撮影・デジタル化されており、検討を進めるうえでその恩恵をこうむった。

第二章　春日社家日記のなかの織田信長文書―大和国宇陀郡の春日社領荘園と北畠氏に関する史料―　同僚藤原重雄氏に誘われて春日大社史料の調査に参加し、十編の時期に関わる史料を精査して明らかになったことをまとめたものである。初出論文に若干の加筆修正をおこなった。春日社が信長朱印状の発給を要請したさい頼ったのが三条西実枝である点、後の章で論じたことがらに通じるところがあるが、当時はそこまで深く追究することはできていない。

第三章　法隆寺東寺・西寺相論と織田信長　十編之二十五（二〇〇六年三月刊）に収めた天正二年十一月十日条編纂の成果である。初出論文に若干の加筆修正をおこなった。この章の「むすび」で述べている認識が、前節で述べた「編纂と研究」の考え方につながっている。

第四章　織田信長の東大寺正倉院開封と朝廷　同僚加藤友康氏を代表とする科研「画像史料解析による前近代日本の儀式構造の空間構成と時間的遷移に関する研究」に参加し、そのなかで東大寺龍松院筒井寛秀氏の所蔵史料を調査した同僚遠藤基郎氏より、信長に関わるとおぼしき指図が見いだされたのでその分析をと勧められたことがきっかけであった。指図の分析自体は「東大寺龍松院筒井寛秀氏所蔵「蘭奢待切取指図」をめぐって」（以下指図論文と略す）と題し右の科研報告書に発表した。指図が蘭奢待切り取りに関わるものであったことから、このできごとに関する史料をあらためて調べてゆく過程でそれまでの研究に対し疑問を持ち、追究をおこなった結果が初出論文に結実した。

その後初出論文に対して同僚末柄豊氏より種々貴重なご教示を賜り、それらを咀嚼するなかで、引用した「内奏状案」（初出では「内侍宣案」と呼んだ）の解釈を大きく変更した。変更後の考えは別著『織田信長〈天下人〉の実像』（講談社現代新書、二〇一四年）のなかで述べたが、本書に初出論文を収めるにあたり、解釈変更前のものをそのまま掲載することは筆者の考え方についての混乱をあたえてしまいかねないと考え、あらたな解釈のもとに該当部分を大きく書きあらためた。もっとも、蘭奢待切り取りに信長の強要といった点は見いだせず、朝廷と信長が対立していたとする見方を批判する、という論文の大筋を変更する必要はなかったため、改稿は解釈を中心とした部分にとどまっている。

改稿の機会に、指図論文を前提にして論じた初出論文前半部のなかに、蘭奢待切り取りをめぐる東大寺側僧侶による記録の史料的性格に関する指図論文の叙述をほぼそのまま増補追加した。また指図論文とともに前記科研報告書に翻刻紹介した「三蔵開封日記」を附録として収めた。

第三部　信長と朝廷

ここには信長権力と朝廷との関係について検討した論考を収めた。この主題に関心を持ったきっかけは、論題に「朝廷」の語が入った第二部第四章（の初出論文）であった。それまではただ一方的に勉強させてもらうだけであった堀新氏らの研究成果を水先案内人として、あらためてこの主題の研究史を学び、同論文のなかで取りあげた事象を考えてゆくうち、堀氏をはじめとした論者によって説かれている信長と朝廷との協調論に強い共感をおぼえた。以降その説が他の事象を考えるうえで有効であるかどうかを検証しながら、いくつかのできごとを考察していった。

第一章　天正二～五年の絹衣相論の再検討　新稿。本文で書いたとおり、堀新氏・神田裕理氏の詳細な研究がすでにあったが、いくつかあたらしい史料を見いだしたこと、史料解釈の面でいまだ再検討の余地があると考えたこと、編纂者として、今後の編纂のためにも、相論に関わる関係文書全体を整理し年次比定をしておきたいと考えたことが研究の動機である。

もともと筆者自身絹衣相論を研究しようというつもりはまったくなかった。この相論に関心を持って調べられていた堀氏に、編纂の過程で気づいた関係史料の情報を報告するという立場であった。この主題で堀氏が論文をまとめられたあとも、仕事のなかで偶然見いだした相論関係史料を書きためておき、とくにそれらをどうするというわけでもなくそのままにしていた。そこに丸山裕之氏より二〇一二年十二月の歴史学研究会日本中世史部会での口頭報告を依頼され、主題選びに迷った結果、書きためておいた史料を紹介がてら相論の再検討をおこなうことにした。報告の場では、来会の皆さんからさらに多くのご教示をいただいた。

第二章　天正四年興福寺別当職相論と織田信長　初出論文に若干の加筆修正をおこなった。片山正彦氏に誘われ、天野忠幸氏・片山氏・古野貢氏・渡邊大門氏編『戦国織豊期の西国社会』（日本史史料研究会、二〇一二年）に寄稿したものである。当初この論集には第二部第一章として収めた賀茂別雷神社職中算用状に関する論考を寄稿させていただく予定でいた。しかし賀茂社に関する論考は、筆者が調査検討の過程で研究協力者として加わっていた野田泰三氏代表の科研「中近世移行期における賀茂別雷神社および京都地域の政治的・構造的分析研究」の研究報告書に発表することになり、急遽論集の主題を変更した（変更にあたり野田氏および論集編者の渡邊氏にはたいへんお世話になった）。すでにある程度史料の目途が立っていたからだと思うが（その間の経緯を忘れている）、それにしてはおもしろい発見があったと驚いている。先発投手の危険球退場を受け慌てて準備をして登板した二番手が予想以上に好投した、そんな感じである。

第三章　天正四年興福寺別当職相論をめぐる史料　新稿。第三部第二章の初出論文発表に前後して、同僚末柄豊氏と遠藤珠紀氏より関係史料のご教示を受け、自分でも追加すべき史料を見いだしたため、これらを加えて興福寺別当職相論を考え直したものである。同僚田島公氏代表の科研「日本目録学の基盤確立と古典学研究支援ツールの拡充―天皇家・公家文庫を中心に―」（筆者は研究協力者として参加）の成果として、同科研の研究会（二〇一二年十月）にて口頭報告し、同氏編『禁裏・公家文庫研究』第五輯のため執筆し、本書に再録する予定でいた。しかし諸般の事情により『禁裏・公家文庫研究』の刊行が遅れたため、編者田島氏および版元思文閣出版、史料所蔵者である宮内庁侍従職のご許可を得て、『禁裏・公家文庫研究』刊行直後であるが、本書にほぼそのままのかたちで重複して掲載することにした（修正は表記の統一若干と引用史料への返り点である）。内容を鑑みれば、第三部第二章と第三章を合わせて論文をまとめなおすべきところ、それぞれそのままのかたちで掲載したのは以上のような事情による。

第四章　天正九年正親町天皇譲位問題小考　新稿。これも田島氏の科研研究会（二〇一三年七月）における口頭報告をまとめたものである。天正九年の正親町天皇譲位が金神によって延期になったということから、それであれば延期が決まった直前に金神に関わる陰陽師の勘文があるのではないかと、十編の部屋に蓄積されている史料カードを調べたところまさしくそれを見いだしたので、その勘文を軸に譲位問題をとらえ直してみた。

第五章　誠仁親王の立場　藤田達生氏より依頼を受けた二〇一二年度織豊期研究会総会での講演報告を成稿したものである。卒伝編纂の方法と同様、誠仁親王に関わる史料を可能なかぎり集め、年譜を作成したうえで、その立場を論じようとした。信長と正親町天皇の〝対立〟のなかで〝信長によって擁立された次の天皇〟と誠仁親王を見なすことに疑問を持っていたことが契機である。論題は師である羽下徳彦氏の論文「足利直義の立場」に対するオマージュである。初出論文に若干の加筆修正をおこなった。

以上本書に収録した十二篇（および附録二篇）で論じていることをまとめれば次のようになろう。織田信長の権力がどのような仕組みを通じて発揮されたのか。信長をとりまくさまざまな政治的関係、とりわけ朝廷との関係において、権力発動のありさまがどのように史料にあらわれてくるのか。信長権力の外側にいる人間たちが信長権力とどのように接し、それが彼らの活動にどのような影響をおよぼしたのか。これらのことを考えるためにはどのような史料があるのか。以上をまとめて『織田信長権力論』と題することにした。

ここまでひととおり述べてきたような経緯であるため、本書収録の諸論考は当初より統一的な研究課題を設定したうえで検討をおこなったものではない。またこれに対応して、本書として何らかの結論を明確に述べるというわけでもない。結論が出てくるとすれば、また今後しばらく編纂という本務に従事してゆくなかでさまざまな事象についての史料を読み、検討を重ね、それが積みあがったうえでのことになるだろう。

ただし諸論考を検討してゆくなかで生じた疑問（信長は本当に「天下統一」を目指したのか）について、歴史的な流れに位置づけ直して自分なりの仮説を組み立ててみた。それが別著『織田信長〈天下人〉の実像』である。結論とは言えないが、本書で論じられている主題の研究の流れや筆者の考え方の大筋を知りたい方はこちらもあわせてご参照いただきたい。

これら十二篇（および附録二篇）は、研究組織としての史料編纂所に所属したことによって成された。史料編纂所、そして筆者が属する十編の部屋が蓄積してきた研究資源の活用なしには書き得なかったものばかりである。そのことをふまえ、自身の個人研究としてこれらを発表するさいは、用いた史料が今後研究者によって共有されるものとなるように留意した。史料一覧・史料紹介にも多くの紙幅を割いたのはそのためである。

そもそも編纂とは複数の人間による共同作業であり、筆者一人の力では到底なしえない仕事である。編纂では、十編の同僚である（あった）染谷光廣氏・中島圭一氏・酒井信彦氏・黒嶋敏氏から多くを教わりつつ、一緒に史料集を編んできた。本書収録の論考にもそれらが反映されている。また同僚が主導する科研など共同研究に誘っていただき、成すことができた研究も多い。まずここで史料編纂所・同所員の皆さま、史料編纂所で仕事をなさってきた諸先輩方に感謝申し上げたい。

ここまで述べてきた初出論文への加筆修正とは、基本的に誤記の修正、表記の統一などを意味する。記述の大きな変更については前記各章の説明のなかに記した。原則として（附録以外の）引用史料には返り点を付した。第三部第三章の『禁裏・公家文庫研究』稿では、紹介史料に返り点は付していないが、本書では原則にしたがい返り点を付した。

第一部　信長と同時代の人びと

第一章　室町幕府最末期の奉公衆三淵藤英

はじめに

本章は、『大日本史料』第十編之二十三（二〇〇〇年三月刊）に収録した三淵藤英の卒伝（天正二年七月六日条）を編纂する過程で得た知見を報告し、あわせて、彼の活動を通して、室町幕府最末期の奉公衆の存在形態や義昭政権下における京都近郊支配のあり方について、簡単な考察を加えるものである。(1)

三淵氏は第一節で述べるように室町幕府奉公衆に編成されていたが、これとは別に御部屋衆という身分待遇もあたえられていたようである。御部屋衆とは、定員二人、毎夜一人が御前で宿直を務めたという近仕で、二木謙一氏によれば「武家衆の中では特異な身分」であるという。(2)他の身分待遇といかなる差異があるのか、ただちに明らかにしがたいため、便宜上本章では三淵氏の立場を奉公衆に代表させておきたい。

一　三淵氏の沿革

1　三淵晴員以前

足利義昭の周辺には前代以来の奉公衆の家柄に属するような武士たちが、多く付き従っていた。その一人が本章で取りあげる三淵藤英である。まず本節では、のちの藤英の行動の深部を規定していると思われる藤英以前の三淵氏の流れを簡単に見てゆきたい。

三淵氏の祖とされる持清は、『寛政重修諸家譜』（巻第百七）によると義満の庶子とされている。持清の名は義持の偏諱を受けたもので、引付頭人に任じられ、山城国三淵（現在地未詳）を領したことから三淵を称するようになったと記される。(3)

右の説は『系図纂要』でも踏襲されている。(4)さらに『系図纂要』の記載によると三淵氏は、持清のあと、晴重（大和守）―晴政（能登守）―晴貞（伊賀守）―晴恒（加賀守）―晴員（掃部頭・大和・伊賀守・入道号宗薫）と続き、藤英に至る。(5)

『寛政重修諸家譜』や『系図纂要』の記載を裏づける徴証は乏しく、よってこれらを無批判に事実とみなすことはできないだろう。祖が義満の庶子であったということや、引付頭人であったことなどの当否はおくとして、室町時代中ごろ以降、三淵氏は室町殿に仕える御家人であり奉公衆の一員であったことは間違いないようである。たとえば文安年間（一四四四―四九）に成立したとされる番衆交名のなかに「三淵又次郎」の名が見える。(6)福田豊彦氏によって整理された各時期の奉公衆番帳の一覧を見ると、文安年間から明応年間に至るまで、三淵氏は一貫して一番衆に編入されていた。(7)

寛正二年（一四六一）九月、侍所に拘留されていた嵯峨不壊化身院雑掌英林という人物は「奉公水淵被官人桟敷豊前入道」の子であるという理由で身柄を豊前入道に引き渡されている。(8)また、延徳二年（一四九〇）九月、大和国広瀬郡に所在した真言宗寺院金勝寺東門院領の地頭職として「水淵殿」の名前が見え、(9)「御近衆也」と注記されている。(10)三淵はしばしば「水淵（渕）」とも表記されることから、晴員以前、寛正二年、延徳二年時点において三淵氏は奉公衆であったことが確認できる。

晴員以前に具体的にその活動をうかがうことができるのは、『伺事記録』延徳二年九月二十三日条に見える三淵伊賀入道正運である。(11)もとより全幅の信頼をおくことはできないが、先の系譜と照らし合わせると、伊賀入道という通称から、晴員の祖父晴貞がこれにあたるのかもしれない。とすれば、ほぼ同時期に登場する金勝寺東門院領地頭職の「水淵殿」はこの晴貞か、もしくはその子（晴員の父）晴恒に該当するだろうか。

2　三淵晴員

藤英の父晴員については設楽薫氏の研究に詳しい。(12)設楽氏によれば、晴員の史料上の初見は『尚通公記』（『後法成寺関白記』）大永三年（一五二三）正月五日条であり、以後義晴の側近として訴訟の取次や使者を務める史料が散見されるという。晴員の生い立ちとして特筆されるのは、晴員が和泉上守護家細川氏から三淵氏に入嗣したという所伝があることである。父は細川元有、実の兄弟に元常がいる。元常の養子として和泉上守護家を嗣いだ細川藤孝は晴員の実子（つまり藤英の兄弟）である。

さらに義澄・義晴の二人の将軍に仕え、諸事の取次を務めてこの時期の政務に重要な役割を果たした室町殿女房清光院佐子局は、晴員の姉であった。(13)こうした将軍家・細川家との関係により、三淵晴員ひいては三淵氏は幕府の中枢部に躍り出たものと推測できよう。

設楽氏の論文は、この時期の三淵氏に触れた数少ない文献の一つとしてたいへん貴重である。しかし設楽氏は、佐子局が、永正五年に京都を出奔して近江に逃れた義澄、および義澄死後に播磨に流寓した義晴に従い、大永元年七月の義晴上洛時にも従っていたことを裏づける傍証として三淵氏について論及したまでで、三淵氏もしくは晴員について掘り下げて追究しているわけではない。したがってここでは、設楽氏の研究を基礎に、もう少し晴員の事蹟について史料を積み重ね、検討を加えておきたい。

晴員の通称は弥二郎であった。『言継卿記』天文元年（一五三二）十一月十一日条に「三淵弥二郎晴員」の署判のある文書が収載されている。[14]そして天文六年四月を境に掃部頭の官途を名乗るようになる。その初見は『鹿苑日録』[15]同年四月一日条であり、その三日後の『天文日記』にもおなじく掃部頭として登場する。『天文日記』では三月四日条に「三淵弥二郎」と登場するので、この一ヶ月の間に掃部頭に任官したと推測される。三淵弥二郎が掃部頭と同一人物であることは、『証如上人書札案（宛名留）』[16]に「三淵弥次良、今者掃部頭」とあることから確認できる。

活動については、設楽氏が指摘したように将軍の側近として諸事の取次にたずさわっていた史料が多い。とりわけ注目すべきなのは、大坂本願寺と室町幕府との間のパイプ役とでもいうべき役割である。これについては神田千里氏の研究に詳しいが[17]、姉の佐子局とともに訴訟、音信の取次に携わった活動を『天文日記』に数多く見いだすことができる。

そのほか、設楽氏が指摘した赤松氏との関係がある。赤松政村が室町殿義晴に御礼をするにあたり、赤松氏の分国播磨国側では当時在国していた晴員の兄孫三郎[18]が、京都側では晴員がその仲介にあたっている。晴員はその後も伊勢貞孝らとともに赤松氏の仲介役として活動している。[19]

さて、義晴は天文十九年五月四日、近江国穴太にて死去する。晴員はこれを機に出家入道したと推測される。確認できる掃部頭としての終見が同年正月五日であり[20]、義晴の一周忌を間近にひかえた翌年四月五日には「三淵掃部入道」として史料にあらわれるからである。[21]このとき晴員は、義晴一周忌の仏事料を納めるように命じた義藤（義輝）の御内書を本願寺にもたらす使者を務めている。以上の推測が正しければ、ここからも義晴の側近として重要な役割を果たした晴員の立場をうかがうことができよう。

もっとも義晴の死が即、晴員の失脚を意味したわけではない。その後も本願寺との関係は続いていることから、引き続き幕府内で一定の政治的位置を占めていたものと思われる。この後晴員は「伊賀入道（宗薫）」と呼称を変えて（理由は後述）、子息藤英とともに「御部屋衆」[22]もしくは奉公衆[23]として幕府に出仕し、また山科言継等公家たちとの交流も保っている。

晴員が死去したのは元亀元年（一五七〇）三月一日のことであった。遺子藤英が亡父の肖像画を作成させ、賛を五山禅僧であった仁如集堯に依頼した。同年六月の日付のある賛は仁如の詩文集『鏤氷集』に収められているが[24]、それによれば晴員の法名は「瑞松院以南宗薫禅定門」。七十一歳で亡くなったというから、生年は明応八年（一四九九）である。

3　三淵氏の所領

ここでは管見のかぎり検出された三淵氏の所領・所職について整理する。

A　金勝寺東門院領地頭職

第1項で述べたとおり、金勝寺とは大和国広瀬郡に所在した真言宗寺院であるが、三淵氏がどのような関わりをもっていたのか、これ以外の史料がなく、「地頭職」以上のことはわからない。

B　加賀国倉光保（荘）

『天文日記』天文五年十月二日条に「三淵弥二郎知行加州倉光庄事」とあり、晴員がこの地を「知行」していたことが知られる。しかしながらその経営は当初から困難をきたしていたらしい。元来同地を本領としていた倉光氏という国人領主が存在していたにもかかわらず、加賀国の守護であった本願寺との関係を生かしてか、なかば強引に倉光保を我がものにしようと計ったふしが見られる[25]。

その後翌天文六年、さらに天文七年にも晴員は倉光保について本願寺証如に申し入れをおこなっているが、事態は思うように進捗しなかったようである。[26] 奥野高広氏は倉光保を幕府料所として掲出しているが、[27] 田中淳子氏が整理しているように、[28] この時点で御料所たることを離れていたというべきだろうか。

加賀国からは数多くの幕府料所ほか幕府と密接な関わりをもつ所領が検出されている。そのなかで神田氏は右にあげた史料にもとづいて倉光保を「直臣所領」に分類している。同氏によれば、義晴の時期（天文年間頃）「本願寺が進退する加賀の所領は幕府体制にとっても少なくない意味をもっていた」[29] のである。結果的に三淵氏の支配が成功裡に終わらなかったにしても、晴員の倉光保支配が右のような状況下で推し進められたということは、晴員が「幕府体制」を積極的に支えていた人物の一人であったことを裏づけるのである。

C　山城国松崎

山城国愛宕郡に所在した所領で、戦国期には寺社、武家などの保有する所職が錯綜して存在していたとおぼしい。[30]『大徳寺文書』から確認できるものだけに限っても、大徳寺徳禅寺領、鹿苑院領、伊勢右京亮知行分、御料所、大徳寺養徳院領、北野宮寺外会所領など多岐にわたっている。

晴員の活動時期、松崎の所領をめぐって激烈な相論がくりひろげられていた。相論は、松崎郷内毎阿弥跡三町の知行を主張する北野宮寺外会所と、おそらくその内部に含まれていたとみられる薑田一町の知行を主張する大徳寺養徳院の対立が基軸となっていた。この対立の淵源は、推測するに足利義晴・義維の二つの勢力による権力抗争にあると考えられるが、[31] ここではこの相論については立ち入らないことにする。

この相論に関して発給された室町幕府奉行人奉書を見ると、北野社領三町の内五段分が「三淵掃部頭知行」となっている。[32] 具体的な「知行」の内容は不明だが、このような注記が見られるのはいずれも北野社領三町の安堵をおこなった奉書のみであることから、養徳院が自領たることを主張する薑田一町との重複はないものと考えられる。

晴員が松崎のうち五段を知行していたことを示す文書上の初見は、天文六年八月二十二日付奉行人奉書案(33)である。しかしそれより先、『鹿苑日録』同年二月十六日条には、晴員が松崎に所在する御料所の代官であったことが確認できるので、あるいは松崎内の晴員の知行はこの御料所代官と何らかの関係を有しているのかもしれない。

ちなみに、松崎内の三淵氏所領（十石）は藤英の没後織田信長によって伊勢神宮祭主藤波慶忠に宛行われている(34)。これから、晴員が知行していた五段を藤英が相伝したものと考えてよいだろう。藤英が没するまで、松崎は三淵氏の所領として命脈を保っていたのである。

D　山城国一乗寺内瑞願寺名田畠

一乗寺郷もまた山城国愛宕郡に所在する。天文六年七月、晴員と太田備前入道との間で、当郷内随願寺名田畠山林所々散在をめぐる相論が起こった。幕府は晴員勝訴の裁決を下したが、白毫寺は代々御祈願所であるとの六角定頼の意見によって、晴員は同所領を白毫寺に還付している。

となると、晴員と太田備前入道がこの所領に対するいかなる権益について争ったのかが問題となるが、残された文書のみからは明らかにできない。

いま晴員は白毫寺に所領を還付したと述べたが、実際のところは、天文六年から十ヶ年を限って所務を折半し、十年の後は寺家に一円に還付するという留保条件をつけた取り決めが晴員・白毫寺両者の間で交わされていた(35)。十年後の天文十五年以後、本所がいかなる顚末をたどったのかは不明である。

小　括

以上、史料上で検出できた晴員の時期までの三淵氏所領を検討した。B加賀倉光保やC山城松崎に見られるように、その支配形態は、室町幕府の御料所支配と密接不可分であったことがわかる。奉公衆としての典型的な所領領有のあり方というべきだろうか。

もちろん三淵氏の所領は以上に検出しえた範囲にとどまるものではなかろう。しかし、その主体は山城と加賀にあったと判断できる史料がある。

天文七年九月、晴員は狩野左京亮とともに幕府に対して暫時の暇を申請した。[36] 理由は「不弁」、すなわち経済的な困窮であった。これに対し、内談衆は「三掃ハ松崎其外塩公事幷柴公事被ﾚ給ﾚ之、又加州にても二三ヶ所被ﾚ申給ﾚ候」として申請をはねつけている。塩公事・柴公事の内容はわからないが、晴員が給わった所領として幕府（内談衆）の念頭に置かれているのは、松崎および加賀の二、三ヶ所であったのである。ここから、晴員は加賀にAとしてあげた倉光保以外にも所領を有していたことがわかるが、他の史料からは確認できない。

二　三淵藤英の事蹟

1　生い立ち

三淵藤英に関する現在のところもっともまとまった記述は、谷口克広氏による『織田信長家臣人名辞典』のものである。[37] このなかで谷口氏は、幕府奉公衆として、義昭側近として、義昭・信長の争いの中で、という三つの段階に分けて藤英の事蹟を整理している。典拠となる史料を明示したうえでの簡潔にして要を得た解説で、ほぼこれで藤英の一生を見通すことができるようになっている。

本節はこの谷口氏の仕事に対して屋上に屋を架することのそしりをまぬがれないが、若干付け加えるべき史料や知見などもあることから、あらためて藤英の活動をその初期から追ってみたいと思う。

前述のように藤英は晴員の子として、細川藤孝と兄弟にあたる。いずれが兄でいずれが弟なのか、確たる史料はない。谷口氏は藤英を藤孝の実兄とするが、典拠は未詳である。ただ、藤孝の生年は天文三年であり[38]、後述するように同九年、遅くとも天文十三年には藤英の御部屋衆としての活動が見られるから、通説のとおり藤英を兄と見るべきであろうか。

周知のように藤孝には室町殿義晴の落胤説がある。義晴の寵愛を受けた清原宣賢息女が義晴の子を懐妊後晴員の室となったというものである[39]。したがってこの説にもとづけば、藤英と藤孝は異腹の兄弟ということになる。『綿考輯録』はこの説にしたがって、それぞれの母の法名を引用している。それによれば、藤孝の母は清原宣賢息女で法名は智慶院三叔宗室大姉、没日は天正十年五月十九日。いっぽうの藤英の母は、法名養源院春芳紹意大姉、没日は天正十三年八月十日であるとし、藤英母養源院は大徳寺高桐院の過去帳にも見えるという。大徳寺高桐院とは藤孝の塔所である。

藤孝の母とは異なり、藤英の母の出自は詳らかでないが、それをうかがわせる史料としては、次のものがある。

一、晩頭徳大寺（公維）へ罷向、三淵大和守母ニ自葉室（頼房）被申子細有之、伝語之、

（『言継卿記』永禄十一年十一月二十四日条）

山科言継が、徳大寺第に滞在中とおぼしき藤英母に葉室頼房からの言づてを頼まれておもむいたという内容である。右の史料を見るかぎりでは、藤英母は徳大寺家と縁者であった可能性を指摘できる。しかし後述するように藤孝母もまた徳大寺家と浅からぬ因縁があり、この場合の母は義母の意を示すとも考えられ、確定的ではない。後考をまちたい。

2　弥四郎時代

藤英の通称は弥四郎であった。三淵弥四郎の史料上の初見は『鹿苑日録』天文九年八月十日条である。藤英にとっては伯母にあたる清光院の使者として鹿苑院主汝雪法叔のもとを訪れている。

その後しばらく活動徴証が途切れ、天文十三年以降、御部屋衆（あるいは奉公衆）として『言継卿記』に頻繁に登場する。『言継卿記』の残存状況に左右されるが、天文十年前後から将軍側近として活動を開始したと考えてよかろう。このときの将軍はすでに義輝であるが、なお義晴も存命しており、藤英は義晴・義輝・義昭の三者に仕えたわけである。実名については、初名は藤之であるとの所伝がある。[40]これは義輝（義藤）の偏諱「藤」をあたえられたものであろう。義藤は天文十五年に元服し義輝への改名は同二十三年であるから、[41]この足かけ九年の間に偏諱が授与されたことになる。

『言継卿記』における弥四郎の活動を見ると、御部屋衆として室町第に出仕し、御礼の取次をおこなっているほか、清原業賢・枝賢第でしばしば開催された蹴鞠に参加している記事も散見する。[42]前節で述べたように、父晴員はすでに幕府内で一定の地位を築いており、また、義母（藤孝母）が清原業賢の妹にあたることもあって、藤英は当初から清原家、ひいては山科言継をも含めた公家社会とも接点を持っていた。

3　弾正左衛門尉時代

三淵弥四郎の記事は、『言継卿記』天文十七年（一五四八）六月九日条を最後に途絶える。その後藤英と見られる人物が史料上に再登場するのは弘治から永禄への改元がおこなわれた年であった。

弘治四年（一五五八）から永禄へと改元がおこなわれたのは二月二十八日。義輝はこのとき近江朽木に流寓しており、五月三日に坂本まで進出している。永禄への改元が義輝の了解なしにおこなわれたとして義輝の不興を買ったのがこの五月から六月にかけてのことであった。そのさい、万里小路惟房が改元を事後報告した将軍側の申次が「三淵弾正左衛門尉」である[43]。

この弾正左衛門尉が藤英であることは、『多聞院日記』永禄九年八月二十四日条所載の同年八月二十日付龍雲院祐尊・三淵弾正左衛門尉藤英連署書状で確認できる。このとき藤英は、義昭の上洛について義昭と大和の国人十市遠勝との仲介をおこなっている。

以上より、天文十七年六月から永禄元年五月までの間に、藤英は弾正左衛門尉の官途を得ていることがわかる。この間の大きなできごとといえば、父晴員が出家した契機であった義晴の病没が第一に考えられる。しかし、晴員は、藤英の任弾正左衛門尉と軌を一にするかのように、呼称を「掃部入道」から「伊賀入道」へと変えているのである。伊賀入道の初見は『兼右卿記』永禄元年九月十六日[44]。藤英の弾正左衛門尉としての初見からさほど時間を経ていない。翌年の正月には、御部屋衆として「三淵伊賀入道・同弾正左衛門尉」と並んで登場するから、この二人は晴員・藤英のことと考えて大過ないだろう。

つまり、晴員が掃部入道から伊賀入道へと呼称を変えた時期と、藤英が弾正左衛門尉の官途を得た時期はおなじであると考えられ、それは義晴が没した天文十九年以後のこととすることができよう。この時期を特定するのは困難であるが、あえてあげるとするならば、義輝が近江に逃れていたものの三好長慶と和睦を成立させふたたび帰洛を果たした天文二十一年正月がその時期にあたるのかもしれない。いずれにせよ義輝の動向は改称・任官の大きな契機ではあっても絶対条件ではないであろうから、これ以上憶測を重ねることはひかえたい。

ところで、藤英の初名は前述したように藤之であり、藤英への改名も弾正左衛門尉の時代になされたと推測される。藤之に関する一次史料は、永禄五年九月二日に大徳寺ならびにその門前境内を対象に軍勢の乱妨狼藉を禁止した禁制[45]、および、横瀬（由良）成繁が義輝から鉄砲を贈られたことへの祝意を伝えた年未詳六月九日付書状[46]の二通がある。

前者の禁制には、「弾正左衛門尉藤之」の署名に花押が据えられており、署名上には「水淵」と記した押紙が貼付されている。花押は後年の大和守時代のものとは一見して異なる形状をしている（図1）。後者の差出書は藤之で、花押は禁制とおなじ形状と判断できる。封紙には「三淵弾正左衛門尉／藤之」とある。

すなわち後者の書状より、前者の禁制の発給者も三淵藤之であると断定できる。この人物は、弾正左衛門尉という官途名、および『寛政重修諸家譜』にあげられている藤英の初名と一致することから、のちの藤英であると考えたい。横瀬成繁が由良に名字を改めたのは永禄五年とされているから[47]、後者の書状は禁制とほぼおなじ時期かそれ以前ということになり、時期的にも矛盾はない。花押形状の変化については、弾正左衛門尉時代の文書にすでに後年の大和守時代の花押が据えられているから[補註]、官途の変化ではなく、藤之から藤英への改名が契機となったものであろうか。藤之から藤英への改名は、現段階では右の文書の永禄五年九月から、先に触れた『多聞院日記』での永禄九年八月の期間以上に絞り込む材料は見当たらない。

「由良文書」（表1-2）
「東寺文書（神泉苑文書）」（表1-18）
図1　三淵藤英（藤之）の花押
（典拠『大日本史料』第十編之二十三）

さて『大徳寺文書』『由良文書』に見える藤之と藤英が同一人物であるとすると、興味深い事実が浮かび上がってくる。右の禁制については、まったくおなじ日付、内容もほぼおなじで発給者が異なるものが他に三通『大徳寺文書』に収められている。発給者は、図書丞（未詳）、柳本秀俊・薬師寺弼長、伊勢貞孝である[48]。ちょうどこの禁制が出される直前の八月下旬、伊勢貞孝は柳本氏・薬師寺氏らを語らって三好長慶に反旗を翻し北山辺に陣取った[49]。結局貞孝は九月十二日に敗死するが、貞孝・

柳本・薬師寺のごとく、この反乱を起こした側の人間が大徳寺に禁制を出しているということから、同日に同内容の禁制を発給した藤之もまた、この反乱に荷担したのではないかと推測されるのである。

この反乱に関しては、義輝黒幕説も出されるなど[50]、歴史的位置づけはいまだ定まっていない。義輝の側近たる藤之が荷担しているという意味では、義輝黒幕説の有力な徴証となりうる。しかしそのいっぽうで、この事件以後義輝の横死（永禄八年）まで藤英は史料の表面にはあらわれず[51]、史料にあらわれるようになるのは、永禄九年、近江矢島に逼塞していた義輝の弟義昭（当時義秋）の側近としてであることを考えると[52]、このとき伊勢方に荷担したのが原因で義輝から遠ざけられたという考え方も可能となろう。そのいずれにあたるかについては、さらに検討を積み重ねる必要がある。

4　弾正左衛門尉から大和守へ

前述のように、弾正左衛門尉藤英は永禄九年には義昭の上洛について画策している[53]。また、翌年永禄十年十月には、大将として三好三人衆の一人長逸の子久介と山城炭山で戦い、惨敗している。三好三人衆はこのとき義栄側について三好義継・松永久秀らと対立しているので、少なくとも藤英は反義栄側に与していたと考えることができる。このときの戦いにおいて、「三淵敗軍討死云々[54]」、「公方衆大かた相果了[55]」のように藤英討死の報が各所にもたらされているが、これは戦時の混乱ゆえの誤報であろう。

永禄十一年九月に義昭は信長をともなって上洛を果たす。この直前の八月、美濃立政寺に滞在していた義昭のもとから、本国寺上人に宛てて使者二人を近江佐和山へ差し遣わす旨の書状が出された[56]。このときの使者は「細兵」「三弾」の二人。細川兵部大輔藤孝と三淵弾正左衛門尉藤英兄弟を指す。その約二ヵ月後、藤英は飯川信堅と連名で義昭参内のための諸道具を山科言継に指示する書状を出している[57]。このさいの差出書は「大和守藤英」

となっており、以後の史料においても藤英は大和守の官途で呼ばれるようになる。

すなわち、永禄十一年八月から十月の間に、藤英の官途は弾正左衛門尉から大和守に変わったわけである。その契機は九月の義昭上洛にあると考えてよいのではあるまいか。

ちなみに本国寺上人へ藤孝・藤英二人を遣わす旨の書状の発給者は、上野秀政と三淵秋豪である。秋豪は藤英の子。この文書が秋豪の史料上の初見となる。秋豪もこの頃から義昭側近としての活動をおこなっていたことがわかる。「秋」は義秋の偏諱であろう。秋豪の通称は父藤英とおなじく弥四郎であった(58)。

以下、義昭・信長政権のもとでの藤英の活動については、節をあらためて論じることにする。

三　三淵藤英の活動

1　三淵藤英文書

ここまでの叙述で言及したものもあるが、最初に藤英（藤之時代を含む）の発給文書を表1として掲げたい。谷口克広氏は、ここにまとめた藤英の発給文書および諸記録などに拠り、前節で触れたように義昭側近としての活動を特記している。ここでも彼の活動を文書のうえで確認してみよう（括弧内数字は表1の番号）。

義昭上洛前後では、上洛にあたって大和国人の十市遠勝の忠節を求める書状（3）、山科言継に対し上洛後義昭が参内するときの道具について正実坊と相談すべきことを命じた書状（4）がある。またそのほか、三宝院若公（のちの義演）に対して義昭の一字を授ける旨の伝達（14）、義昭所望の馬の種類についての指定（20）、御内書の副状（23）などの書状が残っている。

表1　三淵藤英発給文書

No	年　月　日	内　　容	差　出　書	典　　拠	備　　考	大日本史料
1	永禄5.9.20	大徳寺境内・門前における乱妨停止の禁制を掲げる	弾正左衛門尉藤之(花押)	大徳寺文書4	「水淵」の付箋あり	10-23, p 106
2	(年未詳)6.9	横瀬(由良)成繁への音信	藤之(花押)	由良文書(安川繁成氏所蔵)		10-23, p 112
3	(永禄9)8.20	義昭上洛につき，十市遠勝に忠節を求める	三淵弾正左衛門尉／藤英判	『多聞院日記』永禄9.8.24条『南行雑録』1	龍雲院祐尊との連署	10-23, p 119
4	永禄11.10.5	義昭参内の道具について正実坊と相談すべき由の折紙	三淵大和守／藤英判	『言継卿記』永禄11.10.6条	飯川信堅との連署	10-1, p 188
5	永禄11.10.18	山城醍醐山上に城郭を構えるにつき，上醍醐惣中への起請文	三淵大和守／藤英(花押)	『大日本古文書　醍醐寺文書之十』2295号		10-23, p 107
6	(永禄11)11.19	山城金蔵寺領安堵の奉行人奉書の副状	三淵大和守／藤英(花押)	金蔵寺文書		10-1, p 292
7	(永禄11)12.17	賀茂社領安堵の奉行人奉書の副状	三淵大和守／藤英(花押)	鳥居大路良平氏文書(早稲田大学荻野研究室所蔵文書8)		10-1, p 285
8	(永禄12)10.17	小槻朝芳に官庫敷地を安堵する折紙	三淵大和守／藤英(花押)	壬生文書2		10-3, p 433
9	(元亀1)6.18	義昭出馬延引を畿内御家人に報知する		武徳編年集成	細川幽斎・一色藤長との連署	10-4, p 525
10	(元亀1)9.17	山城大住荘百姓等に対し，年貢を進納するように命じる	三淵大和守／藤英(花押)	曇華院文書	武井夕庵との連署	10-4, p 210
11	(元亀1)10.7	大乗院尋憲の音信に対する返書	藤英判	「尋憲記」元亀1.10.9条		10-5, p 344
12	(元亀1)10.8	筒井順慶に対し，大乗院門跡領の取りなしを求める	三淵大和守／藤英判	「尋憲記」元亀1.10.9条		10-5, p 346

13	(元亀1)12.18	上醍醐寺に対する徳政令の適用を免除する信長朱印状の副状	三淵大和守／藤英(花押)	醍醐寺文書33函		10-5, p 85
14	(元亀2)4.20	三宝院若公(義演)に対し，義昭の一字を授与する旨を伝達する	藤英(花押)	三宝院文書5		10-6, p 185
15	元亀2.7.26	摂津南郷社境内における乱妨停止の禁制を掲げる	大和守(花押)	今西文書坤		10-6, p 672
16	(元亀2)7.26	春日社御土居屋敷における陣取禁止を保証する	三淵大和守／藤英(花押)	今西文書坤		10-6, p 672
17	元亀2.8.1	摂津善光寺における乱妨停止の禁制を掲げる	大和守(花押)	原田神社文書		10-6, p 673
18	元亀2.9.28	東寺観智院造営料として，稲荷社参銭を寄進する	三淵大和守／藤英(花押)	東寺文書(神泉苑文書)	三淵秋豪との連署	10-6, p 936
19	(年未詳)2.28	三宝院散在所領の当知行を安堵する	三淵大和守／藤英(花押)	醍醐寺文書30函		10-23, p 110
20	(年未詳)3.16	将軍所望の御馬の種類を伝達する	三淵大和守／藤英(花押)	池田輝純氏所蔵文書	曾我助乗との連署	10-23, p 113
21	(年未詳)5.10	梵舜の得度について蔭凉軒に報知する	三淵大和守／藤英	吉田文書1		10-23, p 111
22	(年未詳)7.7	庄田兄弟の下向を由良国繁に報ずる	藤英(花押)	由良文書(原蔵者不詳)		10-23, p 114
23	(年未詳)8.6	由良成繁が常陸よりの馬献上の路次警護をしたことに対する義昭御内書の副状	藤英(花押)	由良文書(安川繁成氏所蔵)	一色藤長との連署	10-23, p 112
24	(年未詳)10.17	醍醐以下諸郷の百姓に上醍醐寺領の年貢納入を命ずる	大和守／藤英(花押)	醍醐寺文書24函		10-23, p 109
25	(年未詳)12.19	西九条の百姓に亭子院領の年貢納入を命ずる	三淵大和守／藤英(花押)	法金剛院文書2		10-23, p 110

26	(永禄11カ)3.3	小寺政職に対し義昭への忠勤を命じる御内書の副状	三淵弾正左衛門尉／藤英(花押)	小寺文書(『福岡県史』資料編中世1)	一色藤長との連署	
27	(年未詳)3.14	厳島神社棚守職の棚守元行に対し，使者への歓待を謝す	三淵弾正左衛門尉／藤英(花押)	厳島神社文書8(広島県史古代中世資料編Ⅱ-1805号)		
28	(年未詳)3.22	山内孫六に協力することを約する	藤英(花押)	福智院家文書9箱		
29	(年未詳)3.26	本国寺学道所領への違乱を排除する	三淵大和守／藤英(花押)	本国寺文書1		
30	(年未詳)4.12	由良成繁への音信	藤英(花押影)	集古文書19		
31	(年未詳)4.19	義昭御内書を受けたこと，上山城方面の軍事行動を報告する	三淵大和守／藤英判	榊原家所蔵文書坤(増訂織田信長文書の研究補遺83号)	細川藤孝・明智光秀・上野秀政との連署	
32	(年未詳)8.28	小寺殿に対し義昭出陣への協力を求める御内書の副状	三淵弾正左衛門尉／藤英(花押)	小寺文書(『福岡県史』資料編中世1)	一色藤長との連署	
33	(年未詳)9.11	上下京中に対する軍勢の乱妨・課役停止を保証する	三淵大和守／藤英	饅頭屋町文書		
34	(永禄11)11.2	小寺政職に対し義昭よりの浦上氏との和睦要請を伝える	三淵大和守／藤英(花押)	小寺文書(『福岡県史』資料編中世1)	一色藤長・細川藤孝との連署	
35	(永禄11)11.5	義昭上洛に対する小寺政職の礼物進上についての礼状	三淵大和守／藤英(花押)	小寺文書(『福岡県史』資料編中世2)		
36	(年未詳)12.5	九条縄の所務について伊勢三郎の要請を東寺に伝達する	三淵大和守／藤英(花押)	東京国立博物館所蔵文書2		

※26以下は初出論文発表後にあらたに把握した発給文書．年次比定の有無にかかわらず日付順に並べた．36は，高梨真行「永禄政変後の室町幕府政所と摂津晴門・伊勢貞興の動向―東京国立博物館所蔵「古文書」所収三淵藤英書状を題材として―」(『MUSEUM』592，2004年)において詳細に検討されている．

※なお最近，(永禄9年)8月28日付で伊賀・山城の国衆に宛て義昭上洛への忠節を要請した藤英と一色藤長の連署状13通が発見された(米田家文書『針薬方』『独見集』紙背文書)．詳しくは，熊本県立美術館細川コレクション図録『信長からの手紙』(同美術館，2014年)，村井祐樹「幻の信長上洛作戦」(『古文書研究』78，2014年)を参照されたい．

所領関係では、寺領安堵の幕府奉行人奉書の副状（6・7）、年貢納入命令（10・24・25）、所領安堵の折紙（8・19）、徳政令適用免除の信長朱印状の副状（13）などがある。

軍事指揮官としての活動と見られるのは、元亀二年七月下旬から八月にかけて発給した15〜17の一連の禁制である。藤英はこの年の七月二十三日に摂津へ向けて出陣しており、[59]禁制はこのときの出陣地域と推測される摂津善光寺や春日社領垂水西牧南郷に対して出された。[60]藤英はこの直前七月上旬、および八月下旬から九月にかけても大和・摂津に出陣しており、義昭の側近として、摂津・大和方面における松永久秀・三好三人衆方との戦いにおいて中心的な役割を果たしている。脇田修氏は藤英のこのような活動を評して義昭の直属軍としたが、[61]これは前代の奉公衆による将軍親衛軍の系譜を引くものであろうから、藤英の軍事的活動は、父祖以来の三淵氏の将軍近仕の性格を濃厚に受け継いでいるといえる。

そのほかとくに注目されるのは、伏見を中心とした山城南部地域の支配者としての顔である。

2　藤英による伏見周辺支配

藤英が伏見城主であったことは以前より指摘があったが、[62]そこを拠点とした活動の内実について深く追究されることはなかった。以下その具体像をできるかぎり明らかにしてゆきたい。

三淵氏（藤英・秋豪）がこの時期伏見に居を構えていたことは、たとえば『兼見卿記』元亀三年九月十三日条・同天正元年三月十一日条などに見え、またその居宅が「城」と表現されるものであったことは、同記同年七月十二日条（「以二柴修一扱二三太退城一、在二城伏見一了」）、『年代記抄節』天正二年五月条（「三淵在城ノ伏見ノ城」）[63]からうかがうことができる。後者の史料からは伏見城が「櫓塀」を備えたものであることがわかる。

藤英の伏見城の故地は詳らかではない。ただ、近世に編纂された地誌によると、豊臣秀吉の伏見城を説明した項に「此所初小城アリ、水淵大和守所レ築ナリ」とあって(64)、秀吉の伏見城の前身であったと考える余地がある。伏見に限定されないが、藤英は義昭上洛直後から、伏見周辺のいわゆる洛南地域に対して、みずからの勢力を及ぼそうとしていたふしがある。

というのも、永禄十一年十月十八日、藤英は上醍醐山上への築城につき、上醍醐寺との間で起請文を取り交わしているからである。そのなかで藤英からは、寺内における乱妨狼藉の停止、寺領の当知行安堵、寺家への肩入れなどを約し、寺家側は、藤英勢へ敵対・裏切りをしないこと、呪詛をしないことなどを誓っている(65)。このとき藤英が城郭を構え陣所としたのは、上醍醐寺の如意輪堂であるとされている(66)。

醍醐は伏見からはさほど離れていない。とすれば、この頃からすでに藤英は醍醐・伏見地域に睨みをきかす役割をあたえられていたと見ることも可能である。

ところが、この藤英の目論見はそれからわずか十日足らずで失敗に終わってしまう。この事件については興味深い話が残っている。上醍醐寺衆徒は、十月二十七日夜に如意輪堂がにわかに焼失したものの、翌日その焼け跡の痕跡がまったく残っていないという奇異を奏上しているのである(67)。この顛末は後年三宝院義演が編んだ『醍醐寺新要録』でも「不思議事」として書き留められている。

義演はこのときの様子を、「夜半計ニ堂内ヨリ俄ニ焼出テ、光焔四方ニ熾盛シ、漸諸兵トモ起出テ仰天、或兵具ヲ捨テ逃走、或方角ニ迷テ倒伏」し、藤英は「猶以大ニ驚キ身モ竪テ即退散」したと伝える。義演はこの怪異を「本尊之霊験」ゆえとしているが、霊験か、はたまた不慮の失火かは措くとして、藤英は上醍醐山上に構えた城を十日足らずで手放さざるをえなかったのである。あらためて伏見に城を構えたのはその後のことになるのだろう。

さて、伏見に居城を構えたことから常識的に考えられるのは、この周辺地域に対して藤英は何らかの領域的支配を及ぼしていたのではないだろうかということである。この仮説にもとづいて藤英の発給文書、記録上の活動を検討したい。

藤英が伏見周辺地域に対して何らかの領域的支配をおこなっていたことを明瞭にうかがわせる史料上の初見は、『兼見卿記』元亀三年四月二十日条である。内容は、伏見宮貞敦親王の被官衆が吉田兼和（のち兼見）のもとを訪れ、伏見に賦課された軍役の免除を藤英に申し入れたさいの（「今度三太陣役用捨之事」）口入を謝したもの。藤英が伏見辺に軍役を賦課しようとしていたことが判明する。このような活動は、藤英が伏見城主であったことと無関係ではあるまい。

また、藤英没後の天正三年三月、「ふしみのしやうの事、みつふち山となんちたる分は申つけ候よし、むらゐあけまいらる丶」とあって、(68)「なんち」の解釈など文意をとるのがむずかしいが、朝廷と信長の京都所司代村井貞勝との間で、生前の藤英が何らかの支配を及ぼしていた伏見荘に関する措置が取り決められていることからも、この地域に対する藤英の影が看取できる。

発給文書を見直せば、醍醐・小野・炭山・勧修寺・笠取各郷の名主百姓中に宛て、上醍醐寺領散在分の年貢諸成物収納を命じた折紙（24）、三宝院門跡領散在分の当知行安堵をおこなった折紙（19）、上醍醐寺に対する徳政令の適用を免除した信長朱印状の副状(69)（13）などは、この地域の領域的支配者としての権力行使であったと考えることができるかもしれない。

さらに視野を広げると、山城大住荘名主百姓に宛てて年貢諸成物を曇華院に収納するよう命じた永禄十三年九月の折紙（10）、西九条の百姓に宛てて亭子院領の年貢を納めるよう命じた年未詳の折紙（25）もこれらの事例に含めることができようか。大住荘は、伏見の南方、大和へ抜ける途中に存在する荘園、西九条は伏見から見れば北部、下京との間に位置する。

以上の文書から、藤英が伏見を中心とする洛南の領域的支配をおこなっていたと判断することが許されれば、彼が所領関係で文書を発給しているものの所領の所在地が明らかではない、山城金蔵寺領（6）・賀茂社領（7）・壬生官庫敷地（8）もまた、この領域内かそれに近接した地域に所在していた可能性を指摘できる。

さらに藤英は、こうした立場を梃子として、伏見に所在するとおぼしき寺社領を押領している。元亀二年には稲荷社領を押領し初午の参銭を奪い取ったことに対し、その停止が朝廷を通じ幕府に要請された[70]。この押領は当年の稲荷祭神輿御幸の延引をまねいた[71]。このとき奪い取った参銭なのかどうか、同年九月、藤英・秋豪父子は稲荷社参銭を当社造営料として東寺観智院に寄進している[72]。また、伏見般舟三昧院からも藤英の押妨について訴えが出されており[73]、以上二つの事例からはある程度強圧的な支配がおこなわれていたことを推測せしめる。

第一節で検討したように、藤英は三淵家伝来の所領を山城松崎内に十石分有していた。元亀二年の山城普賢寺城攻撃のさい、出陣した武将のなかに藤英の名前が見える。このときの攻撃衆は細川藤孝など「山城ニ知行有之衆」によって編成されていたことからも[74]、藤英が山城に何らかの知行を有していたことは間違いない。洛南地域の支配者として活動する根底には、前代以来培ってきた奉公衆としての山城国内の所領支配のあり方があると考えるのは、穿ちすぎだろうか。

3　義昭・信長政権のなかでの藤英の立場

前項で明らかにした藤英の伏見地域に対する権力行使は信長権力を無視して遂行できるものではなく、そこには一定の限界があったことはいまさらいうまでもないだろう。

たとえば、上醍醐寺に対する徳政令適用免除（13）は信長朱印状（原文書は残っていない）を施行したものである。また、前項で言及した大住荘百姓に対する年貢収納命令（10）は、信長側近である武井夕庵との連署で発給されている。

永禄十一年の義昭上洛から元亀四年のいわゆる〝室町幕府の滅亡〟までの政治体制は、幕府権力と信長権力の二重構造であったと指摘されている(75)。藤英による洛南地域の支配という考え方が成立するとすれば、それもこの大枠のなかでおこなわれたことは疑いを入れる余地がない。しかしながらいっぽうで、山城・摂津・大和・河内など畿内中心部においては、義昭はそれなりの基盤を有しており、信長もその介入には慎重な姿勢を見せていたという(76)。藤英の洛南支配はそうした義昭権力による畿内支配の一翼を担っていたとひとまず推測できよう。

さて、ここまで藤英の洛南地域における立場を、「領域的支配者」という多少曖昧な表現で説明を加えてきた。こうした藤英の立場は、右のような織田信長・足利義昭の二重権力構造のなかで具体的にいかなる位置づけをあたえればよいのだろうか。

「領域的支配者」といって想起される職は守護である。義昭政権下の畿内各国における守護については脇田氏が言及している(77)。脇田氏は山城（不設置→山岡景友）、摂津（池田勝正・伊丹忠親・和田惟政）、大和（松永久秀）、河内（畠山高政・三好義継）、和泉（畠山高政ヵ）のそれぞれについて守護もしくは守護的活動をおこなった武将を指摘している。

藤英の伏見城が所在する山城は、右に掲げたように、義昭政権下においては当初守護は置かれず、のち元亀三年に山岡景友が半国（上山城）守護に任じられている(78)。しかしながらこの補任がどれほどの実効性を有していたのかという点には、疑問が向けられている(79)。

守護を列挙した脇田氏にせよ、そこであげられた人物たちについて史料にもとづき詳細な事蹟を編んだ谷口氏にせよ、この時期における守護のあり方を明確に規定しているわけではなく、各人の活動のなかでどれが守護の職権に由来したものなのか腑分けしているわけでもない。

そもそも摂津の「三守護」と称された一人である和田惟政を見ても、彼が摂津において軍政的な権限をもっていたことは確認できるが[80]、それ以外の活動はいまひとつ明らかでないのである。守護ではないが、山城勝竜寺城を拠点に周辺の支配をおこなっていたとされる長岡（細川）藤孝にしても、天正元年七月の義昭没落以後に西岡一帯の一職支配を宛行われる以前の活動は、残された史料からは不明確というほかない。

いま例示した二人に比して、藤英のばあい前節で論じたように、その活動がより具体性を帯びており、むしろこの藤英の洛南支配のあり方を基点として、義昭による山城の領域的支配、ひいては畿内の領域的支配を類推することができるのではあるまいか。

ある限定された領域に対して、軍役賦課、当知行安堵、徳政免除、年貢収納命令などをおこなった藤英の活動を評して、山城守護的、あるいは山城守護の地域的分掌であると表現するのは簡単だが、たんにそれを指摘するのみでは何も明らかにしていないに等しい。他の有力側近にそうした活動が明確にうかがえない以上、三淵藤英による洛南地域支配こそ、信長権力による掣肘を受けた足利義昭政権による領域支配の典型であると考えたい。そのうえであえて室町幕府の制度との接点を求めて藤英の支配のあり方を規定するとすれば、奉公衆三淵氏として培ってきた膝下御料所預置の実績と、守護による領域支配のあり方がない交ぜになって具現化したものということができよう。

4　藤英周辺の人的ネットワーク

本章のここまでの論述にあたって、藤英の活動を検討するために使用した史料の一つに『元亀二年記』という記録がある。以下本項では、この記録を一つの手がかりとして、三淵氏、および藤英の血縁を主たる媒介とした交友関係を明らかにしたい。

さて『元亀二年記』は、原本は存在せず、近世の写本が現在前田育徳会尊経閣文庫に所蔵されている。また、尊経閣文庫本を明治十七年に謄写した写本が東京大学史料編纂所に架蔵されている[81]。表題のとおり元亀二年、しかもその五月から八月までのわずか四ヶ月の日次記であるが、内容的には、京都を中心とした政治的動向や細川藤孝・三淵藤英・同秋豪など義昭側近の活動に関する記事を多く含んでいて貴重である。

『元亀二年記』の史料的性質を考えるうえで問題なのは、記主が明らかでないことである。藤英・秋豪の交友を探るうえで記主を確定することは不可欠の作業であると思われるゆえ、まず記主の絞りこみをおこなっておく必要がある。

尊経閣文庫本の書写奥書には、貞享三年（一六八六）三月下旬の日付で、次のような記載がある。

右元亀二年記一巻、舟橋相賢卿家蔵之旧本也、未㆑知㆓何人所㆒㆑記、然事実而不㆑飾㆓詞簡㆒而不㆑虚読㆑之、則猶其人臨㆓其時㆒、因而命㆓書吏㆒纂㆓謄之㆒、補㆓諸史闕㆒云㆑爾、

すなわち、元来『元亀二年記』は舟橋家の所蔵にかかり、前田家が本書の写本を作成した近世前期の段階ですでに記主が不明となっていたことがわかる。右の奥書から素直に考えれば、舟橋（清原）氏の人間によって記されたものであると推測できよう。

時期は下るが、慶長五年（一六〇〇）から同十八年に至る清原秀賢（相賢の祖父）の日記『慶長日件録』がある。続群書類従完成会により『史料纂集』として活字化されているが（山本武夫氏校訂）、この活字本の「付録」として「国賢卿記（抄）」が翻刻掲載されている。国賢は秀賢の父。実は、ここで翻刻されている「国賢卿記（抄）」こそまさに『元亀二年記』に相当するものなのである。

『慶長日件録』解題では「時の動きを理解する意味で、国賢の元亀二年の日記の一部を以下に抄出することにする」とだけあって[82]、いかなる根拠でこの記録を「国賢卿記」と呼称するに至ったのかにはまったく言及されて

系図1　吉田・清原・三淵家関係系図

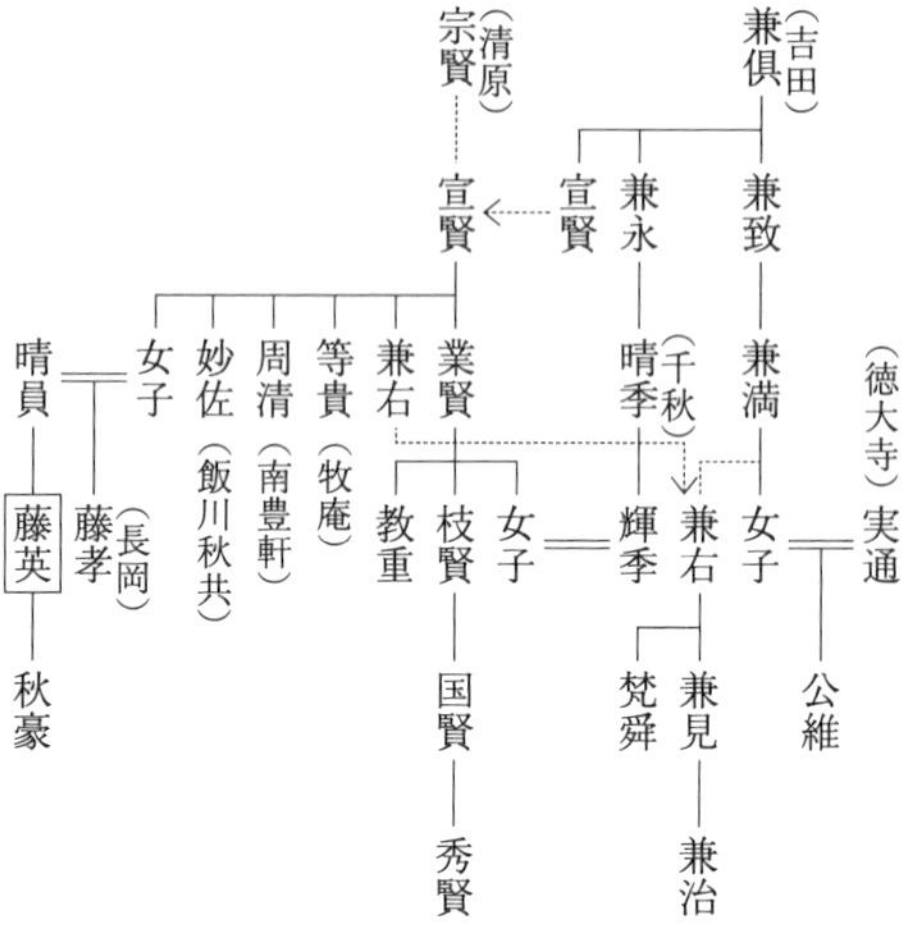

※『尊卑分脈』(新訂増補国史大系)、『吉田家譜』『舟橋家譜』(東京大学史料編纂所架蔵謄写本）などにより作成。二重線は婚姻、点線は養子の関係。

おらず、翻刻に使用された底本などの情報も呈示されていない。「国賢卿記」という名称で清原国賢の日記がまとまって残っていることはこれまで知られていない(83)。史料編纂所に「国賢卿記」の書名で写真帳が架蔵されているが(84)、これは慶長九年十二月の政仁親王（のちの後水尾天皇）読書始に関わる諸事(85)の記録が断片的に残っているにとどまる。

ただ、結論から先にいえば、筆者も記事の検討から『元亀二年記』の記主を清原国賢であると推定するに至ったので、まわりくどくなるが以下考証を述べたい。

『元亀二年記』と同様、この時期の政治動向を知るうえでの重要な古記録として、神祇管領長上吉田兼和（兼見）の日記『兼見卿記』がある。同時期の『兼見卿記』と『元亀二年記』を比較すると、藤孝・藤英・秋豪など、両者はほとんど共通といってよい人的関係のうえに立脚していることがわかる。

周知のように、兼和の父吉田兼右は清原宣賢の次子であり、吉田兼満の養子として吉田家を嗣いだ(86)。また、藤孝の母（三淵晴員室）もまた第一節で触れたように清原宣賢の子、つまり兼右と兄弟にあたる。さかのぼれば宣賢は吉田兼倶の子であり、清原宗賢の養子として清原家に入嗣している。すなわち清原・吉田・三淵の三家は、養子・婚姻などにより緊密な関係にあったわけである。『元亀二年記』の記主をこの時期の清原家の人間に比定するとすれば、『兼見卿記』に見える人的関係との類似も肯けることになろう。参考のため清原・吉田・三淵三家を中心とした関係系図を掲げる（系図1）。

藤英の義理の従兄弟にあたる兼和による『兼見卿記』は、元亀元年部分から伝存している[87]。元亀二年は正月から三月、および十一月・十二月の部分が残っている。つまりちょうど『元亀二年記』の該当部分は欠落しており、『兼見卿記』の記事と重ねあわせて検討することはできない。

そこで『元亀二年記』の記事から、記主を推測する材料を拾い集めてみる。

①祝儀如レ常、喝食（南豊弟子、予甥）、祖母・御乳等相二伴喝食一競馬村新係乞遣了、（五月五日条）

②於二相国寺一光源院殿追善七廻転読アリ、吉田衆・三弥（三淵秋豪）等令二同道一見物、（五月十五日条）

③吉侍（兼和）令二同道一徳大寺殿へ参、次牧殿へ留守見舞ニ行、（五月二十日条）

④飯治（飯川秋共）令二同道一牧殿へ行、三和母儀・宮川女房衆於二彼所一見参、（五月二十七日条）

⑤次行継母許、外史・庫頭同道、（六月八日条）

⑥千刑（千秋輝季）令二同道一三大母儀許へ行、他出、（七月一日条）

⑦早天ニ為二墓参一吉田へ行、於二神光院一済（斎）アリ、吉兵・南豊・三大母儀・梵舜等相伴、次参レ墓、及二午刻一帰宅、（七月十二日条）

①からは相国寺恵林院南豊軒に記主の甥が喝食として入っていることがわかる。南豊軒主は、兼右の弟周清であろう。ここでも吉田家と記主の家との関係の深さがうかがえる。吉田家との関係でいえば、②では吉田衆・三淵秋豪と一緒に義輝七回忌に見物におもむき、③では兼和と同道して徳大寺公維・牧殿を訪問している。牧殿もまた兼右弟の等貴、徳大寺公維は、系図1にあるとおり吉田兼満の娘を母としているから、清原・吉田両家と姻族であった。

さらに⑦では、記主は兼和・梵舜兄弟に加え彼らの叔父にあたる周清とともに吉田へ墓参におもむいている。

とすれば三大母儀、つまり藤英母とは、藤英の実母ではなく、晴員室藤孝実母（藤英義母）にあたる女性であろうか。④では業賢・兼右・周清らの兄弟にあたる飯治（飯川秋共）と同道し、藤英母や宮川女房衆と牧殿の居所で会っているが、宮川とは智光院、清原宣賢息女のことを指す(88)。

以上から、記主は清原家の人間と考えて大過あるまい。次に清原家の誰にあたるかが問題となるが、⑤から、「外史」「庫頭」ではないことがわかる。庫頭は兵庫頭であった清原教重、外史は不明。以上からすれば、記主は枝賢・国賢のいずれかに絞りこむことができようか。枝賢は元亀二年当時宮内卿で五十一歳(89)、国賢は少納言兼侍従で二十七歳であった(90)。記主は⑥にあるように、義昭側近であった(91)千秋輝季としばしば行動をともにしていた。系図1にあるように、輝季は吉田家の血を引き、枝賢妹を室としていたので、彼もまた吉田・清原両家の縁者である。

国賢が千秋輝季と時おり行動をともにしていたことについては、『兼見卿記』元亀二年正月二十二日・同三年二月十九日各条に所見がある。千秋輝季にとどまらず、『兼見卿記』『元亀二年記』に見える交遊記事には、共通する人物が多い。つまり、兼和・輝季・『元亀二年記』記主は、日常的に親交があり、行動を共にする機会の多い間柄であったということができる。このうち『兼見卿記』に見えて『元亀二年記』に見えないのが清少納言、すなわち国賢である。枝賢はこの時期の双方の記事にほとんど登場しない。また、『元亀二年記』に散見する「高尾」の僧正は国賢の弟高尾山法身院の僧真海に比定される。以上状況証拠の羅列に終始したが、『元亀二年記』の記主を清原国賢に比定したい。

さて『元亀二年記』の記主を清原国賢としたうえで、あらためて『兼見卿記』も含め藤英・秋豪の活動をうかがうと、上述のごとき清原・吉田家の人間関係に両者も深い関わりをもっていたことがわかるのである。

兼和・国賢・藤英・秋豪・藤英母、そしてこれに藤孝や千秋輝季も加えて、相互に頻繁に行き来していた。さらに、政治的な陳情[92]から、日常的な食事[93]、見物・蹴鞠・観能などの遊興[94]、贈答[95]、物の貸し借り[96]などの関係を垣間見ることができる。

元亀四年正月に兼右が没したとき、その遺品の長太刀が義理の甥にあたる藤英に贈られた[97]ことも、吉田家と藤英の紐帯の太さを物語るものであろう。こうした関係は、もとより父晴員の時期に形成されたものであろうが、藤英は、父以来の血縁を媒介とした人的関係と、義昭上洛以来あらためて取り結んだ人的関係のなかで、義昭の側近としての日々を送っていたわけである。

むすび

以上本章では、三淵藤英を中心に据えて、第一節では藤英以前の三淵氏の系譜、とりわけ父晴員の室町幕府奉公衆としての活動、履歴、三淵氏の所領などを明らかにした。第二節では、藤英個人の事蹟を、呼称（諱・通称・官途）の変化時期をできるだけ絞り込みながら跡づけた。これら事蹟を年譜にして表2（章末）として示した。第三節では、足利義昭側近としての藤英の活動を、その発給文書や記録などから検討し、洛南地域の領域的支配を担っていたことを指摘した。また、『元亀二年記』の記主を清原国賢と断定し、清原・吉田両家の姻戚関係のなかに藤英（三淵家）が位置付けられることを明らかにした。

元亀四年（天正元）に入ってからの義昭・信長の対立、同年七月の義昭降伏によるいわゆる〝室町幕府の滅亡〟の過程のなかで、藤英は、信長に与した弟藤孝と袂を分かって、義昭側につき二条城に立てこもった。敗れて二条城を明け渡し居城の伏見に退いた直後は信長方の将として石成友通を攻めるなどの働きを示したが、翌天正二年には伏見城を取り上げられ明智光秀の居城坂本に子秋豪とともに預けられていたとみえ、七月六日に父子ともに切腹して没した。その意味で藤英は、その死に至るまで一貫して義昭に臣従した〝室町幕府最後の奉公衆〟といえるのかもしれない。

三淵家の名跡は藤英・秋豪の死により途絶えたわけではない。藤英の次子藤利[98]が名跡を継いで旗本として徳川家康・秀忠に仕えるいっぽうで、藤英・藤孝の弟好重も三淵の名跡を継いで細川家に従い、近世では肥後細川藩の家老として重きをなし、家伝の文書を残している[99]。清原秀賢の日記『慶長日件録』を見ると、藤利と清原家との交流は続いていたようである[100]。

註

（1）以下本章の引用史料中、『大日本史料』第十編之二十三に収録されている史料には※を付す。
（2）二木謙一『中世武家の作法』（吉川弘文館、一九九九年）、一六二頁。
（3）『寛政重修諸家譜』第二（続群書類従完成会）、三二三頁※。
（4）『系図纂要』第十冊（名著出版）、六〇九頁※。
（5）なお『三渕家文書調査報告書』（八代市立博物館未来の森ミュージアム、一九九三年）を参照。
（6）東京大学史料編纂所（以下本書では「東京大学」を略す）編『大日本古文書　蜷川家文書之二』三一一号。今谷明「『東山殿時代大名外様附』について」（同著『室町幕府解体過程の研究』岩波書店、一九八五年、初出一九八〇年）。
（7）福田豊彦「室町幕府の奉公衆体制」（同著『室町幕府と国人一揆』吉川弘文館、一九九五年、初出一九八八年）。
（8）『蔭凉軒日録』（『増補続史料大成』臨川書店）寛正二年九月二十九日条。
（9）『日本歴史地名大系30　奈良県の地名』（平凡社、一九八一年）、一五七頁。
（10）『蓮成院記録』（『増補続史料大成　多聞院日記』所収）延徳二年十一月十一日条。
（11）桑山浩然編『室町幕府引付史料集成』上巻（近藤出版社、一九八〇年）、一一一頁。なお設楽薫「将軍足利義晴の嗣立と大館常興の登場」（『日本歴史』六三一、二〇〇〇年）参照。
（12）設楽註（11）論文。
（13）『言継卿記』（続群書類従完成会）天文十三年七月二十日条。

(14) 刊本では「晴貞」となっているが、史料編纂所架蔵の原本写真帳により訂正する。
(15) 続群書類従完成会刊。
(16) 『石山本願寺日記』下（大阪府立図書館長今井貫一君在職二十五年記念会、一九三〇年）、二〇九頁。
(17) 神田千里「室町幕府と本願寺」（同著『一向一揆と戦国社会』吉川弘文館、一九九八年）。
(18) 『披露事記録』（註（11）桑山浩然編『室町幕府引付史料集成』上巻所収）天文八年閏六月七日条、『大館常興日記』（『増補続史料大成』臨川書店）天文十年十二月三日条。
(19) 『大館常興日記』天文九年七月三日・十月十日・同十二日条など。
(20) 『言継卿記』天文十九年正月五日条。
(21) 『天文日記』天文二十年四月五日条。
(22) 『言継卿記』永禄二年五月一日、同四年四月一日条など。
(23) 『言継卿記』永禄三年正月三日条。
(24) 史料編纂所編『大日本史料』第十編之四、一六九頁。以下『大日本史料』第十編については、『大』十之四、のように表記する。
(25) 『鹿苑日録』天文六年四月十一日条。
(26) 『天文日記』天文六年十二月六日、同七年九月九日条。
(27) 奥野高広『足利義昭』（吉川弘文館、一九六〇年）、四八頁。
(28) 田中淳子「室町幕府御料所の構造とその展開」（大山喬平教授退官記念会編『日本国家の史的特質 古代・中世』思文閣出版、一九九七年）、六七三頁所掲の表参照。
(29) 神田註（17）論文、二五九頁。
(30) 『角川日本地名辞典26　京都府上巻』（角川書店、一九八二年）、一三一二頁。
(31) 今谷明「細川・三好体制研究序説」（今谷前掲書所収、初出一九七三年）。奥野高広「「堺幕府」論」（『日本歴史』三二八、一九七五年）。
(32) 『大日本古文書　大徳寺文書之三』一一五八号。
(33) 同右一一三八号。

(34) 天正三年十一月七日信長朱印状（奥野高広『増訂織田信長文書の研究』下巻、吉川弘文館、一九八八年、五九〇号）。
(35) 『大徳寺文書之二』九三三・九三五号。
(36) 『大館常興日記』天文七年九月三日条。
(37) 谷口克広『織田信長家臣人名辞典』（吉川弘文館、一九九五年）、四二〇頁。なお同書第2版（二〇一〇年）では記事が増補されている。
(38) 『寛政重修諸家譜』。
(39) 『細川家記』一（史料編纂所架蔵謄写本）※。『綿考輯録』第一巻（出水叢書1、出水神社、一九八八年）。
(40) 註（3）に同じ。
(41) 『公卿補任』（『新訂増補国史大系』吉川弘文館）。
(42) たとえば『言継卿記』天文十四年三月二十八日※、四月三日条など。
(43) 『惟房公記』（史料編纂所架蔵影写本）永禄元年五月二十一日・二十六日、六月十九日・二十一日各条※。
(44) 史料編纂所架蔵影写本※。
(45) 『大徳寺文書之一』二七九号※。
(46) 『由良文書』（史料編纂所架蔵影写本・安川繁成氏所蔵）※。
(47) 『国史大辞典14』「由良成繁」項（峰岸純夫氏執筆）。
(48) それぞれ『大徳寺文書之一』二七七、二七八、二八〇号。
(49) 長江正一『三好長慶』（吉川弘文館、一九六八年）、二二〇頁。松村正人「室町幕府政所頭人伊勢貞孝」（『白山史学』三五、一九九九年）。
(50) 長江前掲書。
(51) 『言継卿記』でも、これまでは御部屋衆として父晴員（伊賀入道）と列記されていたのだが、晴員のみしか登場しなくなる。
(52) 『言継卿記』永禄九年正月八日条。
(53) 『多聞院日記』永禄九年八月二十四日条※。
(54) 『言継卿記』永禄十年十月二十日条。
(55) 『多聞院日記』永禄十年十月二十三日条。

(56)『本圀寺文書』二（史料編纂所架蔵影写本）※。
(57)『言継卿記』永禄十一年十月六日条。『大』十之一、一八八頁。
(58)『勧修寺文書』六（史料編纂所架蔵影写本）※。義昭参内にも御伴衆として扈従している。『言継卿記』永禄十一年十月二十二日条。
(59)『言継卿記』元亀二年七月二十三日条。
(60)『大』十之六、六七一頁。
(61)脇田修「織田政権と室町幕府」（同著『近世封建制成立史論』東京大学出版会、一九七七年、初出一九七五年）。
(62)谷口註（37）書。
(63)『大』十之二十二、一八九頁。
(64)『山州名跡志』十三（紀伊郡）※。
(65)『大日本古文書　醍醐寺文書之十』二二九四～九六号※。
(66)『醍醐寺新要録』上巻（醍醐寺文化財研究所編、法藏館、一九九一年）巻第一・如意輪堂篇※。
(67)『理性院文書』坤（『大』十之一、二八二頁）。
(68)『御湯殿上日記』（『続群書類従』補遺三）天正三年三月十九日条※。
(69)『増訂織田信長文書の研究』上巻（前掲）二六二号参考。
(70)『京都御所東山御文庫記録』甲二四四（『大』十之五、九一七頁）。
(71)『東寺執行日記』（『大』十之六、一四六頁）。
(72)『東寺文書』神泉苑文書（『大』十之六、九三六頁）。
(73)『御湯殿上日記』元亀三年十月三日条（『大』十之十、一七六頁）。
(74)『元亀二年記』五月一日条（『大』十之六、二〇一頁）。
(75)脇田註（61）論文。染谷光廣「織田政権と足利義昭の奉公衆・奉行衆との関係について」（『国史学』一一〇・一一一、一九八〇年）。
(76)脇田註（61）論文。
(77)脇田註（61）論文。

(78)『兼見卿記』(『史料纂集』続群書類従完成会)元亀三年五月八日条。脇田註(61)論文。
(79)谷口註(37)書「山岡景友」項。
(80)谷口註(37)書「和田惟政」項。
(81)架番号二〇七三―三二一。
(82)史料纂集本第二巻、一五三頁。
(83)『国書総目録』『国書人名辞典』、『国史大辞典』「清原国賢」「記録」項など参照。
(84)舟橋明賢氏所蔵原本の写真帳で、「宣賢卿記」「枝賢卿記」と合綴されている。架番号六一七三―三一一。
(85)『慶長日件録』(『史料纂集』続群書類従完成会)同年十二月七日〜十七日条にも関連記事がある。
(86)伝記史料は『大』十之十三、四四頁以下に収載。
(87)詳細は『国史大辞典3』「兼見卿記」項(染谷光廣氏執筆)参照。
(88)『慶長日件録』慶長九年十月二十八日条。
(89)『公卿補任』天正四年条。
(90)『公卿補任』慶長十二年条。
(91)染谷註(75)論文。
(92)『兼見卿記』元亀三年閏正月十四日、三月二日、十月二十四日条。
(93)六月十二日・十四日・二十七日条、『兼見卿記』元亀元年十一月十六日、元亀三年八月二十日条。
(94)五月十日、六月二日・十一日・六月二十九日、八月十五日条、『兼見卿記』元亀三年八月二十四日条。ちなみに、藤英が連歌に参加している史料が一つある。内閣文庫所蔵「寄合連歌」中に見える、元亀三年九月二十八日醍醐山寂静院谷無量院で興行された連歌において、里村紹巴・藤孝・飛鳥井雅敦らとともに参加して七句を詠んでいる(『大』十之十二、三八六頁)。
(95)六月七日・十六日条。
(96)六月九日条。
(97)『兼見卿記』天正元年三月十一日条※。
(98)『寛政重修諸家譜』。『系図纂要』は秋豪子に作る。
(99)前掲『三渕家文書調査報告書』参照。

(100)『慶長日件録』慶長九年四月四日、七月四日、同十年三月二十五日条。

(補註) 年未詳三月十四日付書状(表1の26)、および同八月二十八日付書状(同32)。

表２　三淵藤英年譜

名乗り		年　月　日	摘　　要	典　　拠
弥四郎		天文9.8.10	清光院の使者として鹿苑院に来訪.	鹿苑日録
		天文13.10.9	御部屋衆として幕府に出仕(以後同記にしばしば見える).	言継卿記
		天文14.3.28	清原業賢邸の蹴鞠に参加(以後同記にしばしば見える).	言継卿記
		天文15.1.3	奉公衆として幕府に出仕.	言継卿記
弾正左衛門尉	藤之	永禄1.5.21	万里小路惟房，書状を弾正左衛門方に送り，改元についての叡慮を伝える.	惟房公記
		永禄2.1.4	奉公衆として幕府に出仕.	言継卿記
		永禄3.1.8	吉田兼右，普請について弾正左衛門尉に尋ねることあり.	兼右卿記
		永禄5	(これ以前，横瀬成繁に，義昭から鉄砲を贈られたことの祝意を伝える).	由良文書
		永禄5.9.2	大徳寺境内に禁制を発布する.	大徳寺文書
	藤英	永禄9.8.24	足利義昭の上洛について大和国人十市遠勝の忠節を求める.	多聞院日記
		永禄10.10.20	三好久介と山城炭山にて戦い，惨敗し，討死の風聞が流れる.	言継卿記
		永禄11.8.11	細川藤孝とともに義昭の使者として近江佐和山に赴く.	本圀寺文書２
大和守		永禄11.10.6	山科言継に対し，義昭参内の道具について正実坊と相談すべき旨の折紙を発給する.	言継卿記
		永禄11.10.18	醍醐山上に城郭を築くことについて，上醍醐惣中と起請文を取り交わす.	醍醐寺文書
		永禄11.11.12	賀茂社領安堵の室町幕府奉行人奉書の副状を発給する.	鳥居大路良平氏文書
		永禄11.11.19	山城金蔵寺領安堵の室町幕府奉行人奉書の副状を発給する.	金蔵寺文書
		永禄12.10.17	小槻朝芳に，山城壬生官庫敷地四町町を安堵する判物を発給する.	壬生文書２
		(元亀1.3.1)	父晴員卒す.	
		元亀1.3.22	山城国大住荘百姓等に対し，年貢を進納するように命ずる.	曇華院文書
		元亀1.8.30	義昭，軍を率いて京都を発し山城勝竜寺城に入る．藤英は京都留守軍中にあり.	言継卿記
		元亀1.11.13	義昭，藤英をして吉田社斎場所内外両宮を修理せしめる.	兼見卿記
		元亀1.12.22	自らの子を朝倉義景の質に出す.	尋憲記

大和守	藤英	元亀2.1.25	洛中火災の犯人を逮捕す.	兼見卿記
		元亀2.2.6	山城稲荷社領を押領する.	東山御文庫記録
		元亀2.4.25	醍醐寺三宝院入室の二条晴良子(義演)に，義昭の一字を授与する旨の書状を発給する.	三宝院文書
		元亀2.5.1	細川藤孝らとともに山城普賢寺城を攻めんとして兵を発す.	元亀二年記
		元亀2.7.4	摂津に出陣する.	尋憲記
		元亀2.7.11	大和より京都へ帰る.	尋憲記
		元亀2.7.23	摂津に出陣する.	言継卿記
		元亀2.7.26	摂津南郷社境内における乱妨停止の禁制を掲げる.	今西文書坤
		元亀2.8.28	夜半に摂津高槻城へ入城する.	言継卿記
		元亀2.9.28	秋豪とともに東寺観智院に稲荷社参銭を寄進し，同社造営料となす.	東寺文書(神泉苑文書)
		元亀2.9.30	兵を率いて，奈良に到る.	尋憲記
		元亀2.10.9	奈良から京都へ帰る.	尋憲記
		元亀2.11.2	平野社領を幕府が押収したことについて，幕府と朝廷の取次役を勤める.	言継卿記
		元亀3.1.18	義昭，藤英の邸宅に御成する.	兼見卿記
		元亀3.3.2	吉田兼和，醍醐安養坊愁訴の儀につき，藤英を訪れる.	兼見卿記
		元亀3.3.27	細川藤孝とともに信長屋敷の築地普請を奉行する.	兼見卿記
		元亀3.4.16	信長軍の一員として河内に出陣する.	兼見卿記
		元亀3.4.20	伏見宮貞敦親王の被官衆，吉田兼和に，藤英が陣役を賦課したことに対する免除の口入を謝す.	兼見卿記
		元亀3.9.28	連歌興行に参加する.	寄合連歌
		元亀3.10.3	山城般舟三昧院，藤英の同国伏見に乱妨するを訴える.	御湯殿上日記
		天正1.3.11	吉田兼和，見舞いのため伏見の藤英のもとに赴き，兼右遺品の長太刀を贈る.	兼見卿記
		天正1.7.3	義昭，藤英等に二条城を守備させる.	御湯殿上日記
		天正1.7.12	二条城を退き，伏見に移る.	兼見卿記
		天正1.8.2	信長，藤英および細川藤孝らに命じ，石成友通等を山城淀城に攻める.	年代記抄節
		天正2.7.6	藤英・秋豪，近江坂本城にて自殺する.	年代記抄節

第二章　久我晴通の生涯と室町幕府

はじめに

戦国時代の公家久我晴通は永正十六年（一五一九）六月二十九日に生まれ、天正三年（一五七五）三月十三日に五十七歳で薨じた。父は近衛尚通、母は尚通正室徳大寺維子。享禄四年（一五三一）十一月、十三歳のとき久我通言の養子となり久我家に入った。通言室と母維子は姉妹にあたる。同母兄として近衛稙家・聖護院道増・大覚寺義俊・興福寺一乗院覚誉らがおり、また足利義晴室（義輝生母）慶寿院は姉にあたる（系図2）。史料上確認はできないが、諱の「晴」字は義晴の偏諱を授けられたものだろう。(2)

天文五年（一五三六）養父通言の出家を受け家督を譲られ、久我家当主としてその後も順調に昇進を重ねていたが、同二十二年四月八日、突如出家して（経緯後述）法名宗入を名乗り、愚庵と号した。このとき三十四歳。『久我家譜』(3)には法名宗元ともあるが、文書の署名にて確認できるのは宗入のみである。

近衛家に生まれた男子という境遇もあって、この時期室町将軍家と密接な関係をむすんでいた同家の一員として、晴通は末期室町幕府のなかで特異な存在感を保ちながら活動をおこなった。その一端は永禄年間における大友宗麟と毛利元就の和睦、いわゆる〝豊芸講和〟をめぐる宮本義己氏の研究(4)のなかで取りあげられているものの、彼の生涯に焦点を合わせ、全体を見渡したうえでその活動を明らかにしたような研究はない。(5)

天文十九年の義晴没後、義輝の横死、義昭の上洛を経て、織田信長との対立に起因した義昭の京都からの追放に至る永禄・元亀年間の末期室町幕府政治史のなかで、晴通は一貫して室町将軍の近くにあってそれなりに重要な役割を演じた公家であったと思われる。

『大日本史料』第十編之二十八の天正三年三月十三日条に久我晴通の卒伝を収めるにあたり、晴通の事蹟を整理し、発給文書を収集検討する過程で、右に述べたような認識に至った。本章では、まず、何種類か存在する彼の花押を整理検討して晴通発給文書を特定し、その年代を絞りこむ。そのうえでこれら発給文書も用いながらあらためて晴通の生涯をたどり、彼が末期室町幕府政治史のなかで果たした役割を明らかにし、この時期の将軍権力の性格の一側面を照らし出したい。

系図2　近衛・久我・足利家関係系図

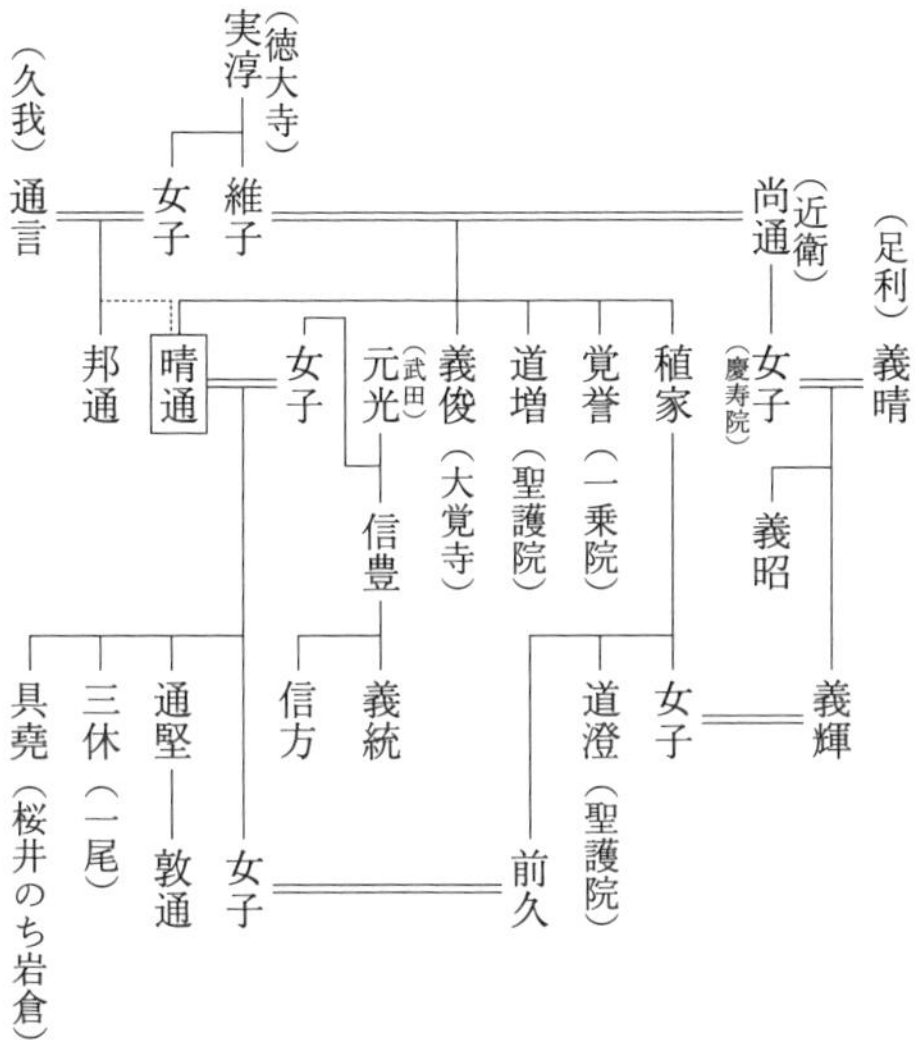

一　久我晴通の発給文書と花押

前述のように晴通は正二位・権大納言兼右大将であった天文二十二年に出家する。「世上之儀」につき、姉である義輝母慶寿院に意見したところ容れられず、それを不満に思って、禁裏に暇を申し入れることなく突如落髪したのだという(6)。「世上之儀」の具体的内容はわからない。この時期慶寿院は将軍生母として幕府政治にたびたび介入していたとされており(7)、原因はそれに関連することであった可能性が高い。

実は現在確認できる晴通の発給文書は、すべて出家後の彼の後半生、宗入として出されたものばかりである。発給文書を表3にまとめた（以下文書番号を【　】にて表記する）。表3では、以下の検討により年次比定をおこなった結果として年代順に並べ、また花押もそれに沿って形状により便宜的にAからDまでの分類をおこなった。以下花押型とその分類について、根拠となる史料にもとづき説明する。

1　A　型

もっとも古い時期のものと考えられるのがA型である（図2―1）。大友新太郎（義鎮・宗麟）に宛てた十一月二十日付書状【1】にその花押が据えられている。

義鎮は永禄二年（一五五九）六月に義輝により豊前・筑前両国の守護職に任ぜられ、さらに同十一月九日に九州（鎮西）探題に補せられた(8)。義鎮を九州探題に補した義輝御内書の副状発給者として、大覚寺義俊・愚庵（宗入）二人の名がある。義俊の副状は『大友家文書』に残るものの(9)、愚庵のそれは残っていない。ただし同月二十日付の【1】にて、宗入は義鎮からの緞子・盆贈与に礼を申し、「御茶湯一見之望」のため下向することを約束している。宛名は大友新太郎。義鎮は翌三年三月に左衛門督に任ぜられるから(10)、【1】は永禄二年以前となる。田北學氏編『増補訂正大友史料』二十では永禄二年と推定しており、おそらくこの九州探題補任のおりのものとみなしたのだろう。

「従レ是可二申入一処、兎角無沙汰」とある点、永禄二年と断定するのに若干の躊躇をおぼえないでもないが、少なくとも永禄二年以前であることは間違いない。永禄二年以前から宗入と大友氏のあいだに交流があったのである。

なお六月三日付の御内書で義輝は、大友左衛門督（義鎮）に対し、宗入が見物のため下向するので、その迎え入れを依頼している。義鎮の官途や【1】とのつながりを考慮に入れれば、『増補訂正大友史料』の推測のとおり翌永禄三年に出されたものである可能性が高い。

写しではあるが、おなじA型花押があるのが、十二月三日付河野宗三郎（通宣）宛書状【2】である。宛所の河野通宣は伊予湯築城に拠った大名。このなかで宗入は、「豊州為二一見一罷下候処、海上之儀付被レ成二御内書一候之間、則進レ之候」と、自身の豊後下向にあたり海路の安全保障を通宣に依頼する将軍の御内書をもらい受け、これを通宣に伝達している。

さらに往路で御礼を申すべきところ便風を得たため（そのまま豊後に赴き）、上洛（帰路）のさい礼を申したいとある。豊後下向の共通性から六月三日付御内書との前後関係を考えると、半年も間隔が空いてはいるが、おなじ年であるとみなし、【2】も永禄三年と推測できよう。【2】を収めた『愛媛県史』資料編古代・中世および『戦国遺文　瀬戸内水軍編』が永禄三年に比定するのも、そうした根拠からだと思われる。[11]

以上A型は永禄二年ないし三年頃用いられていたと推測される。形状を言葉で表現すると、左右から直線がy字様に交わり、右から左下に伸びる線の下端部にそれと交差するように短い点が打たれ、yの上部に重なって半円形の太い線が書かれ、その終端部から右下に縦線（【2】では右斜め下への線）が伸び、最後はその底部として横線が引かれている。

y字部分は、足利将軍の武家様花押に見られる「義」字上部の形象化に通じるが、太目に書かれた半円形は、大友宗麟（義鎮）花押のうち永禄五年以降に見られるという型との類似性がある。[12]

2　B　型

ついで見られるのが、【3】から【5】の三点に据えられたB型である（図2—2）。十一月十二日付の【3】

表3　久我晴通発給文書

	年　月　日		宛　所	典　拠	署名	花押型	原本	大
1	(永禄2ヵ)	11月20日	大友新太郎(義鎮)	大友文書	(宗入)	A	○	
2	(永禄3)	12月3日	河野与三郎(通宣)	河野文書	(宗入)	A	写	○
3	永禄2〜7	11月12日	大館陸奥守(晴光)	古文書手鑑	宗入	B	○	○
4	(永禄6〜8)	1月晦日	興臨院	大徳寺文書	宗入	B	○	○
5	(永禄6〜8)	1月晦日	如意庵	大徳寺文書	宗入	B	○	○
6	(永禄6ヵ)		なし(条書)	大友家文書録	宗入	(在判)	写	
7	(永禄11ヵ)	10月13日	中興養牛	武家手鑑中	なし	C	○	
8	(永禄11ヵ)	10月14日	大徳寺	大徳寺文書	なし	C	○	○
9	(永禄11ヵ)	10月16日	大嶋吉丞	思文閣古書資料目録173	なし	C	○	
10	(永禄12)	1月13日	三玄斎(大友宗麟)	大友家文書録	宗入	なし	写	1
11	(永禄12)	1月13日	吉田越前入道・戸次伯耆守等	大友家文書録	宗入	なし	写	1
12	(永禄12)	1月13日	勝光寺	大友家文書録	宗入	なし	写	1
13	(永禄12年7月8日)		山科殿(言継)	言継卿記紙背文書	愚	なし	○	
14	永禄12	8月28日	(龍安寺養花軒)	大雲山詩稿26	宗入	Dヵ	写	3
15	(永禄11〜元亀元ヵ)	12月19日	園城寺公文所	園城寺文書	宗入	D	○	○
16	(元亀元ヵ)	12月28日	武田彦五郎(信方)	尊経閣古文書纂	宗入	D	○	○
17	(元亀2)	11月14日	喜入摂津介(季久)	後編薩藩旧記雑録5	宗入	Dヵ	写	4
18	(天正2)	4月14日	一色式部少輔(藤長)	古簡2	なし	C	○	21

※年次は14を除きすべて推定.
※「署名」項のうち(　)のものは封紙のみにあるもの.
※「原本」項の○は原本が伝存しているもの．写は写本および編纂物に写しが収められているもの.
※「大」項の○は『大日本史料』第十編之二十八収録．そのほかの数字は収録されている十編の冊次.

1【1】
〈A型〉
（立花家史料館所蔵・柳川古文書館寄託『大友文書』）

2【5】
〈B型〉
（大徳寺文書）

3【15】
〈D型〉

4【14】
〈D型カ〉

5【17】
〈D型カ〉

6【8】
〈C型〉
（大徳寺文書）

7【18】
（国立国会図書館所蔵『古簡』4月14日付某書状）

参考花押

8
（立花家史料館所蔵・柳川古文書館寄託『大友文書』天文12年5月7日付足利義晴御内書）

9
（『岩田佐平氏所蔵文書』3月4日付足利義晴御内書）

10
（『伊達家文書』（弘治元年）5月3日付大館晴光書状）

図2　久我晴通花押・参考花押一覧（【　】内は表3の文書番号）

は大館陸奥守（晴光）に出されたもので、晴光は永禄二年四月に陸奥守に任ぜられ[13]、同八年四月に卒するので[14]、年次は同二年から七年までとなる。内容から推せば、宗入が大友氏と幕府との間を仲介していることから、前述した永禄三年頃の豊後下向以降である可能性が高い（【2】を永禄三年とすれば実質翌四年以降）。

【4】【5】の二点は、同日付で大徳寺に宛て「前々筋目不レ可レ有二別儀一」ことを約した義輝御内書を[15]、同寺興臨院・如意庵に伝達するものである。このなかに「只今八幡迄罷越候間、捧二愚札一候」とあるのが、永禄五年五月頃宗入が山城八幡郷に移居したこと（後述）を指すとするなら、これを上限とし、義輝が殺害された同八年五月を下限として、年次は同六年から八年までに絞られることになる。

以上B型はA型のあと、永禄四年から八年頃に使用されていたことになる。形状の基本構造はA型と変わらないが、くらべると上から押し潰したようにやや扁平になり、y字と半円が重なるように書かれ、半円の線が比較的細目になる。

3　D型

次のC型は問題があるので後述することとし、D型から先に触れることにする（図2―3）。

D型花押をもつ原本は二点が確認される。うち一点は十二月十九日付で園城寺公文所に宛てた書状【15】、もう一点は十二月二十八日付で若狭の国衆武田彦五郎（信方）に宛てた書状【16】である。

花押は、y字というより、x字（ただしいっぽうの線は〝✓〟のように左下から右上にはねる）を書き、鏡餅のように扁平な円を上下ふたつに重ね、左右へ足のように伸びる二本の線を有した形状である。A型・B型から基本構造は若干変化しているものの、おおよそのかたちは継承しているといえよう。

【15】は園城寺の忠功を賞し、「相坂両関」を立てたことを認め、同寺一切経料所の替地を用意することを約し

た内容である。永禄十一年における足利義昭上洛に園城寺が協力したことに対する行賞であると考えられるので、義昭上洛後、次に述べる宗入の豊後下向までの永禄十一年から元亀元年のものと推定される。

【16】では、来春西国へ使者として下向する予定が述べられている。元亀二年三月に宗入が第二次の〝豊芸講和〟を進めるための使者として、みたび豊後へ下向したことを指すのだろう。信方に対し「被レ対ニ国衆一御遺恨候共、公儀之御事ハ被レ加ニ御分別一、御忠節肝要候」とある部分は、元亀元年十月頃に若狭国内の情勢が不安定になっていたことを指すと思われる[16]。以上から【16】は元亀元年と推定される。ちなみに宗入室は武田元光息女であり、信方は元光の孫にあたる。

D型とおぼしき花押を据えた写しがほかに二点存在する。一点は龍安寺養花軒に田畠を売却した永禄十二年八月二十八日付の売券[17]【14】(図2―4)、いま一点は島津義久家臣喜入季久に対し豊後から薩摩下向の志を述べた十一月十四日付の書状【17】である(図2―5)。【17】は文言から宗入豊後滞在中のものであるので(「此比豊州仁令ニ在国一間」)、これを収める『後編薩藩旧記雑録』が推定するとおり、元亀二年と考えて間違いない。

以上写しではあるが、一点が永禄十二年、もう一点が元亀二年であることを傍証に加えうる。原本二点の推定年次もその時期に近く、矛盾はない。

4 小括

ここまで述べてきた晴通花押の変遷をまとめると、永禄二・三年頃にはA型、同四から八年頃のB型、同十一年から元亀二年頃のD型ということになる。比較的短い期間に、見た目ではっきりわかる変化を遂げている。ただし変化をもたらした歴史的背景についてはそれぞれ明らかではない。

二　足利義晴・義昭と久我晴通の花押

D型の花押がこれまで確認されている久我宗入のもっとも遅い時期の花押であることをふまえて、その形状に注目すると、これに似た花押として検討に値するのが、便宜的にC型としたものである（図2―6）。ただし、この花押がある現在確認できる文書四点は、いずれも封紙・本紙ともに署名がなく、花押しか据えられていない。このためこれら四点は宗入書状とされていない。

【7】は中興養牛（不明、僧侶か）に宛てた十月十三日付の書状。彼の「参陣之儀」を賞し、「松井分一円」「野田買得分」を給付した内容である。本文書を収めた『武家手鑑』では、天保十二年（一八四一）の目録において発給者を「公方義晴公」とし、現在もそのような扱いになっている[18]。しかしながら、副状発給者が山岡美作守（おそらく義晴の子義昭の時期に活動が見られる景隆を指す）である点などを考えると、将軍義晴の御内書とはみなしがたい。

『武家手鑑』がこの文書の発給者を義晴と断定した根拠は花押であろう。足利将軍家の花押を包括的に論じた上島有氏の研究によれば[19]、義晴の花押Ⅲと分類されるものが似ている（図2―8）。上島氏はこの義晴花押Ⅲを、天文五年に公家様花押（花押Ⅱ）から変更されたものであり、花押Ⅱとおなじく「萬」を形象化したものではないかと論じている。この花押は義晴の署名とともに用いられるばあいもあるので、義晴の花押で間違いない。

図2―6と比較すると、たしかに上部のy字、扁平の円が上下重なり、左右に足のように線が伸びている点が似ている。しかしながら、あえて違いに注意すれば、上部の円が小さく、それと重なるy字の頭が円から大きく飛び出している点、C型とは異なる。

ただし、『岩田佐平氏所蔵文書』にある三月四日付義晴御内書（湯河宮内少輔宛）にある花押（図2―9）が他の「義晴花押Ⅲ」と異なり、C型に近いことは申し添えておかねばならない。また、先にD型として紹介した【15】の図2―3も、図2―8の義晴花押と構造はほとんどおなじと言ってよい。佐藤進一氏は大友宗麟・義統父子に花押の襲用があることを指摘しているが、[20]C型が義晴でなく別人のものなら、それが義晴の花押の襲用と称しておかしくないほどの類似性がある。

襲用の問題はおいて、そもそも【7】は、前述のように内容的に時期が大きく下ると考えられるから、似てはいるものの、そこに据えられた花押、ひいてはC型は義晴花押ではないと考えるのが妥当である。

そこでおなじC型が据えられた【8】を見てみよう。これは次のような文書である。

当寺之儀、公方任二制札旨一、聊以不レ可レ有二異儀一候、若非分之輩於レ在レ之者、堅可二申付一候、猶光浄院・玉林坊・山岡美作守可レ申候也、穴賢〳〵、

十月十四日　（花押）

大徳寺

礼紙の押紙に「当公方御内書」とあるが、文書には「当寺之儀、公方任制札旨」とあるので、将軍の御内書ではありえない。それゆえだろう『大徳寺文書之一』（五四九号）でも、文書名を「氏名未詳書状」としている。この文書も【7】同様書止文言が「穴賢〳〵」であり、副状発給者が光浄院（暹慶・山岡景友）・玉林坊（玉林斎山岡景猶）・山岡美作守（景隆）という近江の国衆山岡氏の三兄弟である。日付の点から言っても【7】との親近性が高い。

山岡三兄弟のうち、少なくとも長男美作守景隆は、永禄十一年九月における義昭・信長の上洛に協力したとされている。[21]暹慶が院主であった園城寺光浄院もまた、上洛時に義昭たちが宿泊していた。[22]永禄十一年十月頃、義

昭はいったん上洛したあと、すぐに信長とともに摂津へ出陣し、十四日に帰洛した。彼に征夷大将軍宣下があったのは同十八日のことである。

そうした経緯を考えると【7】【8】は、義昭上洛にあたり協力した「中興養牛」に所領を給付したり、上洛直後の混乱した京都情勢のなかで、大徳寺に出された将軍の禁制を保障するなど、このときの上洛に関わる可能性が高い。すなわち永禄十一年の文書となる。

もう一点の【9】は、十月十六日付で大嶋吉丞なる人物が「出張の儀」に参じたことに対し、雨方（宝）院分染物公事・鳥羽庭待寺分をあたえたものである。(23)

就㆓今度出張之儀㆒参、神妙候、仍雨方（宝）院分染物公事鳥羽庭待寺分遣㆑之候、弥可㆑抽㆓忠功㆒儀肝用候、穴賢〱、

十月十六日　（花押）

大嶋吉丞とのへ

こちらには山岡氏の名はなく、宛先の人物・給付対象もよくわからない。花押も【7】【8】にくらべていくつか筆が加わっている。ただ全体的な形状や日付・内容から、これもおなじ花押であり、永禄十一年と推定して問題ないと思われる。やはり書止文言は「穴賢〱」である。

これら三点いずれも一見将軍（もしくはそれに準じる立場）が出した御内書のようであるが、御内書としてはへりくだった「穴賢」の書止文言に加え、【8】では「公方任制札旨」とある以上、まだ将軍宣下を受けていないもののすでに御内書を発給している義昭が出した文書とも考えがたい。【8】のような形式により中途半端な権利保障をせず、正式な御内書を発給するはずだろう。(24)

そうなると、D型との類似から、これら三点の文書の差出者が久我宗入である可能性が高くなる。形状からい

えば、C型だけでなく、その祖型でもある他の型も含め、宗入の花押は諱を受けた義晴の花押（具体的には上島氏による花押Ⅲ）をもとにしたと考えられよう。

たとえば室町幕府内談衆として義晴に近仕した大館晴光が、天文二十一年頃から永禄二年頃まで使用していた花押（図2—10）もまた義晴の花押Ⅲによく似ている(25)。義晴の義弟にあたる宗入、家臣の晴光は、それぞれ偏諱を授かった相手でもある義晴の花押をもとにした花押を一時期使用していたといえそうである。

ところで最近、保立道久氏らによる『大徳寺文書』を用いた料紙紙質の研究のなかで【8】の科学的調査がなされている。その結果【8】は将軍御内書とみなして遜色ない「杉原上・厚」（色が白く、厚さは〇・二〇から〇・二五ミリ前後、簀目は細かく糸目も目立ち、澱粉量の多い紙）に近い紙質の料紙であることから、これをあらためて義晴御内書だと指摘されている(26)。

しかし右に述べたように、同様の花押を持つほかの二点を加えて検討すれば、【8】は義晴御内書とは考えがたく、やはり宗入の文書と考えるべきだろう。ただし、保立氏らの研究をふまえたとき、宗入が将軍御内書に用いられるような料紙によって文書を発給していることになり、この点宗入と将軍権力の関わりを考えるうえで興味深い問題となる。

義昭上洛直後、宗入が義昭近くにあったことは別の史料からも確認でき、この点は次節で触れたい。以上より、これも宗入の花押とみなし、時期的にD型の前（永禄十一年頃）に見られることから、C型とした次第である。ただしこのC型を宗入花押としたとき、あらたな問題が生じる。蕪木氏が義昭の花押「昌山様Ⅰ型」と措定するいっぽうで、義昭のものでない可能性も書き添えている花押（図2—7）と、このC型がよく似ているのである。

この花押があるのは、国立国会図書館所蔵『古簡』二(27)に収められた、天正二年に推定される卯月十四日付の御内書である【18】。

其表儀、大坂・高屋方々調略、無二油断一令二苦労一由、別悦喜候、為レ其重染レ筆、弥才覚頼入候、就レ其其許相越儀、片時急度候、信長至二摂・河一働由候、幸儀候条、似合之行可レ在レ之事候、引退以後相越候而者無レ曲候、此砌随分其調専用、吉左右相待候、次従二豊州一、武田刑部太輔註進状趣、珍重候、相二求急便一、大坂幷東国可レ然通可二申下一候、又西国内書調進候、喜入摂津守令二馳走一由、能々可二申越一候、委細昭光可レ申候也、

卯月十四日　（花押）

（墨引）

一色式部少輔とのへ

信長の動きなどから天正二年とみなしてよい文書であるが、このとき義昭はすでに京都を退去して紀伊にあった。『古簡』の押紙に「霊陽院義昭公」とあり、『大日本史料』でも花押を義昭としている[28]。たしかに文言だけを見れば、信長攻撃への意欲に満ち、一色藤長の摂津方面での調略活動をねぎらい、西国に内書を遣わすだとか、真木嶋昭光が副状発給者となっている点など、義昭御内書であることを疑う余地はないように思える。

しかしながら、まったくおなじ日付で島津義久に協力を依頼した御内書[29]では、蕪木氏が分類する義昭の「公家様Ⅲ」型花押が据えられ、また、翌十五日になると、おなじ一色藤長に対し、似たような内容の、「公家様Ⅲ」型花押が据えられた御内書[30]が出されているのである。この二点と【18】との矛盾をいかに考えればよいだろうか[31]。

そもそも正文か写しかという問題もあるが、ともに成巻されている義昭御内書などを考えれば、特段疑うべき点は見られない。正文とすれば、次の三つの可能性が考えられる。（1）【18】も義昭の御内書である。つまり花押は義昭の別体である。（2）義昭の御内書として作成された文書が何らかの事情で義昭の判が据えられず、別

人が判を据えて出した。(3)花押が宗入のD型と類似することから、【18】は宗入の書状である。

(1)のばあい、右に述べた二点の矛盾を解決しなければならず、また義昭がこのような花押を用いた類例による裏づけが必要となる。蕪木氏が昌山様の例(Ⅱ型)としてもう一つ掲げたのは、上書に「昌山」の署名がある義昭出家後のものである。ただし【18】の花押と似てはいるが、これまた多少線や跳ねなどに違いがあり、しかも傍証とするには時期が離れすぎている。(2)もまた、将軍御内書に他者が判を据えて出すような事例があるかどうかの裏づけが必要である。

(3)は深い関係があった豊後大友氏に関わる文言や花押など、宗入を思わせる要素があるものの、C型が据えられた他の文書と比較して、文言がよりいっそう将軍御内書にふさわしい風格をそなえたものであるため、ただちに宗入と断定するにはためらわれる。しかも同型とした【7】【8】【9】とは時期が離れており、あいだにD型を挟んでいる。【18】にある花押の形状をC型の他二点とくらべると、上部の円が角張って台形を上下逆さまにしたような書き方となり、y字(x字)から伸びる線がその外部に突き出ている点、微妙な差異もある。

以上のようにそれぞれに問題はあるのだが、ひとまずここでは、花押形状を第一の判断基準として、(2)の可能性を残したうえで、(3)の考え方を採り、【18】を宗入の書状とみなしておきたい。その意味でC型と多少形状が異なる花押として、C2型とすべきかもしれない。すなわち宗入書状としては最晩年のものとなり、内容からは、義昭追放後も宗入は彼と行動をともにしていたことがわかるのである。

三　久我晴通と末期室町幕府

1　出家以前

前節までの花押および発給文書の検討をふまえ、ここでは晴通と末期室町幕府との関係を見てゆきたい。便宜的に天文二十二年の出家と義昭の上洛を区切りとして、三期に分けて考えることにする。

冒頭で述べたように晴通は近衛尚通の子として生まれ、十三歳のとき久我通言の養子となり久我家に入った。しかしながらその後も実家近衛家とのむすびつきは強固に保たれていた。たとえば兄稙家の正室慶子（細川高基息女）と義兄弟の契約をむすんだり[32]（慶子が久我通言の養女となる）、ふだんの生活のなかでは、父母の生見玉（両親の揃った子どもたちが盆に親をもてなす行事）に兄稙家ら兄弟姉妹とともに父尚通第に集まったり[33]、おなじく兄弟たちと賀茂競馬を見物したりしている[34]。

姉（のちの慶寿院）が将軍足利義晴に嫁ぎ、彼女が産んだ子義藤（のち義輝）が次の将軍となることによって、近衛家は室町将軍家の外戚として幕府と強い関係を構築した。黒嶋敏氏は先行研究をふまえこの時期を、「将軍家と外戚近衛家が連合し公武の協調から政権安定を図る「足利—近衛体制」期」であるとしている[35]。右のような実家近衛家とのつながりのなかで、晴通も「足利—近衛体制」の一員として将軍権力と深い関わりをもった。

姉が義晴の子を身ごもり出産するにあたっては、その御産所に出仕したり、無事男子（義藤）を出産したあとは、兄弟たちと一緒に義晴のもとに参賀している[36]。また将軍御所の日待に祗候したり、御所で催された能を兄弟たちと見物したり、鷹狩のための義晴の鷹を晴通自身が据えて後奈良天皇のご覧に入れる、義藤の元服に出仕するなど、日常的に将軍義晴に近仕する様子がうかがえる[37]。

義晴・義藤父子は京都および畿内の政情不安によりたびたびの離京を余儀なくされた。晴通はこうした彼らの行動に常に付き従っていたわけではないが、たとえば天文十一年三月、近江坂本にあった義晴が上洛するにあたり、兄稙家や大覚寺義俊とともに乗馬してこれに供奉した(38)。逆に同十八年六月の義晴・義藤父子の近江穴太落ちにも同行している(39)。

義晴は同十九年六月に穴太にて薨ずるが、晴通は引きつづき義藤に仕えた。同月二十八日に坂本にあった義藤に祗候していることが確認できる(40)。義藤は三好長慶と和睦して同二十一年正月に帰洛を果たした。晴通の出家は、その後在洛した義藤の施政において発言力を増していた姉慶寿院との関係に起因する。

前述のとおり、出家のきっかけは、彼が慶寿院に「世上の儀」を意見したところ容れられなかったのを不満としたことにあるとされる。気になるのは、出家からわずか二十日後の天文二十二年四月二十七日、正室（武田元光息女）が急逝しており、このとき「調法歟」という噂があったらしいことである(41)。晴通（宗入）の出家に調法（調伏）を推測されるようなどす黒い背景がひそんでいた可能性をうかがわせるものの、その後この件についての史料はまったく見られない。

宗入は出家後も変わらず義輝（天文二十三年に義藤より改名）に仕えていることが確認されるから、この時の出家が義輝政権内部における権力抗争のような大きな問題につながるものではなく、単純に宗入の姉に対する個人的な不満にもとづく突発的な感情の爆発によるものと考えたほうがよさそうである。

2　出家以後

出家後の宗入は、むしろ出家する以前に増して将軍義輝に重用され、ここからの活動が史料に顕著にあらわれるようになる。文書【1】【2】に見られる永禄三年後半から四年頃の第一次豊後訪問を皮切りとした豊後大友氏との交友関係を土台に、永禄六年の義輝による大友義鎮と毛利元就・隆元との和平調停（豊芸講和）の特使として、同年豊後を再訪することになる。この講和について詳しくは宮本氏の研究に譲るが、義輝から派遣されたのは、毛利方担当として聖護院道増、大友方担当として宗入と、母方のおじにあたる近衛家出身の法体ふたりであった。義輝の将軍としての外交政策は、「足利—近衛体制」がひとつのよりどころとされていたのである。

のち義昭が将軍であった時期にあたる元亀二年から三年にかけての第三次訪豊（後述）もあって、大友宗麟およびその家中と晴通には深いむすびつきがあった。ここで少し宗入と大友家とのつながりを見てゆくことにする。

義昭上洛以前の話であるが、大友宗麟がイエズス会宣教師たちの優遇を朝廷に申し入れるさい、頼ったのが宗入であった。「豊後の国主（大友義鎮）は、内裏の家のもっとも重立った殿たちの一人で久我殿という人に一書を送り、なかんずく伴天連たちを優遇されたい。（そのようにお取り計らいいただければ）予は大いに喜ばしい。貴殿が彼らの布教事業をお助け下さるならば、予は予自身に対する御好意と見なし（感謝する）であろう、と記した」と『フロイス日本史』は語る。(42)

宗入の子息で本国寺の住持であった日勝が、還俗して宗麟のまねきにより豊後に下って三休と名乗り、宗麟の娘を室としている。(43)『フロイス日本史』によると彼は天正十六年に没したとあり、この記録のなかにも何度か登場するが、室とともに一貫してキリスト教と対立する「異教徒」として描かれる。(44)

のち三休の子孫は一尾を名乗って徳川将軍家に仕え、代々御書院番・御小姓などを務めている。(45)一尾氏の系図によれば、三休と宗麟息女のあいだに生まれた子通春（一尾淡路守）は宗麟嫡子義統の息女を室としており、大友氏と二重の血縁関係をむすんでいた。(46)

また一説によれば、豊後宇佐八幡宮の別宮ともいわれる奈多宮の大宮司奈多家に宗入の末子（万福丸・直基）が養子に入ったとされる。奈多家からは永禄・天正年間頃の当主鑑基の息女が宗麟の正室となっており、義統を産んだ。この鑑基の嗣子鎮基の室が宗麟息女である。『杵築市誌』によれば、鎮基には「実子が無く、京都の久我家から、大納言晴通の末子万福丸を迎え、養っていたが、鎮基の死と共に京に帰った」という。(47) しかしながらその典拠が明らかでなく、久我家の系図にも万福丸なる宗入の子は確認できず、確証はない。豊後の有力国衆田原氏とも絡んだ以上のむすびつきを系図3に示した。

さてこの間、文書【4】【5】の年次比定と関係することがらであったが、宗入は永禄五年五月時点で住まいを山城国八幡郷内に移したことがわかっている。同年三月、三好長慶弟実休が討死したことにより義輝が八幡に移座していることと関係するのだろうか。(48) ただし同元年八月に久我家は森甚四郎光友なる人物から八幡柴座にある屋敷（四室、口七間・奥十二間）を百貫文にて買得しており、この家が宗入の住まいとなったのかもしれない。(49) したがって宗入のばあい一時的な退避というわけではなかった。なおその後宗入は同十二年十一月にふたたび禁裏の近くに居を戻した。(50)

義輝近くにあった宗入にとって重要な事件に、永禄八年五月十九日に起きた松永久秀らによる義輝殺害という政変がある。このとき出家の原因となった姉慶寿院も、子の義輝と死をともにした。(51)

この政変により洛中の軍事的緊張がしばらく続いたことに関係するか、同年十月十一日付で、飯川信堅・細川藤孝・一色藤長の三人が連署した軍勢の乱妨狼藉などを禁止する禁制が大徳寺宛に出されている。(52) 同日付の大徳寺寺家中・才首座・地蔵院宛の藤長書状が出されており、「京都不慮之砌」などとあることから、同年と考えてよい。(53) 禁制に添えるかたちで出されたものであろう。

このうち才首座宛書状のなかに、「先度久我入道殿御使者へ書状言伝申候、無二参着一候哉、京都不慮之折節、御尋之由、過分至候」という文言があり、政変のおりに才首座より見舞いがあったことに対し、藤長は宗入を媒介として返事を送っていることがわかる。文書【4】【5】に見られる幕府と大徳寺のあいだを宗入が仲介する

系図3　久我・大友・奈多家関係系図

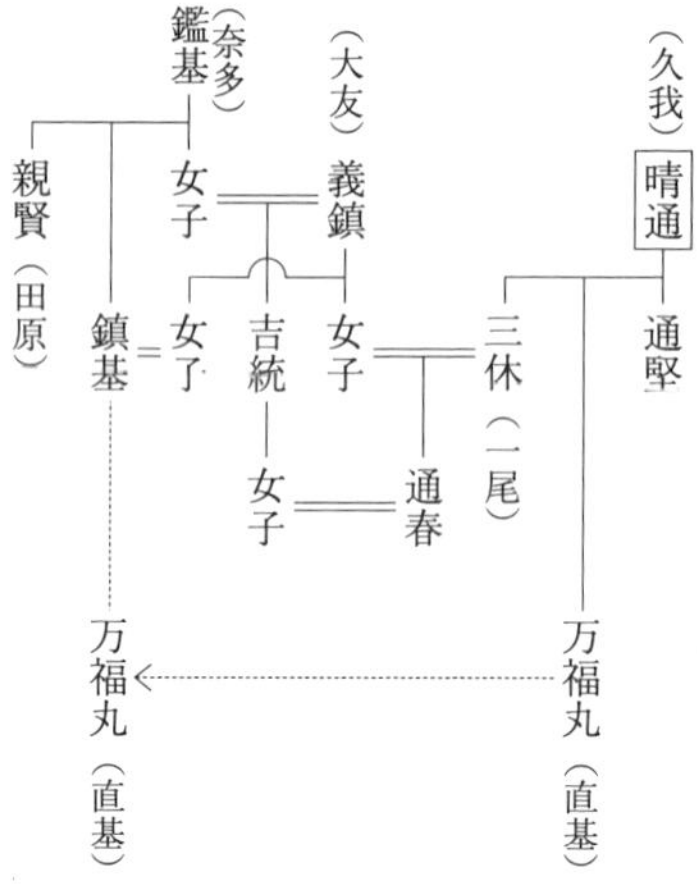

といった関係が義輝没後にも利用され、なおかつこの時点で宗入が藤長（ひいては彼らが擁する一乗院覚慶、のちの義昭）の近くにあって活動していたことも明らかとなる。義輝の近くにありながらも、姉のように政変の犠牲とはならず、引きつづき幕府（義晴―義輝の系統）と密接に関わっていた。

もっともその後の活動において、たとえば永禄十年三月二十六日に甥近衛前久第で催された能に子の通俊（のち通堅）と参じ、みずから大夫を一番勤めていることなどをみると、この時期越前朝倉氏のもとに身を寄せていた義昭と行動をともにしていたわけでなく、禁裏周辺で生活していたと考えられよう。

3　義昭上洛以後

そうした宗入の立場に変化がおとずれ、ふたたび将軍家と深く関わるようになるきっかけが、義昭と信長の上洛であった。このとき義昭の身近にあって、将軍に準ずるような立場で上洛に協力した者たちに所領・諸役の給付、禁制の保障などをおこなっていたことは、文書【7】【8】【9】の考証において述べたとおりである。

義昭の上洛前後、宗入が彼と行動をともにしていたことは、将軍宣下直前の永禄十一年十月十六日、参内のために義昭が着する装束について家司信濃兵部丞を山科言継に遣わしたり(54)、将軍宣下後、細川藤孝・和田惟政とともに、信長に「副将軍」か管領への就任を要請する使者となっていることからもわかる(55)。

また、翌同十二年正月、信長が岐阜に帰った隙を突いて三好三人衆らが本国寺にあった義昭を襲撃したさい、宗入が細川藤孝・池田勝正らとともに行方不明になったという噂が流れた[56]。これなども宗入が義昭近くにあったと周囲に認識されていたことを示すだろう。谷口研語氏は、義昭入京以前に久我父子（息通堅も谷口氏は含めている）が義昭陣参衆となっていたと指摘しており、この宗入の行動は、義昭と対立していた義栄に反感をもっていたからだと推測している[57]。

上洛前後に宗入が義昭の近くで活動したことの行賞とでもいうべきか、永禄十一年十一月には幕府（義昭）より御料所丹波大内荘の代官職をあたえられ、同十二年三月には家領山城東久世荘の一円安堵を受けた[58]。

父義晴・兄義輝の権力基盤を引き継ぐかたちで将軍となり京都に入った義昭の朝廷とのむすびつきは、自身も近衛家の血を引く人間として、それまでの「足利―近衛体制」がよりどころとなるはずである。ところが義昭上洛時の近衛家当主であり、義昭の従兄にあたる関白近衛前久は「被㆑違㆓武命㆒」という理由で上洛直後に京都を出奔して関白職を解かれ、しばらく薩摩の島津家のもとに身を寄せることを余儀なくされた。

橋本政宣氏は、前久は兄義輝を殺害した勢力の一人である松永久秀に近く、それゆえ「佞人之所行」（讒言のような行為か）により義昭の不興を買って京都にいられなくなり、出奔せざるをえなくなったと論じている[59]。前久を陥れた「佞人」が誰にあたるのか明らかではない[60]。前久の京都不在により、前代以来の「足利―近衛体制」は必然的に空洞化することとなったが、義昭の叔父で近衛家出身の宗入が近くにあることにより、かろうじて「足利―近衛体制」が残存していたといえようか。

すでに出家していたとはいえ、「足利―近衛体制」の生き残りとして将軍義昭と朝廷とをつなぐ人物の一人であった宗入は義昭の信任を得ていたと思われ、また朝廷も宗入を通じて義昭に申し入れをおこなうことがあった。たとえば永禄十三年二月の義昭参内のおりは、山科言継が宗入を通じて義昭参内を催促しており、同年四月の元亀改元時は、その話が持ちあがった最初の段階（正月から二月頃）における朝廷と義昭の間の窓口となっている[61]。

ところで宗入が永禄から元亀年間にかけて将軍権力の中枢近くにあったことをうかがわせる文書として、次のものがある。

従二愚庵一注進状披見候、先度注進与相替候、金山(信貞)儀、其外松少(松永久秀)人数高屋へ討捕候事者、雑説相聞候、猶其元にて才覚候て可レ然候、河州表事者、如何様候、火急可レ為二一途一候、何と可二成行一候哉、一昨日和伊(和田惟政)・飯山(飯川信堅)各為二談合一、大門(大覚寺尊信)迄参候、山佐(山本実尚)参会候哉、何と調儀相定候哉、次彼一儀如何候哉、無二油断一各申談、調肝要候、前到来候南方注進状遅々候、尚以尋候て、自レ是可レ遣候、猶秀可レ申候也、

追而申候、愚庵文為二心得一候間、大門・飯山・和伊各へ可二相見一候、かしく、

(墨引)

一色式部少輔(藤長)とのへ(62)

日付・署判などがないが、書風や宛名・内容などから推して義昭の書状であると思われる。河内高屋をめぐる戦闘、一色藤長の出陣、和田惟政らの談合といった内容、宗入の元亀二年四月以降の豊後下向という時期的状況から、元亀元年七月から十月にかけて起きた三好三人衆と義昭・信長方とのあいだの摂津・河内をめぐるいくさに関係するものだろうか(63)。ここでは、宗入が義昭に対して河内における戦闘に関する注進状を伝達する立場にあったことを確認できればよい。

こうした義昭との近しい関係は、日常的な行き来がその土台にあった。永禄十二年頃、イエズス会宣教師たちの日本における居住許可をめぐり、朝山日乗の妨害を斥けてルイス・フロイスが義昭に直接面会できるよう、和田惟政の発案でフロイスが持っていた目覚時計を義昭に進上すると、義昭ははなはだこれに興味を示すというできごとがあった。

(かくて)その時計がもたらされると、公方様はさっそく司祭(フロイス―引用者注)を呼ばせ、それを眺め

てとても喜び、内裏の最高の公家の一人である伯（叔）父の久我殿、および大勢の貴人たちを呼んで彼らにそれを見せた。（公方様）は司祭を自分のところに呼んで、その時計について幾多詳しく質問した。そして久我殿が、かつて自分が豊後で見たものは、もっとずっと立派で、人が手を触れなくても、昼夜、時を打つものであった、と語ると、（公方様）は非常に驚嘆し、それをぜひ見たいから取り寄せてもらいたいと言った。(64)

右の挿話からは、義昭と宗入の親しさが浮き彫りにされるとともに、宗入の豊後滞在中の経験も語られ、興味深い。

前述のように、宗入は元亀二年四月頃から三度目の豊後下向を果たす。将軍義昭による毛利輝元・大友宗麟の和睦調停の使者としてであり、これをさかのぼること八年前の永禄六年に兄義輝がこころみたこととおなじ役割を帯びての下向であった。この年の十一月には、薩摩島津義久の家臣喜入季久に対し、豊後より薩摩下向の意志を示すなど【17】、豊後（九州）滞在は比較的長期にわたった。年があらたまった元亀三年二月の段階で、宗入は義昭からなお豊後にとどまり和睦に尽力するよう求められているので(65)、帰洛はその後のことになる。

その後、元亀三年三月・八月に、将軍御所築地普請を「久我殿」が割り当てられていることが確認されるもの(66)の、これをもって宗入が帰洛していたとは断言できない(67)。帰洛の時期が明らかでなく、没するまでほとんど史料上にあらわれなくなるのだが、前節で【18】について推測したように、信長との対立が深刻化していた天正二年四月頃に義昭の近くにあったと思われるから、元亀三年二月以降のある時期には帰洛して、ふたたび義昭に近仕していたと考えざるをえない。

むすび

久我晴通（愚庵宗入）は、関白近衛尚通の子として生まれ、当時の近衛家の足利将軍家との密接な関係のもとで、将軍家に近い公家として活動した。姉慶寿院との対立や甥義輝の殺害といった〝政治生命〟の危機に瀕するようなできごとに遭遇してもなおその立場を失わず、一貫して将軍家近くにあったことは特筆できるのではあるまいか。そして豊後大友氏との関係を軸に、将軍外交（大名間調停）という局面において存在感を発揮した。

義昭が天正元年七月に京都を追放されてからの宗入の足どりは史料上まったくわからなくなってしまうが、義昭が紀伊から河内へと逃亡生活をおくっていた途上の天正三年三月に薨じたということを考えると、室町時代末期の混迷した時代のなかで、将軍権力に寄り添ったがゆえに、その衰退とともに身を殉じたとも言える一生であった。この点前章で論じた三淵藤英の一生と相通じるものがある。

義昭が、父義晴・兄義輝の構築した、姻戚関係にもとづく「足利―近衛体制」を受け継ぐことができず、かろうじて出家した立場である宗入がその関係を背負っていたことは、義昭が朝廷に対して消極的な対応をとっていたことと関係があるのかもしれない。(68)

最後に宗入と信長の関係に触れておきたい。義昭と信長との間に多少の波風が立ち始めていた永禄十三年三月、勅勘を蒙って逼塞していた嫡男通俊（通堅）の勅免を画策し、宗入はまず信長を頼った。宗入は信長が通俊勅免を後押ししてくれているので、このことを禁裏女官の長橋局に申し入れるよう山科言継に依頼した。言継は三条西実澄・万里小路惟房を通じて勅免を申し入れたものの、結局正親町天皇はこれを許さなかった。(69) これを見ると、信長も宗入に比較的好意的であったと言える。

その通堅も父宗入のあとを追うかのように、父の死から一ヶ月も満たない天正三年四月六日に、堺において薨ずる。(70)通堅は勅勘を受け逼塞したこともあって、父宗入以上に足どりが定かでないのだが、追放後義昭が一時期堺にあったことを考えると、義昭・父宗入と一緒に京都を離れた可能性を想定せしめる。

残された久我家当主敦通（通堅の子、当時季通）はわずか十一歳であったが、信長は同年七月、公家に対する一斉所領給付（十一月）に先がけて久我家に所領を安堵した朱印状を発給するなど、(71)不思議に久我家を厚遇する。数奇な運命をたどった祖父・父が物故していたにもかかわらず、のち敦通は豊臣政権と朝廷をむすぶ「豊臣伝奏」(72)の一員となるなど、久我家の朝廷社会における存続に力あったのである。

註

（1）史料編纂所編纂『大日本古記録　後法成寺関白記四』（岩波書店）所収「近衛尚通略系」。なお尚通の家族については、湯川敏治「中世公家家族の一側面―『後法成寺関白記』の生見玉行事を中心に―」（同著『戦国期公家社会と荘園経済』続群書類従完成会、二〇〇五年、初出一九八一年）・後藤みち子『戦国を生きた公家の女性たち』（吉川弘文館、二〇〇九年）も参照。

（2）水野智之氏は、晴通元服時に偏諱が授与されたのではないかと推測している。同著『名前と権力の中世史』（吉川弘文館、二〇一四年）七八・一七〇頁。

（3）史料編纂所架蔵写本。

（4）宮本義己「足利将軍義輝の芸・豊和平調停（上・下）」（『政治経済史学』一〇二・一〇三、一九七四年）。

（5）湯川註（1）論文において、この時期の近衛家のなかでの位置づけが、谷口研語『流浪の戦国貴族近衛前久　天下一統に翻弄された生涯』（中公新書、一九九四年）において、義昭上洛前後の動きについて触れられている程度である。

（6）『言継卿記』天文二十二年四月九日条。

（7）高梨真行「将軍足利義輝の側近衆―外戚近衛一族と門跡の活動―」（『立正史学』八四、一九九八年）。

（8）守護職の補任は『大分県史料』二六―一六号・六号、探題職補任は『大分県史料』二六―五号。

（9）『大分県史料』二六―一号。

（10）『大分県史料』二六―九号。

(11)『愛媛県史』資料編古代・中世一八二九号。『戦国遺文　瀬戸内水軍編』一六九号。ただし磯川いづみ「天文期伊予河野氏の対京都外交—梅仙軒霊超を介する「近衛ルート」—」(『戦国史研究』六七、二〇一四年)のなかで磯川氏は、本文書を永禄六年の〝豊芸講和〟のおりに豊後に下向した宗入が帰洛後出したものと推測している。

(12)福川一徳「戦国期大友氏の花押・印章編年考」(『古文書研究』三一、一九八九年)。

(13)『歴名土代』。

(14)『言継卿記』永禄八年四月二十八日条。

(15)『大日本古文書　大徳寺文書之一』二九三号(久我殿宛)。

(16)『大日本史料』十編之五・元亀元年十月二十二日条。

(17)この売券によれば、対象となったのは龍安寺門前中道田畠であり、もともと徳大寺家領だったが、宗入母瑞陽院(維子、近衛稙家室)が相伝し、宗入に譲与されたという。ここが「要用あるにより」二十五貫文にて売却された。後述するように売券の日付の三ヶ月後、宗入は永禄十二年十一月にそれまで住んでいた八幡から洛中禁裏近くの家を買得して転居しており、あるいはそのための資金に充てられたのかもしれない。

(18)前田育徳会尊経閣文庫編『武家手鑑』(臨川書店、一九七七年)。

(19)上島有『中世花押の謎を解く　足利将軍家とその花押』(山川出版社、二〇〇四年)。

(20)佐藤進一『増補　花押を読む』(平凡社ライブラリー、二〇〇〇年)、一七三頁。

(21)谷口克広『織田信長家臣人名辞典第2版』(吉川弘文館、二〇一〇年)。

(22)『信長記』巻一。滋賀県立安土城考古博物館平成二十二年度秋季特別展図録『室町最後の将軍—足利義昭と織田信長—』所収「山岡道阿弥画像」解説。

(23)村井祐樹氏のご教示による。写真を掲載した『思文閣古書資料目録』一七三号では、やはり文書名を「足利義晴御内書」とする。

(24)本章の初出論文では、永禄十一年十月十四日付で朽木元綱に所領を安堵した義昭御内書(『史料纂集　朽木文書』三一号)を例示し、蕪木宏幸氏の義昭花押研究(「足利義昭の研究序説—義昭の花押を中心に—」『書状研究』一六、二〇〇三年)をふまえて、そこに据えられた袖判花押が、永禄九年から十年頃に用いられている武家様Ⅱに分類される形状であることから、同十一年と書下年号のある文書として考えても矛盾はないと判断した。そのうえで【8】を永禄十一年のものとすれば、御内書

（袖判）が武家様であり、同一人が同日にまったく別の花押を用いて文書を発給することはありえないのではないかと論じた。しかし初出論文を発表した後、水野嶺氏から、義昭は武家様・公家様二種類の花押を併用している時期（永禄十二年）もあり、右の朽木元綱宛御内書のような袖判の場合は武家様を用いる事例しか確認できず、併用の可能性をまったく否定することはできないのではないかというご意見を頂戴した。そこで本章では、この部分を本文において根拠とすることはせず、義昭が「同じ日にまったく別の花押を用いて文書を発給する」可能性が低いことだけをこの註のなかで述べるにとどめた。なお義昭花押については、藤田達生「「鞆幕府」論」（『芸備地方史研究』二六八・二六九、二〇一〇年）、水野嶺「足利義昭の栄典・諸免許の授与」（『国史学』二一一、二〇一三年）も参照されたい。

(25)　内談衆としての晴光については、山田康弘『戦国期室町幕府と将軍』（吉川弘文館、二〇〇〇年）第五章参照。本来であれば晴光発給文書個々の内容を検討したうえで年次比定をおこない、花押編年を示して論じるべきだが、ここではその余裕がなく、史料編纂所日本古文書ユニオンカタログ・データベースおよび花押彙纂データベースを参照し、そこで示された年次比定に便宜的に依拠した。なお晴光の花押は管見のかぎり四種あり、本文で触れた義晴類似の花押の後、最晩年にはまた別の形状の花押を用いている。

(26)　保立道久・高島晶彦・江前敏晴・韓允熙・杉山巖・山口悟史・松尾美幸・谷昭佳・高山さやか「編纂と文化財科学―大徳寺文書を中心に―」（『東京大学史料編纂所研究紀要』二三、二〇一三年）。初出論文を発表したさいこの論文の存在を見落としており、高島晶彦氏にご教示をいただいた。この研究プロジェクトに加わっていた立場の者として恥ずかしいことであり、保立氏以下執筆者各位にお詫び申し上げたい。

(27)　史料編纂所架蔵写真帳『根岸文書』三所収。国会図書館ホームページから画像が公開されている。

(28)　第十編之二十一・天正二年四月二日条（二八三頁）。

(29)　『大日本古文書　島津家文書之一』九二号。

(30)　日本学士院所蔵『群鳥蹟』続篇（史料編纂所架蔵マイクロフィルム）所収。十編之二十・天正二年四月二日条に『足利義昭御内書』として収録。おなじ登録名にて史料編纂所に台紙付写真架蔵（架番号八八六―一一七四〇）。『群鳥蹟』については村井祐樹氏のご教示を得た。

(31)　ここで言及した四月十四日・十五日の一連の文書が孕む矛盾については、谷口克広氏のご教示を得た。

(32)　『後法成寺関白記』天文元年二月十二日条。

(33) 同右天文元年七月九日条など。
(34) 同右天文二年五月五日条。
(35) 黒嶋敏「山伏と将軍と戦国大名」（同著『中世の権力と列島』高志書院、二〇一二年、初出二〇〇四年）、二六八頁。
(36) 『後法成寺関白記』天文五年正月二十七日条・三月十六日条。
(37) 同右天文五年十月十五日条、同二十七日条、同十四年十二月二十四日条、同十六年正月十六日条。また、いかなる用向きか不明だが、義晴が晴通に御内書を発給している（同十月五日条）。
(38) 『惟房公記』天文十一年三月二十八日条。
(39) 『万松院殿穴太記』（『群書類従』雑部・巻五百二十）。ただし翌年正月には禁裏に参賀しているから（『御湯殿上日記』天文十九年正月十日条）、晴通はほどなく還京したものと思われる。
(40) 『言継卿記』天文十九年六月二十八日条。
(41) 同右天文二十二年四月二十八日条。
(42) 『フロイス日本史』第三十七章（中央公論社刊本四、一九四頁）。
(43) 『久我家譜』によれば母は嫡男通堅とおなじく武田元光息女。三休の還俗・豊後下向・宗麟息女との婚姻の時間的前後関係は定かではない。
(44) 『フロイス日本史』第三十七章（刊本七、一三八頁）、同第四十六章（刊本七、二四二頁）、同七十七章（刊本八、三一九頁）。なお『寛政重修諸家譜』では三休の没年を天正十五年とする。
(45) 『大日本史料』第十二編之一・慶長八年九月是月条。
(46) 『寛永諸家系図伝』（刊本十三）および『寛政重修諸家譜』巻四百五十九（刊本八）に収められた一尾氏の系図では、三休を晴通嫡子通堅の息とするが、母を元光息女とするため、久我家の伝どおり晴通息としていいだろう。また『寛政重修諸家譜』で三休の諱具堯とするのは、晴通の子のうち別家桜井家（のちの岩倉家）を立てた兄弟のことだから、一尾氏の系図と久我家の系図には、さらなる精査が必要であることを付けくわえておく。
(47) 『杵築市誌』（杵築市教育委員会・杵築市誌刊行会、一九六八年）、一八六頁。
(48) 『御湯殿上日記』永禄五年三月六日条。『厳助往年記』同日条など。
(49) 國學院大学久我家文書編纂委員会編『久我家文書』（続群書類従完成会）二―六一八～六二二号。同書では森甚四郎の諱を

「光丈」とするが、後述する相論文書、および同書掲載の文書写真より判断して光友としておきたい。天文二十一年九月から十月にかけ、森家に家財をめぐる相続相論が起きた。このなかで甚四郎は実父大富宗善より家・蔵などを譲与されており、その家は宗善が京都より古屋を買い取って八幡に移築したものだと語られている（『大日本古文書　蜷川家文書之三』六五一号。この前後に相論関係の文書が収められている）。この相論において光友所有と決した家が六年後の永禄元年に久我家へ売却されたのだろう。

(50) 新居は山科言継第の向かいにあった（『言継卿記』永禄十二年十一月六日条）。高橋康夫氏によればこの新居は、一条烏丸にあった山科第の烏丸通をはさんで向かい（烏丸通西頬）であり、かつて義晴乳人宮内卿局・義輝乳人春日局が住んでいた屋敷と推測されている（同『京都中世都市史研究』思文閣出版、一九八三年、四一五頁）。なお今谷明『言継卿記　公家社会と町衆文化の接点』（そしえて、一九八〇年、のち講談社学術文庫収録）も参照。

(51) この事件（永禄の政変）については、山田康弘「将軍義輝殺害事件に関する一考察」（『戦国史研究』四三、二〇〇二年）参照。

(52) 『大徳寺文書之一』二九七号。

(53) 同右二九九〜三〇〇号。なお『大日本史料』第十編之一では、これら書状を永禄十一年とするが、本文にあげた「京都不慮之砌」の文言、および、地蔵院宛の書状中に、禁制について「奉行遅参候条、先如此候」とあって、この禁制が信堅・藤孝・藤長三名の連署で出された理由を述べていると考えられることから、『大日本古文書』の比定どおり永禄八年と考える。

(54) 『言継卿記』永禄十一年十月十六日条。

(55) 『信長記』巻一。谷口研語註（5）書参照。

(56) 『言継卿記』永禄十二年正月七日条。

(57) 谷口註（5）書、七六頁。

(58) 『久我家文書』二―六七〇・六七一号。

(59) 橋本政宣「関白近衛前久の京都出奔」（同『近世公家社会の研究』吉川弘文館、二〇〇二年、初出一九九四年）。

(60) 谷口研語氏は、「佞人」とは断定していないが、二条晴良と久我宗入父子を、「前久に対する義昭の悪感情を助長した」と推測している（谷口註（5）書、七五頁）。

(61) 『言継卿記』永禄十三年正月二十日条など。『大日本史料』第十編之四・元亀元年二月二日条、同四月二十三日条に関係史料収録。

(62)『群鳥蹟』続篇。判読にあたっては村井祐樹氏のご教示を得た。

(63)同年八月末から九月にかけ、義昭が山城勝竜寺城から摂津中嶋城へと出陣した時期のものかもしれない。

(64)『フロイス日本史』第三十七章（刊本四―一九四頁）。

(65)（元亀三年）二月二十二日柳沢元政宛義昭御内書（『柳沢文書』、十編之六・元亀二年四月三日条）。

(66)『兼見卿記』元亀三年三月二十一日・八月二十日条。

(67)なお、子息通堅は永禄十年に正親町天皇官女目々典侍との密通を疑われて勅勘を蒙り、在所への逼塞を余儀なくされていたが（第三部第五章も参照）、少なくとも元亀二年頃は京都に戻っていたことが判明する（『言継卿記』同年五月十日条など）。

(68)拙著『織田信長〈天下人〉の実像』（講談社現代新書、二〇一四年）、第一章。

(69)『言継卿記』永禄十三年（元亀元）三月二日条。

(70)『公卿補任』天正三年条。

(71)『久我家文書』二―六九〇号。

(72)遠藤珠紀「「豊臣伝奏」の成立と展開」（『東京大学日本史学研究室紀要別冊　中世政治社会論叢』、二〇一三年）。

第三章　織田信直と「伝織田又六画像」

一　長島一向一揆の殲滅

『大日本史料』第十編之二十四（二〇〇三年三月刊）は天正二年（一五七四）八月・九月分を収録している。なかでも九月二十九日の織田信長による長島一向一揆殲滅について、多くの紙数をさいて関係史料を収載した。信長による長島一向一揆の殲滅は、信長と一向一揆の対峙の歴史のなかでも特筆すべき大事件のひとつである。長島城やその支城に立て籠もった一向宗徒はもちろん、非戦闘員に至るまで助命を許さず皆殺し（「根切」）にした戦いという殲滅戦の悲惨な状況が注目される。

神田千里氏は著書『日本の中世11　戦国乱世を生きる力』のなかで、長島一向一揆が皆殺しにされた理由についてあたらしい見解を提示している。(1)

信長政権と一向一揆とが不倶戴天の敵対関係にあったすえの皆殺しと考えられがちであるが、そうではない。長島の一向宗徒が寺院や僧侶の本分を外れるような、世俗の領域でも支配者に従わない政治的抵抗をおこなっており、彼らが門徒として失格であることを広く世の中に知らしめるための非戦闘員虐殺であったというのである。

信長権力の存立をも揺るがしかねない対宗教政策の重要な基本理念を固守したゆえに、というべきだろうか、長島での徹底的な殲滅戦は、信長方にも多くの犠牲をもたらした。

二　長島一向一揆殲滅戦における織田一族の戦死者

『信長記』（池田家文庫本）は、死にものぐるいで立ち向かってきた一揆方の軍勢により「御一門を初奉り歴々数多討死也」と記し、『年代記抄節』には「信長兄弟四人、其外ヨキ侍十七人討死ス」とある。(2) このとき戦死した織田一族については諸系図・軍記の間で異同があり、また事蹟の不明確な人物が多いことから、確定させることはできない。織田氏の系譜自体も不明確な点が少なくないが、便宜的に「続群書類従本織田系図」（以下「織田系図」とのみ記す場合これを指す）を中心に、他の系図また軍記にある戦死者の記載などを勘案し総合すれば、次の系図4に示す人物が戦死したと考えられる。

　これを見ると、親族だけでも兄弟・叔父・従兄弟を含む六人がこのとき討死したと伝えられる。『当代記』『柏崎物語』では、長島一向一揆殲滅の背景として、元亀元年十一月に、守っていた尾張小木江城を一向宗徒に攻められ自害した弟信興の追善の意味も込められていたとする。この説の当否はおくとしても、長島一向一揆との戦いに織田一族が払った犠牲は多大なものがあった。(3)

　前述のように、天正二年九月の長島一向一揆殲滅戦において戦死した織田一族は、いずれも事蹟が不明確な人物ばかりで、彼らが信長権力との関わりでどのような役割を果たしていたのか、ほとんど明らかになっていない。(4)

系図4　織田氏略系図

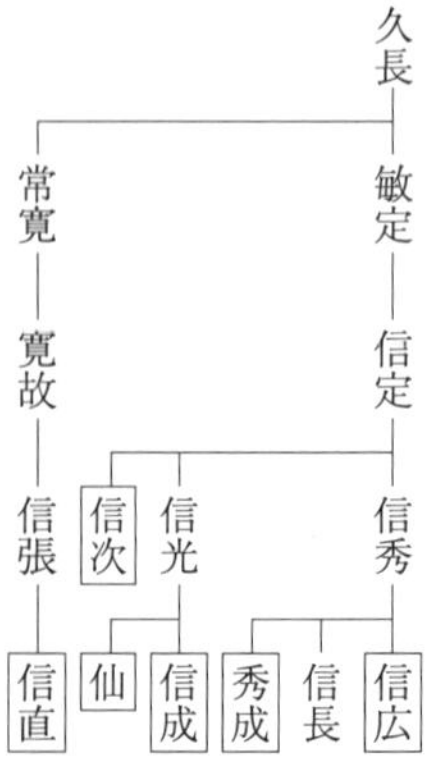

※□内は天正二年九月に長島で討死したとされる者。

三　織田信直とその画像

そのようななかで注目されるのは、織田信直(5)という人物である。系図4ではひとり別の流れに出自する。信長と最も遠縁にあたるとおぼしい信直が、信長の兄弟たちと並んで戦死者として史料上に名前を連ねる理由として、織田一族であるという点に加え、信長の義兄弟にあたる点をあげることができる。すべての系図類に記載があるわけではないのでかならずしも信憑性が高いとはいえないが、織田系図では信長姉妹の一人に、織田又六郎信直室、津田監物忠辰母で、天正元年二十二歳で尾張淤臺（小田井）城に没し、法号を栄輪院殿と号し尾張東雲寺に葬られたという記事が付されている(6)。

この織田信直と目される人物の肖像画が尾張西春日井郡（現名古屋市西区）願王寺に所蔵されている。法量縦八〇・八糎×横三五・一糎、紙本着色の画幅で、肩衣・長袴を着し右手に扇を持った武人が向かって左向きに座している。

画像上部には「仁峯叟」の署名に壺形・円形の二種の朱印が捺された賛がある。賛は左から右へと書かれ、冒頭に「朴翁□(永)淳大禅定門肖像」、末尾には「天正三白乙亥季穐下澣日」の日付が記される。賛の一部は摩滅により文字の判読しがたい部分がある。裏書に「正徳二年八月秀山法印修覆、其后大破ニ及ヒ、明治十一年九月円時法印修二補之一」とあり、摩損部分は「其后大破」以前に記録された近世の地誌類から復元できる(7)。

史料編纂所はこの肖像画の模本一幅を所蔵する（大正十四年四月制作、架番号呂四〇三「織田信有画像（伝織田又六画像）」、図3）。『大日本史料』では、模本のモノクロ画像（図3におなじ）を「織田信直画像」として収め、賛を翻刻している。

図3　織田信直画像（史料編纂所所蔵模本）

史料編纂所肖像情報データベースを検索すると、本肖像画については三件の掲載情報がある。[8]その他名古屋市博物館平成四年企画展図録『織田氏と尾張』では「伝織田又六画像」として原本写真が掲載され、解説では像主を又八郎信直と推測している。『大日本史料』では、以下に述べる傍証を加え得たため、この比定にしたがい、像主名も織田系図の人名を勘案しておなじく織田信直とした。

他に、像主を美濃の武将市橋利政とする説がある。[9]根拠は『系図纂要』（藤原氏三十五）所収「市橋系図」中の利政の法名「朴翁涼徴」との類似にあると思われるが、この人物は元文四年（一七三九）正月二十四日に五十九歳で没しており、法名下二字の不一致に加え、忌日・年代ともまったく合致しないため、ここでは採らない。

さて織田系図によれば、信直は尾張小田井城主であった。小田井は清洲の東方、庄内川を隔て山田郡・愛知郡に接する水陸交通上の要衝であった。[10] 小島廣次氏は、小田井城に拠るのは清洲の尾張守護代織田大和守家の三奉行のひとつ織田藤左衛門家であると指摘しており、[11] 信直はこの流れを汲むと考えられる。織田系図では常寛（敏定弟）・寛故・信張・信直と続く系譜が記されているが、同氏は信張以前の系譜関係については後世の編纂によるものと指摘する。[12]

「織田信直画像」を所蔵する願王寺に現在隣接して建つ臨済宗寺院龍光山東雲寺はもと長興寺と号し、境内には右記寛故以降の一族の事蹟を記した「織田丹波守平常寛公碑」がある。[13] 碑文によればこの碑は宝永二年（一七〇五）に信直の末流津田氏（当時は尾張藩士）らが建立したもので、当寺の開基は寛故、開山は妙心寺大猷慈済とされる。織田系図と同様弾正忠家への付会が見られる点割り引いて考えなければならないが、信直の事蹟については「厥嫡子織田又六郎信時（直）、父信張徙㆓泉州㆒之後、住㆓小田井城㆒、天正二甲戌九月、於㆓長島㆒討死」と刻まれる。

賛にある像主の法名朴翁永淳は織田系図などにある信直の法名と一致する。織田系図の信憑性が低いにしても、賛に像主が斯波氏の末裔であることを暗示した表現があること（「武衛故将軍分氏族而」）、日付「天正三白乙亥季穐下澣日」が天正三年九月下旬を指す点、また後述の十三回忌拈香法語から、この肖像画の像主は天正二年九月二十九日に没した人物であることがわかり、同日に長島で戦死したという所伝のある信直の可能性が高い。肖像画は彼の一周忌追善のために制作されたということになる。

四　仁峯永善と天恩寺

賛を撰したのは妙心寺派の禅僧仁峯永善である。末尾に捺されている朱印二種のうち、上の壺印の印文は「仁峯」、下の円形印の印文は「永善」と判読できる。仁峯永善は妙心寺四大流派のひとつ龍泉派の分派で妙心寺八世柏庭宗松を祖とする柏庭派の門流に連なり、叔栄宗茂に嗣法した。[14]『寛政重撰正法山宗派図』一（寛政十一年版）には大圓妙応禅師の諡号が記されている。

『大日本史料』では、賛に加え、おなじく仁峯による信直七回忌・同十三回忌拈香法語を収めている。これらは『天恩寺文書』中の「仁峯禅師法語偈頌」と外題のある冊子中に賛につづけて収録されている。同冊子の内題は「天恩開山仁峯善禅師語録抜萃」とあり、信直画像賛・同七回忌・十三回忌拈香法語以下、賛・偈頌・法語数種が収められる。この写本が作成された時期は不明である。

天恩寺は三河国額田郡（現愛知県岡崎市）にある臨済宗妙心寺派の寺院で、貞和元年（一三四五）足利尊氏の創立と伝える。寺号広沢山。一時荒廃したが三河吉田城主池田輝政により天正年間に再興された。このとき再興第一世の住持として迎えられたのが仁峯永善である。前記冊子内題の「天恩開山」とはこのことを指す。当時仁峯は尾張熱田（現名古屋市熱田区）の海国寺住持であったが、天恩寺と兼住したとみられる。[15]下村信博氏によれば、海国寺の創建は熱田に勢力を扶植した加藤順盛という人物によるもので、仁峯は順盛の子息であるという。海国寺の開山で仁峯の師にあたる叔栄宗茂も加藤氏の一族とされる。[16]

五　長興寺と東雲寺

信直が葬られたのは長興寺である（織田系図など）。前述のように同寺は現在東雲寺と寺号をあらためている。『新修名古屋市史』第二巻では、長興寺廃絶後その塔頭東雲軒をもとにいまの東雲寺が再興されたとする。これを再興したのが信直後室とされる。

文政五年（一八二二）成立の地誌『尾張徇行記』には、東雲寺の「再建ハ天正十九辛卯年、津田又六郎信時室ナリ」とあるが、『張州雑志』に「天正年中津田氏又六信重（ママ）室再二建之一、及二天正十九辛卯祀九月十四日一逝、法号曰二霊作院玉岩良珍禅尼一、封以為二中興開基一、自レ爾已来住侶相続云々」とあるところを見ると、再興は天正十九年に信直室が没する以前のことと考えられる。天正十四年（一五八六）九月に営まれた十三回忌の拈香法語に「就二于長興禅寺施設梵筵一供仏齋僧修」とあって、この頃はまだ寺号を長興寺と称したことがわかるから、東雲寺と寺号をあらためたのは後室没後のことなのかもしれない。さらに憶測を重ねれば、長興寺の再興は信直の長島での戦死が契機になったものだろうか。廃絶・中興・寺号変更の時期的関係はなお今後の研究を待たなければならない。

十三回忌法語には、施主として信直の遺子とおぼしき「信忠」なる人物の名前が見えるが、これが織田系図にある忠辰にあたるのか不明である。また信直後室が前述した信長妹と同一人物であるのかも明らかではない。少なくとも織田系図中の院号（栄輪院）と『張州雑志』中の院号（霊作院）および没年は一致しない。

以上の検討からも明らかなように、「信直画像」は長興寺旧蔵であったと思われるが、その後いかなる経緯で隣接する願王寺（現在は天台宗善光寺別院）に移されたのかは不明である。『新修名古屋市史』は長興寺の廃寺が契機であると推測するが、右に述べたように本画像制作後にも長興寺は存続していたことが明らかなので、別の理由が考えられよう。

むすび

不明確な点が多く推測に頼った部分も少なくないが、本章の推測どおり「伝織田又六画像」の像主が織田信直で大過なければ、この肖像画は、現存する織田一族の肖像画が信秀—信長を中心とした「弾正忠家」の人物に偏在するなかで、他の一族中の一人を描いた貴重なものということができるだろう。

註

（1）神田千里『日本の中世11　戦国乱世を生きる力』（中央公論新社、二〇〇二年）。

（2）とくに言及しないかぎり、本章にて触れる史料は『大日本史料』第十編之二十四に収められている。

（3）稲本紀昭「織田信長と一向一揆」（朝尾直弘教授退官記念会編『日本国家の史的特質　近世・近代』思文閣出版、一九九五年）参照。

（4）このなかでは、信長の異母兄信広が唯一ある程度の事蹟がわかる人物だろうか。谷口克広『織田信長家臣人名辞典』（吉川弘文館、一九九五年）参照。

（5）一名信時とも称されるが、本章では織田系図により信直に統一する。

（6）鈴木真年本織田系図（史料編纂所架蔵）にも織田信直室との記載がある。没年については、天正十九年（一五九一）九月説（『張州雑志』後述）・慶長二年（一五九七）正月説（『系図纂要』）がある。

（7）『張州府志』三、『張州雑志』八十八。『張州府志』は宝暦二年（一七五五）、『張州雑志』は天明八年（一七八八）成立。

（8）検索語「織田又六」で検索すると、次の三件が検出される。①『全国寺院名鑑』（全国寺院名鑑刊行会、一九七三年）、②『西春日井郡誌』（一九二三年）、③『近世のあけぼの』（名古屋市博物館図録）。このほか宮島新一『肖像画の視線』（吉川弘文館、一九九六年）六四頁にも言及がある。

（9）名古屋市教育委員会『名古屋の文化財』上巻（一九八四年）、『新修名古屋市史』第二巻（一九九八年）。

（10）『新修名古屋市史』第二巻。

（11）新井喜久夫「織田系譜に関する覚書」（『清洲町史』一九六九年所収）、小島廣次「信長以前の織田氏」（『歴史手帖』三―一二、一九七五年）。

（12）小島註（11）論文。

（13）天保十二年（一八四一）に板行された『尾張名所図会』後編三には願王寺・東雲寺の境内図が描かれ、東雲寺境内に同碑のあることが確認できる。

（14）『昭和改訂正法山妙心禅寺宗派図』二（妙心寺派宗務本所総務部編纂、一九七七年）。

（15）「天恩寺由緒覚」「当山住寺留」（史料編纂所架蔵写真帳『天恩寺文書』二所収）、『日本歴史地名大系23　愛知県の地名』（平凡社、一九八一年）「天恩寺」項。

（16）下村信博「戦国・織豊期尾張熱田加藤氏研究序説」（『名古屋市博物館研究紀要』一四、一九九〇年）。

〔後記〕本章を成すにあたり、資料探索について黒田智氏のご助力を得、また下村信博氏・渡邉正男氏のご教示にあずかった。記して謝意を表したい。

第二部　信長と寺社

第一章　賀茂別雷神社職中算用状の基礎的考察

一　課　　題

近年の賀茂別雷神社文書総合調査の成果が示された京都府教育委員会編『京都府古文書調査報告書第十四集賀茂別雷神社文書目録』(二〇〇三年、以下『目録』と略す)によれば、同文書の総数約一万三千五百点中、算用状と名づけられた文書は約二千八百点。約二十一％を占めている。

『目録』にて算用状の解題を執筆した地主智彦氏は、これら算用状を「室町時代後期から江戸時代前期にかけての上賀茂社の諸活動を経済的側面から知るうえでの基礎史料として高い価値を有する」と評価している。たしかに算用状は社中諸組織の収支報告書であるから、基本的には経済的側面を通して見える動きであることに注意しなければならない。ただ、そこから得られる情報はたんに経済的局面にとどまらず、当該期の政治的動向を含んできわめて重要である。

ところで『目録』では、算用状の分類とおおよその性格把握がなされており、賀茂別雷神社算用状研究の指針となる。そこで示されているのは次のような五種である。

①職中算用状

氏人惣中における月例の収支決算報告書。江戸時代の日記によれば、毎月月末(二十七日が多い)の惣中寄合の場において沙汰人より披露され、三十日に湯屋等にて評定衆などにより監査を受ける。
②番衆算用状
氏人により編成される十番各番衆が惣中に報告するために作成される。
③御結鎮銭算用状
御結鎮銭の出納につき、目代が職中に注進するために作成される。
④諸国庄園算用状
社領庄園からの公用銭収納に際して作成され、氏人惣中に報告される。
⑤その他
右の四種以外の算用状。職中恒例遣方、乱入（錯乱）方、指副方、葵下、普請、貴布禰芝田楽などの名目を冠して作成される。

本章はこのうち①の職中算用状を中心に検討をおこなう。筆者は、これら算用状を十六世紀畿内政治史研究のための〝定点観測史料〟として重要な史料群であると考えている。その意図するところはおいおい述べてゆくことになるが、実はそうした重要な史料群であるにもかかわらず、各種算用状相互の関係や、それぞれの作成に携わった氏人の立場、時間的な変化など、詳しいことが明らかにされているとは言いがたい。算用状の史料的性格を明らかにすることは、これらを政治史研究に利用するための道を切り開くことでもある。

賀茂別雷神社の氏人組織および惣中諸職については、須磨千頴氏による基礎的研究があり(1)、そこでもおびただしい算用状が利用されている。今後は、これら須磨氏による氏人惣中の研究に、『目録』に結実した近年の史料調査の成果をむすびつけながら研究を進めることが必要であろう。

『目録』（および調査と並行して進められた京都府教育委員会による賀茂別雷神社文書のマイクロフィルム撮影）を受

け、科学研究費の交付を受けた研究「織豊期主要人物の居所と行動に関する基礎的研究」（基盤研究(A)、二〇〇六～二〇〇九年度、研究代表者藤井讓治氏）においてマイクロフィルムによる撮影が引き継がれ、おなじく「中近世移行期における賀茂別雷神社および京都地域の政治的・構造的分析研究」（基盤研究(B)、二〇〇九年～二〇一二年度、研究代表者野田泰三氏）によってそれらのデジタル化がなされ、デジタルカメラによる撮影が進められたことで、研究基盤が格段に整備されつつある。

本章ではこれら調査研究の恩恵を受けながら、天文年間から慶長年間頃までの職中算用状を中心に、それらの基礎的情報を抽出、検討し、今後賀茂別雷神社の史料の研究を進めるための糸口を探ってゆきたいと思う。

二　月例の職中算用状

先に賀茂別雷神社文書約一万三千五百点中、算用状と名づけられた文書は約二千八百点にのぼると書いたが、さらにそのうち職中算用状と名づけられているものは千四百六十点存在する。算用状の約半数が職中算用状であり、賀茂別雷神社文書全体からすれば、その約一割強を占めている。

『目録』解題によれば、月末に当該月分の算用状を作成することが恒例化するのは十六世紀半ば以降のことであるという。このうち、ある程度連続して残っている天文年間から慶長五年（一六〇〇）までの職中算用状を対象に、年月順に並べ、『目録』における整理番号と対照させたものを表4として掲げた（章末）。以下これらについて、毎月作成される月例のものとそれ以外のもの二つに分けて検討したい。ここではまず月例の算用状を取り上げる。

表4を見ると、月ごとに収支がまとめられ、報告されるようになるのはたしかに天文末年頃である。さらに各

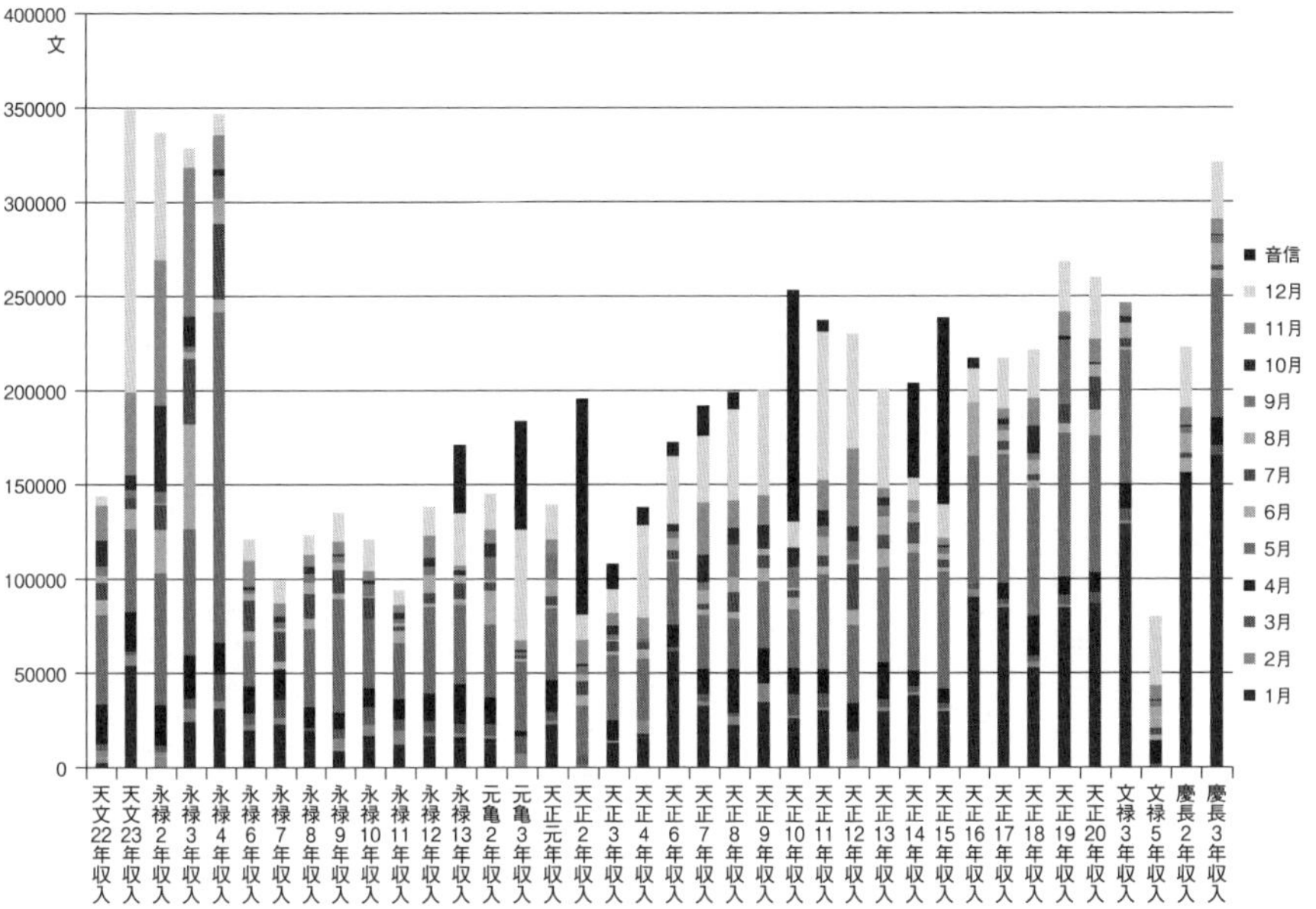

図４　惣中収入の推移（各年職中算用状納方）

月の算用状が一通ごと個別にまとめられ、書式が定まるのは永禄初年頃と考えてよい。

ここでいう算用状の書式とは、「注進　〇〇年〇月分職中算用状事」という事書からはじまり、「(合)納方」として当該月の収入が、「遣方」として支出が書き出され、末尾に日付と当年の沙汰人（別に「職」と呼ばれる。「職中算用状」の「職中」とはこれを指す）三名が連署、裏に当年の評定衆・雑掌が署判するというものである。沙汰人が作成して氏人惣中へ報告する、惣中としての中核的活動の収支報告書が職中算用状である。沙汰人・評定衆・雑掌の在任期間は、二月から翌年正月までの一年間、次期の役人は鬮にて選出される[3]。

毎月分の算用状が残る年について、その収入（納方）を合算し、グラフ化したものが図4である。これを見ると、永禄四年（一五六一）までの年三百貫文規模の収入が永禄六年以降減少していることがわかる。この両年のあいだに挟まる永禄五年分の算用状が閏七月分一点しか残存していないため（表4参照)、その原因を特定することはむずかしい。

ただ気になるのは、永禄四年十二月に惣中が「老者田一丁」「往来五斗五升」を売却して七百二十三貫文を得、その時点での借銭を清算していることである。(4) 後年元亀元年（一五七〇）に発布された徳政令(5)との関係で、同三年に氏人中が定めた置文(6)のなかで、次のように触れられている。

一、社恩往来田之内五斗五升、并老者田・箱田等、為二神用一去永禄四年沽却分事、任二去々年徳政御□(虫損、以下同じ)札旨一、去年被レ成二下棄破之御下知一之□又信長御朱印対二当所銭主一被レ遣之段、歎敷次第也、不レ混二自余一之趣、可レ申二披之一、私領儀者可レ為二相合一候、為二惣中一聊不レ可レ有二取沙汰一事、

右の条文によれば、永禄四年に「神用」のため往来田のうち五斗五升と老者田・箱田などが売却されたことがわかる。これが前述した永禄四年十二月の売却を指す。往来田とは、年齢順に百四十人の氏人に給された一人五反の田地である。(7) やや時期が古いが、応仁元年（一四六七）の年記をもつ『往来田古帳』(8)によれば、反別八斗代から石代の田地が多く、このとき売却されたのはそのうちの五斗五升分ということなのだろうか。

この売却が惣中としての収入減に直結するかどうかはなお検討を要するが、永禄五年分算用状の欠落とあわせ、このときの売却が惣中収入減少の一因になった可能性を指摘しておきたい。

さてその後、永禄年間後半から天正年間前半にかけての惣中財政は、収入が少なくなり、次節に触れる月例以外の算用状にあらわれるような特別会計に依存するなど、いちじるしく不安定になる。しかし天正年間後半になると年間二百から二百五十貫文規模で安定するに至る。こうした推移を再確認するため、競馬神事があるため一年間のなかでも他の月に比較して収入が多い五月一ヶ月分の収入だけを抜き出してグラフ化したのが図5である。やはり右に述べたことと同様の現象が確認できる。

ここで想起されるのは、天正十三年（一五八五）・十七年に実施された検地以来、賀茂社領が大きく削減され

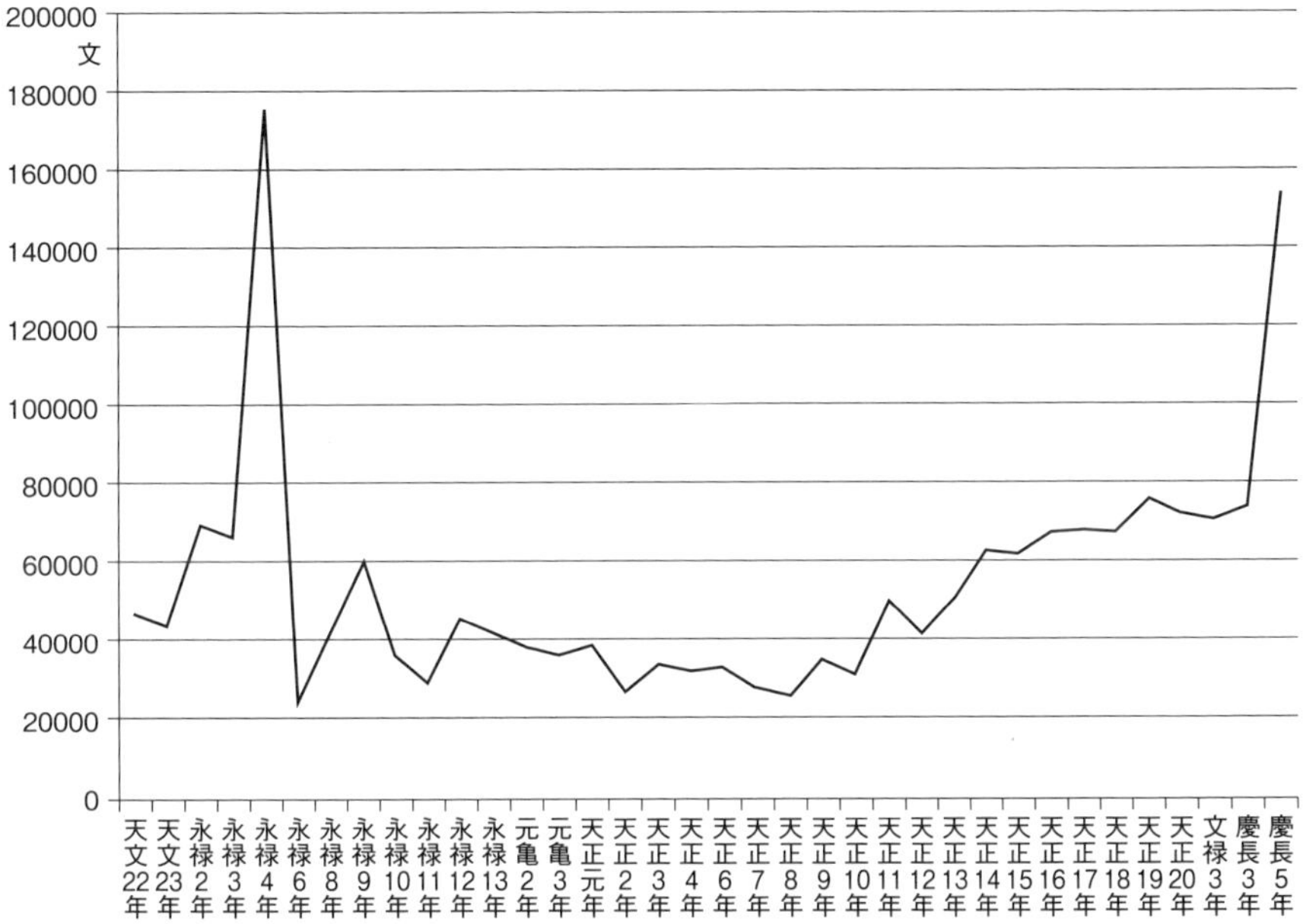

図5　惣中各年5月の収入

たという『賀茂注進雑記』以来の言説である。同記には「天正御検地之時、境内六郷過半減省訖」とあり、これを受けて須磨氏は、「太閤検地はそれ（賀茂六郷を膝下の社領として維持してきたこと―引用者注）に対して最終的な打撃を加え、同時に近世社領創出の役割を果すものとなった」と論じている(9)。

ところが職中算用状の収入を見るかぎり、織田信長が京都の政治的実権を握った永禄年間後半から天正年間前半が不安定なのに対し、社領の減少に反して秀吉が実権を握った天正年間後半には逆に上昇・安定に転じているのである。これはいかなる理由によるのだろうか。

算用状をよく見ると、これら増えた収入のうちある程度の部分が「氏人口入」という名目の借り入れで賄われていることに気づく。たとえば、天正十三年十二月分の職中算用状（I―1―430）の遣方として、「四月ヨリ　福松大夫口入返弁」として一石、「り平」として三斗が支出されており、以下二十一件の同様の返済が記されている。[10]

そこで同年四月分の職中算用状（I―1―421）の納方を見てみると、「福松大夫口入」として一石が借り入れられ、収入に組み込まれている。四月の借り入れが十二月に利子付きで返済されているのである。

これら貸借は、算用状では「口入」とあるものの、惣中が氏人当人から借用したばあいも含まれているのではあるまいか。

中島圭一氏は、この時期の土倉債権の安定性を論じるなかで、「賀茂社境内に居住する、氏人職所有者を中心とする高利貸業者」の存在を指摘している。[11] 右にあげた福松大夫のような氏人が、「高利貸業者」として、惣中以外へ貸し付けているような事例は見いだされていないが、彼らが中島氏の指摘する立場の人物に該当する可能性が高い。

こうした「氏人口入」の貸借は秀吉の時期に限らず、天文年間からすでに見られる。[12] そのときどきの月例算用状を見ると、借入先の氏人も特定の人物に限られてはいないようである。先の天正十三年職中算用状を例にとれば、福松大夫・福千代大夫・松千代大夫のように四度の「口入」をおこなっている氏人もいるが、彼らも含め名前が記載された氏人は十八名にのぼっている。あくまで算用状の表面からうかがえることではあるが、惣中が「氏人職所有者を中心とする高利貸業者」から借り入れたという現象は、収入不足を補うため、氏人の手元に留保されている部分を惣中が借用したとも考えられそうである。

秀吉の時期における惣中財政の安定化と検地による社領減少を、一概に矛盾する事象と決めつけることはできず、いかに関連するか（あるいは関連しないか）といった問題の解明はなお検討を要するけれども、「氏人職所有者を中心とする高利貸業者」の存在に関する問題と相まって、賀茂別雷神社の月例職中算用状は、この時期の政治・社会を研究するうえで、まだまだ多様な論点を引き出しうる史料群であることは間違いない。

三　月例以外の職中算用状

ここでいう月例以外の職中算用状とは、月例の職中算用状と同様に沙汰人が作成主体となり、評定衆・雑掌等が監査主体となっている（事書にも「職中算用状」と書かれている）が、月例のそれがすでにあるにもかかわらずおなじ月に作成されていたり、年一度特定の目的のため作成されるような算用状を指す。表4（章末）では備考欄にその名目をあげているものが該当し、『目録』での分類では「⑤その他」に含まれるような算用状である。

第一にあげられるのは「米方職中算用状」である。この名称での初出は永禄七年六月晦日付の算用状（Ⅰ—5—257）である。内容から見れば、両寺（納）算用状という名称の算用状もおなじものに分類できる。これらを表5としてまとめた。両寺とは、宝幢院・最長寺を指す。宝幢院は賀茂別雷神社に属する寺庵、最長寺は賀茂近傍に位置する大徳寺の末寺と考えられる[13]。これらの寺領が氏人惣中の支配下に入り、年貢は最長寺米（影堂米とも呼ばれる）・宝幢院米という名称で惣中の管理するところとなった。

したがって永禄三年の「宝幢院・最長寺算用状」もここに含めてよかろう。現在のところこれが確認できる最も古い「米方算用状」となる。いっぽう天正十三年分は「影堂田」のみで宝幢院分が入っていないが、こちらも含まれよう。永禄三年から天正十三年という限られた期間にのみ確認できる算用状である。終見を考えれば、天正十三年の検地により惣中の支配下から切り離されたのかもしれない[14]。

収納高は宝幢院分が十石前後、最長寺分が十八石前後でほぼ一定しており、おなじ年の他の月例算用状が銭立てで表されても、この算用状は一貫して米立てで示される。支出についても、棚所・河奉行・影堂（最長寺）燈明料・社務競馬料など、毎年ここから充当される費目が定まっていたらしい。影堂燈明料はこの年貢によ

表5　米方職中算用状

年	月	番　号	名　　称
永禄3年	12月	I-5-254	宝幢院・最長寿寺
永禄7年	6月	I-5-257	米方
永禄9年	正月	I-1-201	米方
永禄9年	12月	I-5-260	米方
永禄12年	12月	I-1-251	米方
元亀元年	10月	I-5-261	米方
元亀2年		I-5-262	両寺(米方)
元亀3年		I-5-263	両寺(米方)
天正元年	12月	I-5-1346	両寺納
天正2年	10月	I-5-264	米方
天正3年	12月	I-1-329	米方ヵ(前欠)
天正4年	10月	I-5-1108	米方
天正5年	11月	I-5-266	米方
天正6年		I-5-268	米方
天正7年	11月	I-1-364	両寺米方
天正9年		I-5-271	両寺米方
天正10年	10月	I-5-272	両寺米方
天正13年		I-5-273	影堂田

る本来的な用途なのだろう。月例の職中算用状とは異なり年一度（おおよそ年末）の算用であるが、当年の沙汰人が作成し、評定衆・雑掌が裏に署判するのは月例の職中算用状と変わらない。

次に、そのときどきの状況に応じて臨時に作成された職中算用状を検討する。わけても注目したいのは、錯乱方（乱入方・御音信方）と呼ばれる職中算用状である。『目録』解題では、「元亀二年、天正二年、四年、十年、十一年、慶長二十年などいずれも動乱期にあたる年のもののみが伝来することから、支出が多かった年において、いわば特別会計として作成されたものと位置づけられる」と説明されており、この点を多少詳しく検討してみたい。以下取り上げるのは、（1）元亀元年（一五七〇）、（2）元亀三年、（3）天正二年、（4）天正四〜八年、（5）天正十年である。

1　元亀元年（永禄十三年）

五月に、月例職中算用状のほか、もう一点算用状が作成されている（Ⅰ―1―258）。前欠のため表題が不明であり、下部の焼損により判読できない箇所が多いが、「信長殿」「木下藤吉郎方」ほか信長周辺の人物たちへの礼が見られるほか、「信長殿御社参付（下部焼損）」として一貫文が支出されている。信長はこの直前の四月二十日に朝倉氏を攻めるため越前に出陣したものの、妹婿浅井長政の寝返りにより、同月三十日にかろうじて京都へ逃げ戻った。それから翌月九日まで京都に滞在していたので[15]、あるいはこの間賀茂別雷神社への社参があったのかもしれない。

その後同年十月から十二月にかけての惣中の活動にあたり、「乱入方」算用状が作成されている（Ⅰ―5―192、算用状作成は翌年六月）。この時期は、賀茂郷銭主・社人・惣中に対する徳政免除の問題[16]があったほか、「志賀の陣」と呼ばれる信長方と浅井・朝倉・延暦寺方の近江での対陣があり、比叡山西麓の八瀬・大原口という賀茂六郷にほど近い地域には、信長に与する武士が「足懸り」を構えていた[17]。このため惣中は社領・境内の安全保障に多大な経費を要したのだろう。「乱入」とは、そうした混乱に対処するための入り用といった意味なのだろうか。先に触れた五月分の重複前欠算用状もこの乱入方と同類であると考えられる。

乱入方の支出を見ると、公方様（足利義昭）をはじめ細川藤孝・上野秀政・歳阿弥・飯尾昭連など室町幕府関係者、朝倉義景・浅井長政・前波吉継、信長・丹羽長秀・太田牛一・明智光秀・嶋田秀満・佐久間信盛の名前が見える。惣中は敵味方の立場に関係なく全方面へ働きかけているわけである。

2　元亀三年

元亀三年は、四月・五月、八月から翌四年正月までの九ヶ月分について、月例の職中算用状とは別の職中算用状が残っている。それぞれの事書に「○○方」という語句は見られず、表題から月例分とそうでないものの区別がつかない。遣方に毎月恒例の神事用途である「御日供料」が含まれるほうが月例分と判断できるのである。月例分でない算用状については、算用状の裏に、評定衆・雑掌の任にはない、別の原理で選ばれたとおぼしき氏人（後述）が署判を加えている。元亀三年分算用状各月の署判者を表6としてまとめた（章末）。

これら月例以外の算用状の呼称については、月例十二月分職中算用状（I―1―263）の遣方に、「五斗　代四百十六文　海蔵軒口入（錯乱方五月算用状ニ見、）」とあることに注意したい。月例でない五月分職中算用状（I―1―283）は前欠のうえ破損が目立ち、納方にこれに対応する費目を見いだすことはできないのだが、割書部分より、月例でない算用状は「錯乱方（職中算用状）」と呼ばれていたと考えていいだろう。「乱入方」同様、何らかの「錯乱」に対処するため、月例の会計とは別に要した特別会計である。

この年は、先に引用した氏人中置文にも見られる賀茂郷銭主たちへの徳政免除問題に関連し、四月に買主（銭主）の年貢収納を保証する信長朱印状が出された[(18)]ほか、五月にはこれと別に「指出」の問題が発生し、惣中では番衆や氏人個人から借入をして資金を調達、「上使」木下秀吉に対する交渉ほか頻繁に運動をおこなっている[(19)]。それら徳政・所領対策のため、信長周辺の人物たちへの礼銭進上などが必要となったのだろう。

3　天正二年

天正二年は、月例のもの以外、二月から六月および九月から十二月まで、九ヶ月分の「錯乱方」職中算用状

（閏十一月分は十一月分と一緒にされている）と、五月の「就信長御見物」職中算用状が残る[20]。前年足利義昭が京都から追放され、この年は直接社領や境内を脅かすような戦乱が京都にあったわけではない。しかしながら、前年末以来信長が京都支配の主導的立場を担うようになった結果、賀茂別雷神社として対処すべき問題が多く発生したようである。

信長権力のなかで、賀茂別雷神社の取次的立場の一人であったと思われるのは、重臣丹羽長秀である。この年の月例・錯乱方双方の職中算用状を見ると、彼に対する贈与が散見される。たとえば四月の在陣・帰陣見舞[21]、八月の相国寺内長秀宿所の縄結、十月の同宿所のための竹の拠出、同月の長秀上洛の礼、十一月二十一日の帰陣見舞[22]などがある。

前年十二月、賀茂別雷神社に対し信長は次のような当知行安堵をおこなった。

賀茂寺社領境内六郷幷所々散在等之事、任二当知行之旨一、弥全二領知一、不レ可レ有二相違一之状如レ件、

天正元

十二月　日　　信長（朱印）

当所惣中[23]

これに対し賀茂六郷に礼銭拠出が求められたらしい。しかしながら六郷のうち大宮・小山・中村各郷からの納入が滞っていたため、長秀は三郷地下人に対し次のような判物を出した。

賀茂境内事、任二当知行之旨一、弥可レ有二領知一由、去年被レ成二　御朱印一候、就レ其御礼被二申上一ニ付而、田地出米之事、当郷兎角難渋之由、不レ可レ然候、所詮如二惣並一有様ニ、急度出米肝要候、為二同篇一者、可レ為二沙汰之限一候、恐々謹言、

丹羽五郎左衛門尉

二月九日　　　　長秀（花押）

大宮郷

小山郷

中村郷地下人中(24)

算用状を見ると、この年「三郷」の問題でたびたび信長権力側とのあいだで使者の往来があったことが確認される。二月分錯乱方算職中用状では、右の判物の日付の翌十日のこととして、「四升五合　丹羽殿へ参御状御調之時酒肴」といった経費が計上されている。

またこの年、信長権力側が御結鎮銭代米を「京中御定斗米」にて収納することを命じてきた。

当社御結鎮銭代米之儀、京中御定如二斗米之一、可レ被二請取一之由、被二仰出一候、則郷中へも申触候、可レ被レ得二其意一事肝要候、不レ可レ有二異儀一候、恐々謹言、

明智十兵衛尉

五月廿三日　光秀（花押）

村井民部少輔

貞勝（花押）

賀茂

社中(25)

これに対応して、二月・五月・六月の錯乱方職中算用状に、「御結鎮事」により村井貞勝・明智光秀とのあいだで使者の往来があったことが確認される。義昭追放後、信長権力のなかで洛中支配を担当することになった貞勝・光秀から、「京中御定斗米」による収納が命ぜられたことは興味深い。この「御定」が枡のことを指すのか

判然としないが、寶月圭吾氏が、秀吉による京枡の制定にさきがけ、信長が京都の代表的商業枡であった十合枡を公定枡としていたのではないかと推測していることを想起させられる。(26)

賀茂別雷神社の職中算用状を通覧すると、まさしく元亀四年（天正元年）を境に項目の記載が銭立てから米立てに変化しており、(27)右の事例とあわせ、より詳細な検討が必要となるだろう。

そのほか天正二年には、十一月十一日付にて、賀茂瑞川軒に対し、社領の徳政免除にしたがい、買主に対して売却した田地からの収納物を収めるよう命ずる朱印状が出されている。(28)こちらについても、十一月・閏十一月分の錯乱方職中算用状の中に、氏人たちが「瑞川軒借銭事」について何度か談合をおこなっている項目が確認できる。

以上のように、数年前からの社領における徳政免除問題の処理や、あらたに洛中支配権を掌握した信長権力と向き合うための交渉など、天正二年は錯乱方として別の予算を立てる必要に迫られたのであった。そもそも錯乱方の予算が必要とされた原因については、図4にも示されているとおり、この年月例職中算用状の収入が減少していることが想定される。一年のなかでも収入が比較的多い正月分の算用状が欠落しているという単純な計算上の事情にもよろうが、それを見込んでも天正二年の月例分収入は決して多くなく、逆に錯乱方の収入は前後の年とくらべずば抜けた額になっている。

天正二年の錯乱方職中算用状にて、惣中がいかなる方法で収入を得ているのか、納方の項目を集計し図示したのが図6である。このうち注意したいのは、「括米」と呼ばれる項目である。これは氏人、十手（氏人を十番に編成した各番）、地下家次など、賀茂別雷神社もしくは賀茂六郷の人間・組織（集団）や建物単位に均等に課される臨時の負担であった。

氏人を対象としたばあい、往来田を給される百四十人に一律賦課されたとおぼしく、二月分錯乱方職中算用状では、「氏人方二升括皆済」として二石八斗（一人二升ずつ百四十人分）が納方の中に計上されている。対象が異なっても「括」の原理はおなじであろう。そのほか、前述した氏人からの借り入れや、境内山林に植生する木々を売却した「木代」が錯乱方予算に充てられている。

「括米」は、借り入れ同様、氏人の手元にある留保分を、危機に瀕した惣中経営に充てるための方策であり、往来田が支給される氏人の立場に見合った負担であった。天正二年は、通常の本役・年貢収入が減少した分、こうした名目により氏人へ負担を強いて錯乱方予算を組み、惣中は急場をしのいだのである。

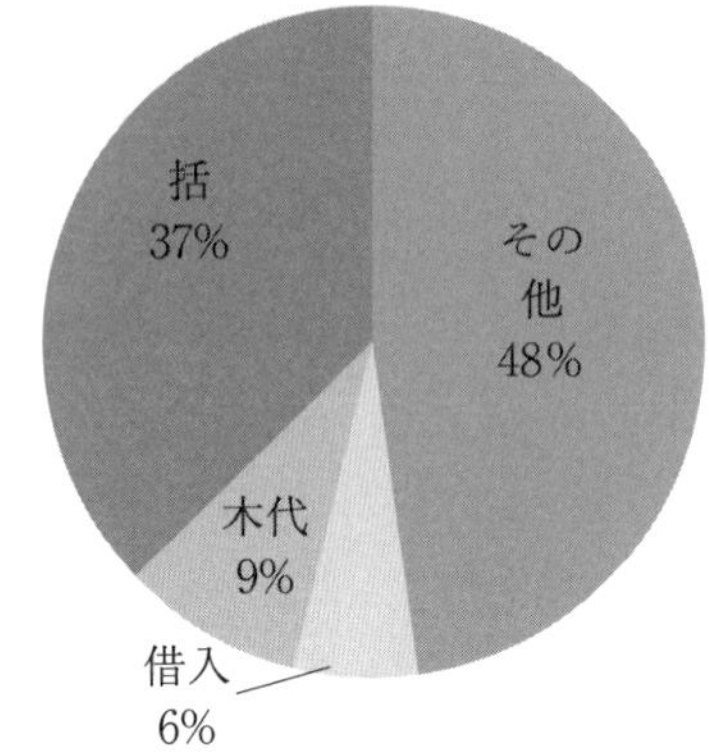

図６　天正２年収入内訳

4　天正四〜八年

この期間のうち天正四年・同六年については、それまでとは異なり、月例の職中算用状から独立しておらず、月例の納方・遣方の次に「乱入方」「御音信方」の納方・遣方がつづいて一通とされ、末尾に日付と沙汰人の署判が据えられるという体裁になっているものがほとんどである。

名称も右記のように「御音信方」と名づけられたものが多いが、これは「乱入」「錯乱」という予算編成の原因を名称にするか、この名目での使途（主として信長はじめその周辺の人々への音信に関わる）により名づけるかといった違いだけで、中味は基本的にそれまでと同質と考えてよい。もちろんより本質的な問題として、天正四年から六年にかけての時期は、それ以前の元亀年間から天正初年とは異なり、賀茂別雷神社にとって「乱入」「錯乱」という状況になかったゆえということでもある。

その後天正七・八年にも、月例職中算用状から独立した算用状がいくつか作成されている。これらにも「錯乱方」といった名称は冠せられず、算用状作成の目的を具体的に表した名づけ方がなされる。天正七年二月の「信長鷹山」、同年三月の「御陣御音信方」、同年九月の「摂州見舞」(信長の摂津伊丹出陣)、八年正月の「年頭御礼」、同年三月の「上様御出陣」(信長の摂津伊丹出陣)などである。

元亀年間から天正初年にかけての政治的混乱が落ち着き、その時々の信長の動きに応じた音信(多くは軍事行動に対する見舞)のため、通常より多くの出費が必要となったときのみ、括米などによる氏人の負担を必要としたということであろう。

5　天正十年

天正十年は、六〜八月、十〜十二月、および翌年正月を含め七ヶ月分の「乱入方」「借乱方(錯乱方)」職中算用状が確認される。これらの算用状作成の背景に、この年六月二日に発生した「本能寺の変」による畿内の混乱があることは間違いない。

本能寺の変直後の賀茂別雷神社惣中の対応について、桐野作人氏がこの乱入方職中算用状に注目している。[29]六月分の乱入方職中算用状(Ⅰ―5―202)の遣方を見ると、三日に「明智日向殿へ」一貫文の音信が確認される。その後日付は明らかではないが(山崎の戦いにより光秀が討死したのは十三日)、御屋形様(不明)に三百文、筑前殿(羽柴秀吉)に一貫文、三七殿様(織田信孝)に一貫文、池田勝九郎(元助―恒興嫡子)に一貫文、桑原次右衛門(貞也―秀吉奉行)に二百文、五郎左衛門尉(惟住長秀)に一貫文、池田勝三郎(恒興)に一貫文など、信長没後の洛中支配のゆくえを左右する武将たちへ頻繁に礼を贈っている。[30]

須磨氏の研究により、中世賀茂別雷神社の惣中に設けられた役職とその職務内容などが明らかになっているが、これを受け、賀茂別雷神社文書に残るさまざまな文書に加えられた氏人の署判がどのような立場でなされたものなのか、あるいは算用状に記載された氏人の活動がいかなる職務にもとづくものなのかといった諸点について検討を深めることが、次の課題となるだろう。そのためには氏人の人名比定という基礎作業をおろそかにすることはできない。

ここでは、筆者がおこなった氏人の人名比定作業の成果を示し、そのうえで、算用状との関係で明らかになることについて述べたい。

四　算用状と惣中諸職

十六世紀の賀茂別雷神社氏人が就いた役職を知る手がかりとして、それらをまとめた帳簿『氏人鬮取過目録』の存在が須磨氏によって指摘されている。[31]『氏人鬮取過目録』とは、住居区域により分けられた東手・中手・西手の氏人ごとに、役職に選ばれた年と官途呼称の変化が記載された帳簿であり、永禄八年（一五六五）の年記をもった三冊（天文四年から慶長二年までの記事あり）と、それを時期的に引きついだ慶長二年（一五九七）九月の年記を持った三冊の二組が伝存する。[32]これによって、ある氏人が何年にどういった役職に鬮で選ばれたのか、[33]氏人が勤仕する職務にはいかなるものがあったのかといった点が明らかになる。

ただし氏人の表記は官途（もしくはその前段階の大夫名）名乗りであって諱は示されていない。人名を確定するためには、この『氏人鬮取過目録』を中心に、数種の史料を組み合わせて考証をしなければならない。

前節までで触れた職中算用状には、末尾に沙汰人の名乗りと花押が、裏に評定衆・雑掌の名乗りと花押があり、それらを調べることで毎年の沙汰人・評定衆・雑掌が判明する。またこれとは別に、毎年沙汰人の任期末（つまり就任翌年の正月）には、「職中恒例遣方算用状」というものが作成される。[34]月例職中算用状とは異なり、こちらには沙汰人・評定衆・雑掌の諱と花押が据えられる。つまり同年の月例職中算用状と職中恒例遣方算用状を重ね合わせることにより、それぞれの年の沙汰人・評定衆・雑掌の官途・諱・花押がある程度判明することになる。これと『氏人鬮取過目録』の鬮取記録を付き合わせれば、官途名のみで記載されたこの記録と氏人の諱・花押がむすびつく。

ただし右の方法からわかるのは沙汰人・評定衆・雑掌という要職に就いた氏人のみであって、百四十人にのぼる氏人全員にはおよばない。また錯乱方職中算用状の裏のように、花押しか据えられていないばあいがある。したがって、それらを確定させるため、さらに別種の史料の応援を借りなければならない。

先に触れたが、氏人中に取り決めのような誓約をむすぶ必要が生じたとき作成された置文がある。この文書の末尾には、その時点での氏人百四十人（必ずしも全員とは限らないが）の官途と花押が記される。それぞれの年の氏人の花押と官途のむすびつきがここからある程度わかる。

諱とおよその活動時期については、賀茂社家の系図[35]が参考になる。ここから名乗りと諱のむすびつき、当人の死没年、父や兄弟・子の死没年などから活動時期を推し量ることができる。また、『岩佐家文書』所収「競馬聞書」[36]は、慶長十九年六月の日付を持った記録であるが、ここには天文十一年（一五四二）から慶長十九年に至る五月五日競馬の乗尻二十名（競馬では氏人が左右に分かれ十番の競争をする）の官途と諱が記されており、官途名しかわからない氏人の諱が判明する。

以上列挙した人名比定の手がかりとなる史料を整理すると、表7のようになろう。以上の史料について、活動時期に注意しながら比較検討することにより、役職・官途・花押から氏人の諱をある程度明らかにすることがで

表7　氏人人名比定のための手がかりとなる史料

史　料	名乗り	諱	役職	花押
鬮取過目録	○		○	
職中算用状	○		△	○
職中恒例遣方		○	△	○
氏人置文	○		△	○
賀茂社家系図	○	○		
競馬聞書	○	○		

※△印は沙汰人など一部が判明するもの．

きる。この結果を『氏人鬮取過目録』にもとづいて整理したのが、本章附録として収めた「天文～天正年間賀茂別雷神社氏人一覧」である。(37)『氏人鬮取過目録』に登場する氏人中、諱と花押が判明した人物は一部にすぎず、今後さらにきめ細かな考証を積み重ねてゆく必要がある。

右記のような人名比定がきっかけとなってわかることは多いと思われる。ここではその一例として、錯乱方職中算用状作成・監査のあり方について若干考えてみたい。

先に表6として元亀三年の月例・錯乱方各職中算用状の署判者をまとめた。同様に錯乱方（乱入方）算用状がまとまって残る天正二年・同十年について整理したのが表8・表9である（章末）。

前述のように月例・錯乱方いずれも作成主体は同年の沙汰人三名である。それに対し、算用状の裏に署判を加えている氏人に違いが見られる。月例職中算用状が評定衆・雑掌（基本的に合わせて十七人）であるのに対し、錯乱方のほうは、評定衆・雑掌のうち一部の氏人と、それ以外の立場不明の氏人複数が署判を加えている。

評定衆・雑掌以外の氏人については、元亀三年・天正十年のようにほぼ固定化されている年もあれば、天正二年のように固定化されているとは断定できない年もある。天正二年のばあい、二月から五月、六月から十月、十一月以降の三期に分かれて、錯乱方算用状に署判する氏人がある程度定まっていたようにも見受けられる。『氏人鬮取過目録』のなかにこうした立場と合致しそうな役職はない。

それでは、錯乱方職中算用状の裏に署判を加えている氏人は、いかなる立場によってそこに関与しているのだろうか。

『氏人鬮取過目録』に記載のない惣中の組織（役職）のうち、算用状その他から活動がうかがえるものとして、「指（差）副衆」がある。『目録』解題では、「氏人惣中内におかれた組織で、訴訟などの補佐役を担ったものと考えられる。訴訟関連の申状などは、雑掌・指副が連署するものがままみられる。算用状は十六世紀末のもののみであるが、指副衆の活動は江戸時代前期に至っても、引き続き継続している」と説明されているが、それ以上の具体的な活動内容、選出原理などは明らかにされていない。

「指副」ということばからは、解題が指摘するごとく、惣中の諸活動を担う役職を補佐する役まわりのように感じられる。元亀三年の職中算用状を例に、指副の活動や人数がわかる記事を集めてみると、次のようなものがある。

・「卅五文　就二帰楽軒借銭之儀一、雑掌・差副出京出立」（二月分月例）
・「百六十文　さしそへ・評定衆七人下路銭」（四月分錯乱方）
・「八十六文　さしそへ四人酒、如観寺にて」（同右）
・「廿二文　上五人差副迄肴」（五月分錯乱方）
・「百文　酒、藤吉方差副役者まて」（同右）
・「百十文　同時差副四人門出」（七月分錯乱方）
・「八十文　就二人夫之儀一、南都其外上使二人・下衆四人・差副二人・役者迄」（十月分月例）
・「六十文　自三郷□　□酒肴、差副五人まて」（十月分錯乱方）
・「五十文　三星三与談合罷上時酒肴、差副五人」（同右）
・「八十五文　指副衆各出京出立酒肴」（十二月分錯乱方）
・「五百文　正月指副十五人、正月寄合御一献各支配」（元亀四年正月分錯乱方）

評定衆や雑掌に「指し副え」られるという語句本来の役割をはたしているときもあれば、指副のみで活動しているばあいもある。人数もそのときどきの目的に応じて可変的であると思われ、最後の記事からはこのとき十五人の指副がいたことがうかがわれる。

数少ない事例からあえて仮説を提示すれば、錯乱方職中算用状の裏に署判を加えている評定衆・雑掌以外の氏人は、この指副衆という立場にもとづいているのではあるまいか。実際に惣中の活動のなかで組織の権益を保持するための交渉などに携わるという職務内容から、月例以外に臨時に立てられた予算（武家権力側との渉外活動に関係する錯乱方）のばあいに限って、評定衆・雑掌に加えて監査をおこなうのが彼らの役目のひとつであったのかもしれない。

この仮説を実証するには、より詳細に氏人組織や算用状の研究を積み重ねなければなるまい。解題にもあるように、「指副方職中算用状」と題された算用状がいくつか残っている。確認されるのは天正二年から慶長十七年までの二十二通のみ（しかもうち十六通は天正十四〜十五年に集中して残る）と少ないが、これらの分析が必要になるだろう。(38)

また、渉外活動ということでは、それなりの年労と経験を積んだ氏人がこれに当たるのが自然である。氏人組織のなかで老衆に近い層の氏人が指副に該当するのかどうか、人名比定を進め、『氏人鬮取過目録』と対照することにより、わかってくることがあるかもしれない。

ここではこれ以上検討を深める余裕がないが、氏人の人名比定を進めることは、算用状を読み、さらに氏人組織やそのなかの諸職務を研究してゆくうえで有効となることは明らかだろう。その一例としてここでは、錯乱方職中算用状署判者の分析と指副衆の性格、および算用状との関係について簡単に概観した。

五　算用状を読むこころみ
――むすびにかえて――

以上本章では、賀茂別雷神社の職中算用状を検討した。職中算用状を整理し、月例職中算用状収入の推移を検討することにより、所領支配が衰退するなか、惣中がいかなる方法で収入を確保していたのかを考察した。また、月例以外の、「乱入方」「錯乱方」職中算用状について、その残り方と名称から、元亀・天正年間における賀茂別雷神社が置かれた状況や信長権力との関わりをうかがうことができた。さらに、算用状を分析するうえで欠かせない氏人の人名比定に取り組み、その成果を「乱入方」「錯乱方」職中算用状の署判者分析に反映させ、これまでかならずしも活動内容が明確ではなかった「指副衆」について推論をおこなった。

本章冒頭において賀茂別雷神社の職中算用状を、十六世紀畿内政治史研究のための〝定点観測史料〟であると述べた。以上の検討からもそのことは察せられると思う。

都の近郊に所在する古代以来の荘園領主として、賀茂別雷神社は境内や膝下に位置する賀茂六郷の所領支配を維持してきた。十六世紀以降、室町幕府の権力基盤の弱体化にともない、畿内中央の政治的権力を掌握する武士が変転してゆくなかで、支配領域の安全保障と権益保持を目的に、権力掌握者に対する働きかけを積極的におこなった。

書式が固定化された算用状という文書が五十年の長きにわたり毎月作成されたことにより、賀茂別雷神社（およびその惣中）という視点から、畿内中央の政治的権力を掌握した人物の推移を眺望することが可能となり、社会経済情勢の変化（たとえば徳政や枡の公定化など）をうかがうこともできるのである。

最後に、算用状が〝定点観測史料〟である点に注目して、あるひとつの主題を探ってみよう。毎年毎月の算用状をむすぶひとつのことがらをよすがに、歴史の流れを眺めることにする。

こうした方法がもつ魅力については、下坂守氏の論考がある。[39]下坂氏は「会計報告であるから、一見しただけでは面白さが伝わってこないが、丹念にその内容を追っていくと、歴史のさまざまな局面が見えてくる」と指摘する。筆者もこれまで賀茂別雷神社算用状を素材に、『信長記』の著者太田牛一の活動や、天正二年（一五七四）五月の信長の賀茂競馬見物について注目したことがある。[40]ここではこのうちの後者と関連する賀茂競馬についての〝定点観測〟をおこなってみたい。

『信長記』によって、信長は天正二年五月五日の競馬に愛馬十頭を出馬させたことが知られていた。旧著では、賀茂別雷神社に残る「天正二年五月分就信長御見物職中算用状」（Ⅰ―5―400）を分析することにより、信長が同月一日に催された馬汰の見物に来たことを明らかにした。前述のように天正二年五月には、月例職中算用状のほか錯乱方職中算用状も残されているが、この月はそれらに加えて信長の競馬見物に対応するための予算が組まれたのである。それほどに賀茂別雷神社にとって信長の競馬見物は一大行事だったということだろう。

信長のように、月例とは別に算用状が作成されるというほどではないにせよ、五月分職中算用状を見ると、競馬見物のためその時々に勢威をふるった武士たちが賀茂別雷神社を訪れ、惣中がその饗応にあたったことがわかる。天文年間から天正十五年まで、算用状をはじめとする史料から確認できる五月一日・五日の見物者を表10としてまとめた。

信長自身は、天正二年のほか、元亀三年（一五七二）五月五日にも見物に訪れていることが知られるが、[41]このときの饗応・贈答の様子について算用状からはうかがえない。また、競馬見物と直接関係するか不明だが、本能寺の変の直前にあたる天正十年五月にも、信長の賀茂社参が予定されていたらしい。ただし実行されたかはわか

表10　賀茂競馬の見物者

年	5月1日	5月5日
天文23年	伊勢貞孝	松雲軒
永禄2年	【足利義輝】	
永禄3年	【足利義輝】	《足利義輝》
永禄4年	【足利義輝】	【足利義輝】
永禄5年	【六角義弼・大原高定】	
永禄7年	【足利義輝】	【足利義輝】
永禄8年	【三好某】	
永禄12年	嶋田秀満・佐久間信盛	足利義昭
永禄13年	〈飯尾昭連〉	
元亀2年	「御客人」	「御客人」
元亀3年		【織田信長】
元亀4年	朽木成綱・三淵秋豪	
天正2年	織田信長	《織田信雄》
天正3年	村井貞勝室・同息(貞成ヵ)	村井貞勝室・同貞成ら
天正4年	「客人」	
天正5年	村井貞成ら	休斎英林(貞勝被官)
天正7年	村井貞勝	
天正8年	細川信良	某人
天正9年	細川信良・村井貞成・針阿弥	「御客人」
天正10年	村井貞成	
天正12年	松田政行	誠仁親王
天正13年	村井長勝(貞勝一族)	
天正14年	某人	若君様(織田三法師ヵ)・三好秀次・施薬院全宗
天正15年	前田小源(秀以一玄以息)	

※【　】算用状には記載なく，他の史料からわかるもの．
※〈　〉算用状には競馬見物と明記されていないが，五月に饗応を受けている人物．
※《　》算用状には見物者の饗応記事はあるが人名が特定できず，他の史料より推定できる人物．

らない。[42]

さて表10を見ると、室町幕府将軍足利義輝・義昭、およびその側近たち（伊勢貞孝・朽木成綱・三淵秋豪）から、信長とその一族家臣（織田信雄・嶋田秀満・佐久間信盛・細川信良）、信長権力のなかで京都支配を担った所司代村井貞勝とその一族家臣（貞成・休斎英林）、そして秀吉権力に連なる人物（織田三法師・羽柴秀次・施薬院全宗）、秀吉権力のなかで京都支配を担った所司代前田玄以の一族家臣（玄以嫡男小源・松田政行）へと、見物者の変化から権力の所在の変遷をたどることができる。

この賀茂競馬の例からもわかるとおり、毎月のように残されている算用状をある特定の視点から分析することにより、様々な論点が浮かび上がってくるものと思われる。もとより算用状の個々の項目にも、その時々の政治的動向と密接にむすびつく記載があり、それら動向を理解するための補助的史料にもなりうる。またたとえば、天正五年九月分職中算用状（I―1―296）に見える「壱斗　三好日向守殿参、染山神鳥之代」のように、天正元年八月に信長の軍勢に敗れて以降の消息が不明とされていた三好三人衆の一人三好長逸かとおぼしき人物の[43]生存証明ができるといった、伝記史料としても利用できる。賀茂別雷神社算用状には、まだまだ興味深い歴史的事実が眠っており、研究によって掘り起こされることを待っているのである。

註

（1）須磨千頴「中世における賀茂別雷神社氏人の惣について（1）～（12）」（『南山経済研究』六―二・三、七―二・三、九―三、一〇―一・三、一一―一・二・三、一二―一・三、一九九一～九八年）。

（2）職中算用状自体は慶長六年以降も寛文年間頃まで伝存している。

（3）須磨千頴「中世における賀茂別雷神社氏人の惣について（3）」。

（4）永禄四年十二月算用状・同借銭返弁算用状（賀茂別雷神社文書II土蔵―I算用状―5算用状一般―1002・1003。

1003は史料編纂所架蔵写真帳『賀茂別雷神社文書』八十所収)。以下本章で触れる賀茂別雷神社文書のうち、Ⅱ土蔵保管のものはこれを略し、Ⅰ―5―1002のように表記する。
(5) 下村信博「元亀元年徳政と織田信長」(『織豊期研究』七、二〇〇五年)。
(6) 元亀三年四月二十七日氏人中置文(B社司・氏人―1氏人―127、写真帳十一所収)。
(7) 児玉幸多「賀茂別雷神社の往来田制度」(『社会経済史学』七―九、一九三七年)。
(8) Ⅰ収蔵庫―C唐櫃―69。写真帳六所収。
(9) 須磨千頴「山城上賀茂の天正検地」(「中世の窓」同人編『論集中世の窓』吉川弘文館、一九七七年)。
(10) 天正十三年の賀茂別雷神社算用状は『大日本史料』第十一編之二十六に収められている。
(11) 中島圭一「中世後期における土倉債権の安定性」(勝俣鎮夫編『中世人の生活世界』山川出版社、一九九六年)。
(12) 信長の時期でも同様である。たとえば天正二年(一五七四)十二月の職中算用状(Ⅰ―1―266)の遣方のなかに、「六月ニ亀夜叉大夫口入返弁本り」として一石三斗、「六月ニ兵衛大夫口入本り返弁」として一石五斗六升、「九月ニ今福大夫口入本り返弁」として一石九斗五升が支出されている。同年六月分の職中算用状(Ⅰ―1―292)の納方には、「暫借亀夜叉大夫口入」として一石、おなじく「兵衛大夫口入」として一石二斗が、同年九月分の職中算用状(Ⅰ―1―297)では「暫借今福大夫口入」として一石五斗がそれぞれ借り入れられ、収入に組みこまれている。
(13) 『大日本古文書　大徳寺文書之一』五一号。
(14) 天正十五年正月晦日付にて「最長寿寺替地米弁深泥池分職中算用状」(Ⅰ―5―1319)があり、最長寿寺分(影堂田)も賀茂別雷神社の支配を離れ、「替地」が与えられたらしい。
(15) 以上の行動は藤井讓治編『織豊期主要人物居所集成』(思文閣出版、二〇一一年)所収の堀新「織田信長の居所と行動」による。
(16) 中島註(11)論文・下村註(5)論文。
(17) 『信長記』巻三。
(18) 大手鑑二七号(『増訂織田信長文書の研究』上巻三一九号、以下同書収録文書は、信長文書三一九号のように表記する)。元亀三年四月分(錯乱方)算用状(Ⅰ―1―282)の遣方中に、「十六日しゆいん付」という見出しで諸経費が計上されている。

(19) 元亀三年五月分（錯乱方）職中算用状（I—1—283）。
(20) すべて『大日本史料』第十編之二十七に収められており、以下天正二年の算用状については賀茂別雷神社文書の整理番号を省略する。
(21) 在陣見舞が二十四日、帰陣見舞が二十九日。同月中旬、佐久間信盛・信栄父子を中心とする軍勢が六角承禎・義治父子を近江石部城に攻め、これを陥れているが（『信長記』巻七、『大日本史料』第十編之二十三・天正二年四月十三日条）、長秀の出陣がこの軍事行動と関係するのかははっきりしない。
(22) 長秀は、同年十月から十一月にかけて、河内・大和に出陣していた。『大日本史料』第十編之二十五・天正二年十一月十三日条。
(23) A巻子装文書—巻11—17（信長文書四三二号）。
(24) E賀茂六郷—2賀茂六郷—234。長秀は、おそらく同年のものと見られる七月十五日付判物でも、礼物負担のための出米を促す命を発している（E—2—214）。
(25) 大手鑑三八号（信長文書一〇八九号）。
(26) 寶月圭吾『中世量制史の研究』（吉川弘文館、一九六一年）第七章。
(27) ただし判枡による石盛表記が算用状中に目立つようになるのは元亀二年からのことで、米立ての表記になっても、枡は判枡・金伏枡が混在している状況である。
(28) 公益財団法人五島美術館所蔵『集古筆翰』所収文書（『大日本史料』第十編之二十五・天正二年十一月十一日条、信長文書四八四号）。
(29) 桐野作人『だれが信長を殺したのか　本能寺の変・新たな視点』（PHP新書、二〇〇七年）一九四頁以下。
(30) 天正十年六月分乱入方職中算用状については、二〇〇九～二〇一二年度科学研究費補助金基盤研究(B)（一般）研究成果報告書『中近世移行期における賀茂別雷神社および京都地域の政治的・構造的分析研究』（研究代表者野田泰三氏、二〇一三年）に写真を掲載し、筆者が簡単な解説を執筆した。
(31) 須磨千頴「中世における賀茂別雷神社氏人の惣について（3）」。
(32) それぞれB—1—937～939、B—1—940～942。
(33) 鬮取によりある役職に選出されたあと、稀に何らかの事情で辞退するばあいもあり、『氏人鬮取過目録』がかならずしも役職の就任記録でないことは注意しなければならない。この点本章初出論文発表後須磨氏にご教示をいただいた。
(34)『目録』では「恒例遣方」として永正七年のI―5―44から万治四年のI―5―127までがまとめられている。名称と内容から推すに、任期一年間の職中すなわち沙汰人としての活動経費をまとめた報告書と思われる。
(35) 活字では神道大系編纂会編・発行『神道大系神社編八　賀茂』(一九八四年)所収の賀茂社家系図がある。
(36) 京都市歴史資料館寄託岩佐氏熙家文書D―2―73。
(37) 須磨氏は註(1)論文などを執筆する前提として、同様に『氏人鬮取過目録』の一覧表を作成しているとのことである。註(3)論文参照。
(38)『目録』においてこの範疇のなかに整理されている最も早い事例である天正二年分は、事書に「指遣方職中算用状」とある。後年の「指副方」と同一と見ていいのかわからないが、ここでは賀茂百姓往来田や氏人・寺庵・地下迄の私領分年貢などを収入とし、明智光秀以下関係者への綿贈与の代、閏十一月下旬から十二月中旬にかけての酒肴代などが支出として計上されている。当年の沙汰人三名が署判を据え作成している点は他の職中算用状とおなじだが、裏判のある十二名中、三名が評定衆であるほか、残り九名は、錯乱方職中算用状の裏判署判者と重ならない二名の人名が判明するほかは比定できなかった。天正二年のばあい、評定衆以外の「指遣方」裏判署判者は、錯乱方裏判署判者とも重なっていないのである。接頭語こそ共通するとはいえ、ことばの意味からしても、「指し副え」と「指し遣わし」では違う。天正二年の「指遣方職中算用状」は、何らかの交渉に文字どおり氏人を「指し遣わし」た活動に限定された収支報告書なのかもしれない。その「指し遣わ」された氏人が「指副衆」であるかどうかは、別に検討しなければならない問題である。
(39) 下坂守「算用状と覚書を読む」(大山喬平監修、石川登志雄・宇野日出生・地主智彦編『上賀茂のもり・やしろ・まつり』思文閣出版、二〇〇六年)。
(40) 拙著『織田信長という歴史　『信長記』の彼方へ』(勉誠出版、二〇〇九年)第二章、拙著『記憶の歴史学　史料に見る戦国』(講談社、二〇一一年)第二章。
(41)『孝親公記』元亀三年五月五日条(『大日本史料』第十編之九)。
(42) 天正十年五月分職中算用状(I―1―390)に、「上様可ㇾ有ㇾ御社参ㇾ由候間、如ㇾ此之用意也」として御四方三膳(四升八合分)が準備されている。
(43)『国史大辞典13』の「三好三人衆」項(山室恭子氏執筆)。ただし天野忠幸氏の研究によれば、三好長逸は永禄十二年時点で

「日向入道宗功」を名乗っており（『戦国期三好政権の研究』清文堂出版、二〇一〇年、一九七頁）、彼の係累につらなる人物の可能性もある。

表4　天文〜慶長年間職中算用状一覧

年	月	番　号	備　考
天文6年	2月	I-1-56	
	3月	I-1-56	
	5月	I-1-57	
	7月	I-1-61	
	8月	I-1-62	
	12月	I-1-65	
天文7年	正月	I-1-67	
	4月	I-1-68	
	5月	I-1-69	
	5月	I-1-70	
	7月	I-1-72	
	7月	I-1-73	
	7月	I-1-75	
	12月	I-1-76	
天文8年	正月	I-1-77	
天文9年	2月	I-1-81	
	4月	I-1-82	
	5月	I-1-85	
	5月	I-1-83	競馬客人用意
	5月	I-1-84	御祈禱
	6月	I-1-86	
	8月	I-1-87	
	10月	I-1-88	
	11月	I-1-80	
天文13年	9月	I-1-96	
	10月	I-1-96	
	11月	I-1-96	
	閏11月	I-1-96	
	12月	I-1-96	
	12月	I-1-97	
天文14年	2月	I-1-98	
	3月	I-1-98	
	4月	I-1-98	
	5月	I-1-98	
	6月	I-1-98	
	7月	I-1-98	
天文19年	2月	I-1-100	
	3月	I-1-100	
	4月	I-1-100	
	閏5月	I-1-100	
	6月	I-1-100	
	7月	I-1-100	
	8月	I-1-100	
	9月	I-1-100	
	10月	I-1-100	
	11月	I-1-100	
	12月	I-1-100	
天文20年	正月	I-1-100	
	正月	I-1-101	
天文22年	閏正月	I-1-102	
	2月	I-1-102	
	3月	I-1-102	
	4月	I-1-103	
	5月	I-1-103	
	6月	I-1-113	
	7月	I-1-113	
	8月	I-1-113	
	9月	I-1-104	
	10月	I-1-104	
	11月	I-1-104	
	12月	I-1-118	
天文23年	正月	I-1-106	
	2月	I-1-107	
	3月	I-1-108	
	4月	I-1-109	
	5月	I-1-110	
	6月	I-1-111	
	7月	I-1-111	
	8月	I-1-116	
	9月	I-1-112	

年	月	番　号	備　　考
	7月	I-1-142	
	8月	I-1-143	
	9月	I-1-144	
	10月	I-1-145	
	11月	I-1-152	
	12月	I-1-153	
永禄5年	閏7月	I-1-154	
永禄6年	正月	I-1-169	
	2月	I-1-155	
	3月	I-1-156	
	4月	I-1-330	
	5月	I-1-158	
	6月	I-1-170	
	7月	I-1-159	
	8月	I-1-160	
	9月	I-1-161	
	10月	I-1-146	
	11月	I-1-167	
	12月	I-1-173	
永禄7年	正月	I-1-175	
	正月	I-5-256	前欠・某方
	2月	I-1-176	
	3月	I-1-177	
	4月	I-1-178	
	6月	I-1-179	
	6月	I-5-257	米方
	7月	I-1-180	
	8月	I-1-181	
	9月	I-1-182	
	10月	I-1-183	
	11月	I-1-184	
	12月	I-1-190	
永禄8年	正月	I-1-191	
	3月	I-1-192	
	4月	I-1-193	
	5月	I-1-194	

年	月	番　号	備　　考
	10月	I-1-114	
	11月	I-1-115	
	12月	I-1-115	
永禄2年	2月	I-1-125	
	3月	I-1-125	
	4月	I-1-125	
	5月	I-1-125	
	6月	I-1-125	
	7月	I-1-126	
	8月	I-1-126	
	9月	I-1-126	
	10月	I-1-127	
	11月	I-1-127	
	12月	I-1-127	
永禄3年	正月	I-1-127	
	2月	I-1-128	
	2月	I-5-252	新井手
	3月	I-1-128	
	4月	I-1-129	
	5月	I-1-129	
	6月	I-1-130	
	7月	I-1-130	
	8月	I-1-131	
	10月	I-1-132	
	11月	I-1-133	
	12月	I-1-134	
	追而	I-5-253	新井手
	12月	I-5-254	宝幢院・最長寿寺
永禄4年	正月	I-1-135	
	2月	I-1-136	
	2月	I-5-255	井手料
	3月	I-1-137	
	閏3月	I-1-138	
	4月	I-1-139	
	5月	I-1-140	
	6月	I-1-141	

年	月	番　号	備　　考
	3月	I-1-225	
	4月	I-1-226	
	5月	I-1-227	
	6月	I-1-228	
	7月	I-1-229	
	8月	I-1-230	
	9月	I-1-235	
	10月	I-1-236	
	11月	I-1-237	
	12月？	I-1-238	
永禄12年	正月	I-1-239	
	2月	I-1-240	
	3月	I-1-241	
	4月	I-1-242	
	5月	I-1-243	
	閏5月	I-1-244	
	6月	I-1-245	
	7月	I-1-246	
	8月	I-1-247	
	9月	I-1-248	
	10月	I-1-249	
	11月	I-1-250	
	12月	I-1-251	米方
永禄13年	正月	I-1-253	
	2月	I-1-254	
	3月	I-1-255	
	4月	I-1-157	
（元亀元）	5月	I-1-259	
	5月	I-1-258	（錯乱方的）
	6月	I-1-260	
	7月	I-1-257	
	8月	I-1-261	
	10月	I-1-262	
	11月	I-1-256	
	12月	I-1-267	
	10月	I-5-261	米方

年	月	番　号	備　　考
	6月	I-1-195	
	7月	I-1-196	
	8月	I-1-197	
	9月	I-1-168	
	9月	I-5-258	前欠・某方
	10月	I-1-198	
	11月	I-1-199	
	12月	I-1-200	
永禄9年	正月	I-1-202	
	正月	I-1-201	米方
	2月	I-1-203	
	3月	I-1-204	
	4月	I-1-205	
	5月	I-1-206	
	6月	I-1-207	
	7月	I-1-208	
	8月	I-1-209	
	9月	I-1-210	
	10月	I-1-147	
	11月	I-1-185	
	12月	I-1-211	
		I-5-259	差副興行中
	12月	I-5-260	米方
永禄10年	正月	I-1-212	
	2月	I-1-213	
	3月	I-1-214	
	4月	I-1-215	
	5月	I-1-216	
	7月	I-1-217	
	8月	I-1-218	
	9月	I-1-219	
	10月	I-1-220	
	11月	I-1-221	
	12月	I-1-222	
永禄11年	正月	I-1-223	
	2月	I-1-224	

年	月	番　号	備　　　考
	3月	I-1-304	
	4月	I-1-305	
	5月	I-1-306	
	6月	I-1-307	
	7月	I-1-308	
(天正元)	8月	I-1-309	
	9月	I-1-310	
	11月	I-1-311	
	12月	I-1-312	
	12月	I-5-1346	両寺納
天正2年	2月	I-1-313	
	2月	I-5-193	錯乱方
	3月	I-1-314	
	3月	I-5-194	錯乱方
	4月	I-5-195	錯乱方
	5月	I-1-285	
	5月	I-5-196	錯乱方
	5月	I-5-400	信長見物
	6月	I-1-292	
	6月	I-5-197	錯乱方
	7月	I-1-288	
	8月	I-1-231	
	9月	I-1-297	
	9月	I-5-198	錯乱方
	10月	I-1-149	
	10月	I-5-199	錯乱方
	10月	I-5-264	米方
	11月	I-1-187	
	11月	I-5-200	錯乱方
	閏11月	I-1-315	
	閏11月	I-5-200	錯乱方
	12月	I-1-266	
	12月	I-1-316	前欠・某方
	12月	I-1-317	錯乱方
		I-5-210	差遣方
天正3年	正月	I-1-318	
	正月	I-5-201	錯乱方

年	月	番　号	備　　　考
		I-5-192	乱入方(元亀2.6月付)
元亀2年	正月	I-1-278	
	2月	I-1-279	
	3月	I-1-268	
	4月	I-1-269	
	5月	I-1-270	
	6月	I-1-271	
	7月	I-1-272	
	8月	I-1-273	
	9月	I-1-274	
	10月	I-1-275	
	11月	I-1-276	
	12月	I-1-277	
		I-5-262	両寺(米方)
元亀3年	2月	I-1-280	
	3月	I-1-281	
	4月	I-1-282	(錯乱方)
	5月	I-1-283	(錯乱方)
	5月	I-1-284	
	6月	I-1-291	
	7月	I-1-291	
	7月	I-1-287	(錯乱方)
	8月	I-1-293	
	8月	I-1-294	(錯乱方)
	9月	I-1-295	
	9月	I-1-298	(錯乱方)
	10月	I-1-148	
	10月	I-1-299	(錯乱方)
	11月	I-1-186	
	11月	I-1-300	(錯乱方)
	12月	I-1-263	
	12月	I-1-301	(錯乱方)
		I-5-263	両寺(米方)
元亀4年	正月	I-1-302	
	正月	I-1-303	(錯乱方)
	2月	I-1-164	

年	月	番　号	備　　　考
	4月	I-1-345	音信方(附)
	5月	I-1-346	音信方(附)
	6月	I-1-347	
	7月	I-1-348	音信方(附)
	7月	I-5-267	棟付
	8月	I-1-349	
	9月	I-1-350	
	10月	I-1-351	
	11月	I-1-352	
	11月	I-5-402	音信方
	12月	I-1-353	
		I-5-268	米方
天正7年	正月	I-1-354	
	2月	I-1-355	
	2月	I-5-404	信長鷹山
	3月	I-1-356	
	3月	I-5-405	御陣御音信方
	4月	I-1-357	
	5月	I-1-358	
	6月	I-1-359	
	7月	I-1-360	
	8月	I-1-361	
	9月	I-1-362	
	9月	I-5-406	摂州見舞
	10月	I-1-363	
	11月	I-1-189	
	11月	I-1-364	両寺米方
	12月	I-1-264	
		I-5-269	水田之儀
天正8年	正月	I-1-366	
	正月	I-5-406	年頭御礼
	2月	I-1-367	
	3月	I-1-368	
	3月	I-1-368	上様御出陣
	閏3月	I-1-372	
	4月	I-1-369	
	5月	I-1-370	

年	月	番　号	備　　　考
	2月	I-1-320	
	3月	I-1-321	
	4月	I-1-322	
	5月	I-1-286	
	6月	I-1-323	
	7月	I-1-324	
	8月	I-1-325	
	9月	I-1-326	
	10月	I-1-327	
	10月	I-5-1347	貴布禰山
	11月	I-1-328	
	12月	I-1-265	
	12月	I-1-329	前欠・米方？
天正4年	正月	I-1-330	
	2月	I-1-165	
	5月	I-1-334	乱入方(附)
	6月	I-1-335	音信方(附)
	7月	I-1-289	音信方(附)
	9月	I-1-336	
	9月	I-1-336	音信方(附)
	11月	I-1-188	音信方(附)
	12月	I-1-337	
	12月	I-1-338	音信方(ただし337と連券)
	10月	I-5-1108	米方
天正5年	正月	I-5-401	音信方
	3月	I-1-339	前欠
	5月	I-1-340	遣方(附)
	8月	I-1-341	
	8月	I-5-265	新開事
	9月	I-1-296	
	10月	I-1-150	
	11月	I-5-266	米方
天正6年	正月	I-1-342	追而遣方附
	2月	I-1-343	音信方(附)
	3月	I-1-344	音信方・陣数付時入用(附)

年	月	番　号	備　　考
	12 月	I-5-207	乱入方
天正 11 年	正月	I-1-396	
	正月	I-5-208	借乱方
	2 月	I-1-397	
	3 月	I-1-398	
	4 月	I-1-399	
	5 月	I-1-400	
	6 月	I-1-401	
	7 月	I-1-402	
	8 月	I-1-403	
	9 月	I-1-404	
	10 月	I-1-405	
	11 月	I-1-406	
	12 月	I-1-407	
天正 12 年	2 月	I-1-408	
	3 月	I-1-409	
	4 月	I-1-410	
	5 月	I-1-411	
	6 月	I-1-412	
	7 月	I-1-413	
	8 月	I-1-232	
	9 月	I-1-414	
	10 月	I-1-415	
	11 月	I-1-416	
	12 月	I-1-417	
天正 13 年	正月	I-1-418	
	2 月	I-1-419	
	2 月	I-1-319	(秀吉仙洞御所修造)
	3 月	I-1-420	
	4 月	I-1-421	
	5 月	I-1-422	
	6 月	I-1-423	
	7 月	I-1-424	
	8 月	I-1-425	
	閏 8 月	I-1-426	
	9 月	I-1-427	

年	月	番　号	備　　考
	6 月	I-1-371	
	7 月	I-1-373	
	8 月	I-1-374	
	9 月	I-1-375	
	10 月	I-1-376	
	11 月	I-1-377	
	12 月	I-1-378	
	12 月	I-5-270	水田ニ催促
天正 9 年	正月	I-1-379	
	2 月	I-1-166	
	4 月	I-1-380	
	5 月	I-1-381	
	6 月	I-1-382	
	7 月	I-1-290	
	8 月	I-1-233	
	10 月	I-1-383	
	11 月	I-1-384	
	12 月	I-1-385	
		I-5-271	両寺米方
天正 10 年	正月	I-1-386	
	2 月	I-1-387	
	3 月	I-1-388	
	4 月	I-1-389	
	5 月	I-1-390	
	6 月	I-1-391	
	6 月	I-5-202	乱入方
	7 月	I-1-392	
	7 月	I-5-203	乱入方
	8 月	I-1-234	
	8 月	I-5-204	乱入方
	9 月	I-1-393	
	10 月	I-1-394	
	10 月	I-1-151	
	10 月	I-5-272	両寺米方
	10 月	I-5-205	借乱方
	11 月	I-5-206	乱入方
	12 月	I-1-395	

年	月	番　号	備　　考
	8月	I-5-224	差副方
	9月	I-1-450	
	9月	I-5-225	差副方
	10月	I-1-451	
	10月	I-5-226	差副方
	11月	I-1-452	
	12月	I-1-453	
天正16年	正月	I-1-454	
	正月	I-5-227	差副方
	2月	I-1-455	
	3月	I-1-457	
	5月	I-1-458	
	閏5月	I-1-459	
	6月	I-1-460	
	11月	I-1-461	
	12月	I-1-462	
	□月	I-1-463	
天正17年	正月	I-1-475	
	2月	I-1-464	
	3月	I-1-465	
	4月	I-1-466	
	5月	I-1-467	
	6月	I-1-468	
	7月	I-1-469	
	8月	I-1-470	
	9月	I-1-471	
	10月	I-1-472	
	11月	I-1-473	
	12月	I-1-474	
	12月	I-5-275	
天正18年	正月	I-1-476	
	2月	I-1-477	
	3月	I-1-478	
	4月	I-1-479	
	5月	I-1-480	
	6月	I-1-481	
	7月	I-1-482	

年	月	番　号	備　　考
	10月	I-1-428	
	11月	I-1-429	
	12月	I-1-430	
		I-5-273	影堂田
天正14年	正月	I-1-431	
	2月	I-1-432	
	2月	I-5-212	差副方
	3月	I-1-433	
	4月	I-1-434	
	4月	I-5-213	差副方
	5月	I-1-435	差副方？
	5月	I-1-436	
	6月	I-1-437	
	7月	I-1-438	
	7月	I-5-214	差副方
	8月	I-1-439	
	8月	I-5-215	差副方
	9月	I-5-211	差副方
	10月	I-5-216	差副方
	11月	I-1-440	
	12月	I-1-441	
	12月	I-5-274	竹方
天正15年	正月	I-1-442	
	正月	I-5-217	差副方
	2月	I-1-443	
	2月	I-5-218	差副方
	3月	I-1-444	
	3月	I-5-219	差副方
	4月	I-1-445	
	4月	I-5-220	差副方
	5月	I-1-446	
	5月	I-5-221	差副方
	6月	I-1-447	
	6月	I-5-222	差副方
	7月	I-1-448	
	7月	I-5-223	差副方
	8月	I-1-449	

年	月	番　号	備　　考
	9月	I-1-516	
	10月	I-5-410	太閤上洛御礼
	11月	I-1-517	
文禄3年	正月	I-1-518	
	2月	I-1-519	
	3月	I-1-520	
	4月	I-1-521	
	5月	I-1-526	
	6月	I-1-522	
	7月	I-1-523	
	8月	I-1-524	
	10月	I-1-525	
	11月	I-1-527	
文禄4年	正月	I-1-528	
文禄5年	3月	I-1-529	
	4月	I-1-530	
	6月	I-1-531	
	7月	I-1-532	
	閏7月	I-5-230	差副方
	8月	I-1-533	
	9月	I-1-534	
	10月	I-1-535	
	11月	I-1-536	
(慶長元)	12月	I-1-537	
慶長2年	正月	I-1-538	
	4月	I-1-539	
	5月	I-1-540	
	6月	I-1-541	
	7月	I-1-542	
	8月	I-1-544	
	9月	I-1-543	
	10月	I-1-545	
	11月	I-1-546	
	12月	I-1-547	
慶長3年	正月	I-1-548	
	正月	I-5-276	先沙汰人算用

年	月	番　号	備　　考
	8月	I-1-483	
	9月	I-1-484	
	10月	I-1-485	
	11月	I-1-486	
	12月	I-1-487	
天正19年	正月	I-1-488	
	閏正月	I-1-489	
	閏正月	I-5-228	差副方
	2月	I-1-490	
	2月	I-5-229	差副方
	3月	I-1-491	
	4月	I-1-492	
	5月	I-1-499	
	6月	I-1-493	
	7月	I-1-494	
	9月	I-1-495	
	10月	I-1-496	
	11月	I-1-497	
	12月	I-1-498	
天正20年	正月	I-1-500	
	3月	I-1-501	
	4月	I-1-502	
	5月	I-1-503	
	6月	I-1-504	
	6月	I-5-409	名護屋見舞
	7月	I-1-505	
	8月	I-1-506	
	10月	I-1-508	
	11月	I-1-509	
(文禄元)	12月	I-1-510	
文禄2年	正月	I-1-511	
	正月	I-5-412	名護屋見舞
	4月	I-1-512	
	5月	I-1-514	
	5月	I-5-413	名護屋見舞
	7月	I-1-513	
	8月	I-1-515	

年	月	番　号	備　　考
	3月	I-1-578	
	4月	I-1-579	
	5月	I-1-580	
	6月	I-1-581	
	7月	I-1-582	
	8月	I-1-583	
	9月	I-1-584	
	10月	I-1-585	
	11月	I-1-586	
	12月	I-1-587	
某年	2月	I-1-162	
	3月	I-1-162	
	4月	I-1-162	

※番号は『目録』により，すべてII土蔵のI算用状以下に含まれる.
※備考欄の(　)内は作成者による命名.
※備考欄に(附)とあるものは，月例の職中算用状に続けて記載されているもの.
※各年ごとに区別したが，沙汰人などの任期は12月～正月である.

年	月	番　号	備　　考
	3月	I-1-549	
	4月	I-1-552	
	5月	I-1-553	
	6月	I-1-554	
	7月	I-1-555	
	8月	I-1-556	
	9月	I-1-557	
	10月	I-1-558	
	11月	I-1-559	
	12月	I-1-560	
慶長4年	正月	I-1-561	
	2月	I-1-562	
	3月	I-1-563	
	閏3月	I-1-564	
	4月	I-1-565	
	7月	I-1-566	
	8月	I-1-567	
	9月	I-1-568	
	10月	I-1-569	
	12月	I-1-570	
慶長5年	正月	I-1-577	

その他氏人

若狭守	筑前守	肥前守	内膳正	飛騨守	治部丞	木工助	刑部丞	主膳正	宮内少輔	右馬頭	兵部丞	長門守	下野守	治部少輔	兵庫頭	左馬助	但馬守	中務少輔	左近大夫	左衛門尉	右馬助	紀伊守	河内守	越中守	兵部少輔	備前守	対馬守	右衛門大夫	遠江守
⑨	⑩	12	⑬	⑭	⑳																								
21				⑪	⑥	①	3	④	⑤	⑨	13	14	15	⑰	18	⑲	⑳	㉖	㉗	㉘									
19				⑤	12	⑦		3	13		15	1		⑰	18	⑲	⑳	㉕	㉖	27	6	22							
㉙		⑨		㉒	㉓		⑱		⑤		⑪		⑳							⑯		⑮	⑧	⑬	24	㉕	26	27	28
⑨						㉒		㉑	⑳		⑯	⑰	⑭	⑬	⑫	⑪	⑩	④	③	②		⑦							
⑧				⑳	22	㉕			㉔		⑮	⑯	⑬	⑫	⑪	⑩	⑨	④	③	②	㉑	㉗							
⑧				⑳	㉒	㉕		24	23		15	16	13	⑫	10	11	9	④	③	2		6							
						⑰						7																	
⑨				㉒	㉔	㉗		26	25		17?	18	15	⑭	13	12	10	①	④	3		6							

						⑰						7																	
⑨	⑩	12	⑬	⑭	⑳																								
21				⑪	⑥	①	3	④	⑤	⑨	13	14	15	⑰	18	⑲	⑳	㉖	㉗	㉘									
19				⑤	12	⑦		3	13		15	1		⑰	18	⑲	⑳	㉕	㉖	27	6	22							
㉙		⑨		㉒	㉓		⑱		⑤		⑪		⑳							⑯		⑮	⑧	⑬	24	㉕	26	27	28
⑨						㉒		㉑	⑳		⑯	⑰	⑭	⑬	⑫	⑪	⑩	④	③	②		⑦							
⑧				⑳	22	㉕			㉔		⑮	⑯	⑬	⑫	⑪	⑩	⑨	④	③	②	㉑	㉗							
⑧				⑳	㉒	㉕		24	23		15	16	13	⑫	10	11	9	④	③	2		6							
⑨				㉒	㉔	㉗		26	25		17?	18	15	⑭	13	12	10	①	④	3		6							

表6　元亀3年職中算用状の署判者

		沙汰人			評定衆・雑掌																						
		1	2	3	1	2	3	4	5	6	7	8	9	10	11	12	13	14	15	16	17						
		織部正	右衛門佐	掃部頭	佐渡守	中務大夫	尾張守	筑前守	大炊助	大膳亮	内匠頭	左近将監	市正	大監物丞	民部少輔	主水正	右京進	主殿頭	采女佑	亀夜叉大夫	虎千代大夫	采女正	左近大夫	民部丞	左京進	加賀守	淡路守
時間順	2月分	①	②	③	1	②	3	④	5	6	7	8	⑨	⑩	11	12	13	14		16	17	15					
	3月分	②	①	③	①	②	③	4	⑤	6	7	8	⑨	⑩	⑪	⑫	13	⑭	15	⑯	⑰						
	4月分錯	②	③	1	1	②	④		⑪		⑰			19	⑮	⑯	⑱					⑩	③	⑤	⑥	7	8
	5月分	①	③	②	1	2	3			④	5	6	⑦	8	9	10	⑪	12		13	14						
	5月分錯	①	③	2		㉕	㉔			⑯	⑫			⑩		⑦	2	8							㉒		㉓
	6・7月分	②	③	①	①	2	③			4	5	6	⑦	8	9	10	11	12		13	14						
	8月分	①	②	③	①	③	②		4	13	10	⑤	⑦	6	⑧	9	12	⑪		14	15						
	8月分錯	③	①	2		㉔	㉓			⑯	④		11	2		⑧	⑩	9							㉑		
	9月分	②	①	③	①	②	③		④	⑤	6	⑦	⑧	⑨	⑩	⑪	12	13		14	15						
	9月分錯	②	①	③	⑰		⑭					㉑	⑲	⑩		⑥	3	④		2	①			⑫	⑦		
	10月分	②	③	①	1	2	③	4	5	⑥	⑨	7	⑧	⑩	⑪	12	⑬		15	14	16						
	10月分錯（前欠）	②	③	①	1	⑤	⑥			⑮	⑱						19	㉓							⑧		
	11月分	①	②	3	1	2	③	4	5	6	⑦	⑧	⑨	⑰	⑩	⑪	12	⑬	14	15	⑯						
	11月分錯	①	②	③	①	⑤	⑥			⑭	⑰		18	⑲			23	㉖							⑦		
	12月分	②	③	①		①	②	3	4	⑤	7	⑥	⑧	⑩	⑨	⑪	⑬	⑫		⑭	⑮						
	12月分錯	2	3	1	1	㉜	⑤			⑭	⑰		18	⑲	㉛		㉑	㉖	30	33		㉘		㉗	⑦	29	
	正月分	②	③	①	1	2	3	4	5	6	⑧		9	⑩	⑪	⑫	⑬	14	⑮	16							
	正月分錯	②	③	①	2	㉝	⑤			⑯	⑲		⑳	㉑	㉛		㉓	㉙	30	32		㉘		⑦	⑪	8	
種類別	2月分	①	②	③	1	②	3	④	5	6	7	8	⑨	⑩	11	12	13	14		16	17	15					
	3月分	②	①	③	①	②	③	4	⑤	6	7	8	⑨	⑩	⑪	⑫	13	⑭	15	⑯	⑰						
	5月分	①	③	②	1	2	3			④	5	6	⑦	8	9	10	⑪	12		13	14						
	6・7月分	②	③	①	①	2	③			4	5	6	⑦	8	9	10	11	12		13	14						
	8月分	①	②	③	①	③	②		4	13	10	⑤	⑦	6	⑧	9	12	⑪		14	15						
	9月分	②	①	③	①	②	③		④	⑤	6	⑦	⑧	⑨	⑩	⑪	12	13		14	15						
	10月分	②	③	①	1	2	③	4	5	⑥	⑨	7	⑧	⑩	⑪	12	⑬		15	14	16						
	11月分	①	②	3	1	2	③	4	5	6	⑦	⑧	⑨	⑰	⑩	⑪	12	⑬	14	15	⑯						
	12月分	②	③	①		①	②	3	4	⑤	7	⑥	⑧	⑩	⑨	⑪	⑬	⑫		⑭	⑮						
	正月分	②	③	①	1	2	3	4	5	6	⑧		9	⑩	⑪	⑫	⑬	14	⑮	16							
	4月分錯	②	③	1	1	②	④		⑪		⑰			19	⑮	⑯	⑱					⑩	③	⑤	⑥	7	8
	5月分錯	①	③	2		㉕	㉔			⑯	⑫			⑩		⑦	2	8							㉒		㉓
	8月分錯	③	①	2		㉔	㉓			⑯	④		11	2		⑧	⑩	9							㉑		
	9月分錯	②	①	③	⑰		⑭					㉑	⑲	⑩		⑥	3	④		2	①			⑫	⑦		
	10月分錯（前欠）	②	③	①	1	⑤	⑥			⑮	⑱						19	㉓							⑧		
	11月分錯	①	②	③	①	⑤	⑥			⑭	⑰		18	⑲			23	㉖							⑦		
	12月分錯	2	3	1	1	㉜	⑤			⑭	⑰		18	⑲	㉛		㉑	㉖	30	33		㉘		㉗	⑦	29	
	正月分錯	②	③	①	2	㉝	⑤			⑯	⑲		⑳	㉑	㉛		㉓	㉙	30	32		㉘		⑦	⑪	8	

※数字は署判の順序（沙汰人は日下を1，評定衆・雑掌は奥を1とする）.

※丸数字は花押が据えられている者.

※灰色部分は雑掌.

表8　天正2年職中算用状の署判者

時間順	沙汰人					評定衆・雑掌																
	1	2	3	4	5	1	2	3	4	5	6	7	8	9	10	11	12	13	14	15	16	17
	但馬守	藤増大夫	右京進	若狭守	鶴松大夫	宮福大夫	大蔵丞	民部少輔	左衛門大夫	美濃守	飛騨守	下野守	阿波守	美作守	壱岐守	掃部助	加賀守	中務少輔	摂津守	因幡守	大炊頭	民部大輔
	清連	兼明	秀直	兼賢	兼益	保直	清幸	将平	保本	清国	氏右	弘種	重弘	清増	親直	尚顕	久直	氏山	能広	季保	季増	保秀
2月分	①	2	3			①	②	3	④	⑤	⑥	⑦	⑧	⑨	⑩	⑪	⑫	⑬	14	⑮	⑯	⑰
2月分錯	①	②	③		○		○	○	○	○	○	○								○		
3月分	③	②	①			1	②	③	④	⑤	⑥	⑦	⑧	⑨	⑩	⑪	⑫	13	14	⑮	⑯	⑰
3月分錯	③	②	①		○			○	○		○	○					○				○	
4月分錯	③	①	②		○			○	○	○	○	○			○		○				○	
5月分	①	②	③			1	②	3	④	⑤	6	⑦	8	⑨	⑩	⑪	⑫		13	⑭	⑮	⑯
5月分錯	①	②	③		○		○	○	○	○	○	○			○		○	○		○		
5月分見物	①	②	③						○			○					○	○	○	○		
6月分	③	2	①			1	2	3	④	5	6	7	⑧	9	10	11	⑫	⑬	14	⑮	⑯	⑰
6月分錯	②		①	③								○					○					
7月分	3		②		1	①	②	3	4	⑤	6	⑦	⑧	⑨	10	11	12	⑬	⑭	⑮	⑯	⑰
8月分	①		②		3	1	②	3	4	⑤	6	⑦	8	9	10	⑪	⑫	⑬	14	⑮	⑯	⑰
9月分	③		①		2	①	②	3	④	⑤	⑥	⑦	8	⑨	⑩	11	⑫	13	⑭	15	16	17
9月分錯	②		①	③								○					○					
10月分	3		2	1		①	②	3	4	⑤	⑥	⑦	8	⑨	⑩	11	⑫	⑬	14	⑮	⑯	⑰
10月分錯	③		②	①								○						○				
10月分米	③		②	①		①	②	③	④	⑤	⑥	⑦	8	⑨	⑩	⑪	⑫	⑬	14	⑮	16	⑰
11月分	③		2	①		①	②	③	④	⑤	6	⑦	8	9	⑩	⑪	⑫	⑬	14	⑮	⑯	⑰
閏11月分	③		2	①		①	②	③	④	⑤	6	⑦	8	9	⑩	⑪	⑫	⑬	14	⑮	⑯	⑰
11月・閏11月分錯	③	△	①	②						○		○						○				
12月分	③		②	①		①	②	③	④	⑤	6	⑦	8	9	⑩	⑪	⑫	⑬	14	⑮	⑯	⑰
12月分錯	③	△	①	②						△												
12月分某	③		②	①																		

時間順	その他氏人																							
	主殿頭	宮内大輔	紀伊守	市正	兵庫助	式部大輔	采女正	内匠頭	治部大夫	左京進	弾正忠	丹波守	采女祐	豊後守	讃岐守	民部丞	肥前守	大蔵大夫	治部少輔	宮内少輔	織部正	右京亮	刑部少輔	未詳
	季祐	保望	保方	保説	保朝	保衆	真直	氏毎	季興	保在	保番	季永	三久	増顕	重政						春久	定顕		
2月分																								
2月分錯	○	○	○	○	○																			3
3月分																								
3月分錯	○	○	○	○	○	○																		1
4月分錯	○	○	○	○		○	○																	1
5月分																								
5月分錯	○	○		○	○	○	○	○																2
5月分見物		○		○		○	○	○																2
6月分																								
6月分錯		○						○	○	○	○	○	○											2
7月分																								
8月分																								
9月分																								
9月分錯		○						○	○	○	○	○	○	○										1
10月分																								
10月分錯	○		○					○	○	○		○	○	○										1
10月分米																								
11月分																								
閏11月分																								
11月・閏11月分錯			○	○	○		△	○		△					○	○	○							
12月分																								
12月分錯																								
12月分某			○	○		○		○		○					○			○	○	○				5

| 正月分錯 | 3 | △ | ① | ② | | | | | | ○ | | ○ | | | | | | ○ | | | | | | | △ | ○ | ○ | ○ | △ | ○ | | △ | | | | | ○ | ○ | ○ | | | | | | ○ | |

種類別																																														
2月分	①	2	3			①	②	3	④	⑤	⑥	⑦	⑧	⑨	⑩	⑪	⑫	⑬	14	⑮	⑯	⑰																									
3月分	③	②	①			1	②	③	④	⑤	⑥	⑦	⑧	⑨	⑩	⑪	⑫	13	14	⑮	⑯	⑰																									
5月分	①	②	③			1	②	3	④	⑤	6	⑦	8	⑨	⑩	⑪	⑫		13	⑭	⑮	⑯																									
6月分	③	2	①			1	2	3	④	5	6	7	⑧	9	10	11	⑫	⑬	14	⑮	⑯	⑰																									
7月分	3		②		1	①	②	3	4	⑤	6	⑦	⑧	⑨	10	11	12	⑬	⑭	⑮	⑯	⑰																									
8月分	①		②		3	1	②	3	4	⑤	6	⑦	8	9	10	⑪	⑫	⑬	14	⑮	⑯	⑰																									
9月分	③		①		2	①	②	3	④	⑤	⑥	⑦	8	⑨	⑩	11	⑫	13	⑭	15	16	17																									
10月分	3		2	1		①	②	3	4	⑤	⑥	⑦	8	⑨	⑩	11	⑫	⑬	14	⑮	⑯	⑰																									
10月分米	③		②	①		①	②	③	④	⑤	⑥	⑦	8	⑨	⑩	⑪	⑫	⑬	14	⑮	16	⑰																									
11月分	③		2	①		①	②	③	④	⑤	6	⑦	8	9	⑩	⑪	⑫	⑬	14	⑮	⑯	⑰																									
閏11月分	③		2	①		①	②	③	④	⑤	6	⑦	8	9	⑩	⑪	⑫	⑬	14	⑮	⑯	⑰																									
12月分	③		②	①		①	②	③	④	⑤	6	⑦	8	9	⑩	⑪	⑫	⑬	14	⑮	⑯	⑰																									
正月分	①		②	③		①	②	③	④	⑤	⑥	⑦	8	⑨	⑩	⑪	⑫	⑬	14	⑮	16	⑰																									
2月分錯	①	②	③		○		○	○	○	○	○	○								○			○	○	○	○	○																				3
3月分錯	③	②	①		○			○	○		○	○					○				○		○	○	○	○	○	○																			1
4月分錯	③	①	②		○			○	○	○	○	○			○		○				○		○	○	○	○		○	○																		1
5月分錯	①	②	③		○		○	○	○	○	○	○			○		○	○		○			○	○		○	○	○	○	○																	2
5月分見物	①	②	③						○			○					○	○	○	○				○		○		○	○	○																	2
6月分錯	②		①	③								○					○							○						○	○	○	○	○	○												2
9月分錯	②		①	③								○					○							○						○	○	○	○	○	○	○											1
10月分錯	③		②	①								○						○					○		○					○	○	○		○	○	○											1
11月・閏11月分錯	③	△	①	②						○		○						○							○	○	○		△	○		△					○	○	○								
12月分錯	③	△	①	②						△																																					
12月分某	③		②	①																					○	○		○		○		○					○			○	○	○					5
指遣方	①		②	③			○		○			○																																○	○		7
正月分錯	3	△	①	②						○		○						○							△	○	○	○	△	○		△					○	○	○						○		

※数字は署判の順序(沙汰人は日下を1，評定衆・雑掌は奥を1とする)．丸数字は花押が据えられている者．灰色部分は雑掌．

※錯乱方算用状は花押のみであるため，花押の比定ができた氏人にかぎり○を付した．ただし一部署名があるものについては，花押の比定ができた氏人に○，署名のみで花押のない氏人に△を付した．

表9　天正10年職中算用状の署判者

時間順	沙汰人						評定衆・雑掌																	その他氏人								
	1	2	3	4	5	6	1	2	3	4	5	6	7	8	9	10	11	12	13	14	15	16	17									
	亀大夫	雅楽助	左近将監	大膳亮	松鶴大夫	右京進	靏石大夫	式部丞	藤増大夫	左衛門尉	左衛門佐	内蔵頭	大蔵大夫	右京亮	壱岐守	伊与守	図書頭	河内守	三河守	下野守	左馬助	肥前守	掃部助	淡路守	讃岐守	治部少輔	内匠頭→出雲守	右京進	治部丞	市正	刑部丞	宮内少輔
							弘正	兼増	季慶			清幸	定顕	保世	祐幸	保長	真俊		成高	保男	保益											
2月	①	②	③				①	②	③	4	⑤	⑥	⑦	⑧	⑨	⑩	⑪	12	13	⑭	⑮	⑯	⑰									
3月	①			②	③		①	②	4	⑤	③	⑥	7	⑧	⑨	⑩	11	⑫	13	⑭	15	⑯	⑰									
4月	②	③			①			⑭	⑬		⑮	⑫	⑪	⑩	⑨	⑧	⑦	⑥	5	④	③	②	①									
5月	②	③			①		17	15	⑭	⑬	⑯	⑫	⑪	⑩	9	⑧	⑦	⑥	5	④	③	2	①									
6月	③	①			②		17	⑮	⑭	13	16	⑫	⑪	⑩	9	⑧	7	⑥	5	④	3	②	①									
6月乱	③	①			2		㉕	㉓	22	21	㉔	⑲		14	⑫	15	⑱	⑨	8	⑥	④	③	②	①	⑤	7	⑩	⑪	⑬	⑯	17	20
7月	①	③			②		⑰	15	14	13	16	⑫	11	10	9	⑧	⑦	⑥	5	④	③	②	①									
7月乱	①	③			②		㉖	24	23	22	25	20	⑲	⑱	16	12	⑩	9	8	⑥	④	③	②	①	5	7	11	15	⑰	13	⑭	21
8月	②	③			①			15	14	13		⑫	⑪	⑩	9	⑧	⑦	⑥	5	④	3	②	①									
8月乱	②	③			①			24	22	21	23	19	⑱	⑯	15	⑰	12	10	9	6	5	4	③	1	2	7	8	14		⑪	⑬	⑳
9月	③	①			②			⑭	13	12	⑯	⑪	⑩	⑨	8	7	15	⑥	5	④	3	②	1									
10月	①	③			②			⑭	12	11	13		⑩	⑨	⑧	7	⑥	⑤	4	③	2	①										
10月乱	①	③			②			23	21	20	22		⑲	16	⑭	⑩	⑪	8	7	4	③	2		1		5	6	⑮	⑰	⑬	12	18
10月両寺	①	③			②			⑭	12	11	13		⑩	⑨	⑧	6	⑦	⑤	4	③	2	①										
11月	②	③			①			14	12	11	13		⑩	⑨	⑧	7	6	⑤	4	③	②	①										
11月乱	②	③			1			22	20	19	21		17	16	⑬	11	⑨	⑦	8	⑤	③	②		1		4	⑥	⑭	⑮	10	12	18
12月	③	①			②			⑮	13	⑫	14		⑪	⑩	9	8	7	⑥	5	④	③	②	①									
12月乱	③	①			②			23	21	⑳	22		18	17	14	11	10	9	8	⑤	④	③	②	1		6	⑦	15	16	⑫	13	19
正月		③			②	①		⑮	13	11	⑭		⑩	⑨	⑧	⑦	⑫	⑥	5	④	③	②	①									
正月乱		3			2	1		㉓	㉑	20	㉒		⑱	⑰	⑭	⑪	⑩	⑨	8	5	④	③	②	1		⑥	⑦	⑮	⑯	⑬	12	⑲

種類別	2月	①	②	③				①	②	③	4	⑤	⑥	⑦	⑧	⑨	⑩	⑪	12	13	⑭	⑮	⑯	⑰									
	3月	①			②	③		①	②	4	⑤	③	⑥	7	⑧	⑨	⑩	11	⑫	13	⑭	15	⑯	⑰									
	4月	②	③			①			⑭	⑬		⑮	⑫	⑪	⑩	⑨	⑧	⑦	⑥	5	④	③	②	①									
	5月	②	③			①		17	15	⑭	⑬	⑯	⑫	⑪	⑩	9	⑧	⑦	⑥	5	④	③	2	①									
	6月	③	①			②		17	⑮	⑭	13	16	⑫	⑪	⑩	9	⑧	7	⑥	5	④	3	②	①									
	7月	①	③			②		⑰	15	14	13	16	⑫	11	10	9	⑧	⑦	⑥	5	④	③	②	①									
	8月	②	③			①			15	14	13		⑫	⑪	⑩	9	⑧	⑦	⑥	5	④	3	②	①									
	9月	③	①			②			⑭	13	12	⑯	⑪	⑩	⑨	8	7	15	⑥	5	④	3	②	1									
	10月	①	③			②			⑭	12	11	13		⑩	⑨	⑧	7	⑥	⑤	4	③	2	①										
	11月	②	③			①			14	12	11	13		⑩	⑨	⑧	7	6	⑤	4	③	②	①										
	12月	③	①			②			⑮	13	⑫	14		⑪	⑩	9	8	7	⑥	5	④	③	②	①									
	正月		③			②	①		⑮	13	11	⑭		⑩	⑨	⑧	⑦	⑫	⑥	5	④	③	②	①									
	6月乱	③	①			2		㉕	㉓	22	21	㉔	⑲		14	⑫	15	⑱	⑨	8	⑥	④	③	②	①	⑤	7	⑩	⑪	⑬	⑯	17	20
	7月乱	①	③			②		㉖	24	23	22	25	20	⑲	⑱	16	12	⑩	9	8	⑥	④	③	②	①	5	7	11	15	⑰	13	⑭	21
	8月乱	②	③			①			24	22	21	23	19	⑱	⑯	15	⑰	12	10	9	6	5	4	③	1	2	7	8	14		⑪	⑬	⑳
	10月乱	①	③			②			23	21	20	22		⑲	16	⑭	⑩	⑪	8	7	4	③	2		1		5	6	⑮	⑰	⑬	12	18
	11月乱	②	③			1			22	20	19	21		17	16	⑬	11	⑨	⑦	8	⑤	③	②		1		4	⑥	⑭	⑮	10	12	18
	12月乱	③	①			②			23	21	⑳	22		18	17	14	11	10	9	8	⑤	④	③	②	1		6	⑦	15	16	⑫	13	19
	正月乱		3			2	1		㉓	㉑	20	㉒		⑱	⑰	⑭	⑪	⑩	⑨	8	5	④	③	②	1		⑥	⑦	⑮	⑯	⑬	12	⑲
	10月両寺	①	③			②			⑭	12	11	13		⑩	⑨	⑧	6	⑦	⑤	4	③	2	①										

※数字は署判の順序(沙汰人は日下を1，評定衆・雑掌は奥を1とする).
※丸数字は花押が据えられている者.
※灰色部分は雑掌.

第一章附録　天文～天正年間賀茂別雷神社氏人一覧

○本表は、賀茂別雷神社所蔵『氏人鬮取過目録』三冊（B—一—九三七～九三九）に記載のある氏人の一覧表である。

○『氏人鬮取過目録』は居住区域により東方・中方・西方に分けられた氏人一人一人につき、名乗り（大夫名・官途呼称）の変化、社中諸職に選出された年次を記録した史料である。記録期間は天文四年（一五三五）から慶長二年（一五九七）にわたるが、本表では便宜的に天文九年（一五四〇）から天正二〇年（一五九二）に限定した。

○氏人は冊次にしたがい東方・中方・西方の順に配列し、冊の中では記載順に並べ、通し番号を付けた。

○名乗りの変化について、変化した年の干支があり、年次特定が可能なものについては、変化のあった年の縦線を太くすることで表現した。

○考証の結果、諱が判明した氏人についてはこれを記した。また『神道体系神社編八　賀茂』所載「賀茂社家系図」の該当頁を付載した。

○就いた諸職のうち年記がないものについてはこれを省略した。また破損・虫損等により判読不能の記事も省略した。

○「氏人花押一覧」は、氏人に付した番号と対応する。同一人物と考えられるが花押型に違いのあるものについてはそれぞれを示した。おなじ花押型と認められるもので複数示した場合もある。

○表中に示した諸職の略称は左記のとおりである。

十：十五人衆（評定衆）	社：社家山奉行	加：加賀下
代：代官衆	河：河奉行	宮：大宮郷司
浄：浄衣衆	山：五人山奉行（五人山守）	倭：倭文下
小：小山郷司	職：職（沙汰人）	
物：物書	目：目代	
収：収納奉行	雑：雑掌	
能：能登下	所：所司（大夫）	
上：河上郷司	中：中村郷司	
野：小野郷司	服：御服所	
落：落田奉行	馬：御馬別当	
棚：棚所	沙：沙汰人	

	永禄6	永禄7	永禄8	永禄9	永禄10	永禄11	永禄12	元亀元	元亀2	元亀3	天正元	天正2	天正3	天正4	天正5	天正6	天正7	天正8	天正9	天正10	天正11	天正12	天正13	天正14	天正15	天正16	天正17	天正18	天正19	天正20
戌	癸亥	甲子	乙丑	丙寅	丁卯	戊辰	己巳	庚午	辛未	壬申	癸酉	甲戌	乙亥	丙子	丁丑	戊寅	己卯	庚辰	辛巳	壬午	癸未	甲申	乙酉	丙戌	丁亥	戊子	己丑	庚寅	辛卯	壬辰
		十																												
		代				職	浄			目	浄			十浄							浄	小	浄							
				所																										
	山			十		浄	収		中	浄	能			十			浄			浄	雑落				十			浄		浄
			十		物	浄	山				服	十浄					中	浄		十代	浄				浄			浄		職
	十落					浄			浄			十所																		
		十小			浄					浄				浄	十		代						上浄							
	馬				代		浄	十																						
	所			十		浄		浄		十																				
				浄		十	職野	十			浄	野	山	浄				雑浄						十						
			上	能浄				山	十			収	沙小浄		浄	十	物				浄	十		落	浄		代			浄
			所			十	浄	浄					目																	
	河		十	雑				浄		浄																				
				浄	山				野	加	浄		中	雑	物	代		職浄		十	山浄				浄					
			十				目	浄		十		浄				浄														
				十	中	浄			浄			代	十山	馬		浄				浄	十			職	浄					
			山作				浄			浄		十河					浄	十		浄					落		職	十		山
				十		雑落	浄		十収浄																					
	野				職	浄		十加浄				十			浄		棚		十浄		収	代		宮	浄					
					十			落	十		浄	馬		浄			山		代											
					小	十浄			浄	収		十小					浄					浄								
						棚	浄																							
						浄	十	目				職	浄		十浄		所			代浄	十		収	浄				山	作	浄
							浄					浄				所		十浄		十	浄			代			浄			
			十山	浄								浄	十		浄	服				浄	雑	十				浄			宮	山
										十	棚	浄																		
	十				浄	作		山																						
			山		所		十	収		十		浄					浄	落		浄				浄	十山	代				
			物	馬			浄	十浄			雑		十				浄			十作	浄									
	作					十浄			浄					落		十浄														
	加	十	浄	代					十服	浄					目															
		職			代浄			十				上	収浄	浄	雑	十						浄		十						
					十		中																							
	十	職			浄				浄		十上			能		代		所浄	浄	十	収	雑					浄		浄	
			十		浄					所		浄	十	中	代	山		浄			浄			浄	十			作	十	浄

			名乗りの変化（左欄の上→下→右欄へ）		諱・系図	天文9 庚子	天文10 辛丑	天文11 壬寅	天文12 癸卯	天文13 甲辰	天文14 乙巳	天文15 丙午	天文16 丁未	天文17 戊申	天文18 己酉	天文19 庚戌	天文20 辛亥	天文21 壬子	天文22 癸丑	天文23 甲寅	弘治元 乙卯	弘治2 丙辰	弘治3 丁巳	永禄元 戊午	永禄2 己未	永禄3 庚申
	1	出羽守																								
	2	左馬允																						山		
	3	美濃守														雑		職						物		
	4	靍夜叉大夫	雅楽頭 甲斐守																							
	5	亀大夫	大蔵尉 大蔵大輔	丹波守	清幸 393																					
	6	民部大輔			保秀？ 541				収	職										山						
	7	式部大輔									職				山											
	8	右馬助	豊前守																							
	9	監物丞																								
	10	佐渡守																								
	11	千代靍大夫	駿河守																				山			
	12	兵庫助	安藝守																							
	13	志摩守																職								
	14	越前守																								
	15	豊前守	伊与守		祐幸 633																					
	16	左近将監	長門守																							
	17	才松大夫	千代福大夫 越前守																							
	18	木工助	美濃守 式部少輔		清国 393																					
東	19	讃岐守									能		職													
	20	左衛門大夫	能登守		保本 509																					
	21	隼人正																							浄	雑
	22	摂津守			能広 623																					
	23	尾張守																								
	24	雅楽頭	但馬守																			山				
	25	幸松大夫	壱岐守		保世 545																					
	26	虎壽大夫	弾正忠 備中守																							
	27	右近将監	尾張守				職																			
	28	蔵人頭	美濃守																							
	29	市正	播磨守																					能		職
	30	紀伊守																					山			
	31	幸夜叉大夫																								
	32	右馬允																			山	加				
	33	左衛門尉	山城守																雑							収
	34	縫殿助																	山				倭			
	35	宮内少輔																			職					
	36	左馬助			保男																					
	37	左京進			保在										職											

永禄6	永禄7	永禄8	永禄9	永禄10	永禄11	永禄12	元亀元	元亀2	元亀3	天正元	天正2	天正3	天正4	天正5	天正6	天正7	天正8	天正9	天正10	天正11	天正12	天正13	天正14	天正15	天正16	天正17	天正18	天正19	天正20
癸亥	甲子	乙丑	丙寅	丁卯	戊辰	己巳	庚午	辛未	壬申	癸酉	甲戌	乙亥	丙子	丁丑	戊寅	己卯	庚辰	辛巳	壬午	癸未	甲申	乙酉	丙戌	丁亥	戊子	己丑	庚寅	辛卯	壬辰
十																													
			山浄	収		十		雑	浄	目		河	浄			代													
			浄																										
		収	守			浄		浄		十	宮			浄					十代	山	浄	物		浄				十浄	
山	十		浄		目				浄	十			浄				雑	所	浄			十							
			落																										
		能	浄				十	雑	上		浄	十		河	山	浄				十浄	代					浄			
			収	目																									
			浄		十山	上					物浄	所			十	職浄収	代		山浄			十		中			浄		
				十山棚		浄			浄	職				十			浄	十	山		浄	小				浄	収	小	浄
						浄	十		職中		倭			十小	浄	収浄					浄	代	十						
					山	能小	十浄	浄			十上	物				収	浄		山	浄	十	雑		代浄			十	棚	
						浄雑	十	浄	倭	社		沙	物	十浄			宮	浄							十		浄		
				浄山		十						浄	十		倭浄		目	浄	十				馬	山		浄		職浄	
					代浄			十上	山浄	倭		十			浄		山	浄				野		十浄			落		
					浄	十		山			浄	十	浄	倭			職	収		棚	山		浄			十落			浄
						十浄	山上		浄				十		山	浄		山	職			浄	所	代浄		十			
							浄山	十	馬		目	浄	職	浄	収		十			浄	十		浄						
								落	山浄	十			服	浄		雑				浄			十浄		職		山		代
								浄	棚	十山	山				上	代浄	浄	十					収					服	雑
											浄	沙			十浄			河		物	浄		十浄		河				
												浄	職																
															十浄					河	浄			山	十浄	物			
													浄	十山		目			能	浄			浄	野	十				十
														十	代浄			浄	雑	野			浄	十		沙			浄
																浄	十	収		浄	落		浄	職	十				十浄
																			十		浄	河			浄		物		
																			目	十浄					山野		浄	浄	十
																			十	浄		目	山浄						収浄
																			浄		所山		浄			馬			
																			河	浄		十			浄	河		十	
																					浄	十棚	物						
																					棚	十浄	浄	収目				十	
																						落浄	浄		山		職		浄
																							十			浄		浄	
																										十浄			雑

			名乗りの変化（左欄の上→下→右欄へ）		諱・系図	天文9 庚子	天文10 辛丑	天文11 壬寅	天文12 癸卯	天文13 甲辰	天文14 乙巳	天文15 丙午	天文16 丁未	天文17 戊申	天文18 己酉	天文19 庚戌	天文20 辛亥	天文21 壬子	天文22 癸丑	天文23 甲寅	弘治元 乙卯	弘治2 丙辰	弘治3 丁巳	永禄元 戊午	永禄2 己未	永禄3 庚申
	38	伊与守																		山						
	39	淡路守																								
	40	徳松大夫	兵衛大夫 和泉守																							
	41	但馬守																								
	42	帯刀左衛門尉	肥前守		保益																					職
	43	肥後守			保寛 501																					
	44	左京亮																								
	45	内匠頭	出雲守																			山				
	46	慶千代大夫																								
	47	鶴福大夫	右馬助																							
	48	竹千代大夫	治部丞 右衛門大夫																							
	49	千代大夫	右衛門佐 飛驒守	大監物丞																						
	50	宮福大夫	兵庫助		保直 542																					
	51	千夜叉大夫	宮内少輔		保望 514																					
	52	図書頭	縫殿助		保長																					
	53	長鶴大夫	主膳正		季辰 476																					能
	54	徳若大夫	治部大夫 和泉守	肥後守																						
	55	隣大夫	藤松大夫 左近将監	美濃守																						
東	56	弥鶴大夫	右衛門尉 佐渡守																							
	57	亀鶴大夫	大蔵少輔 周防守																							
	58	甲千代大夫	玄蕃頭 河内守		清棟 383																					
	59	長福大夫	大学助																							
	60	鶴松大夫																								
	61	千菊大夫	丹後守 大内記頭																							
	62	松千代大夫	右馬允																							
	63	長鶴大夫	左衛門佐																							
	64	亀松大夫	内蔵助																							
	65	下野守	豊前守		成高																					
	66	松鶴大夫	主水正 左馬頭	木工允																						
	67	不明	大隅守																							
	68	不明																								
	69	鶴松大夫	木工頭																							
	70	亀福大夫	右衛門尉		能高 623																					
	71	猿松大夫	□(下)野守		氏郷 360																					
	72	初福大夫	摂津守 治部丞																							
	73	□□代大夫	□輔 □守																							
	74	不明																								

永禄6	永禄7	永禄8	永禄9	永禄10	永禄11	永禄12	元亀元	元亀2	元亀3	天正元	天正2	天正3	天正4	天正5	天正6	天正7	天正8	天正9	天正10	天正11	天正12	天正13	天正14	天正15	天正16	天正17	天正18	天正19	天正20
癸亥	甲子	乙丑	丙寅	丁卯	戊辰	己巳	庚午	辛未	壬申	癸酉	甲戌	乙亥	丙子	丁丑	戊寅	己卯	庚辰	辛巳	壬午	癸未	甲申	乙酉	丙戌	丁亥	戊子	己丑	庚寅	辛卯	壬辰
																								十	浄			浄	小
																									十浄	宮			十
																									浄	十代	職	十	
																										十	浄		十
																										十	浄		十
																										沙浄	十		
																												浄	落
		落		十	浄	代	浄						山		浄			十	収浄			山			宮	浄			
物	十			浄						中	浄		十浄					服	浄				十	山			浄	十	
十						宮	浄				雑浄	十		宮															
	野				浄		十		浄					山	馬	浄					浄			十		浄			
			十山浄	社					十	職	浄		浄	山					上		物			十	代		浄		
	落				十	浄				浄	十																		
社			浄						代	浄			浄		雑		中					山浄		浄	十		浄		
小	十	収	浄					浄					浄		宮		十	山浄						棚	雑		十		
			十野			浄		職浄					浄	十	代	山					十浄		浄						作
					社		浄	浄					十			浄		十				山	？中		浄			山	
					浄					所																			
				収馬	浄	十			浄			十代	山浄		小					浄			倭小			十浄			十
十	代	雑棚	浄																										
				浄							浄			山	浄				雑	浄									
		草																											
	十						浄		落		浄	山	浄																
	代		棚			収浄		浄																					
	作	代	浄	十					浄		十		雑浄	棚						浄									
中		山		浄		職			十	浄		棚	山				浄				浄	十	目		雑	浄		十	
宮			浄	十				浄					十収	浄						十服		浄			山浄				棚
			職	十	浄	社			浄		十能		作	収			浄												
		十		浄			小					浄		十浄			山	浄		十	野								
			浄代		雑			浄		収小		宮	浄				浄				山	馬					浄	浄	
雑		十	河			浄		浄		十				代	棚	浄		職		浄									
十		小			物																								
			浄				所																						
十山	棚	職			浄		代				作			十山			浄	浄					浄		十				
	十	浄		河		職		浄	代		十			浄			小			浄					十浄				
					浄		十河			浄	収山		浄	職			上	浄			十浄		河						
十服	雑					浄			職	浄代				浄				野		十浄				浄	落			浄	十

			名乗りの変化（左欄の上→下→右欄へ）		諱・系図	天文9 庚子	天文10 辛丑	天文11 壬寅	天文12 癸卯	天文13 甲辰	天文14 乙巳	天文15 丙午	天文16 丁未	天文17 戊申	天文18 己酉	天文19 庚戌	天文20 辛亥	天文21 壬子	天文22 癸丑	天文23 甲寅	弘治元 乙卯	弘治2 丙辰	弘治3 丁巳	永禄元 戊午	永禄2 己未	永禄3 庚申
東	75	□松大夫																								
東	76	福鶴大夫	民部大輔																							
東	77	□□大夫																								
東	78	□□大夫																								
東	79	□松大夫																								
東	80	□□允	雅楽助																							
東	81	不明																								
中	82	采女正	因幡守												加									山		
中	83	美作守	淡路守											雑					職							
中	84	丹波守								山					収			加								
中	85	松福大夫	伊豆守																				山		倭	
中	86	乙大夫	主殿頭																							
中	87	大炊頭			季増 465																			収		
中	88	右京亮	遠江守																							
中	89	織部正	三河守 刑部大夫	筑後守																					職	
中	90	周防守	越後守																				収			
中	91	土佐守																								職
中	92	豊後守																								
中	93	千夜叉大夫	刑部丞																						山	雑
中	94	兵庫頭																							職	
中	95	亀智大夫	三河守																							
中	96	幸壽大夫					山												職							
中	97	山城守											収					山								
中	98	兵部丞	越中守																山	職						
中	99	因幡守			季保 491?			職	能										山							
中	100	大膳亮	近江守																							
中	101	修理進	遠江守												山										雑	
中	102	下野守			弘種																		山			
中	103	伊賀守										雑	職											山		
中	104	隣大夫	右近将監 隠岐守		音顕 k 571																					
中	105	民部少輔	豊前守		成晴 625																山					
中	106	筑後守																								
中	107	刑部大夫					山						能			雑		職								
中	108	大夫将監	駿河守																							
中	109	右京進	加賀守		久直 439										山				加							
中	110	図書頭	相模守 備後守						山														雑			
中	111	掃部頭																							収	

永禄6	永禄7	永禄8	永禄9	永禄10	永禄11	永禄12	元亀元	元亀2	元亀3	天正元	天正2	天正3	天正4	天正5	天正6	天正7	天正8	天正9	天正10	天正11	天正12	天正13	天正14	天正15	天正16	天正17	天正18	天正19	天正20
癸亥	甲子	乙丑	丙寅	丁卯	戊辰	己巳	庚午	辛未	壬申	癸酉	甲戌	乙亥	丙子	丁丑	戊寅	己卯	庚辰	辛巳	壬午	癸未	甲申	乙酉	丙戌	丁亥	戊子	己丑	庚寅	辛卯	壬辰
							浄			浄																			
		浄					宮	加	浄	職	十			浄															
					十	浄		物浄	十	野	落			浄				十				浄			浄	目	十		
		十	服				雑浄	浄																					
	十				浄				社	浄				河	浄														
収			十	浄			馬		浄					十能浄		上			十										
			上		十	浄	雑		浄			十				浄			棚		倭	浄		十作	浄		浄		
倭		代		浄	十			所		浄		十	河	浄															
		十		浄	上																								
		社	倭		十収浄			浄								河	浄	十能代	浄							職	浄	浄	服
雑			職	能	浄	十		河		収	中	浄			十	浄				十									
						十	浄	浄	河		十			浄				職棚		十	浄		浄		服		浄		
十		野		浄						代浄					浄														
十	職				浄	所		収		浄		代				浄		浄		上		十	浄						
	物		十浄				服	十		浄						服	十収浄												
				野	浄		浄					服	浄	十															
	十	職				作	浄			代浄				馬			山			十	浄					上	浄		十
				十																									
		山		浄			十	馬	十浄			代	浄																
		十			浄																								
				十宮		山				野	落																		
			浄		職所	山	十山			雑				浄	中					浄			浄		収	十	宮		
					山	十	浄		野	十浄	山			服	職			浄	十				収		浄				
					山浄			職		落	浄					十山			宮	代	浄			浄	十棚				収
							山浄	能	十	宮		浄		浄	収		山	馬		浄			職浄		十		河		
							浄	十作	山	浄		代	十浄	落	物					浄	十		浄	雑					
								社	山					沙	浄	宮	物				浄		十	浄		社		雑	
									浄	十山作			職棚	浄			十			浄			浄	山河					
									小	山浄		十				浄		浄	馬	山	十					浄	職	十	
											浄		山	浄				代	社	十		浄	浄					浄	
											浄		宮		十		浄				浄		十	宮	山浄				
												能浄	小			浄					十	浄	雑		浄		十馬		浄
												浄	山	十	浄		職	浄	十		雑宮	浄					代		物浄
											浄				十山浄	馬													
													浄		十			小	浄										

			名乗りの変化（左欄の上→下→右欄へ）		諱・系図	天文9 庚子	天文10 辛丑	天文11 壬寅	天文12 癸卯	天文13 甲辰	天文14 乙巳	天文15 丙午	天文16 丁未	天文17 戊申	天文18 己酉	天文19 庚戌	天文20 辛亥	天文21 壬子	天文22 癸丑	天文23 甲寅	弘治元 乙卯	弘治2 丙辰	弘治3 丁巳	永禄元 戊午	永禄2 己未	永禄3 庚申
	112	大隅守													収									職		
	113	和泉守	阿波守		重弘 456																					
	114	主殿頭	美作守 大監物丞	賀□守																						
	115	大蔵少輔					職		倭	収																
	116	式部少輔				収												山								
	117	大和守																								
	118	主計頭	豊後守													収					山					
	119	左近大夫	豊後守						職																	
	120	修理亮																		雑						
	121	治部少輔																								
	122	主水正	宮内大輔																							
	123	壱岐守	伯耆守		親直 439																加				収	
	124	近江守																								
	125	十郎大夫	対馬守 山城守		成能 626																					
	126	加賀守																								
	127	出雲守																	山							
	128	下総守																								
	129	兵部権少輔	兵部丞																							
中	130	三河守	加賀守																							
	131	福壽大夫	主水正		季数 463																					
	132	遠江守													雑											
	133	岩千代大夫																								
	134	松福大夫	大監物丞																							
	135	徳松大夫	蔵人頭																							
	136	鶴千代大夫	右京亮		定顕																					
	137	猿千代大夫	修理亮																							
	138	亀夜叉大夫	左近大夫																							
	139	小猿大夫	権助 美濃守																							
	140	幸夜叉大夫	右近将監 造酒正																							
	141	幸松大夫	主馬首 左衛門大夫																							
	142	鶴松大夫	大炊助																							
	143	福松大夫	大炊丞 式部丞																							
	144	鶴松大夫	主水正																							
	145	国壽大夫	雅楽助 主水正	左兵衛大夫																						
	146	今大夫	内蔵頭																							
	147	鶴夜叉大夫	内蔵助																							
	148	才千代大夫	大隅																							

	永禄6	永禄7	永禄8	永禄9	永禄10	永禄11	永禄12	元亀元	元亀2	元亀3	天正元	天正2	天正3	天正4	天正5	天正6	天正7	天正8	天正9	天正10	天正11	天正12	天正13	天正14	天正15	天正16	天正17	天正18	天正19	天正20
戊	癸亥	甲子	乙丑	丙寅	丁卯	戊辰	己巳	庚午	辛未	壬申	癸酉	甲戌	乙亥	丙子	丁丑	戊寅	己卯	庚辰	辛巳	壬午	癸未	甲申	乙酉	丙戌	丁亥	戊子	己丑	庚寅	辛卯	壬辰
															野		職浄		浄					十		浄		代	落	
															浄	代	十	山	十落	職		浄			浄				十	
															浄	十			雑浄	十野			職	山		浄		十浄	浄	
																	十浄		職浄		宮	収			十		山浄	小	浄	
																	浄	十収	浄		所	十					浄	代	浄	山
																			十山宮	収浄								浄	浄	
																				浄	山	職	十作				浄	服		
																		浄	雑浄	職	目	十山	収		浄			上	十	
																		社浄	十	浄						職浄		雑中		浄
																					十	目	浄		浄	服			浄	山
																				浄	十	服		職		馬	浄		浄	
																				浄			職所							
																				所		十浄			浄		雑	山	中	職代
																						河	浄			十	浄	目	浄	
																						中	十浄		服	浄			十山	
																						山浄	中	服	十浄		収			職
																						作	職	十浄代	代収	上	浄		十	浄
																									職上	十浄			十浄代	
																									十浄		山	浄	河	
																										目	浄	十	収	
																										代	十作	浄		?
																										浄	十		浄	
																										浄	収	十山		浄
																											十浄		雑浄	社
																											浄	十		
																												十山浄	浄	十中
																													馬	代
																														浄
																														所
			十浄		作			職				浄				浄	野			浄			十浄			所				
		河	浄					十	代		浄				所	十	浄		十	浄	職		山		雑浄	作				浄
	職		山			浄			小	収	浄	山		十		河	浄			浄				十				雑浄	所	
						十野	浄			十	浄					浄		小	十	浄										
				十	落		浄	物	浄	代		山棚		十			浄													
				十		浄能	物	収			十	浄			職浄						作	浄	雑		十	小	浄	浄		
					服																									
	能棚																													

			名乗りの変化（左欄の上→下→右欄へ）		諱・系図	天文9 庚子	天文10 辛丑	天文11 壬寅	天文12 癸卯	天文13 甲辰	天文14 乙巳	天文15 丙午	天文16 丁未	天文17 戊申	天文18 己酉	天文19 庚戌	天文20 辛亥	天文21 壬子	天文22 癸丑	天文23 甲寅	弘治元 乙卯	弘治2 丙辰	弘治3 丁巳	永禄元 戊午	永禄2 己未	永禄3 庚申	永禄4 辛
	149	亀鶴大夫	大炊丞 摂津守																								
	150	亀大夫	采女正 信濃守																								
	151	松千代大夫	式部丞 修理進		弘正																						
	152	徳千代大夫	主計頭 左衛門大夫	甲斐守																							
	153	亀千代大夫	式部丞 刑部少輔																								
	154	鶴大夫	造酒正 左馬允	掃部助																							
	155	長菊大夫	内匠頭		保筆 519																						
	156	駒壽大夫	大膳助																								
	157	亀千代大夫	兵部少輔																								
	158	命若大夫	内膳正 主馬助	主膳頭																							
	159	愛藤大夫	隼人正 大蔵少輔																								
	160	菊千代大夫	式部少輔																								
	161	虎千代大夫	右京進																								
	162	千代福大夫	大蔵大夫 越前守	中務少輔																							
中	163	虎松大夫	尾張守		保量 522																						
	164	仙千代大夫	長門守 権介	長門守																							
	165	松千代大夫	右衛門佐 淡路守																								
	166	幸松大夫	采女正																								
	167	次郎大夫	織部正 隼人正																								
	168	千千代大夫	左馬允																								
	169	松千代大夫	右衛門佐																								
	170	猿光大夫	主膳佐 因幡守																								
	171	長千代大夫	石見守																								
	172	千満大夫	大夫将監																								
	173	右衛門尉																									
	174	松千代大夫	主計頭																								
	175	日向守																									
	176	辰千代大夫	佐渡守																								
	177	鶴増大夫	主膳佐																								
	178	石見守																							山		
	179	靍千代大夫	帯刀左衛門尉																		山						
	180	福増大夫	内蔵頭 民部大夫	大和守																							
西	181	中務大夫						山収																雑			
	182	信濃守														収	職				倭						
	183	右近大夫			持久 424													山									
	184	雅楽助					職								能							山					
	185	駿河守																									

永禄5	永禄6	永禄7	永禄8	永禄9	永禄10	永禄11	永禄12	元亀元	元亀2	元亀3	天正元	天正2	天正3	天正4	天正5	天正6	天正7	天正8	天正9	天正10	天正11	天正12	天正13	天正14	天正15	天正16	天正17	天正18	天正19	天正20
壬戌	癸亥	甲子	乙丑	丙寅	丁卯	戊辰	己巳	庚午	辛未	壬申	癸酉	甲戌	乙亥	丙子	丁丑	戊寅	己卯	庚辰	辛巳	壬午	癸未	甲申	乙酉	丙戌	丁亥	戊子	己丑	庚寅	辛卯	壬辰
			十				棚	浄			浄					職		浄	作	山代										
倭				山																										
			十		浄			浄	宮																					
				浄		馬																								
十		加		収	雑		浄	野		浄				十		落	浄		浄				十		浄				浄	
		倭		目	代	十		浄				浄			代		倭浄		山	十浄						浄				
		服		浄				代		物浄				浄			十													
	十				上		浄					浄			十浄		職小													
				山	浄		十	職		雑	河		十浄					代浄	目	浄						十中		浄	十	山
		十		浄				浄	棚	十			山	目		浄				浄							代浄		上	浄
			目加				浄	代	十	浄			十		山		浄		浄	十落										
		収		浄			十	棚				浄	作	浄	雑	十							十浄			職	浄	野	十浄	
十	職		服			浄				浄	十	雑	山馬				浄		浄	十					浄		中			
				十浄			服		浄		十	代		倭		浄		棚	浄				山	浄						
	山	十馬			浄				代	十		雑浄				野		浄	物	浄				浄		山			収浄	
				物宮	浄				十	浄		山		浄																
	山	能社	十	職				浄																						
	職		十宮	浄								浄	雑		浄			十		小		十浄		山	物		浄	収		
			十中			浄					浄	十		野		浄				浄				浄						
				雑山作		十	浄			能浄		職		十山代			落	十浄					浄				棚	十浄		浄
					浄																									
					浄		落				浄	十		浄																
加		雑			十浄	宮							浄						山				代浄							
					雑浄	職服			十山				上浄				十	浄	山		十浄		代			収			十	上
			雑代	十				社		十浄																				
				十	倭	中	浄			浄			十落	代		山浄			浄				浄	十						
		所		十			浄		浄				山																	
	十			小	浄																									
収			倭																											
職		中		十	浄		加				十	浄	雑		中	浄			十		倭	浄		代	小					
					職	十			目		山	浄		十浄	服			作			浄				十	浄				浄
[illegible]			河		浄	十				浄			野	代		十浄				浄					浄	十				
	収	上		浄		十		浄						十浄				服	浄				十	浄		十				
	上		職		代浄		雑	十		浄		十		上		浄			浄											
					十	小		浄			浄	十服		浄		山		十		浄				作	浄					
				中	浄		十代		浄		十				浄		作			十		浄								
[illegible]						収	馬	浄	浄																					

			名乗りの変化（左欄の上→下→右欄へ）		諱・系図	天文9 庚子	天文10 辛丑	天文11 壬寅	天文12 癸卯	天文13 甲辰	天文14 乙巳	天文15 丙午	天文16 丁未	天文17 戊申	天文18 己酉	天文19 庚戌	天文20 辛亥	天文21 壬子	天文22 癸丑	天文23 甲寅	弘治元 乙卯	弘治2 丙辰	弘治3 丁巳	永禄元 戊午	永禄2 己未	永禄3 庚申	永禄4 辛酉
	186	丹後守	讃岐守		重政457																			山			
	187	千松大夫	淡路守																								
	188	越後守																									
	189	兵部大輔																									
	190	伊豆守	対馬守 兵庫頭		定俊427																				物		
	191	河内守			真俊																				山		
	192	備中守								職																	
	193	刑部少輔											山					雑		物		倭					
	194	乙福大夫	采女佑																								
	195	左衛門佐	筑前守 信濃守	筑前守								山							職							収	
	196	民部丞							山							職			収								
	197	右衛門大夫	下野守 上野守																								
	198	掃部助			尚顕593															山			倭				
	199	式部丞	因幡守															山	職								
	200	徳光大夫	上総介 民部少輔																								
	201	兵部少輔																		職			雑				
	202	長門守																									
	203	縫殿頭	下総守																						山		
西	204	備前守																		収							
	205	豊壽大夫	右兵衛大夫 備前守																								
	206	長菊大夫																									
	207	安芸守						加																			
	208	隠岐守																									
	209	藤増大夫	内膳正 刑部大夫	三河守																							
	210	大炊助																			収		加				
	211	若狭守													物					職							
	212	内蔵助																	物						雑		
	213	備後守						職																			
	214	菊壽大夫																									
	215	猿大夫	左衛門佐 越中守																							山	
	216	藤夜叉大夫	左京亮																								
	217	筑前守	出羽守									職															
	218	甲斐守																									
	219	福満大夫	飛驒守		氏右370																						
	220	中務少輔			氏山360				加			職											収				
	221	兵衛尉			保亮495											加								職			
	222	治部大輔																									

永禄5	永禄6	永禄7	永禄8	永禄9	永禄10	永禄11	永禄12	元亀元	元亀2	元亀3	天正元	天正2	天正3	天正4	天正5	天正6	天正7	天正8	天正9	天正10	天正11	天正12	天正13	天正14	天正15	天正16	天正17	天正18	天正19	天正20
壬戌	癸亥	甲子	乙丑	丙寅	丁卯	戊辰	己巳	庚午	辛未	壬申	癸酉	甲戌	乙亥	丙子	丁丑	戊寅	己卯	庚辰	辛巳	壬午	癸未	甲申	乙酉	丙戌	丁亥	戊子	己丑	庚寅	辛卯	壬辰
					職	山浄	十河	物		十浄	物							浄	中			浄	浄	十				棚	山代	
					十浄		山		浄	服				代	作	浄			十			浄		山	浄					
								浄	十山	職宮	十浄			収				浄	上	浄	代	十								
							浄	職	十	十作	山		収浄			目	浄		浄					十			野	浄	十	浄
							浄	十山作				浄																		
								中浄	十山代		浄	山																		
										山	馬	職	浄	十		浄		代	浄	十山中				雑上	浄					
												代浄			浄			十馬		浄	山	十			職	浄				浄
													浄			職浄	十	河			浄		十宮				山浄			
														所	十浄	雑					代	十	浄	浄						宮
															収浄	作	雑	十倭	山	十		職	浄	浄		社			代	十
																		十浄	十		社		浄	浄			山		浄	
																		十浄	浄	服				山	十			浄	浄	十野
																					馬	浄			浄	物	小		浄	
																			浄			職社			十		浄		社	十浄
																				物	小		山浄		馬	十浄			職	十浄
																					中	代浄	浄		所			十	職	
																						馬	倭浄	十野	山浄		物			浄
																						浄	服			十	浄	所	浄	
																										十		浄		
																									十		山浄	山		
																										浄	十	山	目	
																											十	浄	浄	
																										浄	十		山	目
																										浄	十			浄
																											雑	十浄	山浄	
																											所	十浄		浄
																													野	浄

			名乗りの変化 （左欄の上→下→右欄へ）		諱・系図	天文9 庚子	天文10 辛丑	天文11 壬寅	天文12 癸卯	天文13 甲辰	天文14 乙巳	天文15 丙午	天文16 丁未	天文17 戊申	天文18 己酉	天文19 庚戌	天文20 辛亥	天文21 壬子	天文22 癸丑	天文23 甲寅	弘治元 乙卯	弘治2 丙辰	弘治3 丁巳	永禄元 戊午	永禄2 己未	永禄3 庚申	永 辛
西	223	万千代大夫	右京進 常陸守		秀直 443																						
西	224	玉壽大夫	雅楽助 丹後守																								
西	225	亀千代大夫	織部正 治部大夫	讃岐守	春久 412																						
西	226	虎千代大夫	木工助																								
西	227	鶴夜叉大夫	美作守																								
西	228	今千代大夫	左衛門佐																								
西	229	藤増大夫	対馬守																								
西	230	福松大夫	大炊頭																								
西	231	長一大夫	刑部大夫																								
西	232	赤大夫	縫殿頭																								
西	233	長乙大夫	左衛門尉		季慶？ 466																						
西	234	藤松大夫	志摩守																								
西	235	亀千代大夫	西市佑																								
西	236	虎千代大夫	織部頭 主馬首																								
西	237	藤若大夫	左馬進 若狭守																								
西	238	宮徳大夫	治部大輔																								
西	239	福千代大夫	紀伊守																								
西	240	亀大夫	蔵允																								
西	241	鶴松大夫	中務少輔																								
西	242	鶴千代大夫	雅楽助 雅楽頭																								
西	243	愛夜叉大夫	主計頭																								
西	244	民部丞																									
西	245	藤菊大夫	左右馬頭 丹波守																								
西	246	菊松大夫	兵衛尉 雅楽頭																								
西	247	松福大夫	壱岐守																								
西	248	松壽大夫	兵部権少輔																								
西	249	福在大夫	大蔵大夫																								
西	250	福壽大夫																									

氏人花押一覧

1

2

4

5

6

7

10

11

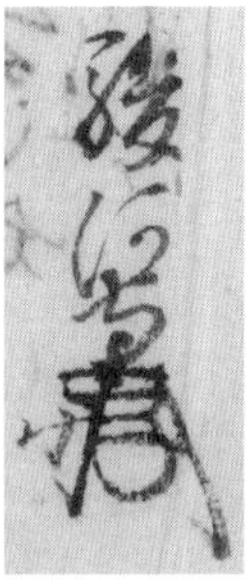

12

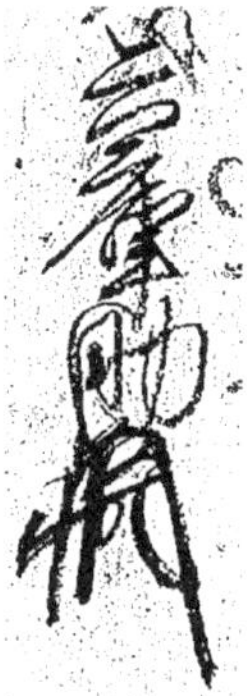

13

14

15

16

17

18

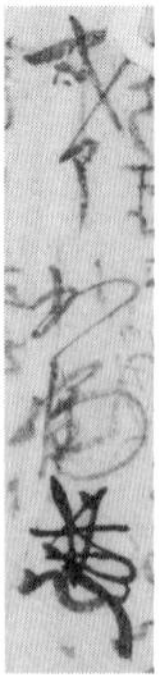

19

20

21
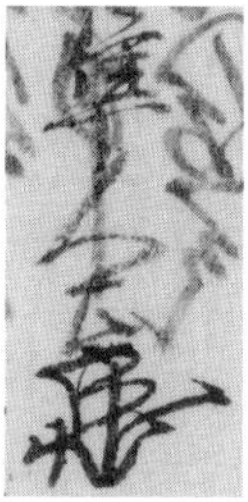

22

24

25

26

27

28

29
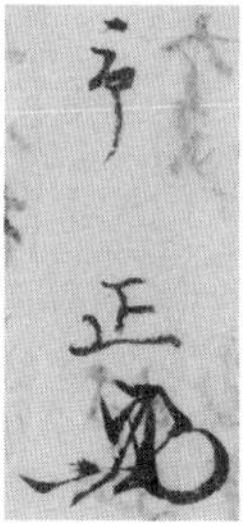

30

32
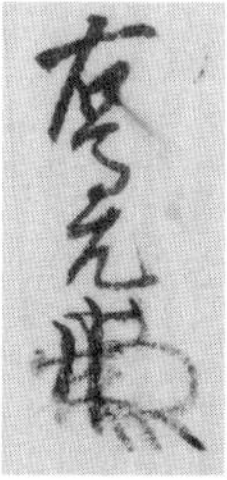

33
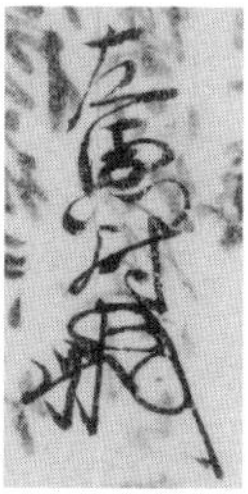

34
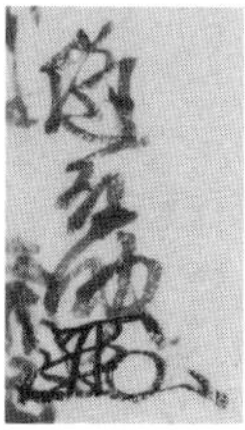

35

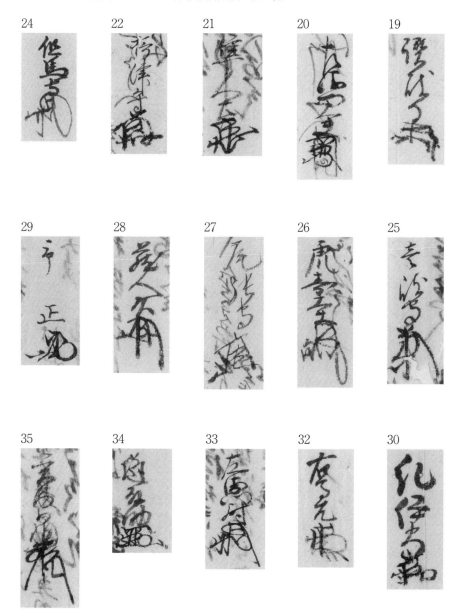

36

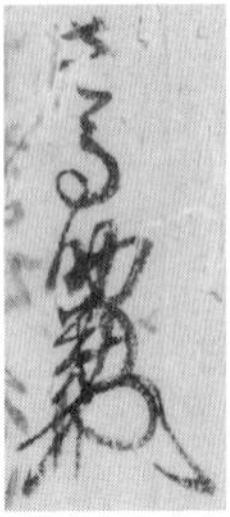

37

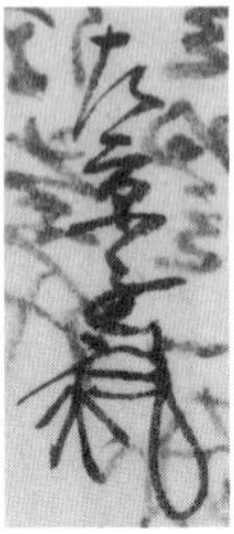

39

40

42a

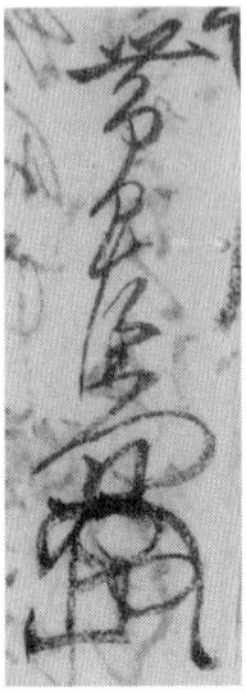

42b

43

45

47

48

49

50

51

52a

52b

53a

53b

54

55

56

57
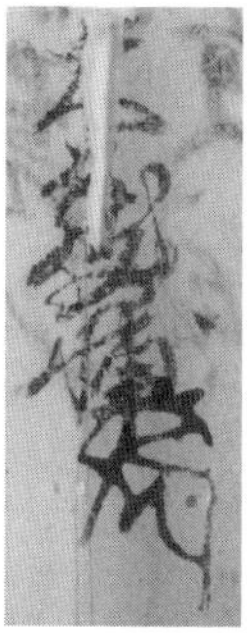

58

59

61

62

63

64
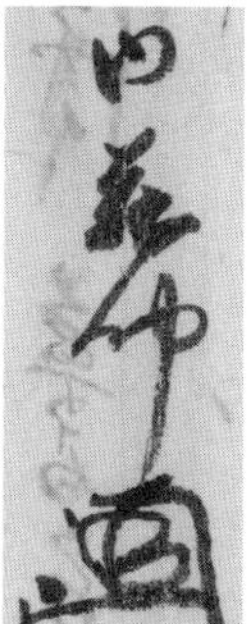

65

66
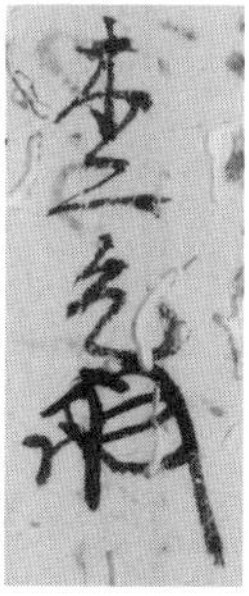

69

70

71

82

83

84

85

86

87

88

89

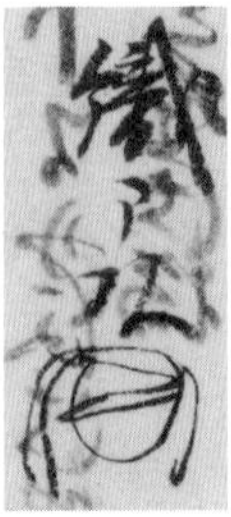

90

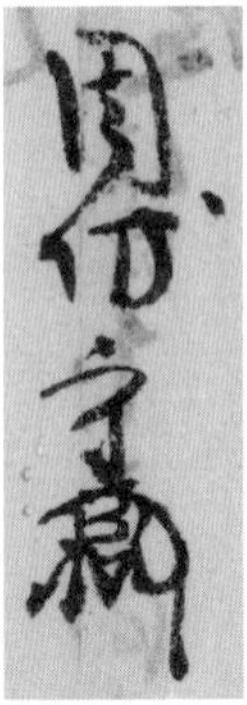

91

93a

93b

94

97

99

100

101

102

103

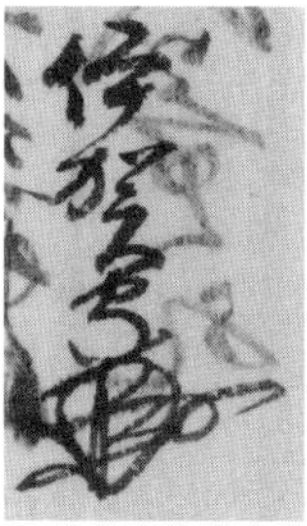

104

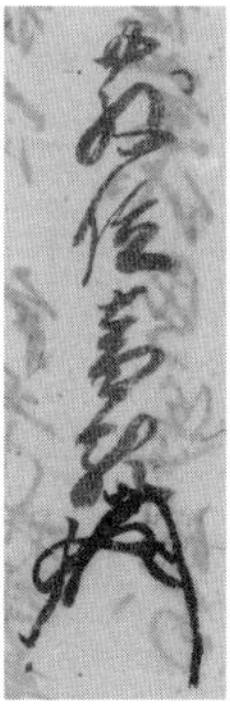

105

106

108

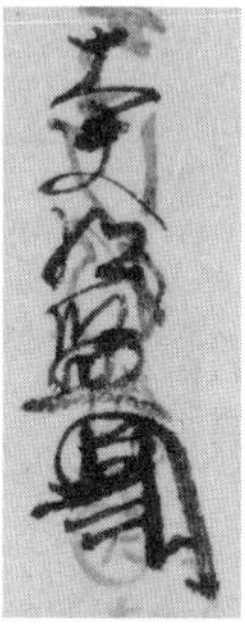

109

110

111

113

114

115
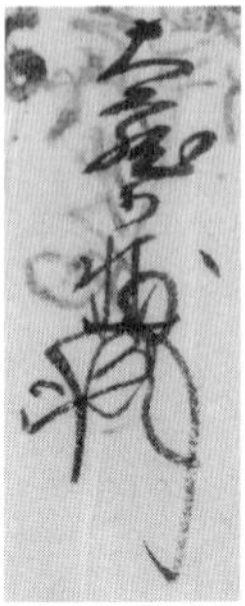

116
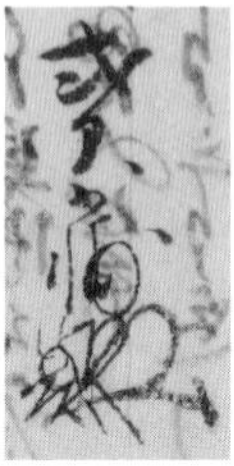

117

118

119
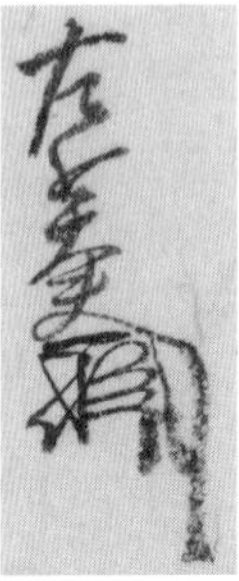

120
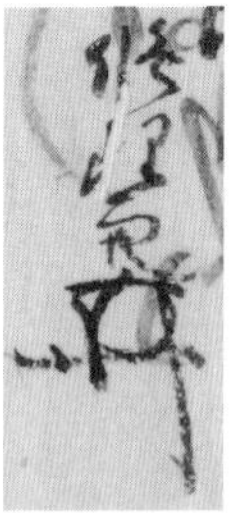

121

122

123

124

125

127

128

129
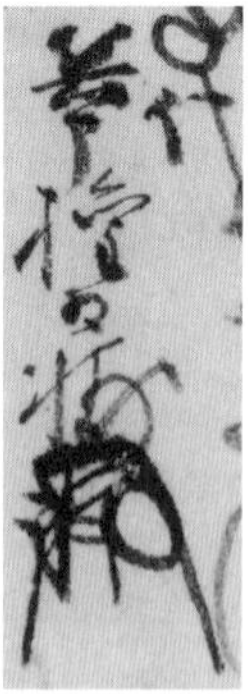

130

131

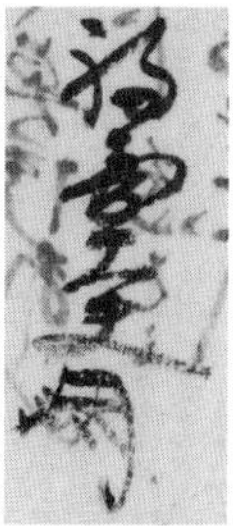

132

134

135

136

137

138

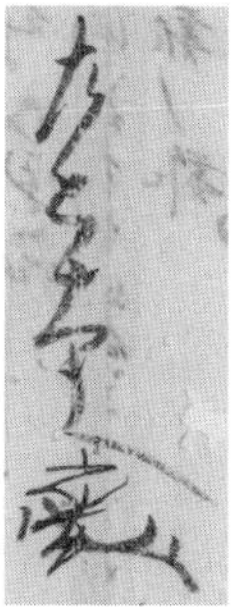

139

140

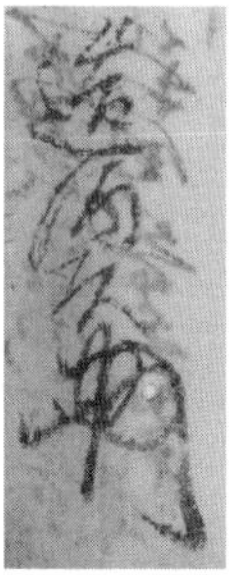

141

142

144

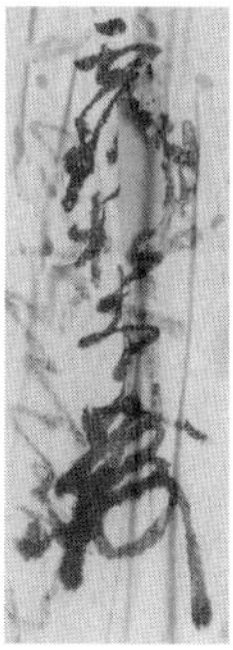

145

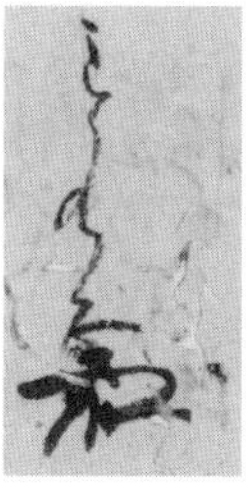

146

147

148

149

150

151

152

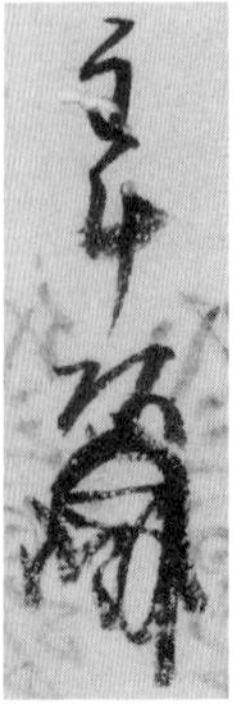

154

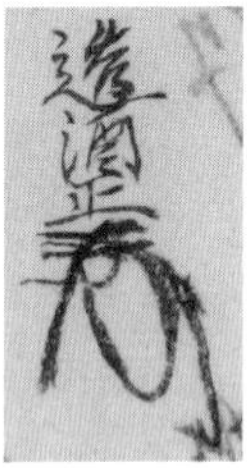

155

156

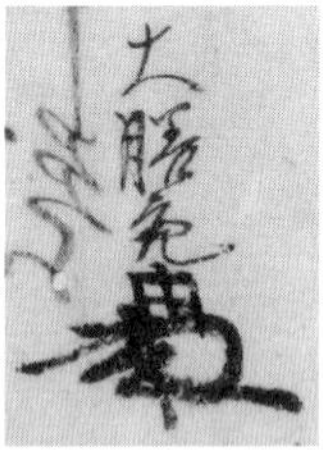

157

158

159

160

161

162

163

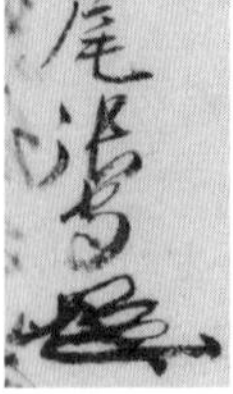

164
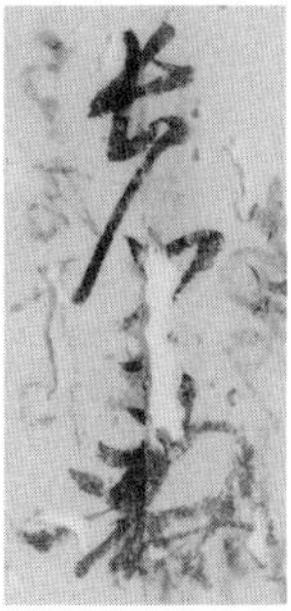

165
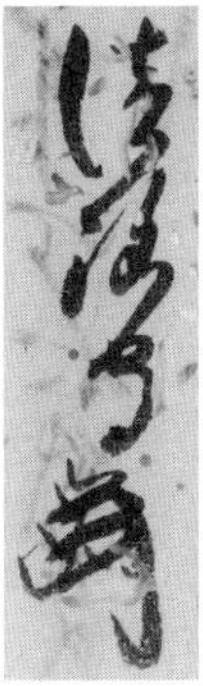

166

167
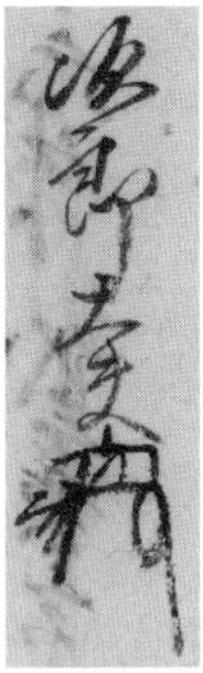

168

169
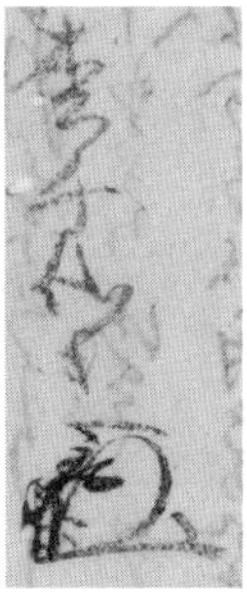

170

171
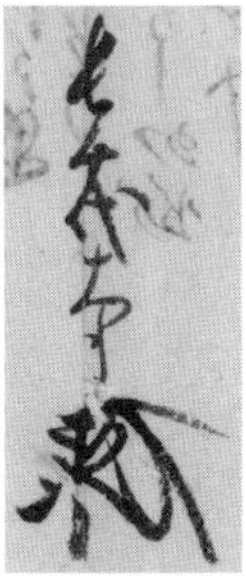

173

174
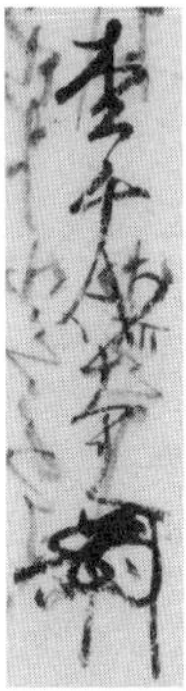

178

179
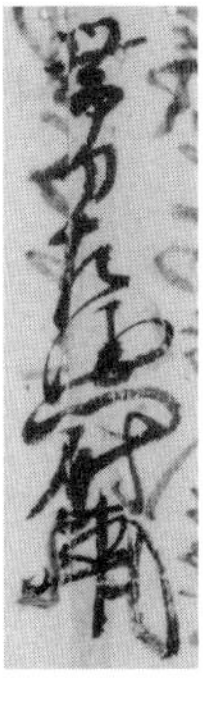

180

181

182

183

186a

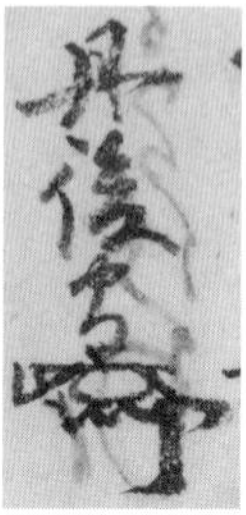

186b

188

190

191

193

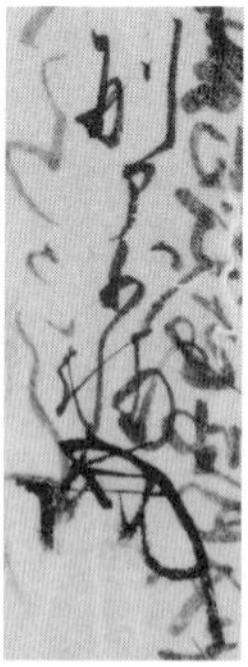

194

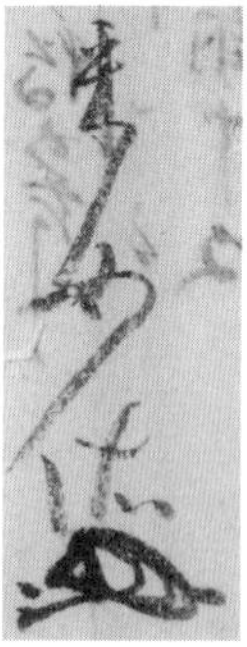

195

196

197a

197b

198

199

200

201

202

203

205

208

209

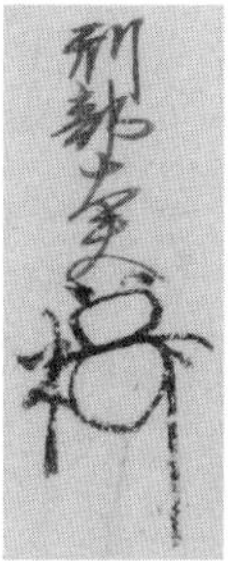

210

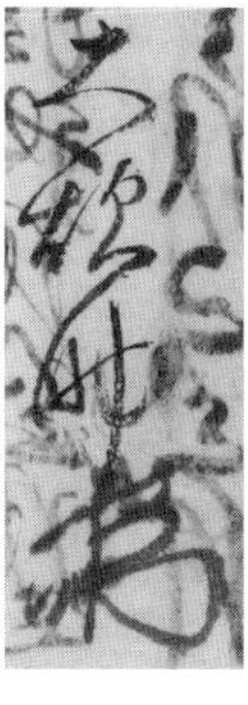

211

212

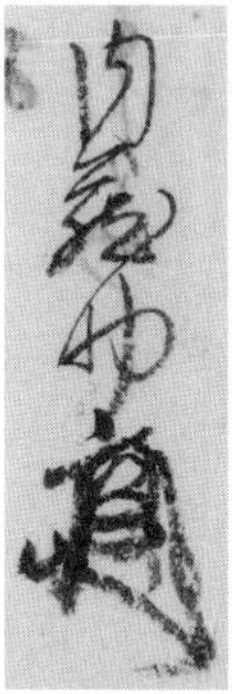

213

215

216

217

218

219

220

221

223a

223b

224

225a

225b

226

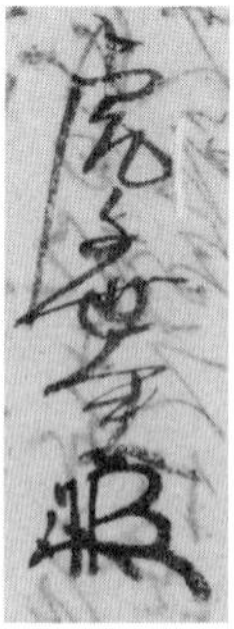

227a

227b

228

229

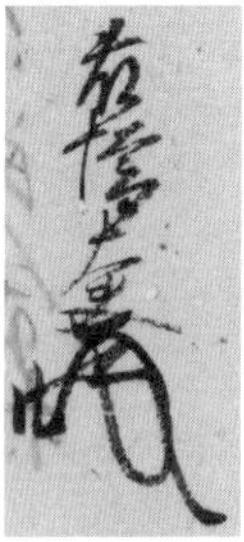

230a

230b

231

232

233a

233b

234a

234b

235a

235b
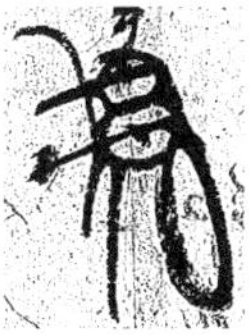

237

238b

239
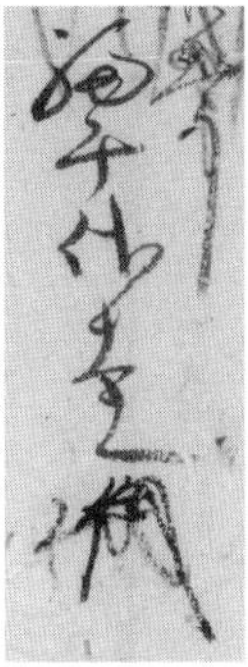

240

242

243

238b

244

245

246
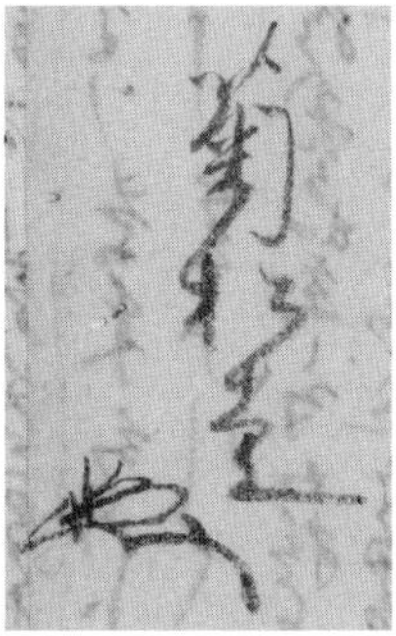

247

248

第二章　春日社家日記のなかの織田信長文書

——大和国宇陀郡の春日社領荘園と北畠氏に関する史料——

はじめに

大中臣氏・中臣氏といった春日社の社司の家々には、神主・正預などの職務在任中に記した記録である「神事日記」が代々伝来、蓄積されていた。現在はその大半が春日大社の所蔵にかかる。(1)その一部、鎌倉期の部分については、『増補続史料大成』に収録され、広く研究利用に供されている。(2)

永島福太郎氏によれば、これら社家の記録は、近世のものも含めて約五百冊にのぼるにもかかわらず、活字化されているものは、いま述べた鎌倉期のみで、ごく一部にすぎない。(3)とりわけ中世後期から近世にいたる大部分の記録は、『大日本史料』などで部分的に翻刻されているだけで、本格的に研究に利用される状況にはなっていない。(補註1)

さて、筆者の勤務する東京大学史料編纂所では、これまで断続的に春日大社所蔵史料の調査、撮影をおこなっている。二〇〇〇年度の調査において、筆者が従事する『大日本史料』第十編編纂のため、天正年間初期の社家日記数冊を披見する機会を得た。

調査対象の記録（細目は後述）は、すでに過去の調査において撮影ずみであり、一般の閲覧に供されているものである。しかしあらためて精査した結果、天正三年（一五七五）十一月朔日付織田信長朱印状、およびその関連文書に関して、あらたに知見を加えうる点を見いだしたので、紹介することにした。内容は、大和国宇陀郡に所在する春日社領荘園宇賀志荘および西殿荘に対する戦国大名伊勢北畠氏の被官（大和国人でもある）の押妨をめぐる一件に関する文書群である。

一　永禄末年〜天正初年の春日社家日記概観

春日社司の日記は、ある特定の職務についた人間のみが記すわけではない。さまざまな立場にある社司それぞれが、みずからの職務に応じて記しているため、年によっては複数の日記が残っているばあいもある。明治から昭和十年代にかけておこなわれた史料編纂所の採訪調査では、これらの日記すべてを網羅的に採訪し、それぞれの複本を作成したわけではない。所蔵史料の厖大さゆえか、当時の編纂上の必要性と史料の重要性に応じて選択的に採訪をおこなわざるをえず、その後順次包括的に写真撮影がおこなわれることになったため、その結果影写本・謄写本・写真帳など、各種形態をとって複本が制作・架蔵されることとなった。ここでは便宜的に、『大日本史料』第十編の前半にあたる時期、永禄十一年〜天正四年までの社家日記の一覧表を作成した（表11参照）。この時期においても例に漏れず、複数の社司による日記が、多様な形態をとって複製され、史料編纂所に架蔵されている。

さて当該期は、辰市祐金・辰巳祐礒・今西祐国三人の日記が残されている。祐金はこの時期を通じて加任預、祐国は権預の職にあった。祐礒は権預を経て、天正元年（一五七三）十二月に執行正預に転じている。(4)

以下表11にもとづき、各本に関して簡単に説明を加えたい。表11においておなじ行に位置しているものは、同一の本であることを示す。たとえば、永禄十三年（一五七〇）の謄写本「春日社司祐金記」（史料編纂所所蔵史料

表11　永禄11年～天正4年春日社家日記一覧

	記主	写真帳	影写本	謄写本	春日目録
永禄11年	祐金	永禄十一年戊辰正月以来社頭記(6170.65-4-28)			日49
永禄12年	祐金			春日社頭御神事記(2073-369)	
	祐礒			春日社司祐礒記(2073-36-1)	日50カ
永禄13年	祐金	永禄十三年社頭日記(6170.65-4-29)		春日社司祐金記(2073-38-1)	日51
	祐礒	永禄十三年庚午恒例臨時御神事記(6170.65-4-29)		春日社司祐礒記(2073-36-2)	日52
元亀2年	祐金	元亀二年社頭神事日記(6170.65-4-30)		春日社司祐金記(2073-38-2)	日53
	祐国	春日大社史料（目録外）(6170.65-4-109)	春日社司祐国記(3073-126-1)		
元亀3年	祐金			春日社司祐金記(2073-365)	
	祐国	春日大社史料（目録外）(6170.65-4-109)	春日社司祐国記(3073-126-1)		
	祐礒	春日大社史料（目録外）(6170.65-4-119)	春日社司祐礒記(3073-128-3)		
天正元年					
天正2年	祐金	天正二年正月以来御神事日記(6170.65-4-30)		春日社司祐金記(2073-38-3)	日54
天正3年	祐礒	天正三年乙亥恒例臨時御神事記(6170.65-4-31)			日55
		春日大社史料（目録外）(6170.65-4-120)	春日社司祐礒記(3073-128-4)		
	祐金	天正三年正月以来御神事日記(6170.65-4-32)			日56
	祐国	春日大社史料（目録外）(6170.65-4-109)	春日社司祐国記(3073-126-2)		
天正4年	祐礒	天正四年御神事之記(6170.65-4-32)			日57

※「春日目録」とは，『春日神社記録目録』（春日神社社務所，1929年）の番号．
※(　)内は史料編纂所架番号．
※初出論文発表後に確認された「目録外」の「祐礒記」「祐国記」の写真帳情報もあらたに加えた．

目録データベース登録名）と写真帳「永禄十三年社頭日記」[5]は同一のものである。

　謄写本を写真帳と照合したところ、永禄十二年「春日社頭御神事記」および元亀三年「春日社司祐金記」を除いたほかの本は、影写本ともいうべき精巧な写しであった。[6]ちなみにいま除外した二冊の日記は、『春日神社記録目録』（以下『目録』と略す）の番号がないことからもわかるように、現在春日大社所蔵にかかるものではなく、社司辰市家所蔵本である。

　右に除外した二冊のほか、写真帳と重複しない謄写本として、永禄十二年「春日社司祐礒記」一冊がある。目録では「日50」となっているから、目録が作成された時点で春日大社所蔵であり、謄写本が作成された昭和十年時点で原本が存在していたことが判明する。ところが、史料編纂所による昭和五十八年度調査によると、「目録ニ永禄十二年恒例臨時御神事記トアルモ、出納サレズ」とあって、原本が行方不明になっていた。[7]謄写本永禄十二年「春日社司祐礒記」の外題はまさに「永禄十二年恒例臨時御神事記」であって、その他の謄写本の作成過程を勘案しても、この本が行方不明の「日50」の複本に該当するものと考えられる。

　以上述べた写真帳・謄写本の社家日記とはまったく別に、影写本の社家日記も複数存在する。祐国記十一冊、祐礒記四冊がそれである。影写本作成年は昭和十七年前後で、それぞれ影写本奥書には春日神社所蔵とされているが、昭和四年に編まれた『目録』に記載はなく、現在原本の所在は残念ながら不明である。[補註2]この二種の影写本を見ると、原本はいずれも横帳の形態をとっている。これまで述べてきたいわゆる「神事日記」は、すべて袋綴の冊子本形態をとっているため、影写本の二種の日記は、形態のうえで異質であるわけである。

　注目したいのは、天正三年において正預祐礒は、「神事日記」と影写本（横帳形式）の日記という二つの形式で日記を残したということである。内容や筆跡から判断して、双方とも祐礒作成にかかることは間違いない。そこで双方の記載内容を比較すると、いずれも神事に関する記載があるが、「神事日記」は、別の年の祐礒日記や他の人物の神事日記の形式とほぼおなじなのに対して、影写本祐礒記には、神事その他所領経営や惣官集会に関する記事が少なく、その反面「神事日記」に見られないような神供米および奉加銭の納下にかかわる記載が多くなっている。こうした影写本祐礒記の内容的特徴は、おなじく影写本祐国記にも見られる。

右に述べたような横帳形式の日記は、祐国記・祐礒記のほかには見られない。この二種のみから判断するのは危険であるが、逆に、この二人の日記しか残されておらず、記載者が限定されていたと考えるならば、このような形式の日記は、通常の「神事日記」とは別に、神供米や奉加銭の納下といった特定の職掌についた社司の手控えとして作成されていたという推測も可能であろう。いずれにせよこの点は、春日社司における記録作成のあり方をうかがうための貴重な手がかりとなるのではあるまいか。

以上、永禄末年〜天正初年における春日社司の日記について、多少煩雑にわたる説明を加えてきたが、これは次に紹介する記事、および転写された文書を理解するうえで不可欠であると判断したからにほかならない。

二　天正三年の社家日記から

天正三年は、表11に掲げたように、正預祐礒（二種類）・加任預祐金・権預祐国の計四冊の日記が残されている。精粗の差はあるが、それぞれの日記における文書を含めた関連記事を以下翻刻紹介したい（祐国記には関連記事がないので、三冊分）。翻刻の表記は慣例にしたがう。しかし抹消・挿入、貼紙による訂正などについては意を払わなかった。また、収載文書については便宜上【　】内に丸番号を付した。

(1)「天正三年乙亥恒例臨時御神事記」（祐礒記）

七月二十八日

一、廿八日、於二神主宅一惣社集会在レ之、右子細者、今度宇田（陀）郡ニ在レ之奈良分之儀、従二伊勢国司（北畠信意）一給由申之、沢・秋山・方野（芳、以下同ジ）・小川、此衆可レ有二和行（知）一旨被レ申間、拝殿領之宇賀勢（志）庄幷六方之拝原（萩）庄之儀、当国存知付、信永（織田信長）方原田備中守（直政）方へ被二申談一之、沢・方野方へ被二申確一条、西殿庄之儀も可レ被二談合一歟之由、経久（大中臣、神主代）披二露之一、各評定云、然ハ急度可レ被レ申旨評定之、六方・拝殿之儀、井戸若州（良弘）地走（馳）被レ申間、西殿庄之儀モ若州江可レ被レ申旨歟、然ハ先以惣籌（壽）院江内儀可レ有二談合一之由一決之、両惣官代・若宮神主可レ被レ参旨一決之、

十月二十八日

一、西殿庄御神供米為二収納一、経久・藤五郎・宗三郎・新二郎罷下、且納之処、秋山之代官左馬介被レ申云、宇田郡奈良之儀、伊勢江可レ被レ召由被レ仰間、西殿庄御神供米モ不レ可レ上之旨下知之処、且成候条、以レ替奈良江被レ上之由申処、然ハ百姓二重成可レ仕旨被レ申レ之、然間経久・宗三郎・藤五郎・新二郎罷上了、

一、廿八日夕部、於二成身院一五師衆会合在之条、両惣官可二相寄一旨被二申付一、経久・祐礒、拝殿沙汰人五郎左衛門召具候参之、談合云、伊勢江人被レ遣候間、社中方モ可レ被レ加旨被レ申間、令二同心一之、入目事六石程可レ入歟、然ハ然ハ（ママ）西殿庄・宇賀志庄二石宛可レ出旨申合了、又京都江之儀ハ、罷帰候て、各申談候て、可レ得二御意一旨申也、仍重而従二若宮神主宅一、宇賀志庄定使若宮与三左衛門西発志院迄被レ遣之、京都江之儀ハ社中分ニて可レ上之由申之、

十月二十九日

一、廿九日、宇賀志庄・西殿庄之儀、如二先々一可レ致二社納一旨、従二信永一被レ成二朱印一様御地走可二頼存一旨、三条西殿（実枝）江申上之、祐久・拝殿沙汰人五郎左衛門上洛之、

十一月三日

一、三日、祐久・五郎左衛門京都ヨリ下之、宇賀志庄・西殿庄之儀相調之、信永之朱印伊勢江被レ遣之、幷奉行折帋社中江来之、

朱印写、

春日若〔宮脱〕拝殿領宇多郡宇賀志庄・同五節供料所西殿庄事、沢・秋山令二押妨一由、不レ可レ然候、彼当知行無レ紛候旨候条、可レ止二違乱一由、対二両人一堅可レ被二申付一事専一候、恐々謹言、

十一月朔日　　信長御朱印

（北畠信意）茶箋殿【①】

当社若宮拝殿領宇多郡〔宇賀志庄脱カ〕・同五節供料所西殿庄事、沢・秋山依二違乱候一、対二北畠殿一彼両人可レ止二競望一之由、被レ成二御朱印一候条、全二社納一不レ可二相違一候由被二仰出一候、恐々謹言、

霜月二日　　原田備中守
　　　　　　直政
　　　　　村井長門守
　　　　　　貞〔勝〕儀
　　　　　宮内卿法印
　　　　　　（松井）友閑

春日社家御中【②】

十一月十四日

一、十四日、祐岩京都ヨリ下向之、仍伊勢ヨリ信長江返札申請之、下向之、

一、宇多郡南都領儀被二仰出一候、御意之通堅申付候、但紛之申様於レ有レ之者、御理可二申上一候、可レ然様御

披露頼入候、恐々謹言、

十一月五日　　信意判

大津伝十郎殿〔長昌〕【③】

御朱印持下候、則披露申候、宇多郡南都領之儀、沢・秋山違乱之由、堅御茶筅様被二仰付一候間、別儀御座有間敷候、紛之子細御座候者、重而可レ被レ仰候条、其御心得候て、可レ有二御取合一候由御意候、将又御普請之儀、大方土ヲ申、可レ安二御心一候、恐々謹言、

霜月五日　　吉長判

津田掃部助

沢井左衛門丞

瀧河左近殿〔一益〕

御返報【④】

宇多郡宇賀志庄幷西殿庄事、被レ対二御茶箋一被レ成二御朱印一候処、于レ今不レ被レ止二競望一候由、不レ可レ然候、早速退二違乱一、可レ有二社納一由候、恐々謹言、

霜月十三日　　原田備中守

直政判

村井長門守

〔貞、以下同ジ〕興勝

宮内卿法印

〔友閑、以下同ジ〕但宗

沢殿
（家慶）秋山殿
芳野殿
　御宿所【⑤】

一、就二宇多郡宇賀志庄并西殿庄一、重而沢・秋山・芳野方へ以二折帋一申、被二相確一候、社納肝要候、恐々謹言、

霜月十三日　　原田備中守
　　　　　　　　直政判
　　　　　　村井長門守
　　　　　　　　興勝判
　　　　　　宮内卿法印
　　　　　　　　但宗判

（辰巳祐礒）正預殿
（大中臣経栄）神主殿
（千鳥祐根）若宮神主殿【⑥】

以上如レ此於二京都一三条西殿御地走付、相調者也、重而御礼可レ被レ申者也、

十一月十五日

一、十五日、宇賀志庄・同西殿庄江彼書状持参之、定使衆召下之、

（2）「春日社司祐礒記」（影写本）

十一月三日
一、拝殿之宇加勢〔賀志〕幷西殿庄之儀、相調立、今夕祐久・拝殿五郎左衛門下向之、朱印者従二京都一伊勢江被レ遣之、此方へ写来候、同三奉行村井・備中守・ユウカン、此衆之書状到来之、
十一月八日
一、信永江大油煙十丁、村井（貞勝）・備中守（原田直政）・ナカトノ守（ママ）少油煙十丁ツヽ、
三条西殿へワタ二把、木村・中務権少輔方へ少油煙五丁ツヽ、
宇加志庄・西殿衆〔庄〕之朱印之礼也、

（3）「天正三年乙亥正月以来御神事日記」（祐金記）

十一月
一、拝殿宇賀志庄事、重而秋山ヨリ拙者へノ信長殿ノ書状可レ給候由被レ申候間、又京都へ被レ申候処、則書状到来之、

宇多郡南都領之儀被二仰出一候、御意通堅申付候、但紛被レ申様於レ有レ之者、御理可二申上一候、可レ然様御披露頼入候、恐々謹言、
十一月五日　信意
大津伝十郎殿【③】

宇多郡宇賀志庄幷西殿庄事、被レ対二御茶箋一被レ成二御朱印一候処、于レ今不レ被二競〔止〕望一候由、不レ可レ然候、早速退二違乱一、可レ有二社納一候由候、恐々謹言、
霜月十三日　原田備中守
直政判

村井長門守
貞勝判
宮内卿法印
友閑同

沢殿
秋山殿
芳野殿　御宿所【⑤】

御朱印持被レ下候、則披露申候、宇多郡南都領之儀、沢・秋〔山脱〕違乱候由、堅御茶箋様被二仰付一候間、別儀御座有間敷候、自然紛子細御座候者、追而可レ被レ仰条、其御心え候て、可レ有二御取合一之由御意候、将又御普（ママ）御請之儀、大方土ヲ申候、可レ安二御心一候、恐々謹言、

霜月五日　吉長判
津田掃部助
沢井左衛門尉一安判

瀧河左近殿
御返報【④】

就二宇多郡宇賀志庄幷（ママ）幷西殿庄儀一、重而沢・秋山・芳野へ以二折帋一申候、被レ仰□社納肝要候、恐々謹言、

霜月十三日　原田備中守
直政判
村井長門守

貞勝同
宮内卿法印
友閑同

正預殿
神主殿
若宮神主殿
御宿所【⑥】

三　宇賀志・西殿両荘と織田信長朱印状をめぐって

1　事実経過

まず（1）（3）に転写されている文書を表12として掲げる。（1）の祐礒記では六通が転写されているのに対し、[8]（3）の祐金記においては、③以下の四通（④⑤の順番が逆転）しか写されていない（字句にも若干の異同がある）。正預たる祐礒と権預たる祐金の立場上の違いが、披見しえた文書の差異に反映しているのだろうか。

次に、右に掲げた文書に加えて日次記事も参照し、経緯を整理したい。

問題が惣社集会の場で明らかにされたのは、天正三年七月二十八日のことである。ここで、大和国宇陀郡に所在する「奈良分」所領について、伊勢国司北畠氏より給わったと称し、沢・秋山・芳野・小川氏らが押妨を働いているという報告がなされた。「奈良分」とは、史料に見えるかぎりでは、宇賀志荘・萩原荘・西殿荘である。この惣社集会では、宇賀志荘・萩原荘とおなじく、西殿荘もまた、大和守護原田（塙）直政[9]に属していた井戸良弘に斡旋を依頼するべきことを議している。

宇賀志荘・西殿荘は、現在の奈良県宇陀市（旧菟田野町）域に、萩原荘も同市（旧榛原町）域にそれぞれ所在した荘園である。宇賀志荘は春日若宮拝殿領、西殿荘は春日若宮五節供料所として設定されていたことが確認できる。また、萩原荘は興福寺寺務領であるが、六方衆も荘務に関与したとおぼしい[10]。「六方之拝原」とはそのような意味であろう。

いっぽうで、押妨したとされている沢・秋山・芳野・小川氏であるが、彼らは興福寺国民であると同時に、伊勢の戦国大名北畠氏の被官という顔も有していた。彼らは宇陀郡に割拠している国衆であり、連帯して宇陀郡一揆を形成、北畠氏から一定の距離を置いた自律的な地域権力を形成するいっぽうで、一揆内部にはらむ不安定要因を、上部権力北畠氏の被官たることによって揚棄しようとしていたという[11]。彼らが二荘園領有の根拠として「従伊勢国司給」と主張したのは、背後にそうした関係が伏在していたのである[12]。

宇賀志荘・萩原荘はおいて、西殿荘のみに目を向ければ、この荘園は月々の神供をまかなうための貴重な所領となっていたとみられ、その未進は神供米の欠如となってたちどころに問題化する。十月二十八日条に記されているように、神供米の徴収のため社司・神人たちが現地に下向したのもそのた

表12 「春日社家日記」収載文書

	年　月　日	文　書　名
①	(天正3)11.1	北畠信意宛織田信長朱印状
②	(天正3)11.2	春日社家宛原田直政・村井貞勝・松井友閑連署書状
③	(天正3)11.5	大津長昌宛北畠信意書状
④	(天正3)11.5	滝川一益宛津田一安・沢井吉長連署書状
⑤	(天正3)11.13	沢・秋山・芳野宛原田直政・村井貞勝・松井友閑連署書状
⑥	(天正3)11.13	正預・神主・若宮神主宛原田直政・村井貞勝・松井友閑連署書状

めである。しかし結局そのときも押妨を働く秋山らは承伏しなかったようであり、埒があかなかった。この時点で、相論の対象は宇賀志荘・西殿荘の二荘園に絞られたようである。

それを受けて春日社では、二十九日、押妨を停止する内容の信長朱印状を発給してもらうよう工作を開始する。氏人の新祐久と拝殿沙汰人職の五郎左衛門が、三条西実枝を介して朱印状発給を求めるべく、京都へ発った。

この働きかけが功を奏して、十一月一日付で北畠信意（信雄）に対して秋山らの押妨を停止させるよう命じた信長の朱印状が発給され、祐久らがその写（①）を奈良に持ち帰ったのは同月三日のこと。祐礒はそれを転写したのである。同時に、①を施行したかたちの二日付奉行人連署書状（②）も春日社家宛にもたらされている。八日には、信長・実枝・奉行衆に朱印状発給に対する礼物が贈られた。

なお、②に署判した原田直政・村井貞勝・松井友閑の三人は、この文書を発給した直後、十一月六日・七日におこなわれた新地給与の実務担当者でもある[13]。原田は前述のように大和守護でもあり、そうした関連から、彼らは春日社領違乱排除の文書発給にも関与したものであろうか。

その後十四日になると、京都に派遣されていた次預新祐岩が奈良に戻った。このとき③〜⑥の四通の文書を携えてきたものと思われる。すなわち、信意から信長の側近大津伝十郎（長昌）に宛てた、朱印状の趣旨を諒解した内容の書状（③）、信意の傅役・奉行人である津田掃部助（一安）・沢井左衛門尉（吉長、のち雄重）が、北伊勢支配を任されている滝川一益に対し、朱印状の返事の口添えを要請した書状[14]（④）、原田直政以下奉行三名が沢・秋山・芳野に対して、春日社領違乱停止を命じた書状（⑤）、おなじく奉行人三名が春日社神主・正預らに両荘園の違乱排除を報告した書状（⑥）である。翌日十五日には、さっそくこれらの文書が現地に送付されている。

2　収載文書について

さて、右に紹介してきた社家日記所収の六通の文書は、まったくの新出文書というわけではない。

①の信長朱印状は、すでに奥野高広氏の『増訂織田信長文書の研究』（吉川弘文館、一九八八年）に七二五号文書として収録されている。しかしながら、年次比定がなされておらず、大和国人沢氏の知行安堵をおこなった天正五年閏七月の朱印状（七二四号）の附録として収録されているにとどまる。

いっぽうで、『日本歴史地名大系30　奈良県の地名』（平凡社、一九八一年）の「宇賀志庄」項では、本文書を引用して天正三年のものとし、また、『菟田野町史』（菟田野町役場、一九六八年）においても、天正三年のものとして説明されている。現在この文書の正文は、近世大名真田家が収集した文書群の流れをくむ「小川文書」のなかに伝えられており、[15]『菟田野町史』はそれに依拠している。

右の『日本歴史地名大系』のばあい、典拠は『続南行雑録』である。これは『史料綜覧』（東京大学史料編纂所編、一九五三年）によるものと思われる。『史料綜覧』（巻十一・天正三年十一月一日条）では、『続南行雑録』を典拠に、「信長、北畠信意信雄、ヲシテ、其部下沢、秋山、芳野三氏ヲ諭シ、春日社領大和宇賀志荘等ヲ同社ニ還付セシム、」という綱文を立てているからである。[16]

『続南行雑録』とは、『大日本史』編纂のための採訪史料集で、元禄二年（一六八九）にときの水戸彰考館総裁大串雪瀾（正善）が編んだものである。[17]浅草文庫本を明治十一年（一八七八）に謄写した史料編纂所架蔵の謄写本を見ると、「祐礒記抄辰市」として、「天正三年信長朱印写」つまり①文書を先頭に、以下、②（年月日欠）、③、④、⑤の五通の文書を抄出している。日次記事の部分はまったく抄出されていない。

大串雪瀾が閲覧した本は、①・②文書を抄出していること、誤記をそのまま踏襲している点（「友閑」を「但宗」とする）などから見ても、（1）の「祐礒記」に間違いないと思われるが、⑥一通のみが脱落している理由は不明というほかかない。

以上のような先行研究などにおける紹介があるにもかかわらず、前節で紹介した「祐礒記」「祐金記」などの記事には、なおいくつかの点において史料的価値を有しているものと考える。

ひとつには、『続南行雑録』において採録漏れであった⑥文書の存在。この文書を含めることで、信長朱印状から神主以下社司宛の原田直政等連署書状まで、文書の流れを一貫して見通すことが可能となった。

いまひとつは、日次記事を同時に参照することにより、ことの起こりから文書の発給申請、そして発給後の礼までの一連の経緯、および相論の原因、文書の背後に隠された春日社家の動向を把握することなどが可能になったことである。

この時期は、荘園領主権益の複雑化にともなう年貢の二重成・他納などの増加を禁止する動き、いわゆる荘園の知行化や一職化が推進されたとの評価がなされている。[18] こうした荘園制と知行制のはざまにあって、宇賀志・西殿両荘は、国人領主権力の介入など、経営がさらに複雑化・困難化してゆく様相を呈していた。荘園制末期において社領荘園の経営に腐心していた春日社の運動を跡づけ、信長権力との対峙をうかがい知ることができる貴重な史料が、「春日社家日記」なのである。

むすび

以上きわめて部分的ながら、「春日社家日記」のうち、天正三年の春日社領をめぐる北畠氏被官と春日社の相論に関係した文書、記録を紹介した。

一連の文書を通して、春日社と信長権力、および信長と伊勢を領した滝川一益・北畠信意、北畠氏の権力構造など、この時期の大和・伊勢をめぐる政治的諸関係の一端を垣間見ることができたかと思う。

本章における紹介・検討により、織豊期に限ってみても豊富な冊数を擁し、内容的にも多種多様な情報を含みこんだ「春日社家日記」のいっそうの活用が促進されることを期待したい。また、本章で紹介した文書・記録が、当該期の政治史研究、さらには信長文書研究、春日社領、戦国大名北畠氏権力などの研究に少しでも資することができれば望外の幸せである。

註

（1）『春日神社記録目録』（春日神社社務所、一九二九年）参照。以下本章では社司の日記を「社家日記」と総称する。

（2）永島福太郎「『増補続史料大成　春日社記録一』解説」（臨川書店、一九五五年）。同『国史大辞典3』「春日社記録」項。

（3）永島福太郎『春日社家日記―鎌倉期社会の一断面』（高桐書院、一九四七年）。

（4）以上は各日記の記載、および大東延篤編『新修春日社社司補任記』（春日宮本会、一九七二年）に拠る。

（5）ここに掲げた社家日記が収録されている写真帳は、「春日大社史料」（日記）の名称に統一されて架蔵されている。

（6）形態上謄写本の架番号で配架されているというだけに過ぎない。

（7）『東京大学史料編纂所報』一八（一九八三年）。

（8）原本の六十八～七十丁紙背に（1）の反古があり、そこには②・③・①の順でそれぞれの文書が写されている。ただし内容的には本文で紹介したものとの異同はない。

（9）『多聞院日記』天正三年三月二十五日条。「去廿三日ニ塙九郎左衛門尉当国之守護ニ被二相定一了云々、先代未聞ノ儀、惣ハ一国、別ハ寺社滅亡相究者也、無端々々、神慮次第也」とある。

（10）『奈良県史10　荘園』（朝倉弘著、名著出版、一九八四年）、五九三頁。

（11）西山克「戦国大名北畠氏の権力構造―特に大和宇陀郡内一揆との関係から―」（『史林』六二―二、一九七九年）。

（12）同年六月に北畠氏は具教から信意に家督が譲られており、秋山らの行動は代替わりの混乱に乗じたものとも考えられる。

（13）下村信博『戦国・織豊期の徳政』（吉川弘文館、一九九六年）。久野雅司「織田政権の京都支配―村井貞勝の職掌の検討を通して―」（『白山史学』三三、一九九七年）。
(14) この文書を収めた（1）（3）のいずれにも、津田一安・沢井吉長（雄重）の差出書に混乱が見られる。
(15) 信長から信意に発給された①の朱印状が、どのような経緯で小川文書に含まれるに至ったのかなどの問題は、いまのところ不詳である。
(16) 谷口克広『織田信長家臣人名辞典』（吉川弘文館、一九九五年）の「秋山家慶」「織田信雄」「沢源六郎」各項においてもこの件が取りあげられているが、いずれも『続南行雑録』が典拠とされている。
(17)『国史大辞典10』「南行雑録」項（但野正弘氏執筆）、清水正健『増補水戸の文籍』（水戸の学風普及会、一九三四年）。
(18) 藤木久志『織田・豊臣政権』（小学館、一九七五年）、下村註（13）書。
（補註1） 本章初出論文発表後、幡鎌一弘・及川亘「『春日社司中臣祐範記』元和九年」（『東京大学史料編纂所研究紀要』二三、二〇一三年）が発表されている。
（補註2） その後これらの原本が二〇〇一・二〇〇二年度における春日大社史料の調査で見いだされ、藤原重雄氏によって復元された。詳しくは『東京大学史料編纂所報』三九（二〇〇四年）参照。

〔附記〕原本の閲覧にさいしては、春日大社社務所松村和歌子氏のご高配に預かった。記して感謝申し上げたい。

第三章　法隆寺東寺・西寺相論と織田信長

はじめに

本章は、織田信長が畿内中央の政治的権力を掌握しつつあった時期、天正二年（一五七四）に端を発し、同七年に一応の解決を見た大和法隆寺の堂衆（東寺）と学侶（西寺）の対立について、関係文書を集成・分析したうえでその流れを整理することを第一の目的とする。分析を通じ、織田信長権力の寺社への関わり方、大和国への関わり方といった論点について、それぞれ現在の研究の流れのなかにこの問題を位置づけ、信長権力のあり方を見通すための布石たらんとするものである。

中世の法隆寺は、鎌倉期に太子信仰を基盤として復興し、堂舎・仏像の修造がおこなわれ、庶民の信仰を集めた(1)。寺僧には南都諸大寺および高野山と同様「学侶」と「堂衆（堂方）」という大別して二つの身分階層が存在した。法隆寺においては平安後期にはそれぞれの階層が成立していたとされ、学侶の子院が主に寺内西院側にあり、堂衆の子院が東院側にあったことから、それぞれ西寺・東寺と称されたという。

学侶は学業を主たる任務とする僧侶であり、堂衆は諸堂舎の管理や法会の承仕を司る僧侶であった(2)。身分的には学侶が堂衆の上位にあり、中世後期に至ると、それぞれの住む僧房（子院）が「学侶坊」「堂衆坊」のように区別され、固定化されるようになる(3)。

他寺の例に漏れず、法隆寺においても両階層の身分的対立が見られ、永享七年（一四三五）には双方の武力衝突の結果南大門が焼失したとされる。対立は江戸時代に至るまで連綿と続いてゆくのだが、とくに織田信長が政治的権力を握っていた天正年間に頂点に達する。後述するように、信長権力は対立の鍵を握る存在であり、対立のゆくえは信長権力の動向と密接に関わっていた。

天正年間における法隆寺東寺・西寺相論（以下「東西相論」のように略記する）の事実については、間中定泉氏・高田良信氏の著書『法隆寺』において述べられ、別に高田氏は、「法隆寺で信長の果たした役割に、学侶と堂方の対立抗争の仲裁を行なったことがある」と、対立における信長の関与について触れている(4)。

また半田実氏は、信長側近の一雲斎針阿弥という人物に着目し、彼の活動を中心に信長権力と特定寺社を取り次ぐ仕組みを検討した過程で、針阿弥が取次役として関わった法隆寺を取りあげ、東西相論の経過に触れている(5)。従来未紹介であった相論関係文書を多く紹介し、その推移を追ったという意味で、本章でとくに拠るべき先行研究である。ほか染谷光廣氏は、相論の過程で発給された信長黒印状の執筆者である信長右筆楠長諳を論じるなかで、相論について触れている(6)。

奥野高広氏の『増訂織田信長文書の研究』（吉川弘文館、一九八八年、以下『信長文書』と略記）には、本相論に関係して発給された信長の朱印状・黒印状をはじめ、付随して発給された武将・側近らの書状が多く収められており至便だが、史料集の性格上相論関係文書すべてが網羅されているわけではなく、また年次比定に再考を要する文書もないわけではない。

二〇〇五年度刊行された『大日本史料』第十編之二十五（天正二年十一月十日条）の編纂過程で、『信長文書』および半田氏の研究などでもなお紹介されないままであった関係文書が若干見いだされたこともあり、以下あらためて関係文書を整理して相論過程を再検討してゆきたい(7)。史料については、行論に最低限必要なものと、未紹介のものを優先して掲げることにする。

一　天正二年〜三年における東寺・西寺の対立

1　双方に発給された信長朱印状

まず収集しえた関係文書を表13として掲げる。文書の年次比定については、以下の論述のなかで説明する。表13の関係文書は一点（史料23）を除き「法隆寺文書」中に伝来し、法隆寺昭和資財帳編集委員会編『法隆寺の至宝8　古記録・古文書』（小学館、一九九九年）に細目録とともに写真が掲載され、一般にも見ることができる。またこれらは史料編纂所架蔵写真帳『法隆寺文書』にも収録されており、表13にその典拠情報を加えた。以下関係文書は、史料〇、のように表13の番号をもって表記する。

関係文書を年次順に配列し、それぞれの内容を解釈して相論の過程を大雑把に区切れば、表13にあるとおりⅠ期からⅤ期までの五期に分けることができる。本節では、天正二年から三年にかけてのⅠ期・Ⅱ期を検討する。

さて、そもそも天正二年に東寺と西寺の対立が激化するに至った端緒は、次の信長禁制（朱印状写）であると推測される。

【史料1】天正二年正月日織田信長朱印状写

掟　　和州法隆寺

一、陣取幷寄宿等、不レ可レ有レ之、付、不レ可レ伐二採竹木一事、

一、矢銭・兵粮米幷雖二当座之取替一、不レ可レ懸レ之事、

一、諸給人入地・入被官等、如二先規一不レ可レ有二異儀一、付、堂衆之儀、是又可レ為レ如二先規一事、

右条々定置訖、若於二違犯之輩一者、可レ処二厳科一者也、

天正弐年正月日　　信長御朱印

陣取・寄宿・竹木伐採を禁じ、兵粮米などの賦課を止めさせるなど一般的な禁制の内容だが、第三条に「諸給人入地・入被官」の現状維持(8)を命じる附則として、傍線を付した文言が織りこまれていることが注目される。そのまま解釈すれば、「堂衆のことは、これまた先規のとおりで変更はない」となる。「先規」とはいかなる状態を指すのか、問題となる。

その後の文書のなかで、信長から相論の仲裁を委ねられた家臣塙直政は、史料1を指すとみられる文書について「西寺へ者、諸事可レ為レ如二先規一之通、去年被レ成二御朱印一候」と表現している(9)。宛所は「和州法隆寺」となっているが、実質的に宛てられたのは西寺側であり、西寺に対し「堂衆之儀」「諸事」は先規のとおりであるという保証がなされたということになろう。

これより以前、永禄二年（一五五九）六月に出された三好長慶禁制を皮切りに、同十一年十月の信長禁制写を経て、元亀二年（一五七一）九月の室町幕府禁制に至るまで、計十一通の禁制が「法隆寺文書」中に伝えられている(10)（宛所は「法隆寺」「和州法隆寺」「法隆寺（同）領内」など）。

これらを眺めても、史料1傍線部のような文言は存在しない。つまりこの文言は史料1で初めて法隆寺宛禁制のなかに盛りこまれたと考えることができる。なぜ突如としてこの文言が信長の禁制に盛りこまれたのか、意図はどこにあるのか、考えるべき点は多いが、それはひとまず措いて、さらに論を進めることにする。

史料1と同年の十一月に、今度は東寺に宛て次のような信長朱印状が発給される。

【史料2】天正二年十一月十日信長朱印状※

表13　法隆寺文書中の東寺・西寺相論関係文書

		文書番号	文書名	宛所	年月日	整理番号	信長文書	写真帳	影写本	備考	斑
Ⅰ期	1	ハ 232	織田信長朱印状写	和州法隆寺	天正2年1月　日	ハ函19-7	上440	18-p38	5-8丁	宝175頁／大20-602頁	○
	2	ニ 311	織田信長朱印状	法隆寺東寺惣中	天正2年11月10日	ニ函17-1	上482	23-p63		宝243頁／大25-100頁	○
	3	ニ 312	織田信長朱印状写	法隆寺東寺惣中	天正2年11月10日	ニ函17-2		23-p64	5-9丁	宝244頁／2の写	
	4	ヘ 35	織田信長朱印状写	法隆寺東寺惣中	天正2年11月10日	ヘ函2-27		30-p69	12-14丁	宝253頁／2の写	
	5	ニ 185	井戸良弘書状	年会御房	(天正2)12月1日	ニ函10-14		22-p16		宝226頁／大25-100頁	
	6	ニ 307	塙直政書状	井若御返報	(天正2)12月3日	ニ函16-1		23-p55		宝243頁／大25-101頁	
	7	ニ 186	井戸良弘書状	年会御房	(天正2)12月4日	ニ函10-15		22-p17		宝226頁／大25-101頁	
	8	ニ 308	塙直政書状	法隆寺堂衆勝御中	(天正2)12月12日	ニ函16-2	下612附	23-p57	5-57丁	宝243頁／大25-102頁	○
	9	ニ 309	塙直政書状写	法隆寺年会御房御同宿中	(天正2)12月12日	ニ函16-3		23-p59	5-59丁	宝243頁／大25-102頁	
	10	ロ 256	法隆寺学侶連署条々掟		天正3年2月27日	ロ函27-3		12-p82		宝134頁／大25-103頁	
	11	ヘ 56	塙直政書状	法隆寺年会御房	(天正3)3月19日	ヘ函3-21		30-p104	5-58丁	大25-105頁	
Ⅱ期	12	ニ 310	塙安弘書状	法隆寺年会御坊	(天正3)10月20日	ニ函16-4		23-p61		宝243頁	
	13	ニ 332	松井友閑書状写	法隆寺学侶中	(天正3)11月7日	ニ函18-9	下612参	23-p89	5-54丁	宝247頁	
	14	ハ 257	塙安弘書状	原備様人々御中	(天正3)11月14日	ハ函21-10		18-p81	5-55丁	宝180頁	
	15	ニ 313	織田信忠禁制	法隆寺之内東寺	天正5年10月　日	ニ函17-3	下743	23-p66	5-13丁	宝244頁	○
Ⅲ期	16	ニ 335	九藤深宮書状	東寺法隆寺諸進御房御同宿中	(天正6)12月2日	ニ函18-12		23-p92	5-56丁	宝247頁	○
	17	ニ 317	織田信長黒印状	法隆寺東寺諸進	(天正6)12月19日	ニ函17-7	下802	23-p72	5-28丁	宝245頁	○
	18	ニ 333	松井友閑書状写	法隆寺西寺惣中	(天正6)12月19日	ニ函18-10	下803	23-p90	5-61丁	宝247頁	
	19	ニ 336	九藤深宮書状	法隆寺東寺諸進御同宿中	(天正6)12月21日	ニ函18-13	下804	23-p93	5-62丁	宝247頁	○
	20	ニ 337	九藤深宮書状写	法隆寺西寺惣御中	(天正6)12月21日	ニ函18-14	下805	23-p94	5-63丁	宝247頁	○

	21	ニ 334	咄斎書状	宮内卿法印様尊報	(天正 6)1 月 15 日	ニ函 18-11		23-p91	5-29 丁	宝 247 頁／半田論文 32 頁	
	22	ニ 318	織田信長黒印状	法隆寺東寺諸進	(天正 6)2 月 26 日	ニ函 17-8	下 814	23-p73	5-30 丁	宝 245 頁	○
Ⅳ期	23		織田信長朱印状写	和州法隆寺	天正 7 年 2 月　日		下 816			「斑鳩古事便覧」	○
	24	ニ 319	織田信長黒印状	法隆寺東寺惣中	天正 7 年 3 月 10 日	ニ函 17-9	下 818	23-p74	5-31 丁	宝 244 頁	○
	25	ニ 341	一雲斎針阿書状	大和法隆寺参貴報	(天正 7)3 月 18 日	ニ函 18-18	下 818 参	23-p98	5-33 丁	宝 248 頁	
	26	ニ 342	一雲斎針阿書状	法隆寺東寺回章	(天正 7)5 月 1 日	ニ函 18-19	下 826	23-p99	5-35 丁	宝 248 頁／半田論文 25 頁	○
	27	ニ 343	一雲斎針阿書状	法隆寺東寺貴報	(天正 7)5 月 4 日	ニ函 18-20		23-p100	5-36 丁	宝 248 頁／半田論文 25 頁	
Ⅴ期	28	ヘ 66	法隆寺東寺条々事書覚写	一雲斎	(天正 7)5 月 21 日	ヘ函 4-1		31-p1	5-38 丁	半田論文 33 頁	
	29	ニ 314	織田信長朱印状	筒井順慶	(天正 7)6 月 12 日	ニ函 17-4	下 832	23-p67		宝 245 頁	○
	30	ニ 315	織田信長朱印状写	筒井順慶	(天正 7)6 月 12 日	ニ函 17-5		23-p69	5-44 丁	宝 245 頁／ 29 の写	
	31	ニ 339	一雲斎針阿・松井友閑連署書状	法隆寺東寺机下	(天正 7)6 月 12 日	ニ函 18-16	下 833	23-p96	5-46 丁	宝 247 頁	○
	32	ニ 340	楠長諳書状	法隆寺東寺惣中	(天正 7)6 月 19 日	ニ函 18-17	下 833 参	23-p97	5-47 丁	宝 248 頁	○
	33	ニ 344	一雲斎針阿書状	和州法隆寺東寺惣中参貴報	(天正 7)6 月 19 日	ニ函 18-21	下 834	23-p101	5-48 丁	宝 248 頁	
	34	ニ 320	織田信長黒印状	法隆寺東寺惣中	(天正 7)7 月 3 日	ニ函 17-10	下 769	23-p75	5-50 丁	宝 245 頁	○
	35	ニ 345	一雲斎針阿書状	法隆寺東寺貴報	(天正 7)9 月 20 日	ニ函 18-22	下 841	23-p102	5-51 丁	宝 248 頁	○
年未詳	36	ニ 316	織田信長朱印状	法隆寺年会	10 月 20 日	ニ函 17-6		23-p71		宝 244 頁／半田論文 32 頁	○
	37	ニ 321	織田信長黒印状	法隆寺東寺	10 月 17 日	ニ函 17-11	下 842 附	23-p76	5-32 丁	宝 245 頁	○
	38	ニ 338	松井友閑等三名連署書状	法隆寺東寺惣中	10 月 24 日	ニ函 18-15	下 786	23-p95	5-53 丁	宝 247 頁	○

※年月日の(　)は推定.「写真帳」「影写本」は，史料編纂所架蔵「法隆寺文書」写真帳(6171.65-23)・影写本(3071.65-3)の冊次と頁(丁)数.

※「文書番号」「整理番号」は法隆寺昭和資財帳編集委員会編『法隆寺の至宝 8　古記録・古文書』(小学館，1999 年)の，「信長文書」は奥野高広『増訂織田信長文書の研究』(吉川弘文館)の番号.

※備考の「宝」は上記『法隆寺の至宝 8』(写真版)の，「大」は『大日本史料』第十編の収録頁.「斑」項の○は『斑鳩古事便覧』(『法隆寺史料集成』15)収録文書.

当寺事、従二先々一西東諸色雖レ為二混合一、於二自今以後一者、可レ為二各別一、次東之寺領所々散在等、永代不レ可レ有二相違一、然而為二西寺一段銭以下恣令二取沙汰一之儀、堅可二停止一、猶以令二違乱一者、可レ加二成敗一候也、仍状如レ件、

（天正弐）十一月十日　信長（朱印）

法隆寺東寺惣中

この文書で信長は、（1）寺領のなかで西寺・東寺それぞれの諸職が混在している現状について、今後はそれぞれ別々のものとする（一円化しない）こと、（2）東寺領を永代安堵すること、（3）西寺が東寺領に反銭を賦課することは一切停止し、違乱があった場合成敗すること、以上三点について東寺に申し渡している。この朱印状はのちのち寺僧によって「各別（御）朱印」と呼ばれ、東寺側が西寺側からの独立的立場を主張する根拠として掲げられてゆくことになる。

このように、天正二年に信長は西寺・東寺双方に朱印状を発給した。とりわけ東寺に「各別」の旨を申し渡したことは、古来より階層的対立があったにせよ一つの寺としてのまとまりを保持していた法隆寺を、所領の側面から二分する大きな歴史的意義を有するものであった。

2　天正二年相論の背景

天正二年における東寺・西寺の対立は、右に掲げた史料1・2のみで論じ尽くせるものではない。その他関連史料を検討しながら、詳細に経緯を追ってゆきたい。

最初に表13でまとめたV期にあたる時期に作成された史料28を全文紹介する。この史料については、すでに半田氏が論文の注において全文翻刻しているが、字句の修正が若干あるほか、相論を理解するうえで重要な史料で

あること、本章の行論のうえでも念頭におくべきものであることから、長くなるが以下引用したい。

【史料28】（天正七年）五月二十一日法隆寺東寺条々事書写※

（端裏書）「天正年中各別之　御朱印頂戴以後訴状之写」

覚

①一、去四日巳刻ニ、為二　上意一津田理（利）右衛門殿・角介・下京之とつ（咄）斎・同春波、上下五十人計にて東寺へおし入、条々非分之事、

②一、此方之儀、役者をはしめ悉衣躰にて罷出、御理をも承、又此方之存分をも可二申入一と申候処ニ、理不尽ニ両役者をめしとり、其外両人に縄をかけ、西寺へ引取候事、

③一、理不尽ニからめとらるのあひた、にけちり候を、数多ちやうちやく（打擲）の事、付、刀疵在之、

④一、両役人之坊舎家財等まて取破、或者火ニ焼捨事、

⑤一、道用米日ニ三石宛、五日分ニ十五石之通取被レ申候事、付、日ニ八荷宛馬草之事、

⑥一、為二　上使銭一ひた卅三貫取被レ申候事、

⑦一、しはり候内に、ほつけ（法花）院と申を、種々様々にいため、銀子十枚うけこませ、其代ニ百一貫六百文取被レ申候事、

⑧一、去八日ニ東寺之内西とうしゆ（東住）院へ角介方とつ斎幷西寺衆以上五十人計にて打入、既ニ角介矢をいこみ、坊主を打取へきと仕候間、手前おちぬけ候、其まゝ居取ニいたし、其外へや坊六ツ御座候まて悉取破候事、

⑨一、西東住院之儀于レ今上使衆中間之残され、西寺より人数をくわへ、夜々坊舎のかべ（壁）・はたいた（端板）、其外水たな（棚）・からうす（唐臼）まてかかり（篝）ニたき、土蔵へハいたしき（板敷）、又者引窓より入候て、悉取はたし申候由、

追々申越事、

⑩一、東寺之諸口を相留候事、

⑪一、去月上旬之比、従㆓宮法（松井友閑）・針阿・九肥（九藤深宮）㆒、西寺へ被㆑遣㆓御折帋㆒、各別之　御朱印弥無㆓別条㆒之旨、重而東寺へ被㆑成㆑下　御黒印㆒之趣御届候、乍㆓存知㆒還而右之仕合、且軽㆓　上様㆒、且可㆑為㆓中間狼籍（藉）㆒哉否之事、

⑫一、各別之　御朱印頂戴仕候時、為㆓西寺㆒仕候非分之儀、以㆓七ヶ条㆒申上候条々之事、付別帋ニ在之、

⑬一、七ヶ条之内六ヶ条目之儀、従㆓　上様（信長）㆒以㆓御朱印㆒筒井順慶へ被㆑成㆓御尋㆒候処ニ、則被㆑遂㆓参上㆒、於㆓相国寺㆒、有姿言上被㆑申候処ニ、弥西寺曲事之旨被㆓仰出㆒、張本人之坊舎五ツ被㆑成㆓御成敗㆒候事、

⑭一、五坊御成敗之時、為㆓　御上使㆒原田備中守殿（塙直政）御越候事、

⑮一、各別之　御朱印為㆓西寺㆒年来相背、東寺下地分之反銭以下違乱仕候事、

⑯一、各別之　御朱印頂戴仕候間、其次之年ニ東寺分之反銭所納仕候処ニ、塙喜三（安弘）之内大陵・井戸内（良弘）之小森両人為㆓大将㆒、廿人計にて、百姓前へ夜催促ヲ入、百姓より致㆓二重取㆒、其上東寺へ打入、強々ニ仕候事、

⑰一、惣別反銭と申儀、往古者一円無㆑之事、

⑱一、当寺者千年ニおよひ候歟、反銭者造営或者諸嗳のために、百年已来在㆑之事、

⑲一、為㆓西寺㆒各別之　御朱印違背候而、東寺下地分之反銭以下押取事、不㆑謂之由、従㆓宮法・九肥㆒以㆓使札㆒西寺へ被㆓仰理㆒候度毎ニ、此方へも相使入置事、

⑳一、東寺を西寺之披官と申なすのよし、中々限㆓沙汰㆒候事、

㉑一、当寺諸法事之時者、従㆓往古㆒已来為㆓両座㆒事、

㉒一、当寺之上と申者、御太子にて御座候、西寺も院号・坊号、東寺も院号・坊号、以上も可㆑有㆓御分別㆒

事、

㉓一、西東之別当者南都東北院殿（兼深）にて御座候事、

㉔一、南都一乗院殿（尊勢）受戒会之御時も、従二東寺一罷上致二出仕一候事、

㉕一、毎事二月七日より十四日までつくり花六瓶ほうせん（宝前）にそなへ申候、是も西寺・東寺より三瓶つゝそなへ申候事、付、花の一二ハ西東ニようすよき次第ニ立置事、

㉖一、津田理右衛門殿幷咄斎・春波表裏之事、

㉗一、旧冬従二上様一御朱印弥異儀なきの御黒印頂戴被レ下候時、津理右も東寺為二御馳走一、宮法・九肥之使者幷とつ斎に被二相副一、礼銀迄被レ定候て、国松と申仁を西寺へ被レ遣候而、又只今者西寺へ御成候事、

付、とつ斎・春波勿論同前事、

㉘一、津理右・咄斎・春波、旧冬東寺之無二馳走一と被レ申候者、双方可レ被二召出一候事、

㉙一、津理右之使者ニ被レ参候国松、従二此方一為二礼儀一、旧冬銀子五両幷ひた一貫文取被レ申候段無レ紛事、

㉚一、西寺之非分成義、雖下無二際限一候上、大方申上事、

以上

右之条々者、前後之儀大方為二御存知一候、専要者此度之趣急度御披露所レ仰候、以上、

法隆寺

五月廿一日　東寺

一雲斎

＊一つ書き頭の丸数字・傍線は筆者が付した。

端裏書にある「天正年中各別之御朱印」とは史料2を指すと考えられる。史料2が発給されたのちに生じた事

態をまとめ、訴えたことの覚書という意味で、差出者は東寺、宛所はこの時期東寺の取次役であった一雲斎針阿弥である。

㉗傍線部に示された「御黒印」とは、信長が東寺諸進（堂衆の奉行）に宛て「先年遣レ之候朱印旨、弥不レ可レ有二異儀一候也」と伝えた、天正六年に推定される十二月十九日付黒印状（史料17、次節で掲出）を指すと考えられることなどから、本文書の年次は天正七年となる。

史料28は内容から大きく六つの部分に分けられる。①～⑪、⑫～⑭、⑮～⑯、⑰～⑲、⑳～㉕、㉖～㉚である。①～⑪では、（天正七年）五月四日および八日に、信長家臣津田利右衛門や咄斎・西寺衆らが東寺へ押し入り、狼藉を働いた事実が詳細に報告されている。⑫～⑭は、「各別之御朱印」を頂戴したさいまとめた西寺非分七ヶ条について、⑮～⑯は、「各別之御朱印」発給後、西寺が東寺の下地分反銭を押領したことについて、⑰～⑲は、法隆寺における反銭の認識、⑳～㉕は、東寺を西寺の被官とする見方への反論、㉖～㉚は、津田利右衛門以下の非分について、それぞれ書き上げられている。

天正二年の対立をうかがううえで注目したいのは、⑫～⑭の部分である。ここで東寺は、各別の朱印を頂戴したとき、西寺がおこなった非分について七ヶ条にまとめて申し上げたこと（⑫）、この七ヶ条のうち、六ヶ条目のことがらについて、信長から筒井順慶に朱印状で尋問があり、順慶は即座に相国寺に参上し事情を説明した結果、西寺が曲事であり、張本人の坊舎五つを成敗すべき命が下されたこと（⑬）、五坊成敗にあたり、上使として原田（塙）直政が遣わされたこと（⑭）を申し立てている。

原田直政は天正四年五月三日に大坂本願寺攻めで戦死するから、本史料28で語られていることがらすべてが、作成された天正七年と同じ時制で語られるものではないことがわかる。結論からいえば、⑫～⑭は、天正二年に史料2（各別之御朱印）が発給される前後の状況を天正七年時点でふりかえった内容なのである。

つまり、史料2が発給される以前、西寺が東寺に対し何らかの非分のおこないがあり、東寺はこれを七ヶ条にまとめ信長に訴え出た。信長はこのうちの一点につき興福寺官符衆徒たる大和の有力国人筒井順慶に説明を求め、理非を判断した結果、「西寺曲事」と決定したのである。

信長はこの天正二年、三月二十四日と四月三日の二度相国寺で茶会を催している。[11] 順慶は三月二十三日に信長への人質として母を上洛させ、四月四日にはみずから上洛している。[12] 日付から考えれば、順慶が法隆寺の件で信長に事情を説明したのは、おそらくこの四月の上洛時だったのではなかろうか。

もっとも四月の問答で事態が終熄したわけではない。同年六月一日、用水違乱の問題をきっかけに、学侶と堂衆が武力衝突をひきおこした。興福寺多聞院英俊は、このとき堂衆四、五人が殺害されたという噂を記録している。[13] 学侶下﨟にあたる梵音衆の記録には、十一月二十八日に塙直政が「かの用水違乱を決判せんがため」河内から大和に入国したとある。[14] 史料28の⑭に、「御上使」として塙直政がやって来たという記事と符合する。

以上の経緯をいま一度整理してみる。天正二年四月以前西寺に非分の行跡があり、東寺が信長にこれを訴え出た。四月初旬に信長は筒井順慶に尋問し、西寺曲事と決定、張本人の処罰を命じる。その後六月に東寺と西寺が武力衝突をひきおこす。十一月十日に東寺に宛て「各別之御朱印」が発給され、同月二十八日に塙直政が対立決裁のため大和に入った。

十一月の朱印が六月の衝突と直接関係するのか、塙直政にあたえられた使命は四月に下された処分の施行にあるのか、六月の用水違乱の決裁にあるのか、あるいはその両方なのかなど、不明確な点が残るが、おおよそ以上のような流れになろう。

ここで推測を重ねるならば、最初に東寺が信長に訴え出ることになった西寺非分の源が、正月に出された史料1の禁制にあるのかもしれない。西寺が史料1を根拠に、堂衆に対し何らかの圧力を加えた結果、対立が表面化したという流れである。史料1傍線部にあった「堂衆之儀、是又可為如先規事」とは、学侶による堂衆支配（学侶上位、堂衆下位）を信長が容認する（少なくとも学侶側はそう解釈した）内容であったのである。

3　各別朱印発給後の経緯

「各別之御朱印」（史料2）が発給されたことは問題の解決とはならなかった。逆にこれが両者の溝をさらに深くしたといってよい。西寺と東寺に信長からそれぞれの権益を保証する内容の朱印状が発給されたこと自体が問題だったのである。信長権力側もこのことを認識し、双方に発給された朱印状を回収したうえで、あらためて裁決を下そうとする。

この朱印状回収を担当したのが、十一月末に大和に入った塙直政であった。順慶とともに信長に帰順し、この時期塙直政と法隆寺をつなぐ役割を果たしていたとおぼしい大和国人井戸良弘は、十二月一日、法隆寺年会（学侶の年行事）に宛て、「事度々候間、殿様思召忘事も候ハつる」という事情を説明し、発給された朱印状をいったん回収したい旨通知した（史料5※）。

年会はすぐこれに応じたのであろう、塙直政は三日付で良弘に宛て「法隆寺之御朱印」を受け取った旨連絡し（史料6※）、良弘は翌四日付で再度年会に宛て、朱印状を直政に託したことを史料6と一緒に送付して報じた（史料7※）。ここで問題になっている朱印状とは、史料1を指すと考えられる。いっぽう東寺に宛てられた朱印状（史料2）もまた、直政に託されている（史料8※）。

直政は、十二月十二日付で、堂衆・年会、つまり東寺・西寺それぞれに宛て、双方の朱印を受け取ったこと、来春信長が上洛したさいそれぞれを披見し、糺明したうえであらためて判断を下すことなどを通知している（史料8※・9※）。このさい直政は年会に対し、五人衆のことを信長に報告したところ、ご気色が良かったので、来春上洛時に（赦免の方向で）裁可があるだろうとも書き添えている。この五人衆が史料28の⑬⑭にある「張本人」の「五坊」を意味するのだろう。

西寺は五人衆赦免実現、およびこの相論を優位に導くため、子院坊舎を売却して運動資金を工面し、塙直政らに礼を贈っていたらしい[15]。これが功を奏したのか、翌三年三月、五人衆の赦免が実現する（史料11※）。この赦免までを便宜的にI期とした。

II期は赦免実現後の天正三年中における相論の動静である。次に掲げる史料12からもわかるように、三年に入っても西寺側は信長はじめ、直政やその被官塙喜三郎安弘らに礼物を贈り、工作を続行していた。

【史料12】（天正三年）十月二十日塙安弘書状

追而申入候、拙者へ御音信過分之至存候、毎度御懇意畏悦存候、猶以二面上一可二申入一候、

殿様江御進物上申候処、備中（原田直政）相意得可レ申由被二仰出一旨候、次備中方へ御音信畏存之由、是又拙者相心得可二申入一之由候、将亦去年御礼物之銀子相残分、相済申候、委細之段、自二井若（井戸良弘）一可レ有二演説一候条、不レ能レ審候、

恐々謹言、

十月廿日　塙喜三郎

安弘（花押）

法隆寺年会（正応）御房[16]

これと関連するものか、西寺が直政に天正三年冬銀子六十五枚を贈ったという記録がある[17]。天正三年冬に至ってなお相論が解決しなかったらしく、次の史料14にあるように、東寺衆と西寺衆双方が在洛し、直政を仲介に判断を仰ごうとしていた事実も確認される。

【史料14】（天正三年）十一月十四日塙安弘書状

法隆寺公事之義付而、東寺之衆于レ今在洛之由候間、□（西カ）寺之衆も同前ニ候、昨今之義者雖下可レ為ニ御取紛一候上、東寺之衆在京候間、自然御尋事も候哉、愈西寺之衆も在洛候、可レ然様相心得、可ニ申上一旨候条、如レ此候、恐々謹言、

十一月十四日　　安弘（花押）

（原田直政）原備様人々御中

「（ウワ書）（墨引）　　喜三

原備様人々御中　　安弘」

＊ウワ書は史料編纂所架蔵影写本「法隆寺文書」五にて補った。

信長は、天正三年三月から四月、十月から翌四年二月まで在洛している。三年春の信長在洛中、直政が約束したとおり、双方の朱印状を披見し何らかの判断が下されたのかどうか、また、冬にこの「公事」がいかなる結末を迎えたのか、残された史料から明らかにすることはできない。次節で論じるように、その後も双方が天正二年に発給された朱印状に依拠して権益の主張をしていることから推せば、はっきりした裁決が下されなかったと考えざるをえないのである。(18)

二　天正六年〜七年における相論とその後の法隆寺

本節では、Ⅲ期からⅤ期にかけての東寺・西寺相論の事実経過を整理し、さらに信長没後までを簡単に展望する。前に掲げた史料14以降、約三年の間関係文書をほとんど見いだすことができず、この間両寺はいかなる状態にあったのか、うかがうすべはない。

唯一、天正五年十月付で東寺に宛て織田信忠が発給した三ヶ条の禁制があるが（史料15）、乱妨狼藉・陣取放火・竹木伐採を「朱印之旨」に任せて禁止する内容であり、史料1のごとき堂衆に関わる附則文言は見られないので、相論とは無関係であると考える。

1　各別朱印の追認

前節でも触れたが、天正六年と推定される次の信長黒印状がある。

【史料17】（天正六年）十二月十九日信長黒印状

就㆓在陣㆒使僧、殊小袖一重到来、懇志悦入候、次先年遣㆑之候朱印旨、弥不㆑可㆑有㆓異儀㆒候也、謹言、

十二月十九日　　信長（黒印）

法隆寺東寺諸進

右の黒印状で信長は東寺に対し、先年遣わした朱印状に異儀なきことを認めている。朱印状とは史料2を指すのだろう。この黒印状に副え、おなじ日付で信長側近松井友閑[19]が西寺に宛て次のような書状を認めている。

【史料18】（天正六年）十二月十九日松井友閑書状写

就㆓反銭反米之儀㆒、数度雖㆓申遣候㆒、無㆓承引㆒、被㆑背㆓御朱印㆒之段、則　上様へ得㆓御意㆒候処、弥被㆓仰付㆒、御墨印東寺へ被㆑遣候条、急度彼寺へ可㆑有㆓返納㆒候、猶此使者可㆑申候、恐々謹言、

十二月十九日　　宮内卿法印
　　　　　　　　友閑判

法隆寺
西寺惣中

反銭・反米のことで数度命令を下しても西寺側は承引せず、朱印状に背いたことを受け、信長は重ねて黒印状を東寺に遣わしたので、反銭を東寺に返納するようにと命じた内容である。ここにある「御朱印」が史料2、「御墨印」が史料17を指すと考えられる。これとほぼおなじ文言の、同月二十一日付九藤深宮書状（史料20）も存在し、また、おなじく九藤深宮が同二十一日付で東寺にも黒印発給を伝えた書状（史料19）が確認される。

つまりこれ以前に反銭・反米について、西寺が東寺領から徴収するといった行為があったのだろう、その問題を受け、あらためて史料2を確認する黒印状が発給されたという流れとなる。前節で引用した史料28の⑮⑯でも、各別朱印発給の翌年（天正三年）反銭徴収をめぐるもめごとがあったことが報告されており、このときの黒印状発給は、それらが積み重なった結果なのかもしれない。

黒印状発給にさいし、法隆寺側の使者として仲介役を果たした（史料19）実禅坊咄斎[20]が翌天正七年正月十五日付で松井友閑に宛てた書状（史料21）を見ると、黒印状の旨に任せ、友閑の使者が西寺に対し「去年分より反銭一円東寺へ計渡可ㇾ申由」を命じ、西寺もこれを呑んだにもかかわらず、東寺は「反米・召米可ㇾ被ㇾ取候由候て、無二同心一候つる」と逆に納得しなかったことがわかる。以上がⅢ期の流れである。

2　西寺への継目安堵と東寺権益の保証

史料2の各別朱印に相違なきことを追認したわずか数ヶ月後の天正七年二月、信長はふたたび「和州法隆寺」に宛て、史料1と同内容の禁制を発給する（史料23）。附則文言も「堂衆之儀、可ㇾ為二先規一事」のように踏襲された[21]。史料1の解釈に準ずれば、ここでもまた西寺優位を認めたことになる。

翌月信長は東寺に対し、次のような黒印状を発給する。

【史料24】卯（天正七年）三月十日信長黒印状

為二音信一金子弐枚幷紅緒到来、悦入候、仍今度自二西寺一続目朱印事申之条、遣レ之候、然者其方へも朱印之儀無二別条一候間、不レ及レ其候、如レ此間令二覚悟一、寺家可二相育一事専一候、自然相替之儀候者、重而可二申越一候也、

卯

三月十日　（黒印）

法隆寺

東寺惣中

ここで信長は、西寺から「続目朱印」を申請されこれを発給したが、東寺に対しては「朱印之儀」（史料2だろう）に別条ないので、あらためて発給するには及ばない旨断っている。「続目朱印」とは史料23の禁制を指すらしい。この禁制（朱印状）発給の後、西寺は礼銭を工面するため寺辺所領を担保に堺商人から借米をしている。その借用状に、「右件八木者、寺家如二先規一之　御朱印之調料仁借用実也」「寺家諸色可レ為レ如二先規一旨之　御朱印料」「寺家諸色可レ為二先規一旨之続目之　御朱印料」といった借用名目が記載されている。[22]これらの文言は禁制の附則文言とおおよそ合致する。つまり、信長側も西寺側も、この禁制を「寺家諸色可為先規旨」の「続目之御朱印」と認識していたことになるのである。

「続目」（継目）といった場合中世において一般的に考えられるような代替わりがこのとき織田家にあったわけではなく、法隆寺側でも「継目安堵」を必要とする事態が生じていたことは確認されない。[23]この場合代替わりの意味ではなく、たんなる〝権益保証の更新〟といった意味合いで「続目」と称されたと考えるほかないが、いずれにせよこの天正七年に信長は東寺・西寺にふたたびおのおの権益を認める文書を発給したことで、双方の衝突は避けられない状況となったのである。以上がⅣ期の流れである。

3　西寺の乱妨と各別の再追認

天正二年のとき（Ⅰ期）と同様天正七年においてもまた、東寺・西寺双方に朱印状が発給されたことが直接的な引き金となったのか、大規模な武力衝突が勃発した。前節で掲げた史料28の①から⑪までに記された、五月四日・八日の西寺衆らによる東寺に対する乱妨行為である。

①を見ると、「為上意」信長家臣である津田利右衛門以下の者が東寺に押し入ったとある。利右衛門は史料上天正五年に山城当尾の代官として名前が見える[24]ほかの活動徴証がなく、「上意」に関する真相は明らかではない。㉖以下を見ると、利右衛門は各別朱印に異儀なき旨を認めた黒印状（史料17）発給のさい東寺側使者として馳走したとあり、そのとき何らかの問題が生じたのかもしれない。利右衛門・咄斎・春波いずれも東寺側の使者として相論に関与していたが、この時点で西寺に与していたのである。

さて、この武力衝突を受けての信長の処置は断固たるものであった。

【史料29】（天正七年）六月十二日信長朱印状

猶々、今度西寺ニ悪張行之者可レ有レ之候、彼等を令二成敗一、東寺等分ニ申付、以後両条為二各別一可二相立一候也、呉々東寺存知分ハ東寺可二申付一、西寺分ハ西寺存二知之一、各別可レ然候也、

今度法隆寺西寺・東寺申分相尋候処、西寺仕様、相掠、狼藉之段、曲事候、雖レ然片方打果候ても、惣寺滅亡之条、所詮今度東寺破却相当西寺へ申付、其以後之儀者、西寺為二各別一、何も相立候様、堅可レ被二申付一事専一候、聊緩之儀不レ可レ有レ之候也、

六月十二日　信長（朱印）

筒井順慶[25]

史料29にあるように、信長はあらためて東寺・西寺の「各別」を命じ、乱妨をおこなった西寺衆の処罰と、破却した物件に対する償いを西寺にさせるよう、筒井順慶に申し渡した。順慶は原田直政没後大和一円の支配を任されている。(26)

この史料29に関連して、松井友閑・一雲斎針阿弥連署の副状（史料31）が発給され、以後もこの二人が取次として役目を果たしてゆくことが述べられている。また、史料29の「筆耕料」として銀子一枚を贈られたことに対する礼状が、信長右筆楠長諳より東寺に出されている（史料32）。さらに同月十九日には針阿弥単独で東寺に宛て、破却された西寺坊舎の修理が滞っているようなので筒井順慶に届けこれを急がせるよううながす書状が出されている（史料33）。

東寺はこの朱印状に対し、祝儀として金子三十両・蚊帳一を信長に贈った（史料34）。いっぽう西寺は信長の命に服従し、破却した子院（堂衆坊）西東住院の修理料を拠出した。さらに六月中に東寺に対する反銭返納分二百二十五石のうち百石を渡している。これらは、寺辺所領を担保にした借米、(27)および学侶構成員の僧別銭負担に(28)よって賄われていた。V期は以上のような経過をたどり、最終的に東寺・西寺の「各別」が確定したのである。

4　天正七年以後の東寺・西寺

大和国では、天正八年八月に郡山城一城を残し、他の城をことごとく破却する「一国破城」が筒井順慶に命ぜられ、同年九月に、国内の寺社本所・国人衆らに対し所領一円の指出を提出するよう求められる。その後大和はあらためて筒井順慶にあたえられた。このときの指出と「一国破城」を検討した松尾良隆氏は、この二つの施策により大和は完全な織田領国となり、筒井順慶は大和における信長権力の代行者として位置づけられると論じている。(29)

指出提出命令にあたり法隆寺は、東寺・西寺双方別個に指出を提出した。(30) この点は松尾氏の研究でも紹介されている。西寺提出の指出中に「堂衆江近年申掠押領」と注記のある所領（三十一町余）が含まれており、この部分がそれまでの相論の経緯といかなる関わりを持つのか注意しなければならないにせよ、この指出によって、信長の支配の下法隆寺は所領面で東寺・西寺が言葉どおりの意味で「各別」として把握され、固定化されることになったのである。

しかしながらこうした「各別」の状態は長続きしなかった。天正十年六月二日、信長は本能寺に斃れてしまったからである。その一ヶ月あまり後、法隆寺の学侶・堂衆は左記のような起請文を取り交わした。

【天正十年七月二十三日法隆寺学侶堂衆和談連署起請文(31)】

学侶堂衆和談之儀付条々

一、就二忩劇仁一、公儀之使僧従二其方一一人可レ被レ出、其子細者、宿路銭以下過分ニ載候ヘ者、各出之儀候之間、無二私曲一之旨如レ此候、但公儀之礼ニ者学侶一人迄可レ出事、

一、就二忩劇一、棟間別俵彼子別等在レ之時、両諸進罷出、可レ見事、

一、大犯三ヶ条、有合諸道具当毛迄可レ有二検断一、付、重科ハ博奕刃傷等也、寺役米銭不レ出仁躰、度々及二催促一、於二無沙汰一者、可レ為二軽科一、不レ寄二重科軽科一、可レ為二一衣一本一、何茂不レ寄二重科軽科一、地検断不レ可レ在レ之、会式床於二相違一者、可レ為二出仕停止一、諸事此外之儀者、可レ為二遠慮一、於二紛子細一者、於二　御宝前一以二誓帋一上、可レ被二相済一事、

一、反銭切増不レ可レ在レ之、但忩劇過分ニ造作入時者、双方以二入魂上一可レ在レ之歟、

一、用水次第仁憲法可レ入事、

敬白　天罰起請文事、

右子細者、依二先年一不慮出二来諸式各別一雖レ在レ之、今度以二五ケ条一、一書双方致二入魂一、於二　太子御宝前一誓帋仕上者、不レ可レ有二表裏一者也、於二此旨偽申一者、　上者梵天帝釈四大天王、惣而者日本国中大小神祇、八幡大菩薩、当国守護春日大明神、当所鎮守龍田大明神、天満大自在天神、惣社五所大明神、　上宮御太子七堂伽藍之御罰於永代学侶可レ蒙レ罷者也、仍起請文如レ件、

天正十年壬午七月廿三日　各々敬白

（学侶三十五名・年会五師・公文代・沙汰衆・曖人の署判略）

右の起請文にて互いに守るべき事項として掲げられた五ヶ条については、おなじ日付、ほぼ同文で堂衆側の僧侶七十名（内一名の花押なし）および諸進・曖人各二名の署判のある起請文も残っている。(32)

ここにある「忩劇」とは本能寺の変を指すと考えて間違いなかろうから、東寺・西寺の衆は、信長横死という事態に直面して「和談」をおこない、（1）「公儀」に対する折衝のための使僧について、（2）棟別銭・間別銭賦課のさいの点検について、（3）大犯三ケ条を犯した者の処罰について、（4）反銭の追加徴収の禁止、（5）用水について、以上五点を確認している。

注目すべきは起請文前書の部分である。右に掲げた学侶起請文では、「右子細者、依先年不慮出来諸式各別雖在之、今度以五ケ条、一書双方致入魂、於　太子御宝前誓帋仕上者、不可有表裏者也」とあるのに対し、堂衆起請文には、「右子細者、依二先年一不慮雖レ為二諸式各別一、今度入魂仕上者、反銭反米返申候、雖レ然渡被レ申一書於二相違一者、右之通雖二令レ申候一、誓帋之御罰不レ可レ蒙者也」と文言に相違がある。

堂衆方分について意訳すれば、「先年より不慮に諸式各別となったけれども、今回互いに和談をした以上、反銭・反米を返すことにする。しかしながらこの起請文に背くことがあったら、（反銭・反米返納を拒否しても）御罰は蒙らないものである」となろうか。つまりこの起請文において東寺・西寺は「諸式各別」とされていた状態

を解消し、反銭・反米の収納を西寺に一円化することで合意したと考えられるのである。

天正二年以来、東寺・西寺いずれもが信長権力に依存し、みずからの権益を保証する朱印状を獲得、それを根拠に対立をくりかえしてきた。ところがそれまで寄りかかっていた信長という〝大樹〟が倒れるやいなや、両者は分裂状態にあった所領支配を一円化せんと画策するのである。

その後法隆寺は豊臣秀吉のもとで大和広瀬郡安辺などに千石を宛行われ[33]、これが近世までを通じた根本寺領となってゆく。もっとも間中・高田両氏も指摘するように[34]、江戸時代に入っても、学侶と堂衆の対立は収まったわけではなかった。くすぶりつづけた相論のさい、堂衆が依拠したのはなお信長の「各別」朱印状（史料2）であった。

とうとう慶長十五年（一六一〇）頃相論は徳川家康のもとに持ちこまれ、最終的に家康により「堂方ニ有レ之信長公新儀各別之御朱印不レ被レ為レ遊二御用一、堂方之儀如二先規一可レ為二学侶支配一旨」が申し渡されたようである[35]。信長の「各別」朱印状は家康の判断で最終的に棄破され、失効したのである。

三　相論と信長権力

以上天正二年から同七年までの法隆寺東寺・西寺相論を、関係文書に即して整理し、事実経過を検討してきた。本節では、信長権力のあり方という大きな問題を考えるにあたり、この相論を検討した結果有効だと思われる論点三つについて、研究の流れをふまえながら簡単に考察をおこないたい。

1　信長の大和国支配

天正二年から三年の東西相論において信長側で重要な役割を果たしたのが、塙（原田）直政であった。天正二年、直政は両者の対立を仲裁し、関係者（五坊）を成敗するため大和に入り、さらに双方に発給された朱印状を回収して信長に取り次ぎ、翌三年に入ってもひきつづき相論の窓口の立場にあったと思われる。

天正二年五月以来、直政は「山城ノ守護」という任にあった(36)。十二月には、近世に宇治茶師の代表的存在となる上林氏に対し、宇治槙嶋における諸商人荷物・通路・宿などを管掌せしめたり(37)、山城国人狛氏への所領安堵を施行している(38)。同年六月の興福寺学侶の記録には、「一、山城国寺社領儀、塙九郎左衛門方可レ被二相述一旨申届候処、無二異義一旨返条間、届二註文一被二相認一可レ被レ遣旨、以二廻覧一被二申触一畢(39)」ともあり、山城に存在する権門所領についても、何らかの権限を有していたらしい。

さらに直政は天正三年三月、大和国守護に任ぜられる(40)。谷口克広氏は、元亀年間に塙直政はその行政的手腕を信長に買われ重用されるようになり、山城・大和守護に抜擢されたとし、その守護職権の内容は、いわゆる「一職支配」といった強力な領国支配ではなく、南山城・大和にいる在地領主の軍事指揮権が中心となっていたことを推測している(41)。

大和との関わりに限ってこの時期における彼の活動に注目すれば、谷口氏も指摘するように(42)、守護補任に先んじ、天正二年時点で信長による東大寺蘭奢待切取りのさい奉行的役割を果たしている(43)ほか、本章で取り上げた法隆寺相論の仲介も守護補任以前の活動であり、前述した興福寺学侶の記録のばあいも、興福寺が山城に保持している所領について直政に陳情しているという意味で、大和との関わりが皆無とはいえない。

守護補任後の史料を見ると、天正三年十一月に松井友閑が法隆寺学侶（西寺）に対し取次役となったことを報じた書状のなかで、「殊和州之儀、原備次第候之条」と書いている（史料13）。また同年九月、法隆寺領播磨鵤荘に寺家から派遣され荘務にあたったとおぼしい興了から法隆寺年会に宛てられた書状のなかに、「塙九御寺門御取継事候へハ」という文言が見える。[44] また同年十一月頃、大和国内の春日社領荘園に対する押妨停止に関与している。[45] 同年八月から九月にかけての信長による越前一向一揆攻めにさいし、大乗院門跡尋憲は、直政を仲介に信長に働きかけ、寺領越前河口・坪江両荘に対する禁制朱印状を獲得した。[46]

以上の事例から、直政の役割には興福寺・法隆寺・春日社など大和に所在する寺社と信長をつなぐ取次もあったと考えてよかろう。これらの職務は、守護に正式に補任される以前からの活動の延長線上にあった。いっぽうで史料28の⑯に見られるように、直政被官の塙安弘らが法隆寺（東寺）領反銭につき違乱を働いている背景に直政の守護職権があることは、容易に想像できる。天正二年から四年五月の直政戦死まで、信長の大和国支配は、常にこうした直政による強圧的支配に発展する可能性を秘めていたということは許されよう。

他の畿内支配のあり方も視野に含めなければならないが、塙直政を大和守護に任じた背後に、信長はいかなる意図を有していたのか、本章で検討した法隆寺の事例も含め、今後も研究を深めてゆく必要があると考える。

2　信長の寺社支配

信長と寺社との関係については、「進歩」（弾圧）と「保守」（保護）の両面があったうち前者が基本政策であるという考え方から、近年こうした二律背反的思考を棚上げし、統一的に理解しなければならないという議論が主流になりつつある。[47] 伊藤真昭氏はこの見方をふまえ、寺社側の視点で織田信長の存在がいかなるものであったのか、考察を展開している。

伊藤氏は、領主としての門跡・寺社に対する信長の所領保護政策や、陣中見舞という契機を媒介とした寺社と信長のむすびつきを検討した結果、織田政権は、門跡領に対しては新地寄進というかたちで要望に応えるいっぽう、門跡以外の寺社に対してはその訴訟に対応していただけで、そこから「能動的な寺社と受動的な織田政権」

という構図を描き出している。こうしたゆるやかな関与こそが信長の「寺社支配」だったと論じるのである。(48)ひるがえって本章で取り上げた法隆寺の例を見れば、まさに伊藤氏が指摘した門跡以外の寺社への対応に当てはまる。史料1において「堂衆の儀は先規のごとくたるべし」といった附則文言を禁制に加えたのも、史料2において東西を「各別」としたのも、みずから積極的にそれをおこなったというより、西寺・東寺による要請をそれぞれそのまま鵜呑みにしただけといえるのである。井戸良弘による「事度々候間、殿様思召忘事も候ハつる」という説明は、そうした状況を如実に表現している。

その後も信長は確たる決断を下すことなく、相論は天正六年・七年へと長びいた。そしてふたたび双方の権益を保証するかのような朱印状をあたえている。結果として生じた大規模な武力衝突により、東寺に有利な裁許を下すことになったものの、根底にあるのは、伊藤氏が指摘したように、寺社からの働きかけを受けてからおもむろに動き出すという消極性である。法隆寺東西相論は、信長の「寺社支配」の典型ともいうべき事例であったと考えられよう。

3　信長権力における政治的判断の仕組み

くりかえしになるが、法隆寺東寺・西寺双方に権益を保証する朱印状を発給した弁明として、井戸良弘が「事度々候間、殿様思召忘事も候ハつる」と説明したことは興味深い。この発言を手がかりに、信長が朱印状を発給するに至る政治的判断のあり方をうかがうことができるのではあるまいか。

信長の発給文書については、奥野氏による『増訂織田信長文書の研究』を最大最高の成果として、その後それを補い、修正する研究や、文書様式、書札礼など古文書学的側面から基礎的な研究成果が積み重ねられている。(49)他方信長権力を支えた吏僚層（奉行人・右筆ら）に即してその職務を検討する研究も近年増えている。(50)

にもかかわらず、信長の政治的判断の結晶である朱印状・黒印状などの文書がいかなる手続きを経て、いかなる人々の関与によって発給されたのかといった関心からその「現場」を検討しようとした研究は見受けられない。織田信長という人物のカリスマ性に目を奪われているかのごとくである。

たとえば前節で取り上げた大乗院尋憲の記録には、越前一向一揆攻めに際し下向して直接朱印状を申し受けた、その具体的様子が克明に記されている。「事度々候間、殿様思召忘事も候ハつる」という事情の背後にある発給のしかた、また、今回のような相論が生じたさいに朱印状を回収して政治的判断を加える仕組みの有無、それがあったとすればどのような人たちが支えていたのか。

取り立てて仕組みと呼ぶべきほどのものはなかったという結論に落ち着く可能性は高いにせよ、こうした〝現場〟を明らかにしようとこころみることは決して無意味な作業ではないだろう。本章で検討した法隆寺の相論はその好個の素材を提供しているのである。

むすび

以上本章では、天正二年から同七年の間に高まりを見せた法隆寺学侶（西寺）と堂衆（東寺）の対立について、関係文書を整理したうえで対立の経過を五つの時期に分け、それぞれの流れを明らかにした。また検討の過程で、法隆寺の対立が、信長による大和国支配のあり方や寺社支配の基本姿勢、また文書発給に帰結する政治的判断のあり方を考えるうえで貴重な切り口となりうることを指摘した。

このように筆者にとって信長権力を研究することは、個々の事例を積み重ねることにより、問題への近づき方を見つけるという初歩的な段階にとどまっている。あらゆる面で隆盛を極めている織田信長研究のなかで、史料解釈と事実経過の確認に固執する姿勢は、退歩的と批判されてもやむをえないと考える。だがいっぽうで、いまなおこのようにあたらしい位置づけを待っている史料がほかにも多く存在するはずであり、今後は本章で見いだした切り口での研究を深めつつ、あらたな素材提供の努力もつづけてゆきたいと考える。

ところで、法隆寺にとって織田信長とは何だったのだろうか。早くから対立していた寺内の二つの身分階層が、それぞれ信長の朱印状を求めることで、あたらしい支配の段階を画策した。その結果身分的対立にとどまっていた寺内が、所領の面で二分され、固定化されることになった。二つの階層が、信長登場をきっかけにみずからの権益を保証する動きを見せはじめたことは、この時期寺院が信長という権力をいかに見なしていたかを考える重要な論点となりうる。結果論ではあるが、信長は法隆寺という寺院を二つに割るほどの実力を持っていたといっても過言ではない。

ただ積極的な施策ではなかったことが災いしたのか、あるいは双方の階層があまりに信長に依存しすぎたゆえか、信長没後あっけないほど簡単に対立は解消の方向で終熄する。法隆寺の歴史という大きな流れのなかに、信長は小石を投じてわずかに波紋を生じさせたにすぎぬという極小の評価も可能だろう。

性急に全体的な像を提示することは避け、史料の積み重ねにより多様な視角を提示することで研究に活力を生み出し、新たな歴史像をむすぶことにつながれば、本章での検討も無駄ではなかったということになる。

註

（1）間中定泉・高田良信『法隆寺』（学生社、一九七四年）。以下の学侶（西寺）・堂衆（東寺）に関する記述についても、とくに断らないかぎり同書に拠る。

（2）林幹彌『太子信仰の研究』（吉川弘文館、一九八〇年）。勝俣鎮夫編『寺院・検断・徳政』（山川出版社、二〇〇四年）所収「法隆寺『嘉元記』関係用語集」の「学侶」「堂衆」項（井上聡氏執筆）。

（3）高田良信『法隆寺子院の研究』（同朋舎出版、一九八一年）。

(4) 高田良信『私の法隆寺案内』（日本放送出版協会、一九九〇年）、一六六頁。
(5) 半田実「織田信長側近一雲斎針阿彌に関する一研究」（『日本歴史』五四九、一九九四年）。
(6) 染谷光廣「織田信長の右筆についての序説」（『國學院雑誌』八九―一一、一九八八年）。
(7) 以下『大日本史料』第十編之二十五収録史料については※印を付し、その他の『大日本史料』第十編収録史料については、『大』冊次―頁で表記する。
(8) 奥野氏は『信長文書』のなかで、「入地・入被官」を法隆寺領を支配する給人の知行地が入り交じっている状態としている。この「諸給人」が寺外の人間も含むものか、他の用例も合わせて検討すべき問題であるが、当面ここでは奥野氏の理解に従いたい。
(9) 史料8（天正二年）十二月十二日法隆寺堂衆宛塙直政書状※。ここで「去年」とあるのは素直に解せば天正元年となり、史料1の年記と齟齬を来す。奥野氏はこれから史料8を天正三年と比定するが（『信長文書』）、署判者塙直政は天正三年七月に原田姓と備中守の官途を与えられるから、天正三年ではありえず、また他の関係史料（史料9など）を勘案しても天正二年とするのが妥当である。塙直政が史料1を天正元年発給としたのは、日付が正月日であることから、年の変わり目に発給実務がおこなわれたゆえの誤認であると考えたい。
(10) 永禄二年六月日三好長慶禁制（『法隆寺文書』ハ函二十四巻一号、以下全て史料編纂所架蔵写真帳十九冊所収）、同年八月日湯河治部大輔春信禁制（同二号）、永禄八年十一月日山城守禁制（同三号）、同藤原新次郎禁制（同四号）、同志摩介・又五郎連署禁制（同五号）、同越前守・左衛門尉連署禁制（同ハ函二十五巻一号）、同日向守等連署禁制（同二号）、同九年六月日右京進橘某禁制（同三号）、同十一年十月日信長禁制写（同四号、『大』一―二六〇頁）、同十一年十月三日諏訪晴長・松田頼隆連署禁制（同六号、『大』一―一九一頁）、元亀二年九月二十七日飯尾昭連・諏訪俊郷連署禁制（同七号、『大』六―九三〇頁）。
(11) 「今井宗久茶湯書抜」「津田宗及茶湯日記」（『大』二十一―二二二・二九〇頁）。
(12) 『多聞院日記』天正二年三月二十三日・四月四日条（『大』二十一―二八九頁）。
(13) 「梵音衆集会評定曳付」・『多聞院日記』天正二年六月五日条※。
(14) 「梵音衆集会評定曳付」※。なお塙直政は、十月頃、他の信長部将とともに、三好氏の籠もる河内高屋城攻めに加わっていた（「市島謙吉氏所蔵文書」『大』二十四―二八九頁、二十五―一一九頁）。
(15) 史料10※。また、天正三年五月「面々算用状」（『法隆寺記録』甲百三十七、史料編纂所架蔵写真帳三十五冊所収）を見ると、西寺は天正二年十二月二十七日に、「朱印銭」のことで銀子十七枚分の代米を拠出していることがわかる。

(16) 塙直政は天正三年七月に原田姓と備中守の官途を賜り、翌年五月に安弘ともども戦死するから、この文書の年次は天正三年に限定される。

(17) 天正四年卯月「面々前算用日記」(『法隆寺記録』甲百三十八、写真帳三十五冊所収)。

(18) 東寺宛の史料2の正文が『法隆寺文書』中に現存しているのに対し、西寺が権益を主張する根拠となった史料1(加えて史料23)が写しの形でしか残っていない点、相論のゆくえを象徴しているかのようにも思われるが、後述のように史料1の「継目」として史料23が発給されたと考える場合、史料1もこの段階までなお効力を失っていなかったわけであり、この点から天正二年・三年時点で相論が決着したかどうかを判断することは難しい。

(19) 松井友閑はこの相論において、学侶側の取次の任にあった。半田論文および史料13参照。

(20) この咄斎は、史料28の①⑧において、津田利右衛門らとともに東寺に押し入った側として名前があげられている。

(21) 本文書については、正文・写とも「法隆寺文書」中には伝来せず、支証文書などを写した「法隆寺衆分成敗曳附幷諸証文写」(法隆寺所蔵・史料編纂所架蔵謄写本)・『斑鳩古事便覧』で確認される。『斑鳩古事便覧』は近世の法隆寺僧覚賢が天保七年(一八三六)頃編んだ、寺伝来の文書・記録・金石文を集成した書物である。『法隆寺史料集成』15(ワコー美術出版、一九八四年)として影印刊行されている。表13で示したように、正文伝来が確認できる関係文書のなかにも同書に収められているものが多数あることから、註(18)に示したような問題はあるにせよ、とくに疑うべき点はないと考える。

(22) 「方々衛入置質地下書帳」(『法隆寺記録』甲百四十一、写真帳三十冊所収)。このなかに天正七年三月十一日から卯月付で計八通の借用状写(綱封蔵沙汰人・五師連署)が収められている。

(23) この「続目」が禁制という形式をとったことについては、史料1を踏襲したからと考えるほかない。この前後に軍兵に対する禁制が出されるような軍事的状況が見られないからである。もっともこの直後の三月五日に信長は荒木村重攻めのため摂津に出陣し(『信長記』巻十二など)、同年四月日付で薬師寺に発給された禁制(朱印状)はこれと関連すると考えられている(「薬師寺文書」『信長文書』八二三号)。これから類推すれば、二月という日付の誤写という可能性も皆無ではない。

(24) 谷口克広『織田信長家臣人名辞典』(吉川弘文館、一九九五年)「津田利右衛門」項。

(25) なお本文書の朱印は「天下布武」の印文を竜が囲むいわゆる「双竜形」であり、本文書が同朱印の終見とされている(滋賀県立安土城考古博物館図録『平成十二年度秋季特別展　信長文書の世界』二〇〇〇年)。染谷光廣氏は原本に即してその執筆者である右筆楠長諳との関係から本文書を紹介している（註（6）論文・『日本歴史』三四一号口絵解説、一九七六年）。
(26)『多聞院日記』天正四年五月十日条。
(27)前掲「方々衛入置質地下書帳」。
(28)天正七年六月二十一日「御朱印付筒井順慶噯之時寺僧別帳」（『法隆寺記録』甲百四十三、写真帳三十七冊所収）。
(29)松尾良隆「天正八年の大和指出と一国破城について」（『ヒストリア』九九、一九八三年）。
(30)西寺の指出は『法隆寺文書』ロ函二十一巻一号。東寺分は同二号（いずれも写真帳第十一冊所収）。
(31)『法隆寺文書』指定文書ほか十八号。『法隆寺の至宝8　古記録・古文書』に写真が収録されている（三八頁）ほか、史料編纂所架蔵影写本『法隆寺文書』十一にも収められている。
(32)『法隆寺文書』ハ函二十三巻二号（写真帳十九冊・影写本六冊所収）。
(33)文禄四年（一五九五）九月二十一日豊臣秀吉朱印状写（前掲「法隆寺衆分成敗曳附幷諸証文写」・『斑鳩古事便覧』所収）。
(34)間中・高田註（1）書。
(35)「法隆寺学侶返答書覚」（『法隆寺文書』ホ函四十二巻、写真帳二十九冊所収）。本史料は年次未詳だが、記載内容から十八世紀中頃に学侶によってまとめられた学侶・堂衆対立の経緯に関する覚書であると考えられる。
(36)『年代記抄節』（『大』二十二―一八九頁）。
(37)「上林文書」※（『信長文書』補遺一五〇号）。
(38)「小林文書」※。谷口註（24）書「塙直政」項。
(39)「学侶引付之写」五ノ乾・天正二年六月晦日条（史料編纂所架蔵写真帳『学侶引付之写』八所収）。
(40)『多聞院日記』天正三年三月二十五日条。
(41)谷口克広『信長軍の司令官』（中公新書、二〇〇五年）、一一六頁以下。
(42)谷口註（24）書「塙直政」項。
(43)「天正二年截香記」など（『大』二十一―二五一頁以下）、また第四章参照。
(44)（天正三年）九月十六日興了書状（『法隆寺文書』ハ函二十二巻六号、写真帳十九冊所収）。詳しい論証は省略するが、信長の越前出陣、浦上宗景との協力、荒木村重の播磨出兵などから、本文書を天正三年と推定する。
(45)第二章参照。

(46)「越前国相越記」(『山田竜治家文書』『福井県史』資料編3中・近世一所収)。
(47) 以上は伊藤真昭「織田信長の存在意義」(『歴史評論』六四〇、二〇〇三年) の整理による。
(48) 前註伊藤論文。
(49) 谷口克広「織田信長文書の年次について」(『日本歴史』五二九号、一九九二年)、尾下成敏「織田信長発給文書の基礎的研究」(『富山史壇』一三〇、一九九九年)、同「織田信長発給文書の基礎的研究　その二」(『富山史壇』一三二、二〇〇〇年)、同「織田信長書札礼の研究」(『ヒストリア』一八五、二〇〇三年)、久野雅司「織田信長発給文書の基礎的考察」(大野瑞男編『史料が語る日本の近世』吉川弘文館、二〇〇二年) など。
(50) 染谷光廣「織田政権と足利義昭の奉公衆・奉行衆との関係について」(『国史学』一一〇・一一一、一九八〇年)、染谷註(6) 論文、竹本千鶴「松井友閑論」(『国史学』一七一、二〇〇〇年)、同「織田政権の奉行人と京都支配」(『書状研究』一五、二〇〇一年)、同「松井友閑と松井友閑文書の総体」(『書状研究』一六、二〇〇三年)、半田論文、久野雅司「織田政権の京都支配—村井貞勝の職掌を検討して—」(『白山史学』三三、一九九七年)、同「村井貞勝発給文書の基礎的考察」(『東洋大学文学部紀要』五五、二〇〇一年)、註(25)『平成十二年度秋季特別展　信長文書の世界』。

第四章　織田信長の東大寺正倉院開封と朝廷

はじめに

織田信長が畿内中央に進出し、政治的実権を握った永禄末年から天正十年にかけての時期の政治史研究において、近年とくに論議を呼んでいるのは、信長が横死した本能寺の変の首謀者をめぐる問題、また、信長の官位叙任を中心とした朝廷との関係の問題であろう。本能寺の変の首謀者をめぐる学説のなかで朝廷関与説も提起されていることからわかるように、右にあげた二つの問題は相互に深く関係している。

信長任官をめぐる議論が白熱するきっかけをつくった立花京子氏は、「信長の官職問題はまさに信長権力と朝廷との接点にほかならず、それ故にその正確な把握は重要である」という認識を示し(1)、一連の論証の過程で本能寺の変の背後にあった動きも論じている。

いっぽう本能寺の変をめぐる新旧多くの学説を整理し、関係史料を丹念に再検討することで変の謎に迫った谷口克広氏は、朝廷関与説を再検証するなかで、「「朝廷」というよりも、その代表者である正親町天皇と信長との関係についての研究は、織田政権の性格づけにまで関わる大きな問題に発展する」と指摘する(2)。

ことほどさように、本能寺の変の経緯を明らかにすること、任官をめぐる信長と朝廷の関係を考えることは、最終的に信長権力とはいかなる権力体であったのかという重大な問題に直結する。

本能寺の変論争の当事者の一人である藤田達生氏は、本能寺の変を、伝統的な支配体制と価値観を守ろうとする「守旧派」と、それを打ち壊してあらたな体制と価値観を創ろうとする「改革派」の争いの結果であり、「二つの勢力のせめぎ合いのなかから起こった政治的事件」であると論じている(3)。また、本能寺の変に関する直接の言及はないものの、堀新氏は、この時期における王権の構造を明らかにするうえで、信長と朝廷の関係を考察の主軸に据えている(4)。

藤田氏・堀氏の研究は、本能寺の変および信長と朝廷の関係についての問題が、中世後期から近世にかけての武家政権の性質（あるいは朝廷と武家によって成り立つ国家構造）をめぐる議論と深く関わるものであり、広い視野を持って大きな時代の流れのなかでとらえるべき課題であることを示している。

以上近年の研究動向を大雑把に見渡したが、右のような研究の流れのなかでとくに押さえておかなければならないのが信長と朝廷との関係であることは間違いない。この点を理解することにより、信長の官位に対する態度がおのずと明らかになり、また、本能寺の変の背後に朝廷が関わっていたのかも判断可能になる。王権の問題にせよ、信長権力の歴史的特質にせよ、両者の関係を正しく見きわめてこそ、より有効な議論となりうるはずである。

信長は足利義昭を奉じ上洛してまもない永禄末年から元亀年間にかけ、禁裏修理のため尽力した。かつて渡辺世祐氏はこれを信長の朝廷尊重に基づく「復古政治」としたが(5)、橋本政宣氏は、このことを通して信長は義昭の将軍権力を掣肘し、みずからの政治的位置と威勢を示したと論じている(6)。

このように永禄・元亀年間にすでに信長と朝廷との接点が見られるわけだが、本格的に両者が政治的局面において鋭く接するようになるのは、元亀四年（天正元、一五七三）七月に義昭を京都から追放して以後のことになるだろう。実際同年十二月、信長は正親町天皇の譲位実行を申し入れるなどの動きを見せている。

伊藤真昭氏によれば、信長が公家衆のなかから武家伝奏を選び、彼らに禁裏訴訟などを合議させ直奏するというかたちで朝廷政務に関わりを持つようになったのが天正三年六月とされている(7)。それでは天正元年後半から同三年前半にかけての約二年間において、信長と朝廷との関係は、いかなる経緯をたどったのだろうか。

この間の両者の関係において注目すべきできごととして、天正二年三月の信長による東大寺正倉院開封・蘭奢待切取り（以下特別な必要がないかぎり正倉院開封という表現に代表させる）があげられる。またこの直前、信長は従三位・参議に叙任されたという記録がある。

先に筆者は別稿「東大寺龍松院筒井寛秀氏所蔵「蘭奢待切取指図」をめぐって」（本書未収録。以下たんに別稿と表記するものはこの論文を指す）のなかで、信長の蘭奢待切取りの様子を描いたと推測される指図を検討した(8)。指図自体は近世初頭に成立した記録に拠ったものとする結論を得たが、この機会に正倉院開封をめぐる関係史料を再検討したところ、このできごと、また、このできごとをめぐる一連の史料は、右に述べてきたような信長と朝廷との関係を考えるうえで鍵となるのではないかという認識に到達した。

信長と朝廷の関係にとどまらず、正倉院開封の問題も、叙任問題もまた、先行研究においてそれぞれの立場から多様な解釈がこころみられ、現在に至っている。以下本章では、先行学説を整理しながら、正倉院開封をめぐる一連の史料、および、そのできごとを含みこんだ天正元年後半から三年前半における信長と朝廷の関係を示す史料を再検討したい。

このことによって、朝廷の織田信長への対処、信長の朝廷に対する接し方の基本部分が明らかになるものと考えられる。また、両者が政治的局面において本格的に接するごく初期の段階における動向を解明することで、それ以後の任官問題・本能寺の変の問題を明らかにするための素材を提供したいと思う。

一　天正二年の正倉院開封

1　正倉院開封の関係史料

まず正倉院開封をめぐる基本的史料について確認し、天正二年三月の正倉院開封前後の経緯もここで概観する。正倉院開封がおこなわれたのは天正二年三月二十八日のことである。関係史料は『大日本史料』同日条（第十編之二十一。以下三月二十八日条収録史料を典拠とする場合は、本文中に史料名を掲げ、※印を付す）に集成されている。関係史料を作成年代や内容などに注意して類別すると、次の六種類に分けられる。

（A）東大寺側の記録（『天正二年截香記』『寺辺之記』『三蔵開封之次第』）
（B）興福寺僧侶の日記（『多聞院日記』『尋憲記』）
（C）開封勅許をめぐる朝廷側の文書
（D）その他同時代史料（『津田宗及茶湯日記』『山上宗二記』）
（E）信長側の記録（『信長記』）
（F）後世の編纂史料（『年代記抄節』『続史愚抄』『当代記』）

右のうちAからDまでが厳密な意味での同時代史料であるが、なかでも迎える側の東大寺（僧侶）が作成した記録にあたるAを最重要視しなければならない。ここに含まれる三点の史料を以下検討する。

①「天正二年截香記」

『続々群書類従』第十六に活字翻刻されている。同書解題によれば、底本は小杉榲邨編『徴古雑抄』収録本であり、「黒川氏蔵本」を対校したとする。史料編纂所所蔵『目録彙纂』二十三所収『徴古雑抄』目録によれば、

表14 「三蔵開封日記」紙背文書

	日　付	差　　出	宛所
表紙	7月12日	上生院浄実	破損
第2紙	7月20日	薬師院実祐	上生院
第3紙	7月22日	地(蔵院ヵ)	上生院
第4紙	7月10日	文殊院貞海ヵ	上生院
第5紙	7月2日	善祐	上生院
第6紙	端に「沽却」の二字のみあり		
第7紙	6月26日	持宝院某	上生院
第8紙	6月21日	阿弥陀院□盛	上生院
第9紙	7月11日	観音院訓盛	上生院
第10紙	6月26日	春長房頼祐	上生院
第11紙	7月13日	源四郎	上生院
第12紙	7月14日	文殊院貞海ヵ	上生院
第13紙	7月10日	正勾当実□	浄清院
第14紙	7月19日	地蔵院某	上生院
第15紙	7月3日	三学院某	上生院
第16紙	白紙		

底本は、別集「寧楽宝庫」に収められている「正倉院開封次第」のうち天正二年の記録に該当すると推測されるが、国文学研究資料館史料館所蔵小杉氏自筆稿本中に別集は含まれておらず[9]、確認できない。小杉氏には古代から近代に至る正倉院開封を概観した著述「寧楽の宝庫」がある[10]。いっぽうの対校本は、明治期の正倉院宝物整理に携わった黒川真頼氏[11]の所蔵本を指すと思われる。

本史料の筆者は当年の東大寺年預五師上生院浄実。迎える東大寺側の実質的責任者による記録ということで第一級の価値を有するが、実は東大寺図書館所蔵史料中にこの原本である「三蔵開封日記」が収められている。

両者を比較すると、『続々群書類従』本には誤植や転写時と思われる誤写などが散見され、本文としてはかならずしも良質とはいいがたい[12]。そこで東大寺図書館の許可を得て、「三蔵開封日記」を全文翻刻し、本章附録として収めた[13]。以下①の本文は「三蔵開封日記」を用い、書名もこちらで呼ぶことにする。

「三蔵開封日記」は表紙を含め袋綴十六丁（紙）からなる冊子で、最後の一紙を除く残り十五紙に紙背文書がある。末尾に天正二年甲戌三月二十九日（蘭奢待切取りの翌日）の日付と年預五師浄実の署判があり、据えられている花押は同年九月六日付東大寺八幡宮九月九日神供米切符[14]にある浄実のそれと一致する。

紙背文書については今後の研究に委ねたいが、日付・差出・宛所など最低限の情報のみ表14にまとめた。表紙紙背のみ筆者浄実が差出人となった書状であり、その他はおおむね浄実宛に出されたものと判断できる。日付は六月から七月にかけてのものばかりで、料紙の利用方法を考えれば年次はいずれも天正元年以前とみなすべきだが、そう単純に考えるにはためらわれる問題も存在する。

第二紙紙背は、七月二十日付の上生院御坊中宛薬師院実祐（当時執行職。実祐については後述する）書状である。このなかに「仍信長下向年号注参候事候」という文言が見える。信長が南都に下向したのはこの天正二年がはじめてだから、書状は天正二年以降の可能性を生じさせる。とすれば「三蔵開封日記」自体の成立もそれ以後ということになり、蘭奢待切取り翌日に作成されたと一概にいえなくなる。このような問題があり、その他の紙背文書から年次を天正二年前後と断定する材料を見いだしえないものの、紙背文書に見える浄実・実祐両人の存在から、後に作成されたとしてもそれほど時間を隔てずに成立したと考えておきたい。

② 「寺辺之記」

中世末の東大寺僧、蓮乗院寅清の記録である。「古老之口説」やみずからの見聞を書き記したもので、紙背文書を有し寅清自筆本と推測される一冊が東京国立博物館に所蔵されている(15)。藤田經世氏編『校刊美術史料』寺院篇下巻（中央公論美術出版、一九七六年）に東博本が部分的に翻刻されており、蘭奢待切取りに関する記事も含まれている。

『大日本史料』は東大寺薬師院所蔵の近世写本（史料編纂所架蔵写真帳『東大寺薬師院文庫史料』七十九）に拠っており、史料編纂所には『薬師院旧記』乾として薬師院所蔵本の謄写本も架蔵されている。

表紙裏の書き入れによれば、寅清本人の見聞記録は天文二十一年（一五五二）から慶長四年（一五九九）の期間らしいが、記事自体は天文三年から慶長六年に及んでいる。

記事を読むと、寅清は①の筆者浄実とは異なり、蘭奢待切取りに直接関与していたわけではなく、東大寺の一寺僧として外側から顚末を見守っていたらしい。もっとも、正倉院から持ち出した蘭奢待を信長の待つ多聞山城に運び入れるさい、寅清自身は「裹頭之躰ニテ」同道したとあるので、たんなる観察者以上の目で事の推移をとらええたことは確かである。

寅清は本文冒頭で信長を「織田内府」と書いている。信長が内大臣に任ぜられたのは天正四年十一月二十一日だから、蘭奢待切取りの部分が記されたのは、その時点以降となる。信長が内大臣から右大臣に昇進したのは翌天正五年十一月であり、記録された時期をこの一年間に絞りこむことができるかもしれない。

本史料に写されている二点の文書（三月二十六日付東大寺衆徒中宛勧修寺晴右書状・同二十九日付三条西実澄宛浄実書状）は、他の記録に見えず、きわめて興味深い内容を有したもので、寅清がいかなる立場でこの二点を写すことができたのか、一考の余地がある。

③「三蔵開封之次第」

天正二年当時の東大寺執行職薬師院実祐が執筆した記録（原本）。写真帳『東大寺薬師院文庫史料』六に収められている。本史料も①同様『徴古雑抄』所収本を底本として『続々群書類従』第十六に翻刻されている（対校本も同じく黒川氏蔵本）が、『大日本史料』では原本に拠り収録されている。実祐は執行として正倉院の中に入り、蘭奢待を信長の前に持参した当事者であり、①の筆者浄実とともにこのとき主要な役割を果たした人物である。

しかしながら末尾の年記によれば本史料の成立は慶長十九年と蘭奢待切取りから四十年を経過した時期にあたり、厳密な意味で同時代史料とはみなしがたい。したがってここに書かれてある記事を利用するさいには、①②と比較するなどの史料批判が必要である。

以上Aとして把握した東大寺側の記録三点は、同時代性を加味し信頼度の高さで並べれば『大日本史料』の配列どおり①から③の順ということができる。

2　正倉院開封の経緯と研究史

信長の正倉院開封は著名なできごとであるので、いやあまりに強烈な印象をあたえるできごとゆえか、多くの研究で触れられている反面、真正面から検討を加え、その歴史的意義を探った研究は皆無に等しかった。[16]

古くは田中義成氏が信長の名物趣味との関わりで言及し、[17]桑田忠親氏もこの観点を継承している。[18]名物茶器蒐集の流れのなかに蘭奢待切取りを位置づけるとらえ方は、近年の竹本千鶴氏の研究に受けつがれた。[19]

これを政治史のなかで論じたのは、奥野高広氏が最初である。[20]奥野氏は前年末の信長による譲位申し入れと征夷大将軍任官要請を正親町天皇側が拒否した結果信長が憤り、圧力をかけ従三位参議叙任と正倉院開封が実現されたと論じる。また藤木久志氏も同様の流れを想定し、蘭奢待切取りは「天皇にむけた異常な示威のねらいを秘めていた」と指摘した。[21]

橋本氏は右の藤木氏の指摘には疑問があるとしつつ、藤木氏のような見解は定説になっているとする。[22]定説と呼ぶほど多くの研究者が賛同しているかどうかはともかく、たとえば佐藤豊三氏が「「蘭奢待」截り取りの強行事件」と表現するように、[23]このできごとから信長の「強圧」「強行」といった歴史像を描くのが一般的であった。

奥野・藤木・橋本各氏が論じるように、正倉院開封は数ヶ月前の信長による譲位申し入れと関連づけられている。この論点は、信長と朝廷の関係を対立的と見るかそうでないかという論争と大きく関わるものである。

この問題については最近谷口克広氏が簡潔的確に整理している。[24]右に触れた研究者でいえば、奥野・藤木氏は対立説の立場をとる。またこの立場に立って近年信長と朝廷の関係を論じたのは今谷明氏である。今谷氏は正倉院開封についても言及し、信長の意図を「自己を足利将軍の後継者として広く畿内の旧勢力の前に位置づけ、披露することにあったことは間違いない」と論じる[25]。今谷氏の議論からも信長の強行といった歴史像を読み取ることができる。

ただ谷口氏も指摘するように、最近は両者の関係を対立的にとらえることに異を唱える立場が多くなりつつある。立花氏は、対立という関係ではなく、緊張関係があるものの、朝廷に主体性はなく、ひたすら信長に従属した関係であったと見る[26]。また対立よりむしろ融和的と見るべきと主張する橋本氏・堀氏・伊藤氏・脇田修氏・桐野作人氏らの見解[27]があり、谷口氏もこちらを支持する。

それでは正倉院開封をめぐる史料から、右の論点に関連したいかなる情報を読み取ることができるのだろうか。

信長は開封前日にあたる三月二十七日に京都から奈良に入り、多聞山城を宿所とした。開封・蘭奢待切取りの意向はその数日前から示されていた。『三蔵開封日記』によれば、二十三日の時点で最初に東大寺に申し入れがあったとき、もし衆徒の同意を得たならば、「御寺領以下随分如二先規一可二申付一之由、能々可二申入一旨」が提示されている。寺領保障（のための尽力）が交換条件だった。

二十七日の下向直後には年預五師浄実（記録者）および訓英二人の東大寺僧が多聞山城に赴き、寺からの礼物を献上している。信長に対面する直前、奏者塙直政・嶋田秀満から東大寺のことについて尋ねられ、翌日蘭奢待を拝見する旨が告げられる。このとき二人からは、「御香之事、御倉へ信長自身参者恣之仕歟旨口遊如何之間、多聞山城江可レ預二持参一、寺僧衆之御前ニテ有様可二請置一之旨」が約束された。信長側としては、自身が正倉院に赴けば専横のふるまいと噂されるだろうことを嫌い、多聞山城に持ち出し、直接寺僧が見ている前で拝見するという考えであったのである。

実際蘭奢待は正倉院から搬出され、多聞山城に運び入れられた。このとき信長は、東大寺から蘭奢待に付き従ってきた寺僧（浄実以下三人）に対し、「預ケニテ香ヲ給レハ私カマシキ故、寺僧衆ノ前ニテ可給」という意向を示し、浄実らが見守るなか、蘭奢待は東大寺大仏師によって切り取られる。一寸四方ずつ二片を切り取った直後に信長が寺僧三人に向かって発した言葉「一ハ禁裏様、一ハ我等拝領」にも注意したい。

蘭奢待を切り取ったあと、それと並ぶ正倉院の名香「紅沈」拝見の要請も出され、おなじく多聞山城に運び入れられたが、こちらは切り取った先例がないため、拝見するにとどまった。また開封にあたり、信長から「先例之旧記」の有無が尋ねられたという。しかしながら急な開封要請だったため東大寺ではこれを探し出せず、信長が実見するには至らなかった。

以上『三蔵開封日記』の記事からは、正倉院開封にあたり「恣之仕」「私カマシキ」という受けとめられ方をされることを嫌い、先例を尊重しようとしていた信長の態度を読み取ることができる。また切り取った蘭奢待がたんに自分自身のためだけでなく、正親町天皇のためでもあることを強調している。

信長は二十七日に三千人の軍勢を率い奈良に下向したとき、奈良中僧坊以下陣取停止を通達した。これを知った興福寺多聞院英俊は「一段善政之下知、上下安堵了」と胸をなで下ろしている（『多聞院日記』同日条※）。また蘭奢待拝見の後多聞山城を出て、みずから東大寺八幡宮や大仏、春日社などに参詣した。英俊はそのときの信長の態度が「一段慇懃」だったことを聞き伝えている（『多聞院日記』三月二十八日条※）。

このように、正倉院開封関係史料からは、先例、天皇、東大寺、都市奈良（住民）への配慮が見られると同時に、他者から「恣之仕」「私カマシキ」のように見られ、そうした人物像が流布することを気にする姿勢をうかがうことができる。後者の面は、支配論理構築のうえで信長は「外聞」に敏感な人物であったという先学の指摘(28)を思い起こすものである。

この信長の態度は、朝廷と対立していたと考える立場からは、うわべだけ装ったものと解釈されるかもしれないが、右にあげた事例すべてを対立説を前提に二枚舌的なものと解釈しようとすれば、逆に邪推の誹りもまぬがれないだろう。東大寺側が、信長の申し入れに対し寺内で侃々諤々の議論になったすえ、渋々受け入れを決定した経緯はあるものの、少なくとも『三蔵開封日記』など関係史料の表面から「強圧」「強行」のような歴史像を汲み取ることは難しいといわざるをえない。

正倉院開封をめぐり先例尊重など信長の態度を見直すべきであることは、すでに角明浩氏が指摘している。[29]首肯すべき見解であると考える。

3　正倉院開封をめぐる朝廷の対応

次に、信長の正倉院開封要請を受けての正親町天皇・朝廷の対応を見てゆきたい。

信長は三月十七日に岐阜から上洛し、相国寺を宿所としてしばらく洛中に滞在していた（『尋憲記』三月十九日条※・『多聞院日記』三月十七日条※・『聚光院文書』所収四月二日付笑嶺宗訢書状※・『信長記』※）。『三蔵開封日記』によれば、二十三日に信長使者塙直政を通して東大寺に対し蘭奢待拝見の申し入れがなされている。この間十八日に従三位・参議叙任という記録があるが、この問題についてはあとで検討するので、ここでは触れない。

信長に先立ち二十一日に奈良に入った塙直政は、翌二十二日に東大寺を見物し、そのおり蘭奢待の所在を尋ね、「信長へ被ㇾ進可ㇾ然通申由」を伝えたという（『尋憲記』三月二十二日条※）。当初から奈良下向の目的のひとつに蘭奢待切取りがあったことがわかる。

朝廷に正倉院開封の奏請がおこなわれた日は明らかではない。勧修寺晴右が東大寺衆徒中に宛てた文書（『寺辺之記』所収※）からは、奈良下向前日の二十六日時点で蘭奢待拝見の奏請に勅許が下りたことがわかるので、遅くともそれまでには決定されていた。上洛後のしかるべき時点、東大寺に内意が示された二十二日頃と時をおなじくして奏請もおこなわれたと考えるのが妥当だろう。

直接の奏請勅許を示すものではないが、三条大納言（三条西実澄）に宛てた女房奉書案が『東山御文庫所蔵史料』中に収められている（勅封三十五函乙―十一―十四）。日付はないものの、内容からこのときのものと判断される。正倉院開封にあたり東大寺別当未補任であるのは不都合なので、東大寺西室院に入室していた実澄子（千世保丸）を別当職に補任することを伝えた文書である。前述の勧修寺晴右書状には「別当之児」「幼少之間」とあるから、二十六日には補任が決定されていた。飛鳥井雅敦が別当職補任の女房奉書を伝達する勅使として東大寺に下ったのは、二十七日夜のことである（『三蔵開封日記』[30]）。

『東山御文庫所蔵史料』には右の女房奉書案と一緒に一通の文書が収められている（勅封三十五函乙―十一―十五）。こちらには日付はおろか宛所もない。本文書の写真を掲げる『皇室の至宝　東山御文庫御物1』（毎日新聞社、一九九九年）では文書名を「蘭奢待香開封内奏状案」とする。筆者は本章のもとになった初出論文ではこれを「奏請に対する天皇の返事」とみなして解釈をおこなったが、その後末柄豊氏により、文書名どおり誰かが天皇に「内奏」した文書であるというご教示を賜わり検討した結果、「内奏」の主体を三条西実澄と判断し、また女房奉書案の作成者も同様に実澄と推測した。以下釈文と現代語訳を掲げる。

　らんしやたい（蘭奢待）ハ、東大寺のミつくら（三蔵）におさめ（納）られたる物にて候、これハ、ちやうしやせん（長者宣）の御はからひ（計）にハ、ならぬ事にて候、あら／＼御ふあんない（不案内）候や、女房の奉書も、一かう（向）かくこ（覚悟）のほか（外）なる御もんこん（文言）にて候、のふなか（信長）申につきてハ、れい（例）なき事にて候とも、御れうけん（料簡）なき御事候ほとに、そのうへにて、おほせいた（仰出）されやうのしな（品）かあるへき事にて候を、御ふんしやう（文章）のうつ（空）つなさ、これにてハせうし（笑止）と存し候へとも、御たんかう（談合）にもをよひ（及）候ハぬ事ハ、ことは（言葉）ませ（補註）まいらせ候へきにても候ハねハ、なにとなりとも、御さた（沙汰）ありたきやうに、せられ候へく候、いまくけ（公家）一とう（統）にと、申さた（沙汰）候へきこと（事）のハしめ（始）に、かやうに心はからい（計）なる事ともにてハ、行／＼ハ一大事と思ひまいらせ候、たとひよく御ふんへつ（分別）あるうへにても、かやうの事ハ、天下にはゝかり（憚）たる事にて候へハ、をの〳〵にたつね（尋）られ候て、そのうへにて文をいた（出）され候も、もんこん（文言）あるへき事にて候を、この一にて万事かみ（見）えまいらせ候て候へハ、まつ〳〵申事も候ハす候、これハ　勅ふう（封）にて候まゝ、勅し（使）をたて（立）られ候ハねハ、ひらか（開）ぬミつくら（三蔵）にて候を、こうふく（興福）寺のはから（計）ひに、わたくし（私）の御氏てら（寺）に、このたひ（度）なされ候へき事、しやうむてんわう（聖武天皇）の御いきと（憤）をり、てんたう（天道）おそ（恐）ろしき事にて候、くち（口）にてハ申おと（落）され候へきまゝ、わく〳〵とかきつけ（書付）申候、

（傍注は『大日本史料』天正二年三月二十八日条を参考に筆者が付した）

（現代語訳）

蘭奢待は東大寺の三蔵に納められている物です。これは長者宣の計らいに属するものではありません。何ともご存じないのでしょうか。女房の奉書も、まったく思いもしない文言であります。信長の申し出については、前例がないことですが、ご存じないことであれば、それをふまえたうえで勅許の出し方もあるでしょうに、分別が足りない文章です。これでは恥ずかしいと思うのですが、御談合にも及んでいない事に言葉をはさむべきではないので、どのようにも御沙汰ありたいようになさったらよろしいのではないでしょうか。いま公家一統にと政務をおこなおうとしている事の始めから、このような心構えでいては、ゆくゆくは一大事になることと思いやられます。たとえ深く御考慮をなさったとしても、この問題は世間の目に注意しなければならないことであり、何人かと相談したうえで文書を出す場合にせよ、文言に気をつけなければならないにもかかわらず、この一事で万事がおなじようなものだと思われては、あきれて言葉も出ません。勅封なのだから、勅使を立てなければ開かぬ三蔵であるにもかかわらず、（藤原氏の氏寺である）興福寺の計らいとして、天皇家の氏寺に対してなさったことは、聖武天皇の憤りが思われ、天道恐ろしきことであります。口頭では言いたいことも言い漏らしてしまうかもしれないので、心落ち着かぬまま書き付けることにいたしまし

た。

『大日本史料』ではこの文書に「信長ノ不法ヲ難詰セラル」という標出を付している。山室恭子氏も同様の解釈を示している。(31) いっぽう前掲『皇室の至宝　東山御文庫御物1』の図版解説（杉本一樹氏執筆）は、藤原氏（関白二条晴良）・興福寺らの干与を訝しみ、信長の不調法を咎め、この議を奏上してきた公卿らの不見識を責めつつ、天皇は「不快の念を抑えてつとめて冷静沈着に事に対処しようとする様子がうかがわれる」と解釈している。いずれにしても天皇が信長の奏請に不満をもったととらえたのである。

しかし文書をよく読めば、このとき示された女房奉書が、内奏状案作成者にとって思いもしなかった文章（「覚悟の外なる御文言」）であり、分別が足りない文章（「御文章のうつつなさ」）であるとたしなめられており、ただしそのなかで「御文言」「御文章」と敬意が払われていることから考えれば、女房奉書発給の主体（天皇）が内奏状案作成者によって批判されていると考えるべきであろう。

これは、内奏状案作成者に対して示された女房奉書にそうした問題点があったため、作成者はこれを難じたと考えられる。ところがいま残る女房奉書案に「覚悟の外」「うつつな」い点は見受けられない。したがって、いま残る女房奉書案は、宛てられた実澄自身が、最初の女房奉書にそうした難点を見つけたため、文案をみずから書いて天皇に示した案文であり、そのさい一緒に内奏状が作成され天皇の「覚悟の外」「うつつなさ」を注意したのではあるまいか。筆跡を見ても、これを実澄の筆とすることに問題はないように思われる。

初出論文の解釈を大きく変更することとなったが、この文書は、天皇が信長の開封要請そのものに不満を表明したものではなく、ここから、信長の不調法を咎めたり、「不法ヲ難詰スル」といった解釈をみちびくことはできないと考えたことに変わりはない。この文書から天皇の信長への不満を読み取る立場は、信長と朝廷を対立的とする見方から少なからぬ影響を受けていると考えざるをえない。

次に注目したいのは、このなかに登場する「くけ一とう」という語句である。これには「公家一統」という字が当てられよう。以下節をあらためて検討する。

二　公家一統をめぐって

前節で紹介した内奏状案のなかで、実澄は「いま公家一統にと政務をおこなおうとしている事の始めから、このような心構えでいては、ゆくゆくは一大事になることと思いやられます」と嘆いた。主として、談合もせず進められようとした手続きを非難する文脈で語られているから、ここで語られている「公家一統」とは、その逆、「をの〳〵にたつねられ候て、そのうへにて文をいたされ」というあり方を具体的には指していると考えられる。つまりしかるべき廷臣複数の考えを反映させた政務遂行である。

「公家一統」について、先行研究では別の実澄書状のなかに見える言葉として早くから注目を集めてきた。この書状（『国立歴史民俗博物館所蔵田中穣氏旧蔵典籍古文書』）もまた本章の行論において重要なものであるので、全文を掲げたい。

　山中之紫葵、世味之外、殊賞翫不レ斜候、毎々如レ此之芳情、無二申計一候、将又、[a]春日祭令二参行一候、諸司之下行於二寺門一申調候、随分之忠節候、殊仮殿遷宮之前候間、当年祭無レ之候てハ為二天下一如何之由、社家一同歎申候間、就二他事一罷下候へ共、依二抑留一上卿之儀存知候了、造作共過二御推量一候、如レ此随分忠功之儀も、当時ハ無二其曲一候、万端暗然之儀無曲心中計候、

内々従レ是可レ令レ申二心底一候処、音問恐悦相半候、抑[b]今度御祈之儀、被レ抽二懇丹一之由承及候、[c]然処信長　公家一統之政道如二五百年以前一可二申行一之由存寄候、併御法力之高験感悦無レ極候、弥此砌可レ被レ凝二丹誠一事

専一候、鳥羽上皇以来数代之御無念、此時天運相改候事、雖㆓末代㆒、正像末之三時無㆑之道理分明候、所詮只於㆓此上㆒、叡心之明暗[32]にて天下之安危可㆓相定㆒事候、然而当㆓此時㆒、且者悦、且者恐怖、一歓一懼、如㆑履㆓薄氷㆒之心中候、乍㆑去先静謐之趣、一日も満足候、就㆑其大法（大元）事、誠連々存寄儀候処、時節漸相応候、但彼一官等一経之儀相調候上にて、以㆓時分㆒必御談合可㆑申候（d）、定不㆑可㆑有㆓異儀㆒候、条々心事非㆑面者難㆑尽候条、中〳〵先閣筆候、猶期㆓御出京之時㆒給候、かしく、

（ウワ書）「（切封墨引）

尊答　　実澄」

（傍注・傍線など筆者）

この前後の時期三条西実澄が出した書状がまとまって伝わっている。いずれも右の書状と無関係ではないので、全体をまとめておきたい（表15）。表15中の②が引用文書に該当する（以下書状②のように呼ぶ）。これら八通は、近世の公家柳原紀光（一七四六―一八〇〇）が編んだ『砂巖』（第六）に写されている[33]。配列は『砂巖』にしたがった。『砂巖』は、紀光が六国史のあとを受けるものと意図して著した編年通史『続史愚抄』（寛政十年―一七九八成立）編集のための史料集である。このうち書状①⑧を除いた六通の原文書伝来が確認される。

先行研究で指摘されているように、宛名未詳の書状②も他の文書同様醍醐寺理性院堯助宛と推察される。三条西実澄は天正二年十二月二十四日に実枝と改名するので[34]、書状⑥～⑧の三通はそれ以後のものとなる。

書状②にいち早く注目したのは渡辺世祐氏である。渡辺氏は傍線部cから、「信長が公家一統の政道を志し、恰も五百年以前の昔に復旧せんとするが如き行動を探って居たことが、認められ得る」とし、これを信長の復古政治を体現するものと評価する[35]。奥野高広氏は信長の朝廷奉仕の枠組みのなかで書状②を解釈しつつも、信長の征夷大将軍宣下要求（傍線部dを指す）と密接に関係すると論じた[36]。

近年では伊藤真昭氏と堀新氏が傍線部cを当該期政治構造の議論のなかに積極的に位置づける見解を発表して

表15　天正2年〜3年の三条西実澄書状

	日　付	宛書・脇付等	原　文　書	備　考
①	(天正2年)3月14日	理性院殿	未確認	砂巖注「天正二年」
②	なし	なし(尊答)	田中穣氏旧蔵典籍古文書236(国立歴史民俗博物館所蔵)	論文中引用文書 砂巖注「三月也」
③	(天正2年)12月11日	理性院殿拝報	醍醐寺文書24函48号	
④	なし(③の直後)	理性院殿尊答	醍醐寺文書24函50号	
⑤	(天正2年)12月21日	理性院殿拝章	醍醐寺文書24函46号	
⑥	なし(天正3年11月3日)	理性院殿	田中穣氏旧蔵典籍古文書236(国立歴史民俗博物館所蔵)	署名「実枝」 砂巖注「天正三年十一月」
⑦	なし(天正3年12月ヵ)	理性院殿	醍醐寺文書24函51号	署名「実枝」
⑧	なし(天正3年)	理性院殿拝報	未確認	署名「実枝」

※日付の(　)内は推定

いる。伊藤氏・堀氏とも、「信長・公家一統之政道」のように信長と公家を並列的にとらえ（ただし堀氏は史料引用で並列を示す中黒は付していない）、伊藤氏は「公武統一政権」「信長と朝廷とは運命共同体」という両者の協力的関係の文脈のなかで理解し、堀氏は信長と公家の統一政権（堀氏の議論でいえば「公武結合王権」）の論拠としている。[37]

これに対し立花京子氏は、傍線部cから公武統一政権への志向を読み取ることはできないと堀氏の説を批判し、「五百年以前のごとく」という点に重点を置き、信長主導による「十一世紀の「院政の復活」行動を意味」すると論じている。[38]また上記の論者とは対照的に、橋本政宣氏のように「公家の願望に基づく感想」「どこまで実情が反映されているかきわめて疑問」ととらえる向きもある。[39]

以上の研究はみな②の実澄書状のみで議論を組み立てているが、内奏状案においても「くけ一とう」の言葉が登場していることから、[40]両者を関連づけたうえで再検討しなければならない。

検討にあたりふまえるべき点は、書状②が書かれた時期である。これまでの研究では、渡辺氏以来天正二年三月のものであると考えられており、それ以上の絞りこみはなされていない。小島道裕氏はより幅広く同年三月から実澄改名の十二月までのものとする。[41]

三月とする根拠は、傍線部aにある春日祭だと思われる。春日社仮殿遷宮をひかえ春日祭がおこなわれないのでは天下に聞こえが悪いという社家の訴えにより、費用を興福寺が負担しておこなわれた。春季の春日祭式日は二月上申日である。元亀年間から天正年間初頭にかけ、春日祭は停止されたり、おこなわれても勅使上卿下向がなされないという状況にあった。[42]

このとき実澄はたまたま別の用事で奈良に滞在していたが、留められて春日祭上卿を務めることになったとある。二月中旬頃から、当時多聞山城の城番を務めていた長岡藤孝に古今伝授をおこなうため奈良に下向していたのである。本文巻二十の伝授を終えたのは、三月七日春日神前西屋においてのことだった。[43]

春日社司らはこの機をとらえ、当時権大納言だった実澄を上卿として、春日祭を追行することを目論んだのだろう。かくて春日祭は三月九日におこなわれた。[44]つまり書状②は三月九日以降のものとなる。

ついで時期を絞りこむ材料となるのは書状②傍線部bである。このなかで実澄は、理性院堯助が祈禱を修した法験により、傍線部cのような事態に立ち至ったことを喜んでいる。さらに後段では大元大法（太元帥法）に言及している。太元帥法は毎年正月に修される真言密教の秘法で、同時期に修される後七日法とおなじく天皇家が主宰する国家護持のための祈禱である。当初宮中真言院で修されていたものが保延元年（一一三五）頃より醍醐寺理性院において修されるようになったので、[45]書状②に登場する「御祈」「大元大法」はこの太元帥法に関連する可能性が濃厚である。なお保延元年当時の治天は鳥羽上皇である。

しかしながら後七日法や太元帥法もまた春日祭同様、この時期実施されなかったり、略儀でおこなわれたことが多かった。永禄十二年から元亀三年頃の状況を見ると、いずれの年も後七日法は停止され、太元帥法は「太元護摩」のみが修された(46)。本来的な修法をおこなうのが「大法」と呼ばれ、護摩一壇のみの略式（小法）で修されるのが「太元護摩」である(47)。大法は料所退転などを理由として、文明二年（一四七〇）を最後に護摩のみの略儀となり、文亀三年（一五〇三）三条西実隆（実澄祖父）の尽力で一度復活したものの、その後また護摩のみとなっていた(48)。

天正二年も例外ではなかったと思われる。というのも、後段「就其大元大法事、誠連々存寄儀候処、時節漸相応候」とある部分、修法をおこなう堯助から、太元帥法を大法でおこないたいという望みが出されていたことを受け、その時節が到来しつつあることを実澄が返答した内容と解釈できるからである(49)。

このように天正二年の太元帥法も「太元護摩」で修されたと思われるが、修された時期については、式日の正月ではなく、三月に追行されたと考えられる。『続史愚抄』では「実澄公消息」を典拠とし、正月八日の修法が延引となって三月八日に修法が開始され、十四日に結願したとする。「実澄公消息」とは、書状①および②を指すのだろう。書状①は、堯助に宛て「今度御修法御参懃之儀、叡感無二比類一候」と、太元護摩修法の労をねぎらう旨の女房奉書を伝達した書状であり、『砂巖』の紀光による注や『続史愚抄』の解釈のとおり、天正二年の文書に比定される。

そこであらためて書状②に立ち戻れば、三月八日から始まり十四日に結願した太元護摩の甲斐あって傍線部cの状況が到来し、太元護摩の「御法力之高験」が賞されたと解釈できよう。したがって書状②は三月十四日以降に書かれたことになる。

続く「鳥羽上皇以来数代之御無念」というのは、立花氏の説くように院政との関連づけで考えられていたが、むしろ鳥羽上皇の時以来理性院で修されるようになった太元帥法との関わりで考えるべきではあるまいか。それでもなお「数代之御無念」の意味するところが曖昧であるが、大意は理性院における太元帥法の法験がここにきて表れたとなろうか。

以上の検討をふまえ傍線部cの解釈を試みれば、理性院における太元護摩の法験により、信長が、公家一統の政道を五百年以前のごとくおこなうという意向を朝廷に示したとなる。したがって伊藤・堀両氏の論じるように、信長と公家の一統という解釈は成り立たない。近年では小島道裕氏がこの部分を「信長は、公家一統の政道を五百年以前のように行うようであります」と信長を主語に据え解釈しており(50)、筆者の解釈はこの小島説に近い。

この解釈が許されるならば、信長が「公家一統の政道」をおこなうよう申し入れてきたのは三月十四日以降でなければならない。時機としては、三月十七日の上洛直後をおいて他にないだろう。書状②も十七日以降に書かれた可能性が高いが、上洛に先立つ十四日から十七日の間先に申し入れがなされた可能性も皆無ではない。

いずれにせよ、だからこそ、その直後巻き起こった信長の正倉院開封勅許をめぐる手続きのなかで、「公家一統の政道」に反するかのような天皇の指示に、実澄は「いまくけ一とうにと申さた候へきことのハしめに」これでは困ると不満を漏らしたのである。「事の始め」とは言葉どおりの意味であり、開封奏請以前に信長から「公家一統」の意向が朝廷に申し入れられたと考えたい。

ただし信長が実際「公家一統の政道、五百年以前のごとく申し行なうべし」と申し入れたかはわからない。朝廷政務のあり方に関する信長の提案を、実澄は「公家一統の政道」という言葉で受け取り、意味するところは、「をの〳〵にたつねられ候て、そのうへにて文をいたされ」というあり方であり、「五百年以前の如」き体制であったということになる。くりかえしになるが、要は意志統一がなされず独断専横的なやり方とは逆の、複数の廷臣の意見が反映された政務遂行であって、ここから五百年以前の院政期が理想像として想起されたという可能性もある(51)。

院政期が想起されたのは、前年末の譲位問題との関連もあるだろう。信長は以前から正親町天皇の譲位について、これを執りおこなう（具体的には経済的支援を指すか）ことを申し入れていたが、天正元年十二月頃、朝廷はこれに歓迎の意を表わした。信長は十一月十日に岐阜から上洛していた(52)。天皇は「後土御門院以来、此御のそミ（望）にて候つれとも、事ゆき（行）候ハて、御さた（沙汰）に及候ハす候つる」という状態だったので、「只今存しより（寄）候処、奇特さ、朝家再興の時いたり（至）候と、たのもしく（頼）祝おほしめし候」という勅書を信長にあたえている(53)。

ところが信長は十二月八日、朝廷の積極的姿勢を肩すかしするかのように、「当年者既無㆓余日㆒之間、来春者早々可㆑致㆓申沙汰㆒之由」と実行の保留を返答した(54)。

この経緯について、信長の譲位強要・天皇の拒否と見る説と、天皇は譲位を望んでおり、このときは信長の事情で実現しなかったと見る説が真っ向から対立していることは、すでに谷口氏が整理したとおりである(55)。そのうえで谷口氏は後者の説に傾いているが、筆者も同様である。譲位についての考え方は別著を参照されたい(56)。

天正元年末の譲位申し入れと翌二年の蘭奢待切取りからは、朝廷のあり方を「公家一統」に回帰させようとする動きを信長が支えるという関係がうかがえる。その意味で、書状②に公家の信長歓迎の気運を読み取ることは間違っておらず、堀氏の説く「公武結合王権」、伊藤氏の説く「信長と朝廷の運命共同体」という政治構造を説明するうえで、書状②はなお有効性を失っていない。

「五百年以前のごとく」という文言が信長の提案そのままでない可能性があるとはいえ、実澄が念頭に置いているのは、天正二年の約五百年前、十一世紀後半頃の院政期初頭（一般的に院政の開始とされているのは、応徳三年＝一〇八六年の白河院政）ということになる。

「はじめに」で述べたように、翌年天正三年六月頃、信長は朝廷政務の乱脈ぶりを目の当たりにし、五人の武家伝奏を定め、彼らの合議のうえ直奏させるという「朝廷改革」(57)をおこなった。この様子を説明する三条西実枝（実澄から改名）の書状（日付なく天正三年と推定）のなかに、「禁裏之御儀共、如何辺取沙汰、余以無㆓正躰㆒之由、信長被㆑申候者、五人之奉行相定候、一切諸事之儀、直奏候」とあり、実枝はこれを「上古記録所之御沙汰、此時再興之事候」と評価している(58)。実枝も当初「五人之奉行」の一員だった。ここに出てくる記録所とは、朝廷に持ちこまれる紛争を処理する機関として鎌倉時代に治天の君のもとに設置されたそれを指すと思われる。

堀氏の見解に代表されるように、書状②の「五百年以前のごとく」「鳥羽上皇以来数代のご無念」という一節と、右の書状の「上古記録所の御沙汰このとき再興」という一節を直結させ、そこに天正元年末以来の懸案であった正親町天皇譲位を絡め、「公家一統の政道」を、院政という政務形態の復活と公家らの合議、信長の支援という体制であるとする考え方(59)がある。しかし書状②と実枝書状には時期的な開きがあり、天正二年三月時点で信長が朝廷に申し入れた「公家一統」の構想が、天正三年六月頃に導入された「五人之奉行」による合議にはかならずしも直結しないのではあるまいか。

このわずかな期間にも、たとえば堀氏が詳細に検討した真言・天台両宗による「絹衣相論」(60)など、朝廷政治の混乱を露呈する事件が起こった。そうした紆余曲折を経て「五人之奉行」に行きついたことを考えれば、当初の信長の申し入れが「五人之奉行」のような具体的な制度設計をともなうものではなかった可能性が高い。なお天正二年以降の朝廷政務執行のあり方などの検討を深めたうえで考えるべき問題であり、この点は第三部においても考察する。

次に問題となるのは、書状②の傍線部d「彼一官等」をめぐる解釈である。この点は信長の任官問題と深く関わるため、節をあらためて検討したい。

三　天正二年における信長の官位

前節の検討により、書状②は信長上洛直後の三月十七日以降に書かれた可能性が高いことを推測した。これをふまえ傍線部dを直前の部分も含め解釈すれば、理性院尭助から太元大法の実施をくりかえし望まれていたわけだが、いよいよ実現の時節が到来しつつあるようだ。そのために「彼一官等」をただちに調えたうえで、時期が来たらかならず相談する（ので、もう少し待ってほしい）、となろうか。「一経」を、「まっすぐに、また、時を移さずにすぐさま。ただちに」の語意がある（『日本国語大辞典第二版』）「一径」の当て字と考えた。(61)

信長が公家一統の政道の申し入れをおこなったのは尭助の太元護摩祈禱のおかげだという文脈から考えれば、「彼一官」の彼とは信長以外考えられない。

前述のように奥野高広氏は、それ以前の段階で信長が征夷大将軍任官を要請していた（公家一統の政道申し入れの背後事情）ため、「彼一官等」は信長の将軍任官問題を指すと指摘した。立花京子氏も奥野説を支持する。これに対し、橋本政宣氏は前後の内容や「一官」という語の使用例などから奥野説を否定している。(62)ただし橋本氏が否定の対象としたのは信長の任官そのものなのか、将軍宣下なのか（つまり信長任官問題を指すことは否定しないのか）が曖昧である。

『公卿補任』は、三月十八日（上洛翌日）に信長の正四位下から従三位への昇叙と参議任官を記す。この記事に基づき一般的にそう考えられてきた。(63)しかし橋本氏は、翌三年十一月四日に従三位権大納言に直任されたのが信長任官の最初であって、天正二年の叙任は段階的に（次第に）昇進したことを取り繕うための虚偽に過ぎないことを明らかにした。(64)

堀新氏は橋本氏の説に賛同し、それ以前の名乗りである弾正忠も朝廷から正式に任官されたものではないことを論じた。[65]脇田修氏・朝尾直弘氏も橋本説を支持している。[66]『公卿補任』の叙任記録とは別に、同じ三月十八日付で信長を従五位下に叙し（叙爵し）昇殿を聴した口宣案写も残っているが、橋本氏・堀氏はこちらも否定している。

天正三年以降における信長の任官問題が詳細に論じられる過程で橋本氏の見解が定説化した反面、なお天正二年の従三位参議叙任に疑問をさしはさまない文献も少なからず見受けられる。[67]このような状況にあることを鑑み、前節までの書状②の検討で導き出された流れを前提に、いまいちど天正二年の任官問題を検討し直す必要があると思われる。このばあい、従三位参議叙任と叙爵・昇殿勅許は性格の異なる史料に別々に記されているため、分けて考えることにする。

まず、従三位参議叙任である。前述のように信長は上洛まで弾正忠の官途を名乗っていた（織田弾正忠）。従三位参議叙任を記すのは『公卿補任』であるが、橋本氏は、『孝親公記』『宣教卿記』『兼見卿記』など公家の日記において、天正三年十一月に権大納言となる以前の信長の呼称が「織田弾正忠」「信長」のままであり、参議任官をうかがわせる記事が存しないこと、三年九月段階でも弾正忠を自称していること、『信長記』にも任官記事の所見がないことなどを根拠に、『公卿補任』記事を遡及によるものと断定した。[68]以上の橋本氏の論証は説得力があり、これによって天正二年三月十八日の従三位参議叙任は否定すべきである。

次は昇殿・叙爵の問題である。根拠となる史料はそれぞれの口宣案である。ただし正文として二通残っているわけではなく、二通の口宣案を一紙に続けて写したものが二点『東山御文庫所蔵史料』中に伝えられている。写しとはいえ、二つながら正親町天皇自筆と伝えられるものであり注目される。

ひとつは末尾に「天正二三廿日写之」とあるもので、昇殿勅許・叙従五位下の順に写されている。奉者は蔵人頭・右中将正親町実彦。従五位下に叙した後者は前後大きく省略されている。いまひとつは「天正二十月廿五日写之」とあり、前者と逆に叙従五位下・昇殿勅許の順で写されている。(69) 筆跡は双方おなじと判断できる。正親町天皇に推定される人物が、三月十八日付信長昇殿勅許・叙爵の口宣案を、同月二十日・十月二十五日の二度にわたり筆写したというわけである。

『皇室の至宝　東山御文庫御物1』の解説を担当した橋本氏は、従三位参議叙任が事実でなく、実際の官位叙任が確認される最初は天正三年十一月の権大納言であることをあらためて強調したうえで、「もし、後者（二点の口宣案写―引用者注）の書写の日付がその時点のものであるとしても、この口宣案が実際に効力を持ったものとする訳にはいかない」「これらは恐らく直任、すなわち次第の昇進をせず一挙に顕位顕官につくことにより、途中の官位も遡った日付を用いて口宣案が作成されたことにより生じたものであろう」とし、口宣案写二点もまた叙爵・昇殿勅許の根拠にならないと論じた。(70)

橋本氏が口宣案写を否定する大きな根拠は、たとえば権大納言・右大将任官時のように他の史料で確認できないことにあるだろう。しかしながら叙爵にしろ昇殿にしろ、陣座を設けた陣儀により大々的に挙行された右大将宣下とは異なり、当時は消息宣下が一般的であり、口宣案でも残らないかぎり表面には出にくいことがらであった。しかも両方ともこれによって信長の呼称が変わる性質のものではなく、従三位参議と違い呼称の変化がないことは根拠にならない。叙爵・昇殿が他の史料で確認できないことをもって、これもまた遡及によるものとは断定できないのである。

逆にこのときの信長の叙爵・昇殿については、ほか『歴名土代』に記録がある。橋本氏・堀氏は『歴名土代』の記事に言及していないため、この記事の信憑性を検討する必要があるだろう。

公家の官位補任記録として、前記『公卿補任』が知られるが、これは年ごとの公卿を官位順に列挙した記録である。そのもととなるのは『補任歴名』（補歴）と呼ばれる記録で、『補任』は現任公卿と非三位・従三位以上の散官を記し、『歴名』は四位・五位の殿上人および六位蔵人を官位順に列挙したものとされている。(71)『歴名土代』は『歴名』の下書きにあたり、各家の便覧に備えられた私的な書物であったという。(72)

広く知られている山科言継自筆の山科家本（原本は史料編纂所所蔵）には、信長が従四位下・従五位下の二箇所にわたり登場する。従四位下項では平信長の姓名のみで、叙位の日付など一切書かれず空白である。従五位下項では、平信長の姓名に「織田弾正忠」の傍書があり、「同（天正）二三十八、同日昇殿」とある。『歴名土代』の書き方からすれば、天正二年三月十八日に織田弾正忠信長は従五位下に叙され、同日昇殿を聴されたことを意味する。あらたに任官された記事は見られない。

『歴名土代』はいくつかの伝本が知られており、湯川敏治氏は東山御文庫所蔵本を紹介している。(73)そこで東山御文庫本にある信長の記事を見ると、従五位下項はまったくおなじであるいっぽう、従四位下項では平信長の下に「官本無之」の注記がある点山科家本と異なり注目される。

湯川氏の研究によれば、東山御文庫本は摂関家二条家所蔵本を親本にした写本と考えられるという。二条家本は、天正四年（一五七六）に二条家が山科家本を借用して書写作成した写本である。近世における禁裏火災で禁裏本（山科家本をもとに言継が作成し禁裏に納めた本）が焼失したのち、霊元天皇により二条家本の書写が命ぜられて現在東山御文庫に伝わっているものが東山御文庫本だとされる。天正四年の書写の過程で二条家では禁裏本と対校し、その結果を注記のかたちで書き入れた。「官本」とあるのが禁裏本に該当すると湯川氏は指摘する。すなわち、従四位下の信長項は、姓名だけの記録が山科家本・東山御文庫本にあり、禁裏本にはそれすら見られないということを意味する。

このことから、次のような経緯が仮定される。天正三年十一月までの信長の次第昇進を装うため、山科言継はひとまず従四位下に信長の名前だけ書き入れた。日付がないのはそのためである。しかし禁裏本ではその記載が削除され、結果的に従五位下の項にのみ信長の記録が残されることになった。

禁裏本『歴名土代』の表面だけからいえば、天正二年三月十八日に信長が従五位下に叙されて昇殿を聴され、その後一足飛びに従三位以上の位階に昇叙されたとなる。現実に三年十一月に従三位権大納言兼右大将となっているから、真実味を帯びている。

『補任歴名』に叙位任官が記載されることの意味について、戦国期の武家官位叙任手続きを分析した末柄豊氏の興味深い指摘がある。補歴は天皇みずからが官位の任叙を決めるとき参照されるものであり、任叙の決定が天皇の主体的判断であることを明確化する拠り所となる。つまり補歴は天皇の判断の主体性を支える記録であり、補歴に記載をおこなわないことは、天皇が主体的判断を示さず、責任の主体ではないことをあらわすという。(74)

禁裏本『歴名土代』も同様の性格を持つものであろうことを考えれば、信長が天正二年三月十八日に従五位下に叙され、昇殿を聴された（と天皇の主体的判断がなされた）とみなして構わないのではあるまいか。ついで翌三年に従三位権大納言・右大将に昇進したのである。山科家本などの従四位下項に信長の名のみがあるのは、『公卿補任』にも見られる次第昇進のための工作の痕跡だったと考えられよう（ただし『公卿補任』で従三位以前の信長の位階は正四位下）。

比較のため羽柴秀吉の事例を見てみる。秀吉もまた、天正十二年十一月二十一日に従三位権大納言に直任されているが、次第昇進を装うため、同十年十月三日従五位下左中将・同十一年従四位下参議の口宣案がこのとき作為されたとされている。(75)『歴名土代』（山科家本・東山御文庫本とも）を見ると、作為されたという従五位下・従四位下いずれの項にも秀吉の名前は記載されていないので、右の指摘が確かめられ、この時期の任官の有無を判断する史料として『歴名土代』が有効であることもわかる。

以上のことからも、信長の叙爵・昇殿勅許を否定する必要はないと考える。となればなにゆえ正親町天皇が三月と十月の二度にわたりみずから筆を揮って二つの口宣案を写したのかが問題となろう。ひとまず任官主体としての天皇が信長の任官（その時点での官位制上の立場）に注意を払い、将来の昇叙のさいの心覚えとしておくためだったと推測しておきたい。

さて、三条西実澄の書状②に目を戻したい。ここで実澄が「彼一官等一経之儀相調候上にて」と期した結果が右の叙爵・昇殿勅許だとするなら、書状②の日付はさらに絞られる。三月十四日の太元護摩結願、その後十七日の信長上洛・「公家一統の政道」申し入れ（上洛と申し入れは前後する可能性がある）と、十八日の叙爵・昇殿勅許の間というわずかな期間に書かれたと考えられよう。

実澄の認識では、太元帥法大法の実現のためには信長の「一官」を調える、つまり信長をしかるべき官位に任じることが前提条件であった。信長を官位秩序のなかに取りこんだうえで、そのような立場にある彼の協力が不可欠だということだろう。この実澄の認識は朝廷の総意とかけ離れてはいまい。

それでは実澄が考えていた信長の「一官」とはいかなる官位だったのだろうか。奥野氏は、信長の望みである征夷大将軍を想定しているが、将軍でなければならない根拠が不足している。結果にあたる叙爵・昇殿から考えなければならない。

結論から先にいえば、やはり足利将軍の先例がふまえられているものと考える。たとえば足利義昭が征夷大将軍に任じられたのは永禄十一年（一五六八）十月十八日であるが、同時に従四位下参議・左中将に叙任され、禁色・昇殿を聴されている。以下さかのぼって見てゆけば、義栄・義輝・義晴・義稙・義勝は叙爵以後征夷大将軍補任時昇殿が聴され、義尚・義持は初度の叙位（それぞれ正五位下）のとき同時に征夷大将軍補任と禁色昇殿勅許があった。(76)

ひるがえって信長のばあい、天正二年三月時点で征夷大将軍職は義昭が現任のままであったため、むろん将軍補任は不可能であり、それ以外は足利将軍の官歴に準拠して叙爵・昇殿勅許がおこなわれたのではあるまいか。このことは、かならずしも信長が将軍を望んでいたとか、朝廷が将軍任官も視野に入れていたことを意味するわけではない。義昭が将軍職にあることを前提に、信長を初めて官位秩序のなかに位置づけるための先例として、足利将軍の例が適用されたにすぎないものと思われる。

以上のように考えれば、天正二年三月における信長の叙爵・昇殿勅許は、信長の側から強く望んだものではなく、直前の彼による「公家一統の政道」申し入れを歓迎して受け入れた朝廷が、その実現のため、支えてくれる信長を官位制（＝「公家」）のなかにしかるべき待遇で取りこもうとした結果であると結論づけられる。

その後正親町天皇がみずから口宣案を写していることから、天正二年中に信長昇任が取り沙汰されていたのかもしれない。もっとも、翌天正三年十一月における従三位権大納言・右大将叙任は「朝廷改革」以後のものであり、天正二年三月時点での信長の官位に対する認識が（あるいは官位を帯びた人間としての自覚が）この時点で変化していたことが予想される。信長と官位の関係については、「朝廷改革」の内実を検討するなかで、位置づけなおすべき問題であると考える。

むすび

天正二年三月における信長の正倉院開封をめぐる史料を再検討しながら、この問題のなかに、前後の時期における朝廷と信長の関係の問題や信長の任官問題を解明するためのさまざまな鍵がひそんでいることを指摘し、それぞれの問題を相互に関連づけながら検討してきた。以下ごく簡単に時間的経緯を整理する。

天正元年十二月、それ以前から信長より申し入れのあった正親町天皇の譲位問題について、天皇は譲位を実行したい旨意思表示があったものの、信長側の都合でひとまず翌春に延期となった。翌春二年三月に上洛した信長は、「公家一統の政道」を実現する旨朝廷に申し入れ、天皇・公家らはこれを喜び、ただちに信長任官を検討した結果、足利将軍の例に準拠して叙爵・昇殿勅許を宣下した。

その直後信長は正倉院にある蘭奢待を拝見し切り取りたいとする意向を示し、その勅許手続きに一悶着あったものの、正倉院開封は滞りなく実行された。蘭奢待二片を切り取ったとき、信長があえて寺僧の目の前で宣言した「一つは禁裏様、一つは我らが拝領する」という言葉は、直前に成立した〝「公家一統の政道」を信長が支える〟という体制を象徴的に示すものだったといえよう。

ところで正倉院開封に関し、蘭奢待切取りは足利義政以来であることから、信長が自身を足利将軍の後継者として位置づけ、多分に足利氏の先蹤を追う意識があったとする見解がある(77)。信長が上洛時すでに正倉院開封の希望を抱いていたのか、抱いていたとしても、朝廷に申し入れられたのがいつの時点なのかといった問題も含め、関係史料の検討の上に立って推論しなければならない問題である。

第一節で検討したように、二十一日に塙直政が奈良に入った時点で信長の蘭奢待拝見の意向はあったとみられる。この意向を上洛時点からすでに持っていたとしても、実際朝廷に奏請されたのは十八日の叙爵・昇殿宣下以後のことだろう。三条西実澄の書状②に正倉院開封について一切触れられていないからである。

叙爵・昇殿宣下をきっかけに足利将軍の例を意識し、正倉院開封を発想した可能性は否定できないものの、そうだとすれば、今谷氏が論じたように将軍の後継者たることを示す意図まであったと考えることは難しい。むしろ正倉院開封に込められたのは、将軍後継者たることを示すことではなく、角明浩氏が指摘するように、大和を支配下に収めたことを示す点にあったと考えるほうが説得力がある。

大和多聞山城に拠って信長に抵抗していた松永久秀・久通父子が天正元年十二月に降り、多聞山城を信長に差し出した。以後翌二年三月の信長奈良下向まで、多聞山城には山岡景佐・明智光秀・長岡藤孝・柴田勝家ら有力部将が交替で入り奈良を管轄している(78)。

しかしながら、興福寺官符衆徒で大和の有力国人であった筒井順慶は、多聞山城番長岡藤孝の制止にも耳を貸さず、朱印礼と称して奈良市中に強圧的に銀子を賦課するなど(79)、信長の勢力が及んでなお奈良の混乱は収まらなかった。信長の奈良下向はこうした現実を考慮に入れなければならず、むしろ正倉院開封は大和支配を進めるための手段の一つにすぎなかったと考える余地もある(80)。

ともかく、信長の正倉院開封奏請は、図らずも正親町天皇による判断の甘さ、朝廷の政務遂行手続きの乱れを露呈させる結果となった。最後に、こうした混乱がたんにこのときだけにとどまらなかった可能性を指摘して終わりたい。そもそも書状②で三条西実澄が、「公家一統の政道」実現のうえは「叡心の明暗により天下の安危が定まる」と述べたり、春日祭上卿を勤め忠功に励んでも何の面白味もないと嘆息しているのが暗示的である。

十二月十一日付書状③において実澄は、最近「禁裏恠異之告繁多」にもかかわらず、「叡心之趣毎事御由断」という様子を訝り、「併御滅亡之時刻到来」と述べている。書状③の直後と推定される書状④でもまた、「禁中恠異種々之儀」にもかかわらず天皇が「不レ及二御慎一」という様子に「非二只事一」と非難し、またもや「併御滅亡時刻到来迄候」と強い危機意識を表明している。

さらに十二月二十一日付書状⑤では、「惣別当朝之体上下共ニ不信之故、神事之法度以下一向無二正体一」という状態を嘆き、「上一人之御覚悟之相違ニて万人之行跡相破候事、申ても／＼あさましく候、恒規之御祈も為二天下一と被二思食一候者、御一身も可レ全候、只四町まちの中一と被二思召一候てハ、無二勿体一事候」と、原因は天皇にあるのだとばかり強い調子で天皇批判を展開している。

右に述べた「禁裏怪異」とは、直接的には天正二年閏十一月二十七日に発生した事件を指すとおぼしい。内裏殿上に白犬が登ったことを奇禍とし、陰陽師土御門久脩に吉凶を占わせ、伊勢神宮・賀茂上下社などに祈禱を命じたというできごとである。(81)久脩が奏上した占文に「御慎以外之由」とあったにもかかわらず、正親町天皇は慎みに及ばなかった。実澄にとってはこの事件をめぐる天皇の対応に不満をおぼえたようである。

とすれば、書状②での実澄の発言にすでにそうした天皇への不信感が胚胎していたと深読みすることも許されよう。実際天正二年七月、「絹衣相論」の発端となる柳原資定の譴書綸旨が発給され、(82)これをきっかけの一つとして翌年信長の「朝廷改革」がなされるに至った。譴書綸旨発給は右のような実澄の懸念が現実化したことにほかならず、実澄の論理でいえばすべて天皇の責任ということになる。

「公家一統の政道」を揺るがす譴書綸旨や禁中怪異といった現象の原因を、実澄の個人的危機意識が標的とする天皇の個性に帰していいものかどうか、それはそれで興味深い主題ではあるが、それだけでは説明し尽くせない問題であると思う。より広く当時の朝廷政務のあり方を見渡したうえで、「公家一統の政道」構想がいかなる過程を経て「五人之奉行」設置に立ち至ったかを検討しなければならない。

註

（1）立花京子『信長権力と朝廷　第二版』（岩田書院、二〇〇〇年）、三五頁。
（2）谷口克広『検証本能寺の変』（吉川弘文館、二〇〇七年）、一一四頁。
（3）藤田達生『謎とき本能寺の変』（講談社現代新書、二〇〇三年）、三頁以下。
（4）この問題に関して堀氏は様々な論点から検証を加えているが、ひとまず堀新A「織豊期の王権論をめぐって」（同著『織豊期王権論』校倉書房、二〇一一年、初出二〇〇四年）、同B「織豊期王権論再論」（同前、初出二〇〇六年）参照。
（5）渡辺世祐「織田信長の復古政治」（同著『国史論叢』文雅堂書店、一九五六年、初出一九三一年）。
（6）橋本政宣「織田信長と朝廷」（同著『近世公家社会の研究』吉川弘文館、二〇〇二年、初出一九八二年）。

（7）伊藤真昭A『京都の寺社と豊臣政権』（法藏館、二〇〇三年）一一一頁、同B「織田信長の存在意義」（『歴史評論』六四〇、二〇〇三年）。なお同C「織豊期伝奏に関する一考察」（『史学雑誌』一〇七―二、一九九八年）も参照。
（8）二〇〇四～二〇〇七年度科学研究費補助金・基盤研究(A)研究成果報告書『画像史料解析による前近代日本の儀式構造の空間構成と時間的遷移に関する研究』（研究代表者加藤友康、二〇〇八年）。
（9）国文学研究資料館史料館編『史料館収蔵史料総覧』（名著出版、一九九六年）。
（10）「寧楽の宝庫」上篇（『国華』八五、一八九六年）・下篇（同八六～八八、一八九六～九七年）。
（11）西洋子『正倉院文書整理過程の研究』（吉川弘文館、二〇〇二年）。
（12）『徴古雑抄』本は未詳だが、対校本の黒川氏所蔵本（以下黒川本と略す）は、現在日本大学総合学術情報センター黒川文庫に所蔵されている『東大寺別当次第・織田信長蘭奢待截採東大寺記録・二倉道具目録・正倉院御開封勘例御尋日記』一冊（請求番号K八三五／To一七・八）に該当すると思われる。同センター黒川文庫は、黒川春村・真頼・真道・真前四代が蒐集・伝来した蔵書のうち、釈教の部に分類される千余冊を収蔵する（柴田光彦編『日本書誌学大系86　黒川文庫目録』青裳堂書店、一九九九年参照）。
　この本は書名にあるとおり、四種の東大寺関係史料を書写合綴したもので、このうちの「織田信長蘭奢待截採東大寺記録」が黒川本に該当しよう。『続々群書類従』本とくらべると、若干の字句の異同があるもののほぼ一致する。さらに、原本や、原本と別に『東大寺図書館所蔵史料』百四十一函に収められている写本（百四十一部四百五十三A号）と黒川本を校合すると、黒川本（および『続々群書類従』本）は原本からではなく、写本から筆写されたのではないかと推測される点が見られる。一つ例をあげれば、本文一つ書最後から二つ目にある「寺中サウ除ノ事」の箇所に脱漏が見られ、脱漏部分は写本のちょうど一行分に相当する点である。なお黒川本を写したとみられる写本一冊が東京国立博物館に所蔵されている（整理番号和一八八五）。年記は明治二十年（一八八七）十二月である。
（13）翻刻には史料編纂所架蔵マイクロフィルム（『東大寺図書館所蔵史料』）を使用した。綴じが外された状態で表裏それぞれが撮影されており、紙背文書が確認できる。なお東大寺図書館所蔵史料および「三蔵開封日記」が納められている百四十一函の性質については、横内裕人「東大寺図書館と収蔵史料」（『古文書研究』五九、二〇〇四年）参照。
（14）東大寺文書三―一〇―八五六。
（15）東博本は菅孝次郎氏旧蔵にかかる。整理番号和三五九七。史料編纂所に写真帳（六一一五―一〇七）・謄写本（大正八年写、二〇一五―四四〇）架蔵。なお『東京大学史料編纂所報』三六（二〇〇一年）五二頁以下に調査報告が掲載されている。東博本ついては藤原重雄氏のご教示を賜わった。

(16) 信長による正倉院開封を史料に基づいて概観したものとして、和田軍一「らんじゃたい」（『日本歴史』三三五、一九七六年）、松嶋順正「蘭奢待と織田信長」（同著『正倉院よもやま話』学生社、一九八九年）がある。

(17) 田中義成『織田時代史』（講談社学術文庫、一九八〇年、初出一九二四年）、二三三頁。

(18) 桑田忠親『織田信長』（『桑田忠親著作集』第四巻、秋田書店、一九七九年、初出一九六四年）、一一〇頁。

(19) 竹本千鶴「織田信長による名物蒐集」（同著『織豊期の茶会と政治』思文閣出版、二〇〇六年、初出一九九七年）の付表「信長下賜の名物一覧」において、茶器に並んで蘭奢待も取り上げられている。

(20) 奥野高広「織田信長の基本路線」（『国史学』一〇〇、一九七六年）。

(21) 藤木久志「織田信長の政治的地位について」（永原慶二、ジョン・W・ホール、コーゾー・ヤマムラ編『戦国時代』吉川弘文館、一九七八年）、一三四頁。

(22) 橋本註（6）論文、二五〇頁。

(23) 佐藤豊三「将軍家「御成」について（五）」（『金鯱叢書』第六輯、一九七九年）、五二七頁。

(24) 谷口註（2）著書、一一四頁以下。

(25) 今谷明『信長と天皇』（講談社学術文庫、二〇〇二年、初出一九九二年）、一二三頁。

(26) 立花註（1）著書序章。

(27) 橋本註（6）論文、堀新C「織田権力論の再検討―京都馬揃・三職推任を中心に―」（堀氏前掲書所収、初出一九九八年）・同D「信長・秀吉の国家構想と天皇」（池享編『日本の時代史13　天下統一と朝鮮侵略』吉川弘文館、二〇〇三年）、伊藤B論文、脇田修『織田信長』（中公新書、一九八七年）、桐野作人『真説本能寺』（学研M文庫、二〇〇一年）。

(28) 佐々木潤之介「信長における「外聞」と「天下」について」（藤木久志編『戦国大名論集17　織田政権の研究』吉川弘文館、一九八五年、初出一九七五年）、池享「織豊政権と天皇」（同著『戦国・織豊期の武家と天皇』校倉書房、二〇〇三年、初出一九九三年）、神田千里「織田政権の支配の論理に関する一考察」（『東洋大学文学部紀要』五五、二〇〇一年）など。

(29) 角明浩「報告要旨　天正二年の信長による蘭奢待截取の一考察―信長の大和支配および興福寺・大和国衆との関係の視点から―」（『戦国史研究』五一、二〇〇六年）。角氏からは、この報告を論文として近く公表する予定であることをうかがった。

本来であればそれを取りこんだうえで立論すべきところだが、報告要旨に拠った不首尾をお許しいただきたい。

(30) 新別当の父三条西実澄は、三月二十八日西室院門徒中に宛て、千世保丸が別当に補されたことを喜び、正倉院開封の警備を厳重にするよう命じた書状を出している（「森川文書」※）。

(31) 山室恭子『黄金太閤』（中公新書、一九九二年）、五九頁。

(32)『砂巖』（次註参照）所収の写を利用した先行研究（後述）、および原文書の写真を掲載し釈文を付した『天下統一と城』（国立歴史民俗博物館編、二〇〇〇年）まで、この部分を「明暗」とするが、安土城考古博物館平成十三年度特別展図録『是非に及ばず―本能寺の変を考える―』（二〇〇一年）では「明晴」と読んでいる。尚々書にある「暗然」の筆づかいと同じと判断できること、文脈などから、「明暗」と読むことにする。

(33) 刊本は『図書寮叢刊』所収。原本は宮内庁書陵部所蔵。史料編纂所に謄写本（『柳原家記録』八五～八九）あり。

(34)『壬生文書』姓氏改名文書所収天正二年十二月二十四日三条西実澄改名款状案（史料編纂所架蔵写真帳『壬生文書』四十二所収）、『公卿補任』天正二年条。

(35) 渡辺註（5）論文、三五七頁。

(36) 奥野註（20）論文、四四頁。

(37) 堀A・B論文、伊藤A著書・B論文。

(38) 立花註（1）著書、終章二九四頁。

(39) 橋本註（6）論文、二四七頁。

(40) 内奏状案における「くけ一とう」の語については、すでに堀氏の指摘がある（堀C論文）。

(41) 小島道裕「信長の政権構想①―安土城の清涼殿と公家一統の政道」（前掲註（32）『天下統一と城』所収）。

(42)『多聞院日記』三月九日条（『大』天正二年二月二日条）に「近年勅使無シ二御下向一」とある。元亀二年には春季・秋季とも停止され（『大』元亀二年二月四日・十一月二日条）、元亀三年春季は上卿下向がおこなわれず社官のみで執りおこなわれた（『大』元亀三年二月四日条）。

(43) 三条西実澄から長岡藤孝に対する古今伝授については、井上宗雄『改訂新版　中世歌壇史の研究　室町後期』（明治書院、一九八七年）第六章2参照。

(44)『大』天正二年二月二日条。

(45)『国史大辞典』「太元帥法」項（田村隆照氏執筆）。
(46)『大』永禄十二年・元亀元年・同二年・同三年の各正月八日条。
(47) 永村眞「修法と聖教—太元帥法を通して—」（同著『中世寺院史料論』吉川弘文館、二〇〇〇年、初出一九九八年）。『義演准后日記』慶長二年（一五九七）正月八日条には、「理性院覚助大僧正太元参勤、但護摩計也、近年之略式也」とある。
(48) 柳原本『太元秘記』（『大』文明三年二月十三日条・第八編之四—四二〇頁）。『実隆公記』文亀二年十二月十六日・同三年正月八日・九日・十一日・十四日条など。なお前註永村論文参照。
(49) 永村註（47）論文によれば、堯助による太元帥法大法の実現は天正十三年だという。
(50) 小島道裕『信長とは何か』（講談社選書メチエ、二〇〇六年）、一三九頁。
(51)「公家一統政道」という言葉自体は、すでに『太平記』巻十二に見える。また、北畠親房の『神皇正統記』（後醍醐）にも「公家スデニ一統シヌ」「タマ〳〵一統ノ世ニカヘリヌレバ」といった表現が見られる。これらは鎌倉幕府滅亡後後醍醐天皇が帰洛した元弘三年（一三三三）頃の政治状況を述べたものなので、正親町天皇や三条西実澄が頭に描いた内実とはおのずと異なる点注意が必要だが、南北朝期すでにこうした表現が見られることは注目してよい。
(52)『孝親公記』天正元年十一月十日条（『大』天正元年十一月十日条・十八—三二八頁）。
(53)『東山御文庫所蔵史料』（『大』天正元年十二月八日条・十九—一一頁）。写真は帝国学士院編『宸翰英華』図版二三二号として収載。
(54)『孝親公記』天正元年十二月八日条（『大』同右・十九—一二頁）。
(55) 谷口註（2）著書、一一四頁以下。
(56) 拙著『織田信長〈天下人〉の実像』（講談社現代新書、二〇一四年）、第二章。
(57)「朝廷改革」の語は、堀新E「織田信長と絹衣相論—関連史料の整理と検討—」（堀氏前掲書所収、初出二〇〇五年）、六〇頁。ほか伊藤B論文なども参照。
(58)『東寺百合文書』イ函二五五号（京都府立総合資料館編『東寺百合文書』一所収）。津野倫明「「五人之奉行衆」設置と三条西実枝の苦悶」（『戦国史研究』三八、一九九九年）、堀E論文。
(59) 堀E論文、六〇頁。
(60) 堀E論文。

(61) 奥野氏以来この語は、『砂巖』所収の写に拠り「一往之儀」と読まれてきたが、原文書に拠った『天下統一と城』『是非に及ばず』(いずれも前掲註(32))の釈文に従い「一経之儀」と読むべきであると考える。
(62) 橋本註(6)論文、二六〇頁。
(63) 『大日本史料』でも天正二年三月十八日に綱文(「弾正忠織田信長ヲ従三位ニ叙シ、参議ニ任ズ、」)を立てている(二十一―一九五頁以下)。
(64) 橋本註(6)論文。
(65) 堀新F「織田信長と武家官位」(堀氏前掲書所収、初出一九九九年)およびD論文、同「書評　橋本政宣著『近世公家社会の研究』」(『織豊期研究』五、二〇〇三年)。
(66) 脇田註(27)著書、四九頁。朝尾直弘『大系日本の歴史8　天下一統』(小学館、一九八八年)、一三七頁。
(67) 池享「武家官位の創出」(註(28)著書所収、初出一九九三年)、三鬼清一郎「戦国・近世初期の天皇・朝廷をめぐって」(同著『織豊期の国家と秩序』青史出版、二〇一二年、初出一九九一年)、山本博文「統一政権の登場と江戸幕府の成立」(『日本史講座5　近世の形成』東京大学出版会、二〇〇四年)、今谷註(25)著書など。
(68) 内閣文庫所蔵『押小路文書』七十七中に、当時の大外記中原師廉が作成に携わった信長の任官宣旨案四通が収められている(史料編纂所架蔵写真帳『押小路文書』四十九所収)。任権大納言(天正三年十一月四日)・兼任右大将(同月七日)・任内大臣(同四年十一月二十一日)・任右大臣(同五年十一月二十日)である。天正二年の任参議のものが含まれていないことからも、参議任官が遡及であることが裏づけられる。権大納言に任ずる文書に「参議平朝臣信長」とあるから、このとき前官参議と遡及されたのだろう。また、天正二年十二月九日付の女房奉書でも信長を「たん正のちう」と呼んでいることも付け加えたい(「宮地直一氏所蔵文書」、二十五―三一五頁)。
(69) 三月二十日付のものは『東山御文庫所蔵史料』勅封二十三函―三―四―八、十月二十五日付のものは同勅封二十三函―三―四―九。写真は『皇室の至宝　東山御文庫御物1』収録。
(70) 『皇室の至宝　東山御文庫御物1』、二二一頁。
(71) 斎木一馬「公卿補任」(『斎木一馬著作集　古記録の研究　下』吉川弘文館、一九八九年、初出一九六四年)。
(72) 湯川敏治「『歴名土代』解題」(同編『歴名土代』続群書類従完成会、一九九六年)。本書は下記山科家本の翻刻であり、山科家本については本書を利用した。

(73) 湯川敏治「四位・五位の叙任簿『歴名土代』の写本系統について—東山御文庫本を中心として—」(『史泉』一〇六、二〇〇七年)。
(74) 末柄豊「『宣秀卿御教書案』にみる武家の官位について」(二〇〇四〜二〇〇五年度科学研究費補助金・基盤研究(C)研究成果報告書『室町・戦国期の符案に関する基礎的研究』、二〇〇六年)。
(75) 朝尾註(66)著書、三鬼註(67)論文、矢部健太郎「豊臣秀吉の参内—参内の初見と叙任御礼の検討を中心に—」(同著『豊臣政権の支配秩序と朝廷』吉川弘文館、二〇一一年、初出一九九八年)、橋本政宣「豊臣政権と摂関家近衛家」(註(6)著書所収、二〇〇二年)など。
(76) 以上足利氏の官歴については、『足利家官位記』(『群書類従』巻四十八・補任部)に拠った。
(77) 今谷註(25)著書、『皇室の至宝　東山御文庫御物1』所収「正親町天皇女房奉書案」「蘭奢待香開封内奏状案」「正親町天皇女房奉書案」図版解説(杉本一樹氏執筆)。
(78) 山岡景佐は『信長記』、明智光秀は『多聞院日記』正月十一日条(『大』天正二年正月十一日条、二十—五一九頁)、長岡藤孝は『天正二年春日祭遂行』二月二十一日条(同前)、柴田勝家は『多聞院日記』三月八日条(『大』天正二年三月九日条、二十一—一七三頁)など。
(79) 『大』天正元年是歳条・十九—八九頁以下。
(80) 信長下向以後も筒井氏の専横なふるまいは止まなかった。東大寺八幡宮神人への諸役賦課をめぐる筒井氏に対する警告(史料編纂所架蔵写真帳『東大寺薬師院文庫所蔵史料』二所収八月二十一日付塙直政書状)や、法隆寺東寺・西寺相論をめぐる介入(第二部第三章)からもうかがうことができる。
(81) 『大』天正二年閏十一月二十七日条・二十五—二九二頁。殿上に侵入した犬は伊勢神宮祭主藤波慶忠の犬との説もある。
(82) 堀E論文。『大』天正二年七月九日条・二十三—一四二頁。
(補註) 末柄豊氏のご教示により、「こはませ」をこのように訂正した。

〔追記〕本稿で紹介した三条西実澄書状については、堀新氏らとの勉強会における堀氏の考察に大きな示唆を与えられた。もとより個々の解釈については筆者の責任である。また正倉院開封をめぐっても勉強会で多くのご教示を得た。参加者の皆様に厚く感謝申し上げたい。

第四章附録　三蔵開封日記

○本史料は、東大寺図書館所蔵「三蔵開封日記」（一四一部四五三号）の全文（紙背文書除く）を翻刻したものである。翻刻にあたっては東大寺図書館の許可を得た。
○字体は原則として常用漢字を用い、適宜句読点・並列点を付した。
○虫損により判読不能の文字は□とし、『続々群書類従』本の文字を〔　〕の傍注で付した。抹消文字は、塗抹により判読不能の場合■とし、見せ消ちにより判読が可能な場合、左傍にゝを付し、右傍に訂正文字を記した。挿入についても原本の記載をできるだけ再現した。原本に付されている返り点はこれを省略した。
○誤字・当て字や文意の通じにくい箇所については、適切な文字が推定される場合〔　〕の傍注を付した。
○改丁箇所は」で示し、右傍に丁数を（　）で付した。翻刻で依拠したマイクロフィルムでは、第九紙と第十紙が逆に撮されている。

（表紙）
「天正二甲戌三月廿八日
三蔵開封日記
浄実」

正倉院開封之次第（天正二年甲戌三月廿八日三蔵開封之正日也、）

一、天正二年甲戌三月廿三日巳之刻ニ、尾張国織田弾正忠信長之為使者、塙九郎左衛門丞仁筒井順慶被相副、年預所当坊江来臨也、其被申様者、今度罷越子細者、東大寺霊宝蘭奢待信長致拝見之間、満寺衆徒預御同心者尤可為祝着、然者御寺領以下随分□〔如〕先規可申付之由、能々可申入之旨、信長申趣演説也、（筒井・塙九ハ客殿ニ居シテ、以テ中坊・井土・塙喜三郎三人坊主京ノ年預ヘ右之趣被申、）年預返答云、遥々御辛労也、急度満寺ヘ遂披露、自是御返事可申之由演説畢、則三献相調、各ヘ御酒参畢、上下百人程在之、

一、塙九帰宅之後、軈而自筒井以使者、信長使者明朝早々上洛之間、夕部仁一途之可預返事旨、牒送也、依之不移時刻、於年預坊、唱老若之集会及談合、其間切々寺門之返事催促之」（以上第二紙）使者及度々、雖決束之旨相急、慈照院（東山殿）義政奈良社参以来中絶之間、毎事無案内也、火急之大事也、開封之儀式従往古于今室町殿（公方様ノ御事也、）御社参之外ニハ無之、新儀之競望、火急之案内、早速之返事更不及分別、出仕老若及赤面、失十方、只。〔為〕亡然、背先規無作法、則云香之威ヲ失ト、云寺門之瑕瑾、旁難義之題目也、若今度之使者仁不御同心者、惣寺社滅法之為洪基歟、進退爰極、是非更難解、依之集会及夜景、然処従筒井順慶、寺門之返事遅々不可然之趣及使者度々間、不及力返事申送畢、其趣者、信長蘭奢待可有御拝見之旨、蒙仰畢、三蔵開封之事者、必公方様奈良社参之時奉開之、臨時之開封自往古于今無之、然処信長之儀者大裏之。〔御殿〕令修造、剰暮太〔莫大〕之御料所奉寄附、退朝敵者、上意之奉成御入洛、可謂公武御再興之上者、御香拝見不及余儀歟」（以上第三紙）但開封之議〔儀〕式者、勅使勅封於帯而被成御下向、開戸之後当封於付、先封於取、被上洛之事先規也、急当寺別当被成補任、彼坊舎ヘ有光降、沈香御拝見先例也、肝要不背先例様被経御沙汰者、別可為祝着、

若背先規於無作法之儀者、此度沈香之威鐘失、又於信長モ自由之趣天下口遊如何候歟、所詮如有来之次第之趣以、被成開封候様、可預御演説旨返答畢、筒井順慶・塙九、興福寺成身院仁被居之間、年預予・訓英・英定以上三人成身院へ相出、右之趣申渡処、御同心、尤以大慶也、御寺領以下付随分可致馳走由返答畢、

以上廿三日之戌之刻程ニ於成身院時宜如件、」(以上第四紙)

一、如此者雖被申、定而可為来春之儀歟之由及油断処、同廿七日仁信長奈良へ下向也、蘭奢待為拝見風聞也、満寺仰天難及筆力、早木津迄被相付之由注進之間、若寺僧衆十四五人為迎木津迄下向、則対面、目礼在之、多門山江被落付間、年預予・訓英両人、自寺門使節而罷出、土産、皆朱之数寄ニ用折敷大小廿枚、箱アリ、奏者塙九、嶋田但馬、対面之以前仁、以両人三蔵于今無兵火等之難、不思議之趣、幷東大寺由来等都合六ケ度相尋、最結句昨日廿八日、御香拝見之儀付為名代同名可参、幷御香之事御倉へ信長自身参者恣之仕歟旨口遊如何之間、多門。山城江可預持参、寺僧衆之御前ニテ有様可請置之旨被申堅訖、後対面畢、

以上廿七日之時宜如此了、

一、同廿七日之夕部、御勅使日野耀(輝)資、三蔵開封之為御勅使下向畢、宿坊可被申付由」(以上第五紙)年預所へ注進也、如此者雖有注進、東福(北)院ニ被居間、自当寺宿坊ヲハ不申付也、

一、同廿七日之晩景、当寺別当職之儀付女房奉書於帯、飛鳥。侍従殿下向畢、西室院之院主未。雖童形、以先例即今度別当ニ補任畢、其志趣則此女房奉書に被載、満寺へ可有披露之由注進也、

即時ニ遂披露、飛鳥殿大乗院被居間、従寺門以両使一礼畢、

一、同廿八日辰之刻ニ、信長為名代織田御房信長兄ノ子也、幷柴田・荒木信濃・嶋田但馬・塙九・菅屋御長・前田又左衛門尉・福冨・矢部善七郎、此外五人アリ、名字不知、筒井順慶・郡山備後・八条・松蔵・井土若州・根尾、其外御前衆三十人、年預所当坊へ被来、三献用意也、塙九諸事異見也、客殿へハ御房殿・予・柴田・信濃・嶋田・順慶、以上六人、此外之衆ハ座敷へハ不叶歟、」(以上第六紙)塙九被申間、坊主衆広縁ニテ三

献畢、
初コン、三ノ膳折敷ニホウサウ、二コン、三ノ膳折敷サウメン、三コン、スイセン・シイタケ二ツクミ、以上、

以上年預坊ニテ沙汰如此、

一、三蔵ヨリ西シ十三間計リ東シニ勅使ノ御座ノ床ヲシク、俄ナル故ニ浅〔桟カ〕敷仮屋ノ用意無之、床ニ御廊ノタヽミヲ敷ク、勅使立タエホシ・スイカンニテ被座、床ノ左右ニ侍衆仕候也、

一、満寺学侶幷両堂衆各々者、重衣白五帖ニテ、三蔵ノ北ハツレヨリ八間計リ東ヨリ、東ヘ長ク南ヘ向テ立畢、中程ヨリ東ハ学侶、中程ヨリ西ハ堂衆也、中間衆ハ上ミ下ニテ、裹頭ノウシロニ居ス、田舎ノ衆徒衆幷密衆迄悉ク廻章之、大都上洛也、

一、宿老衆五人・年預一人（隆賢・英證・実雅・憲祐・訓英・浄実、）都合六人、法眼青甲ニテ三倉ノ見使トシテ倉ノ前ヘ、又ハ橋ノ上ヘノホリテ、内ヘハ不入シテ」（以上第七紙）守護之、

一、宝蔵之内ヘ入ル衆事、執行薬師院一人、法眼白毛（モ）、大仏ノ六堂六人、合七人、内ヘ入リテ香ヲ尋ネ見知之、装束ハ赤衣ニカフリ也、

一、香ヲ尋処ニ、中ノ倉ニ大ナル櫃之内、カネノ鉢ノ上ニ長ケ四尺計リノ香アリ、同櫃ノ中ニ、大ナル鹿ノ角アリ、コレヲ櫃ナカラ能々カラケ、加用帳ニ持セテ、多門山ヘノホル、年預ト訓英ト執行、寺ヨリ香ニ付ク、信長ヨリハ佐久間衛門尉相付畢、則信長ヨリ寺ヨリノ三人ヱ以使者、預ケニテ香ヲ給レハ私カマシキ故、寺僧衆ノ前ニテ可給、然者香ノソハマテ可出之由被申間、此三人中門迄出之時ノ使ィ佐久間衛門尉・鉢〔蜂〕屋両人也、香ノ櫃ヲ座敷ノ前ノ泉殿ノ最中カニカキスエ、香ヲ取出シ、寺ノ大仏師トンシキ白五帖ニテ、ノコキリヲ持参シテ、一寸四ホウツ、二ツ切リ取リ畢、信長対シテ寺三人ニ云ハク、」（以上第八紙）一ハ禁裏様、一ハ我等拝領ト云ヘリ、然後香櫃請取、佐久間与同道シテ本ノ倉ヘ納メ畢、

一、其後又自信長以使者、紅沈（コウチン）ト云香在之由承、同有拝見度候由被申候間、北ノ倉ノ内ヲ尋処、口一尺、長ケ四尺計ノ香アリ、（幷囲碁番ト）。同ク寺ノ三人相付、多門山ヘ持参ス、従信長以使申様ハ、先例蘭奢待計

被取出ニ候、然者今度モ紅沈ヲハ不可給由被申、則被渡候間、請取、如本奉納畢、暫後ニ信長自身倉ノ内ヘ入、一見シテ被出了、大仏ヘ参詣セラル、カ、路次ヨリ佐久間衛門尉ヲ返シ、寺門ヘ被申事、紅沈モ天下無双之名香タル間、端ナル倉ニハ不可被置、中ナル蘭奢待ト一処ニ可被入置、又後ニハ難カタシ知レ間、櫃ニ別々ニ香ノ銘ヲ書テ可被入置、囲碁番ヲ如本北ノ倉ニ可被置云々、如其使者。入置キ、勅使日野殿自身御文箱ニ勅封ヲ入テ、香ノ銘共ヲ書テ、御持参アリテ付給ヒ畢、

一、三ツノ倉ノ内チ、中ト北トノ倉ハ勅封ヲ付ケ、鏘ノ鎰(カ)ヲ京都ヘ勅使ノ御随身アリ、大裏ヘ被渡事先規也、依之云勅封倉也、南ノ倉ノ当寺ノ」(以上第十紙)別当ノ封ヲ付、三綱所出入スル故ニ云綱封ノ倉ト也、則今度モ勅封ヲハ中ト北トノ二ツニ付ラレテ、南ノ倉ニハ寺務ノ封ヲ付畢、於南倉ニ者香ヲ不入間、不及開之由雖演説、何レニ被見度候由執心之間、開之畢、

一、今度開封付、鏘ノ鎰京都ヨリ不下間、難開、可為如何之由及談合、不及別調法間、番匠ヲ召シ、上ナル鏘カクシノヨコ木ヲウチハナシ、下ナル鏘ヲハ鍛冶ヲ召シ、スリキラセテ開キ畢、軈テ又鍛冶番匠ニ如本トノ修理サセ相認了、

一、今度開封付、先例之旧記自信長雖被相尋、人力絶之間無存知、若寺之文庫ヲ相尋者可在之歟ナレトモ、不日之不及力之趣返答シテ、一円旧記不出之也、

一、六堂幷公人衆一献料可給候由詔(ママ)訴雖申、今度之次第一円不本式間、可令勘忍旨申処、重而無申分也、

一、於執行者、下行ノ趣旧記ニモ雖無之、(以上第九紙)余々」達而被申候間、年預之以故実、三斗下行畢、不可成後例、年預私之故実之分ニテ如此也、

一、勅使日野殿ヘハ、後日廿九日、御樽。之代十貫文、奏者ヘ五十疋持参シテ、信長ノ御使者令同道、自寺門以両使御礼申畢、

一、凡今度次第、云不日云無案内、寺門之一大事不過之故、老若手ヲ取クミ馳走故、無越度、先以事澄畢、併神慮之所成歟、中ニモ年預一人造作機遣、

一夜白髪此謂歟、寺中諸処之サウ除、当日年預坊ニテ三献、倉ノ下ニテ一献以下、寺門造作過分之事也、事之次第九牛一毛挙之、

一、寺中サウ除ノ事、余不日之間、難調故、人足ヲ筒井ヘ申候処、百人被出畢、則処々ノサウチ申付畢、

一、信長帰洛之刻、当寺ヘ盃台一、・小折一、・木色クキヤウ三、被送畢、則於年預坊老若（以上第十一紙）」并堂衆皆請シテ、一献調之、

天正二年甲戌三月廿九日　年預五師浄実（花押）（以上第十二紙）」

（第十三紙白紙）

三蔵開封之覚

勅使かりやニ御出仕、其後三綱両人出仕、小綱、六堂、出仕ス、

一番ニ御蔵開時、寺僧衆（三綱）一臈二臈、橋上御戸之両脇ニ出仕ス、先へいはくをまいらする、其後六堂ノ一臈役にて、御蔵之まへにて、かきを手に持、東へ向て[redacted]（宝）蔵ノ御戸ひらきとたか〳〵と三度よはハり、其後三綱勅封をきり、小綱をよひ、御封をわたす、小綱請取、あふぎにのせ、勅使のかりやへ持てまいり、勅使ニ御目ニかゝる、勅使御封をうけとり候て、御蔵をあけ、其かきを六堂ニわた[redacted]（す）、先三綱両人御内へ入候て、其後堂を召寄、御道具を一々にもくろくを以をしへ、取出させ候、御道具出候時、六堂一臈役にて、梅之枝にて三さきをまいらする、御宝物出候所へハ、（以上第十四紙）」寺僧衆五六人、三綱奉行にて少々公人丸召連候、（以上第十五紙）」

（第十六紙、表裏とも白紙）

第三部　信長と朝廷

第一章　天正二年〜五年の絹衣相論の再検討

はじめに

本章で取りあげる絹衣相論とは、天正年間初頭、常陸国の天台宗僧と真言宗僧の絹衣着用をめぐるあらそいに端を発し、それが京都の本寺・門跡寺院を巻きこみ、さらに朝廷の裁決が求められ、織田信長もそこに関与することになった事件である。

絹衣とは素絹の衣のことで、僧侶が着す略服である。宗旨・階級によって染色が異なるという。

絹衣相論の研究は渡辺世祐氏にはじまる。渡辺氏は、常陸の吉田薬王院文書・願泉寺文書を柱に、相論の経緯を跡づけた(1)。ついで宮田俊彦氏の研究を起点に、常陸の地域史を叙述するなかで、一地方の宗教勢力の紛争が朝廷と信長を巻きこむかたちで拡大した事例として注目されるに至った。相論は最終的に「織田信長の武断によって解決を見たものである」ととらえられている(2)。これらの叙述では、常陸国内の中世における天台・真言両宗の展開をめぐる研究がふまえられ、その過程で関連文書の年次比定も進んでいった。

地域の視点から絹衣相論をとらえようとする研究の現在における到達点は、鈴木芳道氏の研究である。鈴木氏は、相論に戦国期公武寺社、関東と京都との権威・権力・秩序構造が反映されているという視点で検討をおこなった。相論はやはり信長の意向によって決着したとし、天皇を源泉とする統一権威・権威秩序が（地域において）

再生産されると論じている。[3]

近年では、朝廷・信長の動向（寺社支配のあり方）を検討するために絹衣相論に注目した研究が増えている。伊藤真昭氏の研究では、織豊期伝奏、「五人の奉行」（後述）のあり方をめぐる重要な契機として絹衣相論が取りあげられた。[4] 津野倫明氏は、相論に関わる重要史料（後掲表16の史料25）を紹介した。[5]

天正二年七月に発給された綸旨を含む多くの新出史料を紹介し、それらを相論に位置づけたうえで、相論の経緯に深く分け入り、信長と朝廷との関係を論じたのが堀新氏である。[6] 堀氏の研究は、伊藤氏・津野氏の研究を前提に、絹衣相論を信長の時期の重要な政治的事件として浮上させた仕事である。さらに神田裕理氏は、堀氏の研究の史料解釈に対する批判的検討をとおし、相論を再検討した。[7] そのなかで朝廷の果たした役割と信長のそれが明確化され、相論関係史料の解釈もより精緻に展開している。

以上のように、近年絹衣相論は、信長と朝廷との間に協調・融和を見る研究潮流のなかで注目され、その鍵となる事件として位置づけられつつある。

ところがそのいっぽうで、藤井譲治氏が論じるように、絹衣相論の帰結としての「五人の奉行」設置は「信長が当初から朝廷支配を意図してなされたものではなく、天台・真言の絹衣相論への介入を契機としたもの」ではあったが、「信長が朝廷組織とその運営にこの「五人の奉行」設置を通じて大きく介入し始めた」[8]と、信長が絹衣相論（およびそれを媒介とした朝廷の運営）に「介入」したという見方が根強く存在しているのも事実である。伊藤氏は絹衣相論に信長の「介入」とする表現を用いることを否定しているから、真っ向から対立する考え方だといってよい。また「介入」ということばは、信長・朝廷の協調・融和という議論とも相容れない。

以下本章において、堀氏や神田氏の研究によってほぼ煮詰まった感のある絹衣相論をなお再検討しようとするのは、こうした見方の対立がなお残存しているので、それを自分自身の目で見きわめたいという気持ちがあることはもちろんだが、次に述べる理由も存在している。これはそのまま本章の課題となる。すなわち、（1）堀氏・神田氏の研究が公表されて以降も、相論に関係する史料をいくつか見いだしえたこと。（2）両氏の詳細な研究に学び[9]、「五人の奉行」設置をめぐる史料を読み直した結果、両氏とは別の解釈が成り立つ可能性が浮かんできたこと。（3）信長と朝廷との関係を考えるうえで鍵となる「五人の奉行」設置の契機となった重要事件であるため、右の二点をふまえ、可能なかぎり史料を厳密に解釈し、また各史料の年次を明らかにし、相論の流れの全体像を示しておく必要があると思われたこと。

絹衣相論関係史料は厖大に存在するものの（いや厖大に存在するゆえに）、それらをまとめ、ひとつひとつについて年次比定をおこない、編年に並べて全体の流れをつかむという基礎作業がなされたかといえば、そうはいいがたい。そこで、新出史料を見いだしえたこの機会に、歴史研究の根本に立ちかえりたい。

まず絹衣相論関係史料について年次比定をおこない、編年に整理したものを章末に表16としてまとめた。年次比定の根拠については煩雑になるため細かく記さないが、最低限の事柄は表16に示した。それをもとに、天正二年・三年・四年以降と時期をおって相論の経過を見てゆく。本文中に触れる史料は表16に付した番号により示す。また表17として経緯をまとめた年表を収めた。

一　天正二年までの相論の概略

本節では天正二年の綸旨発給に至るまでの経緯を略述する。

戦国時代、常陸の国人江戸氏が天台宗寺院薬王院を外護したことにより、同国の仏教界は天台宗が隆盛を誇った。ところがいっぽうで江戸氏は真言宗にも帰依したことにより、真言宗勢力も拡大しつつあった。もともと天台宗僧の特権的身分たることを示す着衣であった絹衣を、常陸国内の真言宗僧も着用したことに天台宗側から抗議がなされ、相論は朝廷に持ちこまれた。

後奈良天皇は天文二十四年（一五五五）七月、天台宗の訴えを容れ、真言宗僧の絹衣着用を非とする綸旨を常陸の天台宗寺院不動院に宛て出した（史料4）[10]。

その後天正二年（一五七四）に至り相論が再燃する。同年七月九日付にて、正親町天皇綸旨・三千院（梶井）応胤法親王令旨・同直書の三通が、東国天台宗・真言宗それぞれに宛てて出された（都合六通、史料6〜11）。「従㆓往古㆒始㆓本寺㆒、東寺・醍醐其外着用之段勿論也」として真言宗僧の絹衣着用を容認し、相論をやめるようにうながした内容である。

いずれも原本は残っておらず、六通一式の写は、現在のところ高野山光明院・勧修寺・肥前実相院の真言宗三ヶ寺に伝存が確認される[11]。実相院の文書は、高野山僧の絹衣着用を根拠づけるため、仁和寺と推定される寺院の御経蔵から元和三年（一六一七）に写されたことがわかっている[12]。これから推せば、いずれも真言僧の絹衣着用を根拠づける支証として書写伝来されたのだろう。

綸旨に添え応胤法親王の令旨・直書も一緒に出された理由として考えられるのは、この時期天台座主が不在だったことである。応胤法親王は伏見宮貞敦親王の子であり、後奈良天皇の猶子として梶井門跡に入室した。その後天文二十二年から元亀元年（一五七〇）まで天台座主の地位にあった[13]。

応胤の次に天台座主となったのは曼殊院覚恕法親王である。彼の座主在任中に信長による延暦寺焼討ちがあった（元亀二年九月）。ところが覚恕は天正二年正月三日に薨じており[14]、その後同十三年に青蓮院尊朝法親王が補任されるまでの十二年間、座主は空席であったのである[15]。

座主空席ゆえに、天台宗側として前座主である応胤の令旨・直書が出されたのかもしれないが、なぜ応胤が真言宗有利の綸旨発給に結果的に荷担することになったのか、理由はまったくわからない。座主空席という時期だからこそ、それをついて真言宗有利の綸旨を出すような画策がなされたとも推測できよう。

次節で述べる天正三年段階になって、天台宗側により、この一連の綸旨発給が柳原資定による「謀書」であると弾ぜられるが、実際これらの発給に資定が関与していたことを示す文書二通（いずれも写）が見いだされた（史料12・13）。先行研究で使われてこなかった史料であるため、以下引用する。

【史料12】

「（ウワ書）東国真言宗　　慶〔資〕定」

真言宗絹衣着用之事、為㆓天台宗㆒制㆑之云々、始㆓本寺㆒、東寺・醍醐、其外着用様段者勿論候、依㆑之被㆑成㆓下　勅裁㆒之上者、任㆓往古之例㆒、致㆓其沙汰㆒、被㆑抽㆓天下安全之懇祈㆒者、可㆑為㆓神妙㆒之由、被㆓仰下㆒候也、謹言、

七月十一日　　慶〔資〕定

東国真言宗

【史料13】

真言宗絹衣着用之事、為㆓天台宗㆒制之由候、始㆓本寺㆒、東寺・醍醐、着用勿論候、依㆑之被㆑成㆓綸旨㆒、自他令㆑停㆓止諍論㆒、無事之段、可㆑為㆓神妙㆒之由、被㆓仰下㆒候、此等之旨、芳言専一候也、恐々謹言、

七月十一日　　資定

佐竹次郎殿(16)

この二通の文書から、柳原資定が七月九日付の綸旨を常陸の真言宗寺院に伝達する立場であったことは明らかである。また史料13のように、資定が天台宗の外護者という立場で常陸国内の宗教勢力に影響力を有していた江

戸氏でなく、おなじ国内の有力国衆である佐竹氏（義重）に対して綸旨発給を伝えている点興味深い。佐竹氏は真言宗小野流佐久山方の一乗院を祈禱寺とするなど、真言宗と深い関係にあった[17]。

かくして、天文二十四年の綸旨から一転、天正二年には真言宗に有利な判断が下されたのである。

二　天正三年の綸旨と五人の奉行

天正二年の綸旨発給から約一年後、朝廷はふたたび判断を百八十度転換させよう（つまり天台宗有利とする）として迷走し、信長が「五人の奉行」を設置して朝廷政治のてこ入れをはかる事態をまねいた。

堀氏が関連史料として『宣教卿記』記事を紹介したことにより、綸旨発給から「五人の奉行」設置に至る事態の推移を追いかけることが可能となった。しかし堀氏の解釈には神田氏からの批判がある。さらに私見は両氏の解釈とも異なるうえ、いくつかの新出史料を加えうる。天正三年における絹衣相論の経過を跡づけることは、相論全体の歴史的意義を考えるうえでも重要であるので、詳しく検証してゆきたい。

1　信長上洛以前

まず堀氏によって紹介された『宣教卿記[18]』天正三年六月二十五日条の記事を掲げる。これに関連すると考えられる天正三年月日付綸旨案（史料15）も掲げる。仮に『宣教卿記』所収の綸旨案を綸旨案a、史料15を綸旨案bとする。

【『宣教卿記』天正三年六月二十五日条】

一、新大典殿従二御局一、天台・真言ノ申分在レ之、乍レ去真言衆非分之由在レ之、天台江綸旨調可レ遣之由、

上乗院（道順）来申、乍レ去村井（貞勝）ニ耳打可二相調一之由返事申入也、文言如レ此、同新大典殿御文如レ此、

常州真言衆絹衣着用之事、恣申二掠綸旨一、剰執奏不二相届一之段、為二歴然一之上者、悉以被二棄破一訖、早任二天正（文）廿四年叡言之旨一、可レ令レ存二知其法度一趣、遍相二触天台門徒一、弥可レ祈二天下之安寧一之由、天気、、、ーー、

右中弁とのへ

仰天正三、、、ーー　六廿五、、、ーー

くわんとう（関東）へのりんしあん（綸旨案）をまいらせ候まゝ、御とゝのへ候て、まいらせられ候へく候、むら井申しさい候よし申され候まゝ、しやうれんゐん（青蓮院尊朝）殿よりとゝけまいらせ候へハ、へちきなきよし申され候ほとに、御とゝのへ候てまいらせられ候へく候よし申給へ、

【史料15】

関東真言衆絹衣着用之事、恣申二掠　綸旨一、剰執奏不二相届一之段、言語道断之次第也、謀書為二歴然一之上者、悉以被二棄破一訖、早任二天文廿四年叡言之旨一、可レ令レ存二知其法度一趣、遍相二触天台門徒一、弥可レ奉レ訴（祈）二天下安寧一之由者、

天気所レ候也、仍執達如レ件、

天正三年月日

関東天台門徒中　（傍線部は綸旨案aとの異同）

堀氏は右の史料を次のように解釈する。

新大典侍局（誠仁親王生母）から中御門宣教（『宣教卿記』記主、綸旨発給の実務を担う右中弁の職にあった）のもとに、上乗院道順（正親町天皇側近の僧侶、新大典侍局の兄弟）が「真言宗の非分を指摘した綸旨を天台宗へ発給してほしい」と求めていると連絡があった。宣教はこれに対し、村井貞勝（信長の京都所司代）へ連絡（「耳打」）

するよう返事をした。

天台宗側（道順）が綸旨発給を求めるにあたり添付したのが綸旨案aであり、それを貞勝らが検討した結果、若干の字句修正のうえ発給されたのが綸旨案bである。綸旨案bは『宣教卿記』に収められた女房奉書とともに、六月二十五日をそう下らない時期に発給された。

信長は二十七日に上洛したあと、貞勝を通じてか絹衣相論に関する情報を耳にした。信長は綸旨案bの発給をとめることはしなかったものの、朝廷政治のあり方に疑問を抱き、天皇は天正二年の綸旨を調えた公家柳原資定を勅勘に処した（処罰は信長の意向を受けてのもの）。朝廷は、前年の「謀書綸旨」が露見したにもかかわらず、綸旨案bの調達に際して十分な審議や手続きができない状態にあった。

これに対して神田氏は次のように解釈し、堀説を批判する。

道順の申し入れを伝えた新大典侍局に対し、宣教は貞勝に相談すべきだ（「耳打」）と返答した。これを受け道順は貞勝に相談したのか、女房奉書と綸旨案aが作成され、それにしたがい綸旨案bが作成された。しかしながら綸旨案bには日付・発給者の記載がないことから、実際には発給されていない可能性がある。資定の勅勘は、真言宗側に近い存在であったため、天台宗側によって処罰が求められてのものである。

問題は、綸旨案a・bおよび女房奉書の作成の順番、および史料的性格の見きわめ、その作成・発給に関与した新大典侍局・上乗院道順・村井貞勝・中御門宣教相互の関係をいかに考えるかにあるだろう。

次に私見を述べる。

綸旨案bには日付がないこと、青蓮院文書の一部が混入した（註（10）参照）『願泉寺文書』中に収められていること、綸旨案aに見られない「言語道断之次第也」「謀書」といった強い語感の文言（傍線部）が含まれていることなどから、これがもっとも早い段階に天台宗側によって作成され、発給が求められた綸旨の原案であったと推測される。[19]

『宣教卿記』については次のように解釈する。この日宣教のもとに綸旨発給を求めて来訪したのは道順であり（来申）、彼は新大典侍局から「天台へ綸旨調え遣わすべきの由」を仰せつかってきた。新大典侍局の意向が六月二十五日付の女房奉書である。いや、女房奉書という文書の性格上、これは正親町天皇の意向とみなすべきだろう。この文書は綸旨作成を職務とする右中弁宣教に対しその作成を指示したものである。

女房奉書を読むと、ここに至るまでのあいだに、村井貞勝から何らかの理由でいったん待ったがかかり（「しさい候よし申され候まゝ」）、これに対し青蓮院門跡尊朝法親王から事情説明がなされた結果（「とゝけまいらせ候へハ」）、問題なしとなったので、綸旨作成を望んだということがわかる。そして一緒に添えられたのが綸旨案aであった。

以上のように考えると、綸旨案bは文言に穏当さを欠いていたためか、貞勝が難色を示して差し戻され、尊朝法親王が乗り出して綸旨案aが作成されたという流れが想定される。綸旨案bが作成された時点ですでに貞勝が口をはさんでいる点、彼の立場をいかに考えるべきか問題となるが、ここでは深く触れない。さてそうしたいきさつにより綸旨案bが新大典侍局・道順から宣教に示されたため、宣教は貞勝に報告してから作成する旨（「村井ニ耳打可相調之由」）を返事したのである。

以上のような道順の動きは、真言宗に好意的な立場からは胡乱な行動と受けとられていた。五人の奉行の一員となる公家三条西実枝は、醍醐寺理性院堯助に宛てた書状（史料16）のなかで、「今日者彼真言・天台之儀、上乗院殿卒爾之儀ニて申事出来候間、各諍論半候間」と書いている。この書状には日付がないのだが、右に述べた六月二十五日における上乗院の行動を指す可能性が高い。[20] 実枝は道順の綸旨発給をめぐる動きを「卒爾之儀」（だしぬけの行動・軽々しい行動）と批判的なまなざしで見たのである。

宣教が作成を指示された綸旨案b（aにも）に「恣申掠綸旨、剰執奏不相届之段」とあり、前年に出された真言宗有利の綸旨の破棄を強く打ち出していることから、六月二十五日の時点ですでに資定は勅勘に処されていた可能性がある。

この直後、七月三日付で尊朝法親王が常陸薬王院住持尊仁に出した書状（史料17）によれば、前年出された綸旨の不当を訴えるため、薬王院から使僧中道院が派遣された（時期は未詳）。そこで尊朝が禁裏にこのことを申し入れたところ、天正二年の綸旨は「奏聞相違の子細」があることがわかった。これは綸旨を掠め申したことにほかならず、曲事であると書かれている。

朝廷では、薬王院からの訴えがあってはじめて、天正二年の綸旨が「奏聞相違の子細」によって掠めとられた、つまり天皇のあずかり知らぬところで作成されたことがわかったのかもしれない。この綸旨は天台宗側の主張によって、綸旨案bにあるとおり「謀書」とみなされた。天皇はすぐさま綸旨作成の張本人である柳原資定を勅勘に処すとともに、新大典侍局・上乗院を介し、女房奉書と綸旨によって天正二年綸旨の無効を宣言しようとしたのである。

2　信長の上洛と判断

信長は長篠の戦いで武田氏の軍勢を打ち破った一ヶ月後に上洛し、六月二十七日に京都へ入った。中御門宣教のところで綸旨発給をめぐるやりとりがなされた二日後のことである。これは推測だが、上洛直後村井貞勝は、宣教から「耳打」（報告）された綸旨案aの内容や相論の経緯を信長に伝えたのではあるまいか。

先に触れた尊朝法親王書状（史料17）の原文をあらためて掲げれば、「去年七月彼真言宗申出　綸旨者、奏聞相違之子細候、絹衣着用之段者、更無㆓勅許㆒候、掠申条、為㆓曲事次第㆒之由、既被㆑及㆓御沙汰㆒候、棄破之可㆑被

レ成二下　綸旨一之由候、然処信長為二御公事法度一、被レ相二定奉行五人一候間、重而可レ被レ歴二沙汰一之旨候、先無二別儀一之趣旨、為二意得一染レ筆候也」とある。天正二年綸旨棄破の綸旨が成し下されようとしていた。しかるところ、信長が公事法度のために五人の奉行を定め、重ねて沙汰をおこなうこととなった（でも心配することはなかろうから、ひとまず報告しておく）というのである。

史料17よりおそらく少しあと、誠仁親王が尊朝法親王に宛てた書状（史料18）には、「去年七月の綸旨ハ、きぬの衣御めんにてハ候はぬを、日野一位（柳原資定）申しやうの文言をとゝのへくたし候につきて、勅かん候所に、信長より五人の伝奏をさため、諸事申入候」とある。

つまり、六月二十五日の段階で前年の綸旨発給に携わった資定が勅勘を蒙り、あらたに天台宗有利の綸旨の発給がなされようとしていたまさにその直前、貞勝から報告を受けた信長が疑義を呈し、五人の奉行を定めて審議を彼らに差し戻した（「重ねて沙汰を歴らるべきの旨」）のである。したがって綸旨案bのみならず、綸旨案aもまた発給されずに終わったと考えるべきだろう。

それではなぜ信長は綸旨発給に待ったをかけたのだろうか。

津野氏によって紹介された『東寺百合文書』中の三条西実枝書状（史料25）において、五人の奉行の一人に選ばれた実枝が理由をこう述べている。「禁裏之御儀共、如何辺取沙汰、余以無二正躰一之由信長被レ申候者、五人之奉行相定候」。すなわち「天皇のなさりようについて、どのようなお考えがあって決められているのか、あまりに頼りないありさまである」と信長が申してきたので、五人の奉行が置かれたのだ、と。

天正二年綸旨では、天文二十四年綸旨を破棄し、真言宗有利の判断を下した（これは天皇の勅許を得ずにおこなわれた可能性はあるが）と思ったら、今度はまったく逆転して天台宗有利の裁定を下そうとしている。廷臣個々からの要請を熟慮せず受け入れ、結果的に短期間に正反対の命令を下そうとしている正親町天皇の政治的判断のあり方に信長は強い懸念を抱いた。その振幅が極端に大きければ為政者の信頼低下をまねきかねない。これを防ぐため信長は、勅断以前に五人の奉行のもとで案件を審議させ、最終決定させようとしたのではないだろうか。正親町天皇が広い視野をもって状況判断をおこなう資質に欠けていたらしいことは、当の三条西実枝が批判していた。前年の十二月、実枝は「惣別当朝之躰、上下共ニ不信之故、神事之法度以下、一向無二正躰一」ことを歎き、「上一人之御覚悟之相違ニて、万人之行跡相破候事」を恐れた。「恒規之御祈も為二天下一と被二思食一候者、御一身も可レ全候、只四町まちの中一と被二思召一候てハ、無二勿躰一事候」と、恒例の祈禱を天下のためを思っておこなうのではなく、身の回りの狭い範囲のためだけしか考えない天皇を苦々しく見つめていたのである。[21]

こうした天皇の判断のぶれは、翌天正四年に発生した興福寺別当職相論のおりにもくりかえされた（第二・三章）。このときはとうとう信長も堪忍袋の緒を切ってしまうのである。

さて、その結果設置された五人の奉行は、三条西実枝・勧修寺晴右・甘露寺経元・庭田重保・中山孝親という面々である。右に引用した七月三日付の史料17に設置が触れられているから、彼らは、信長が上洛した六月二十七日から七月三日のあいだに定められたことになる。

3　五人の奉行による再審議

再審議の結果、最終的に発給された綸旨（史料26）を最初に掲げる。

> 天台真言衣躰相論事、及二確執一之由、太以不レ可レ然、既延暦・弘仁之永　宣旨歴然之条、於二両宗門末寺之制法一者、　聖断依レ可レ有二猶予一、不レ拘二理非一、始二於　先朝天文廿四年之　綸旨一、至二去年之　勅裁一、皆悉被二毀破一訖、所詮諸末寺、如二先規一各々為二本寺之沙汰一、可レ進二止之一、若本寺之成敗猶有二未断之議一者、可レ被レ加二　勅命一者也、然上者顕密互加二優恕一、各閣二諍論一、可レ令レ専二天下鎮護一之旨、対二関東中両宗門一可レ相二

触レ之者、

天気如レ此、悉々レ之、以状、

天正三年八月四日　右中将判（中御門宣教）

江戸但馬守館（重通）

五人の奉行が定められてから約一ヶ月後の日付で出された右の綸旨では、天文二十四年・天正二年の綸旨いずれも破棄し、絹衣着用の是非については本寺の沙汰に任せるという裁定が下された。宛所は江戸重通であり、重通から両宗に触れるよう求められた。つまり朝廷は、天台・真言いずれに理があるのかを判断することを放棄したのである。天台宗側に肩入れした六月二十五日提案の綸旨案aからは大きく後退してしまっている。以下この綸旨発給前後の動きを史料的に跡づけてゆきたい。

設置された奉行たちの最初の仕事は、勅勘を蒙った柳原資定の赦免要請であった。『公卿補任』によれば資定は七月十四日に免ぜられたという。先に触れた尊朝法親王宛誠仁親王書状（史料18）の後半において、「又日野一位勅めんの事ハ、たとへ御いきとをり（憤）ふかく候とも、此度ハいかやうにもめしいだ（召出）され候やうにと、ことをわけて、五人の伝奏御わひ（侘）事を申候ほとに、勅めん候事にて候」とある。したがってこの書状は十四日からさほど下らない時期に書かれたと推測される。

右の引用部の直前、実はここですでに八月四日付綸旨の方向性が示されていた。「天文廿四年より、こその綸旨までことく〵く棄破候て、今より本寺〵〵の法度をまほ（守）るへきよし、又此分に五人としてひはん（批判）候事にて候、本寺をさしをき、すくに申候ゆへ、かやうにみたりかはしく候まゝ、今よりは、本寺〵〵より諸事申入候へきよしさためられ候」。ということは、再審議が始まってほどなく、あたらしい綸旨の内容は固まっていたことになる。

この方針は誠仁親王から天台宗側の尊朝法親王に伝えられただけでなく、五人の奉行からも真言宗側の理性院堯助へ報告されている。中山孝親は七月二十六日の時点で堯助に対し「所詮向後為二本寺一、守二延暦弘仁之法度一、着用之事者可レ依レ例之間、互不レ致二相論一候様、江戸方へ可レ被レ成二　綸旨一之由候」と知らせた（史料22）。すでに宛先が重通であることも決まっていたとおぼしい。

孝親の書状は勧修寺晴右書状（史料23）の副状として出されたものである。(22) 晴右書状によれば、絹衣相論について根来寺から「一札」があったことがわかる。真言宗に不利にならぬようにという要請か、もしくは事態がどうなっているのか様子をうかがう内容だったのだろう。晴右は、天台宗からの申し入れがあったものの、この件はひとまず落着したので、そう根来寺に伝えてほしいと堯助に報じた。史料25にあるように、三条西実枝も真言宗門跡僧に再審議の結果を伝えているから、五人の奉行は概して真言宗側に好意的であった。

ところで、先の史料18において、尊朝法親王に再審議の結果を伝えたのは誠仁親王であった。なぜ親王が絹衣相論に関わっているのだろうか。

孝親の日記（『孝親公記』）によれば、五人の奉行は七月後半頃、頻繁にそれぞれの邸宅に集まり、朝廷に持ちこまれた訴訟案件を審議していた。(23) 所領買得や寺院住持職をめぐるもめごとなどがこのとき取りあげられている。五人の奉行に託された案件にはそうしたことも含まれていたのである。

八月に入ると、五人は主として誠仁親王御所に集まり、絹衣相論について審議をおこなっている。(24) 最終的に綸旨が調えられたのは、八月二十日であった。『孝親公記』には「今日関東之綸旨相調了、為二五人一相二渡江戸但馬守使者一了」とあって、この日江戸重通使者に綸旨が手交された。前述のように七月後半の時点で新しい綸旨の方向性がほぼ定まり、実際出された綸旨の日付が八月四日であるにもかかわらず、『孝親公記』を見るとそのあと（記事で確認できるのは五日以降）に審議が本格化され、作成が二十日にまでずれ込んでいる。四日付の綸旨と二十日に作成された綸旨が別のものであるという可能性も否定できないが、四日付綸旨の写しが複数残っているのに対し、二十日付の綸旨は確認されないから、このとき発給されたのが四日付綸旨であったと考えざるをえない。

四日付綸旨には五人の奉行連署の副状も付けられた（史料27）。『願泉寺文書』に残る副状案の端裏書に「以二親王御方御自筆一写レ之」とある。副状は重通に宛て「顕密諍論事、寛宥之綸旨如レ此候、両宗門末寺之衣躰、向後各猥之儀無レ之様、被レ相二触関東中一、令二和平一者、可レ為二国家之忠功一之由被二仰出一候也」と伝えたもので、誠仁親王はこの案を草したのか、あるいは自身で写しを作ったのか、いずれにせよ綸旨発給に主体的な役割を果たしていたことがわかる。

四日付綸旨発給後、尊朝法親王は、その綸旨の内容に不審を抱き、朝廷に抗議したらしい（「今度江戸かたへくたされ候綸旨の使相違の事」）。それに対して誠仁親王は、八月二十四日付で返事を記している（史料30）。そこで親王は、「真言宗へわたし（渡）候へとの　勅定にてハ、しかと候ましく候」と、真言宗宛の綸旨（真言宗に有利な内容という含意か）でないことを強調し、今後こうした問い合わせは誠仁個人に寄せるのでなく「余人して申入れられ候へき事」（正式な手続き経路である五人の奉行を通してという含意か）を説いている。

柳原資定の勅勘、六月二十五日に企図された綸旨案aまでは正親町天皇が裁定の主導的立場であったが、信長上洛後五人の奉行が設置され、あらためて綸旨が作成し直される段階になると、誠仁親王が五人の奉行とともに活動の中核を担い、抗議の窓口的な立場に立つようになった。これは第二・三章にて検討する興福寺別当職相論と同様、いったんなした裁定に対し信長から不服が表明されたことにより天皇が萎縮してしまい、朝廷政務の主導的立場に誠仁親王が立たざるをえない状況に立ち至ったのではないかと思われる。[25] この時期の誠仁親王の立場については第五章にて論じるので、詳しくはそちらを参照されたい。

4 小括

堀氏によって紹介された八月二十八日付江戸重通宛三条西実枝書状（史料31）のなかで、実枝は「事之子細従二信長一被二執　奏一、被レ成二下　綸旨一候」と書いた。この部分だけでは、信長の最終判断により相論が決着したという誤解をまねきかねない。本節の検討からもわかるように、天正三年の相論における信長の実際の役割は、前年の綸旨から六月二十五日に提案された綸旨案aに至るまでの天皇の判断の不安定さを是正し、朝廷の裁定が極端にぶれないよう五人の奉行を定めたことにあり、それ以上でも以下でもない。実枝の説明は、途中の過程を大胆に省略したものなのである（客観的状況とは別に、実枝の認識では「信長により決まった」ということだったのかもしれないが）。

三　天正四年における戒光院深増の絹衣着用とその後の経過

1 戒光院深増の処罰まで

天正三年八月四日付の綸旨により、絹衣着用の是非は本寺の沙汰に任せるとした朝廷であったが、翌天正四年に入っても相論は収束せず、なお朝廷を巻きこむ状況がつづいた。さらに真言宗側がふたつに分かれて対立するという事態も発生した。

相論がおさまらなかった原因は、江戸重通の任受領口宣案を伝達する「勅使」として常陸に下着した醍醐寺僧戒光院深増が、絹衣を着したことによる。天正三年末の段階で、常陸薬王院から青蓮院・上乗院に対し、常陸の真言宗僧が本寺の法度に背いて絹衣を着用している旨の注進があったらしい（史料34・35）。天台宗側は、天正三年の綸旨にある「如先規」という文言を「台家理運」と解釈したため（史料35）、真言僧の絹衣着用を非としてふたたび問題化した。

常陸の天台宗僧も深増に直接抗議した。天正四年に推定される仲春（二月）六日付書状（史料36）は、深増とその弟子がともに絹衣を着していたことを咎め、「傍若無人」と非難した抗議文である。これに対し深増は、絹衣相論に関する綸旨は江戸重通に宛てて出されたのだから、判断は重通次第であると回答している（史料37）。深増の行動は朝廷にも報告されたとみられる。東国における真言宗僧の絹衣着用について、三宝院門跡義演に対し勅問がなされ、義演は次のように答えている（史料38）。

（端裏書）「勅問　三宝院御請」

関東真言宗絹衣着用之事、被㆓尋下㆒候、従㆓先規㆒、平民於㆓本寺㆒無㆓其儀㆒候、況末寺者可㆑着事、言語道断次第候、雖㆑然為㆓　勅命㆒、戒光院廻㆓愚才㆒由執沙汰候間、内々可㆑得㆓　叡聞㆒所存候処、幸被㆓仰出㆒候条、有様言上之由、宜㆘令㆓奏達㆒給㆖候、穴賢々々、

三月廿五日　　義演

これによれば、問題は「平民」が絹衣を着することの是非にあった。義演は、平民はおろか、末寺の僧侶が絹衣を着することは本寺として許可しておらず、言語道断だとする。このことは、勅命を騙って深増が愚才を廻らしたため問題化したと耳に入ってきたので、天皇の意向をうかがおうと思っていたところ、幸い勅問があったので答えたという。

さらにその三ヶ月後、義演は日野輝資に対し、「於㆓関東㆒戒光院絹衣令㆓着用㆒、剰末寺者許置之儀、先代未聞次第候、弥被㆑任㆓本寺法度㆒之旨候様被㆑達㆓　叡聞㆒者、尤可㆑為㆓本望㆒候」と意志表㆓示する（史料51）。深増は東国

において自身絹衣を着していただけでなく、末寺の僧にも許可していたようである。これが「平民」の絹衣着用の是非ということなのだろう。

義演の回答を受け、あらためて六月二十八日付にて義演に対し綸旨が発給された。深増のふるまいを「曲事」とし、前年「可レ任二本寺之制符一」とした綸旨を再確認するものであった（史料52）。さらに七月二十二日付にて、絹衣相論における朝廷の基本的立場を再確認する五ヶ条の覚書が作成された（史料53）。新出史料なので全文を掲げる。

覚　去年之綸旨之通如レ此、

一、天台真言衣躰相論之儀付、去年之綸旨、両宗申分有間敷事、

一、両宗衣躰以下之法度者、可レ為二本寺次第一、末寺与末寺於二田舎一相論之儀、向後自他令二停止一、任二　勅裁一互ニ和談之事、

一、去年之綸旨、絹衣御免之有無不レ被二仰出一候、所詮可レ為二本寺之法度一事、

一、為二本寺一先規之法度可レ有二下知一儀、為二末寺一自他於二違背一者、可レ為二非分一候事、

一、自他本寺未断之儀在レ之者、以二

勅命一可レ被レ決事、

仰

天正四七月廿二日　（白川雅朝）伯中将判

宰□□（焼損）判

すなわち、（1）前年の綸旨の再確認、（2）衣躰については本寺の法度次第とし、田舎での末寺同士の相論を停止する、（3）前年綸旨が絹衣免許の有無について定めたものでないことの確認、（4）本寺の法度に従わない

のは非分であること、(5)本寺において決定がなされないばあい勅命にて決すべきこと。以上五ヶ条である。義演も、五ヶ条を認めたうえで、院家の絹衣着用は「当寺の次第」として許容するものの、平民・末寺の着用は曲事とすることを江戸重通に宛てて伝えている（史料56）。

義演が深増のふるまいを非としたことにより、前年綸旨に背いた深増が処罰されることになった。神田氏が論じたように、処罰は信長によって執行された。

【史料64】

就㆓常陸国天台・真言両宗絹衣相論之儀㆒、去年対㆓江戸但馬守㆒、任㆓本寺之法度・同先規之旨㆒、可㆑致㆓其沙汰㆒之由、被㆑成㆓下　綸旨㆒之処、戒光院深増掠㆓　勅裁㆒、背㆓寺法㆒、諸末寺之族絹衣令㆓免許㆒之条、言語道断之次第也、真言宗於㆓制符㆒者、仁和寺幷当院被㆓対申㆒　禁裏御一行歴然之上、重而青蓮院宮より当院江被㆑成㆓倫命㆒之条、弥可㆑為㆓本寺之下知㆒、至㆓彼悪僧㆒者、可㆑処㆓罪科㆒候也、恐々謹言、

九月二日　　信長

（礼紙上書）「三宝院殿　　信長」

右の書状[26]により、天正四年九月の時点における信長の考え方を確認すれば、あくまで前年江戸重通宛に出された綸旨を尊重し、それに深増が背いたので処罰するというものである。やはりそれ以上ふみこんだ判断をするような積極性は見られない。深増は九月七日以前までに醍醐寺を追放されている（史料65）。

2　真言宗内部での対立

三宝院門跡義演が、配下の院家である戒光院深増の罪科を認め、絹衣着用に関する見解を表明したことで、この時点での絹衣相論は落着したように思われるが、このことが別の問題を惹き起こした。

信長による深増処罰の朱印状が出される以前、根来寺僧とみられる尊忠なる僧が、醍醐寺山上奉行に宛て、当御門跡（義演）が「天台方江被レ成二御同心一」たことについて、これが事実ならばもってのほかであり、「誠可レ為二自宗滅亡一候」と強く抗議したのである（史料63）。義演が深増の行動を非とみなしたことは、宗派への背反行為と受けとめられた。

深増の処罰撤回要請については、別に仁和寺門主任助入道親王からも信長に申し入れられていた。このことを薬王院に伝える天正五年と推定される七月九日付青蓮院坊官鳥居小路経孝の書状（史料87）によれば、天正四年十一月十四日、任助は三条西実枝を通じ信長へ抗議したところ、滝川一益・羽柴秀吉・松井友閑三名をもって青蓮院に尋問がおこなわれ、最終的に「最前以二綸旨幷朱印之通一、御理運相究候」となったという。

別の史料（天正五年と推定される六月二十七日付の史料85）によれば、去年（つまり天正四年）の義演の「御約」の問題により、信長のところに任助・尊朝・義演が呼び寄せられ、対決を遂げた結果、「従二仁和寺一八宗惣法務之儀被二仰究一候之間、被レ経二信長一、叡慮可レ為二仁和寺次第一旨一着」となったとある。この信長が関係したふたつのできごとが同じことを指すのかわからないものの、真言宗内部でも、仁和寺任助と三宝院義演両者のあいだに見解の対立があったことをうかがわせる。

深増処罰の信長朱印状が義演に対し出されたとき、義演はそれを携え参内し、天皇・誠仁親王・上臈局に「御祝着の御礼」をおこなった。天皇への申次を勤めた山科言経は、この朱印について「今度戒光院暴逆ニ付テ朱印、三宝院理運之旨」と書いている[27]。「三宝院理運」という表現がほかに残る関係史料と齟齬することから、堀氏・神田氏いずれも解釈に苦慮していた史料であったが、これは深増の非を認める（深増を見捨てる）という義演の考えが認められたことを感謝する御礼だったのかもしれない。深読みすれば、この時点からすでに真言宗内部で深増を支持する立場と義演とのあいだに対立があり、義演のほうが「理運」と認められた可能性もあろう。

先に触れた烏居小路経孝書状（史料86）の冒頭には、「彼儀江戸殿就二未裁断一、真言宗絹衣着用之由、不審存候」とあって、書状が書かれた天正五年七月の段階でもなお、真言宗僧の絹衣着用に対する天台宗側からの抗議があったことがわかる。そしてそうした状況をもたらした原因は、重通の「未裁断」にあった。結局、絹衣着用の当否は、当地を支配する領主である江戸重通の判断如何にかかっていたのである。

綸旨や信長の朱印状は、それを受けとった各宗派にとって、自分たちの主張を支える源泉となり、処罰の根拠となったが、遠く離れた常陸における効力までは保証されなかった。絹衣相論が天皇を源泉とする統一権威・権威秩序を地域に再生産させることになったとはいいがたく、ましてや、信長によって相論が決着をみたわけでもないのである。

天正四年以降の信長の相論に対する姿勢もまた、天正三年の綸旨において一貫して天皇が取りつづけ、みずからも確認してきた態度（絹衣着用は本寺の法度に任せる）を再確認することに変化がなかったのである。

むすび

信長が絹衣相論に「介入」したとされる現象は、勅断が個々の廷臣の申し入れのままおこなわれ、一貫性が見られない状態を是正するための朝廷てこ入れ策をあらわすにすぎない。信長は相論の落としどころを決めようとしたわけではなく、再審議をうながし、その環境をととのえただけで、その結果出された裁定に異を唱えることはしなかった。

この考え方は、五人の奉行を定めた翌年に起きた興福寺別当職相論における信長の態度とも通底している。信長は、東北院兼深による興福寺の先例を無視した別当職競望を天皇と四人の奉行（五人の奉行は天正三年中に三条西実枝が辞退して四人になっていた）がそのまま通そうとしていることを聞き咎めた。

このとき信長が朝廷に伝えたのは、「然時者　禁裏被レ失二御外聞一之儀候、左候へハ信長も同前失二面目一候」ということばである。この一文は、伊藤真昭氏の研究以来、朝廷と信長の協調を示すものとして注目され、堀新氏によって「公武結合王権」の象徴的な文言とされた。

この部分を意訳すれば、「相論の混乱により天皇の判断に信頼性が失われれば、（それを支えている）自分の面目も失ってしまう」ということである。これは朝廷政治へ介入するということではなく、京都を含む畿内中央（天下）を掌握している以上、朝廷政治の混乱は即自身の外聞にもつながるという信長特有の〝恥の意識〟の表明を意味する。朝廷がどのような判断を下してもかまわないけれど、内部対立つづきで混乱して迷走するのだけは御免蒙るということだろう。右に「支える」という表現を使ったが、そこまで信長が考えていたかすらあやしい。

ところで、興福寺別当職相論のおりの記事から、五人の奉行（のち四人）の職務として「禁中之義諸事加二談合一、以二其上一左大将（信長）殿へ可レ得二御意一之旨」が定められたとされている(28)。

ここまで見てきたように、「禁中の儀諸事談合を加え」という事例は、設置直後の『孝親公記』などからも確認できるが、「その上をもって信長の御意を得る」という事例はきわめて少ない(29)。三条西実枝は綸旨に五人の連判がなければ効力がないと定められたとするが（史料25）、五人の奉行の連署状は、この絹衣相論のおり天正三年八月四日付で出された綸旨の副状案（史料27）以外に確認されていない。

「信長より五人の伝奏をさため、諸事申入候」（史料18）、「一切諸事之儀直奏候」（史料25）、「禁中之義諸事加談合、以其上左(右)大将殿へ可得御意之旨」と史料上あることから、信長との関わりで政治史的に重要視されてきた五人の奉行の職務は、朝廷政務全般に拡大解釈していいものなのか、いつ頃まで機能していたのか、あらためて詳しく検討する必要があるのではないだろうか。

註

（1）渡辺世祐「戦国時代関東に於ける天台真言両宗僧徒の争闘」（『仏教史学』一―一・一二、一九一二年）。

（2）宮田俊彦「逢善寺定珍と薬王院尊仁―絹衣相論について―」（『郷土文化』五、一九六四年）、同「戦国時代常陸国天台真言両宗の絹衣争論」（『歴史地理』九九―一、一九六四年）、『水戸市史』上巻・第十章第三節（一九六三年、今枝愛真氏執筆）、『茨城県史』中世編・第七章第二節（一九八六年、菊地勇次郎氏執筆）、『茨城町史』通史編・中世第三章第四節（一九九五年、野内正美氏執筆）。

（3）鈴木芳道「戦国期常陸国江戸氏領絹衣相論に窺う都鄙間権威・権力・秩序構造」（『鷹陵史学』二五、一九九九年）。

（4）伊藤真昭「織豊期伝奏に関する一考察」（『史学雑誌』一〇七―二、一九九八年）、同「織田信長の存在意義」（『歴史評論』六四〇、二〇〇三年）。

（5）津野倫明「「五人之奉行衆」設置と三条西実枝の苦悶」（『戦国史研究』三八、一九九九年）。

（6）堀新『織豊期王権論』（校倉書房、二〇一一年）。

（7）神田裕理『戦国・織豊期の朝廷と公家社会』（校倉書房、二〇一一年）。

（8）藤井譲治『天皇の歴史5　天皇と天下人』（講談社、二〇一一年）。

（9）拙稿「書評　堀新『織豊期王権論』」（『歴史評論』七四八、二〇一二年）、同「書評　神田裕理『戦国・織豊期の朝廷と公家社会』」（『史学雑誌』一二一―九、二〇一二年）。

（10）本綸旨は史料編纂所影写本『願泉寺文書』所収。『吉田薬王院文書』（『茨城県史料』中世編Ⅱ六一号）・『不動院文書』（同Ⅰ一号）にも写しを収める。大阪府貝塚市にある浄土真宗本願寺派寺院である願泉寺になぜ天台宗関係文書が伝来しているのか。影写本を見ると、もともとの伝来文書のほか、青蓮院関係文書が一部混入している（永禄四年七月二十七日付青蓮院宛禁制、尊朝法親王宛信長判物、天正十四年五月十日に院御所における安鎮家国法の勤修を命じる綸旨、尊朝法親王の請文など）。本綸旨の端裏に「従関東支証案」とあり、この写は東国より到来したものと推測される。絹衣相論のおり東国の天台寺院より青蓮院に支証として差し出されたものか。願泉寺文書として伝わる絹衣相論関係文書は、本来青蓮院文書の一部だったと思われる。

（11）また『三千院文書』（史料編纂所影写本）には、これに先がけた六月二十八日付の東国真言宗宛応胤法親王令旨（史料5）一通のみが伝わっている。日付が異なる理由は不明である。

（12）『実相院文書』（写真帳）。

(13)『伏見宮御系譜』（史料編纂所謄写本）・『華頂要略』百四十一（同前）。

(14)『大日本史料』天正二年正月三日条（第十編之二十）。

(15)『天台座主記要略』（史料編纂所謄写本）。

(16)史料12は遠藤珠紀氏のご教示による。史料13を写真付で翻刻紹介した『佐竹古文書』（財団法人千秋文庫編・発行、一九九三年）では差出者を「慶昌」とするが、『鰐淵寺文書』六（史料編纂所影写本）所収の五月十五日付柳原資定書状の差出書を参考にすれば、資定と断定してよい。

(17)『茨城県史』中世編。

(18)自筆原本は早稲田大学図書館所蔵。史料編纂所に謄写本あり。

(19)この点については遠藤珠紀氏のご教示を賜った。

(20)史料16の冒頭に「如二来命一北辺出馬、定雖下可レ為二理運一候上、今度帰陣之上、諸家再興之由申定候き」とある。これは天正三年八月における信長の越前出馬を指すと思われる。論旨からそれるが、すでにこのとき、帰陣後「諸家再興」が予定されていたことがわかり興味深い。「諸家再興」とは、おそらく同年十一月に実施された公家・門跡領の一斉給付のことだろう。

(21)『醍醐寺文書』第二十四函四十六号（史料編纂所写真帳）。第二部第四章および拙著『織田信長〈天下人〉の実像』（講談社現代新書、二〇一四年）第四章参照。

(22)晴右書状は、坂本正仁「天正時の絹衣相論をめぐる根来寺と江戸氏領真言寺院」（『地方史研究』三三四、二〇〇八年）によって紹介された。

(23)『孝親公記』（史料編纂所影写本『記録切』）天正三年七月十八日・二十四日・二十七日・二十九日条。

(24)同右八月五日・六日・十日・十一日・十五日・十六日・十七日・二十日条。

(25)とはいえ、五人の奉行の連署状を正親町天皇自身が写した文書が残っており（史料28）、天皇はこの問題からまったく手を引いたわけでもなかったようである。

(26)別の史料（史料71・72）により、朱印状として発給されたことがわかる。

(27)『言経卿記』天正四年九月十六日条。

(28)『兼見卿記』天正四年七月六日条。

(29)神田註（7）書。

表16　絹衣相論関係史料

	年月日	文書名	宛所	典拠	刊本	備考(年次比定根拠など)
1	天文24年6月26日	金剛幢院真永書状写	月蔵坊	影・願泉寺文書		
2	天文24年7月2日	東寺宝菩提院亮恵書状写	月蔵坊	影・願泉寺文書		
3	天文24年7月5日	山科言継書状写	月蔵坊	影・願泉寺文書		
4	天文24年7月16日	後奈良天皇綸旨写	常州不動院	影・願泉寺文書		吉田薬王院文書(茨Ⅱ61号)・不動院文書(茨Ⅰ1号)にも写を収める
5	天正2年6月28日	応胤法親王令旨	東国真言宗	影・三千院文書	大日本史料	
6	天正2年7月9日	正親町天皇綸旨写	東国天台宗	写・実相院文書	大日本史料	
7	天正2年7月9日	正親町天皇綸旨写	東国真言宗	写・実相院文書	大日本史料	
8	(天正2年)7月9日	応胤法親王ヵ判物写	東国真言宗	写・実相院文書	大日本史料	
9	(天正2年)7月9日	応胤法親王ヵ判物写	東国天台宗	写・実相院文書	大日本史料	
10	天正2年7月9日	応胤法親王令旨写	東国真言宗衆徒	写・実相院文書	大日本史料	
11	天正2年7月9日	応胤法親王令旨写	東国天台宗衆徒	写・実相院文書	大日本史料	
12	(天正2年)7月11日	柳原資定書状写	東国真言宗	古文書(徳川頼房書状以下二十一通)		史料6・7綸旨による判断に協力を求める
13	(天正2年)7月11日	柳原資定書状写	佐竹次郎	佐竹古文書418号	佐竹古文書	
14	(天正3年)5月21日	宝蔵院宥範書状写	真継兵庫助	吉田薬王院文書	茨Ⅱ63号	
15	天正3年	正親町天皇綸旨案	関東天台門徒	影・願泉寺文書		
16	(天正3年)6月25日頃	三条西実枝書状写	理性院	砂巌六	図書寮叢刊	
17	(天正3年)7月3日	青蓮院尊朝法親王書状写	江戸薬王院	吉田薬王院文書	茨Ⅱ64号	
18	(天正3年)7月前半頃	誠仁親王書状	青蓮院	影・輪王寺文書	茨Ⅵ4号	
19	(天正3年)7月前半頃	仁和寺任助法親王書状	新大典侍	影・輪王寺文書	茨Ⅵ3号	
20	(天正3年)7月21日	青蓮院尊朝法親王書状	千妙寺僧正	千妙寺文書	茨Ⅲ51号	「去年七月之綸旨，絹衣無勅許段依歴然，既柳原為勅勘」より天正3年

						間」により天正3年
22	(天正3年)7月26日	中山孝親書状	理性院	マ・仁和寺文書		「江戸方へ可被成綸旨之由」より天正3年
23	(天正3年)7月26日	勧修寺晴右書状	理証院	『弘文荘古書販売目録　日本の古文書―その面白さ，尊さ―』		史料22は本文書の副状
24	(天正3年ヵ)8月1日	法印乗海書状写	水戸十ヶ寺	吉田薬王院文書	茨Ⅱ89号	
25	(天正3年)8月4日以前	三条西実枝書状写	御児	東寺百合文書	東百イ255号	「彼天文廿四年之綸旨を始として悉被毀破候て」より天正3年
26	天正3年8月4日	正親町天皇綸旨写	江戸但馬守	影・願泉寺文書		影・狩野亨吉氏所蔵文書16，影・飛見丈繁氏所蔵文書にも写を収める
27	(天正3年)8月4日	五人奉行衆連署状写	江戸但馬守	影・願泉寺文書		
28	(天正3年)	五人奉行衆連署状写	江戸但馬守	東山御文庫35甲-21		正親町天皇自筆，『蟬冕魚同』にも収める
29	(天正3年)8月21日	柳原資定書状写	江戸但馬守	東山御文庫35甲-21		「如往古任延暦弘仁之永宣旨，毎事可為本寺次第之由，対芳下被成綸旨」より天正3年
30	天正3年8月24日	誠仁親王書状	児の中	マ・種村信子氏所蔵文書		青蓮院尊朝法親王宛と推定，現在明治大学所蔵青蓮院文書
31	(天正3年)8月28日	三条西実枝書状写	江戸但馬守	東山御文庫35甲-21		「事之子細従信長被執奏，被成下綸旨」より天正3年
32	(天正3年ヵ)9月5日	月山寺舜承書状写	吉田山以下十寺	吉田薬王院文書	茨Ⅱ85号	
33	天正3年9月26日	法印宥海奥書		六地蔵寺所蔵聖教奥書	宮田論文	
34	(天正3年)12月30日	上乗院道順書状写	薬王院	吉田薬王院文書	茨Ⅱ102号	「就両宗素絹之儀，被成下江戸但馬守候綸旨」より天正3年
35	(天正3年)12月30日	鳥居小路経孝書状写	薬王院	吉田薬王院文書	茨Ⅱ120号	「去夏被達叡聞衣躰諍論之儀，如先規と被成下綸旨」より天正3年
36	(天正4年)2月6日	常陸天台宗諸寺書状写	戒光院	吉田薬王院文書	茨Ⅱ62号	「旧冬以使僧京都へ令言上候」を史料34・35とみなし天正4年

37	(天正4年)2月6日	戒光院深増書状写	台家諸寺	吉田薬王院文書	茨Ⅱ 101 号	「去年於京都被及御沙汰,江戸但馬守殿へ被成下綸旨候」より天正3年
38	(天正4年)3月25日	三宝院義演書状写		影・輪王寺文書	茨Ⅳ 5 号	戒光院の記事により天正4年
39	(天正4年)4月3日	青蓮院門跡坊官書状写ヵ	吉田山薬王院	吉田薬王院文書	茨Ⅱ 82 号	「三宝院門跡江被仰出御一行」を史料38とみなし天正4年
40	(天正4年)4月3日	鳥居小路経孝書状写	薬王院	吉田薬王院文書	茨Ⅱ 112 号	「三宝院殿江勅問之処,無其儀之旨被申上候」より天正4年
41	(天正4年)4月3日	鳥居小路経孝書状写	閑所僧正	吉田薬王院文書	茨Ⅱ 113 号	史料40と同時と考えられるので天正4年. 宛所は薬王院前住持
42	(天正4年)4月4日	上乗院道順書状写	薬王院	吉田薬王院文書	茨Ⅱ 103 号	「本寺従三宝院門跡,禁裏江有様御返事被申入候」より天正4年
43	(天正4年)4月5日	林垣玄通書状写	薬王院	吉田薬王院文書	茨Ⅱ 108 号	「三宝院殿より有様之御返事被成候」より天正4年
44	(天正4年)4月5日	林垣玄通書状写	吉田山御閑居	吉田薬王院文書	茨Ⅱ 109 号	史料43と同時
45	(天正4年)4月19日	江戸重通書状写	伝奏御奉行衆	影・願泉寺文書		「醍醐寺江有勅問,三宝院御門跡之御請」より天正4年. 文書の日付は29日の誤りか
46	(天正4年)4月19日	江戸重通書状	青蓮院御門跡様	史料編纂所所蔵青蓮院文書		「去年」「被成下勅裁候」より天正4年
47	(天正4年)4月23日	薬王院尊仁・観音寺光賢連署状写	江戸但馬守	吉田薬王院文書	茨Ⅱ 78 号	「去々年真言宗江御勅宣者,自元柳原殿之依御謀書」より天正4年
48	(天正4年)4月24日	常陸天台宗諸寺書状写	江戸但馬守	東山御文庫 35 甲 -21		史料47との共通性より天正4年
49	(天正4年)6月11日	孝親公記抄出		マ・勧修寺文書		天正4年6月11日条とみられる記事の抄出
50	(天正4年)6月21日	宗光寺乗海書状写	薬王院	吉田薬王院文書	茨Ⅱ 88 号	「三宝院之御勅答」より天正4年
51	(天正4年)6月25日	三宝院義演書状	日野(輝資)	東山御文庫 35 甲 -20		戒光院絹衣着用の文言より天正4年
52	天正4年6月28日	正親町天皇綸旨	大納言僧都	影・輪王寺文書	茨Ⅳ 1 号	三宝院義演宛

53	天正4年7月22日	[illegible]		[illegible]		
54	(天正4年)7月28日	理性院堯助書状写	江戸但馬守	吉田薬王院文書	茨Ⅱ 66 号	「去年両宗依訴訟, 如先規可為本寺之沙汰之旨, 被加勅裁」より天正 4 年
55	天正4年7月29日	正親町天皇綸旨写	大納言僧都	影・願泉寺文書		三宝院義演宛
56	(天正4年)7月29日	三宝院義演書状写	江戸但馬守	吉田薬王院文書	茨Ⅱ 65 号	史料 55 の綸旨を受けてのもの. 輪王寺文書に写あり
57	天正4年7月29日	正親町天皇女房奉書	御ちこの御中	影・輪王寺文書	茨Ⅳ 2 号	青蓮院尊朝法親王宛か
58	(天正4年)8月4日	青蓮院尊朝法親王ヵ書状写	江戸但馬守	写・鹿王院文書九		史料 55 の綸旨を受けてのものと推定されるので天正 4 年
59	(天正4年)8月12日	松波資久書状写	江戸但馬守	東山御文庫 35 甲 -21		「御一札」が史料 45,「直札」が史料 61 を指すと推定されるので天正 4 年
60	(天正4年)8月12日	日野輝資追啓状写	江戸但馬守	東山御文庫 35 甲 -21		史料 61 の追啓状と考えられるので天正 4 年
61	(天正4年)8月22日	日野輝資書状写	江戸但馬守	東山御文庫 35 甲 -21		史料 59 はこの副状と考えられ, 史料 60 とともに写されているので天正 4 年. 日付は 12 日の誤写か
62	(天正4年)8月25日	楠長諳書状写	村長(村井貞勝)	吉田薬王院文書	茨Ⅱ 99 号	この結果出された文書が史料 64 の信長文書と考えられるので天正 4 年
63	(天正4年)8月26日	尊忠書状	醍醐寺山上奉行	醍醐寺文書 30 函		「去年既大将殿以御執奏静謐之処」より天正 4 年
64	(天正4年)9月2日	織田信長朱印状写	三宝院	影・輪王寺文書	茨Ⅳ 10 号	「去年対江戸但馬守, 任本寺之法度・同先規之旨, 可致其沙汰之由」により天正 4 年. 史料 71・72 により朱印状写か
65	天正4年9月7日	村井吉忠・同光清連署起請文	大衆	影・輪王寺文書	栃木県史	
66	(天正4年)9月11日	僧実清書状写	吉田山別当法印	吉田薬王院文書	茨Ⅱ 93 号	「京都へ被及言上, 台門利運之儀御綸旨被相調候」が天正 3 年末から 4 年の状況を指すと考えられるので天正 4 年

67	(天正4年)9月18日	青蓮院尊朝法親王判物写	江戸但馬守	吉田薬王院文書	茨Ⅱ 67 号	信長による戒光院処罰の文言より天正4年
68	(天正4年)9月18日	上乗院道順書状写	江戸但馬守	吉田薬王院文書	茨Ⅱ 68 号	史料67の副状により天正4年
69	(天正4年)9月18日	上乗院道順書状写	江戸十ヶ寺	吉田薬王院文書	茨Ⅱ 106 号	信長による戒光院処罰の文言より天正4年
70	(天正4年)9月18日	鳥居小路経孝書状写	閑居僧正	吉田薬王院文書	茨Ⅱ 118 号	日付,青蓮院門跡坊官という発給者の立場,相論が天台宗理運に落着したという内容から天正4年
71	(天正4年)9月18日	三宝院義演判物写	江戸但馬守	吉田薬王院文書	茨Ⅱ 70 号	信長による戒光院処罰の文言より天正4年
72	(天正4年)9月18日	理性院堯助書状写	江戸但馬守	吉田薬王院文書	茨Ⅱ 69 号	信長による戒光院処罰の文言より天正4年
73	(天正4年)9月19日	林垣玄通書状写	尊忠僧正	吉田薬王院文書	茨Ⅱ 111 号	日付,公事の義理運という内容から天正4年
74	(天正4年)9月	上乗院道順書状写	閑居薬王院僧正	吉田薬王院文書	茨Ⅱ 107 号	天台宗の本意に属したという内容,9月という時期により史料67～69と同時に出されたと推定
75	(天正4年)9月29日	鳥居小路経孝・林垣玄通連署礼物書立写	薬王院ほか	吉田薬王院文書	茨Ⅱ 119 号	史料66・70などに見える朝廷への礼物注文にあたると考え天正4年
76	(天正4年)12月13日	僧道僖書状	治部卿	醍醐寺文書 2494 号	大日本古文書	「絹衣の儀一途相究」という状況と,奥裏書の日付天正四年十二月十九日による
77	(天正5年ヵ)2月23日	法印乗海書状写	薬王院	吉田薬王院文書	茨Ⅱ 86 号	史料71奥書から薬王院尊仁が天正4年頃上洛していた可能性があり,その関連で天正5年か
78	(天正5年)3月21日	観音寺光賢・長福寺憲慶・薬王院尊仁連署状	日光山御衆徒	影・輪王寺文書	茨Ⅳ 11 号	「右幕下信長殿之朱印」などの文言を天正4年と見てその翌年5年とする
79	(天正5年)3月26日	宗光寺乗海書状写	薬王院	吉田薬王院文書	茨Ⅱ 87 号	「貴寺京都往覆」の文言および礼物負担のための用途調達の遅延を詫びる内容から天正5年
80	(天正5年ヵ)4月3日	松波資久書状写	薬王院	吉田薬王院文書	茨Ⅱ 79 号	天正4年とする根拠に欠け,薬王院在洛中の音信に関することと考えられることから天正5年と推定

81	(天正5年)4月9日	日光山惣徒書状写	吉田山	吉田薬王院文書	茨Ⅱ 77号	史料78の返書にあたるので天正5年
82	(天正5年)5月3日	孝久書状写	吉田山法印別当	吉田薬王院文書	茨Ⅱ 96号	薬王院上洛，綸旨以下文書発給，御礼負担遅延を詫びる内容から天正5年
83	(天正5年ヵ)6月10日	林垣玄通書状写	薬王院	吉田薬王院文書	茨Ⅱ 110号	相論落着の御礼遅延という内容から天正5年かそれ以降と推定
84	(天正5年ヵ)6月22日	上乗院道順書状写	薬王院	吉田薬王院文書	茨Ⅱ 104号	相論落着の御礼遅延という内容から天正5年かそれ以降と推定
85	(天正5年)6月27日	道信書状	関東諸談義所	六地蔵寺文書	茨Ⅱ	「去年三宝院御約」を天正4年の戒光院の非を認めた史料38・56と考えられることから
86	(天正5年)7月5日	鳥居小路経孝書状写	吉田寺	吉田薬王院文書	茨Ⅱ 114号	「御注文之物」の文言が史料75と対応し，朝廷への礼物遅延を催促する内容から天正5年
87	(天正5年)7月9日	鳥居小路経孝書状写	薬王院	吉田薬王院文書	茨Ⅱ 115号	仁和寺任助が戒光院処罰の不服を申し入れるという内容から天正5年
88	(天正5年ヵ)8月9日	忠舜書状写	吉田山	吉田薬王院文書	茨Ⅱ 84号	相論落着の御礼遅延という内容から天正5年かそれ以降と推定
89	(天正5年)8月16日	鳥居小路経孝書状写	中道院	吉田薬王院文書	茨Ⅱ 117号	天正4年に相論が落着し，「去春」の御礼のための使僧を待っていたという流れから天正5年
90	(天正5年)8月16日	鳥居小路経孝書状写	薬王院	吉田薬王院文書	茨Ⅱ 116号	史料89と同時に出されたと推測されることから

※典拠項の略称は次のとおり．影：史料編纂所架蔵影写本，写：同写真帳，マ：同マイクロフィルム

※刊本項の略称は次のとおり．大日本史料：第十編之二十三，図書寮叢刊：『図書寮叢刊　砂巌』，茨：『茨城県史料』，東百：京都府立総合資料館編『東寺百合文書』，宮田論文：宮田俊彦「戦国時代常陸国天台・真言両宗の絹衣争論」，栃木県史：『栃木県史』史料編中世一

表17　絹衣相論関係年表

	月　日	摘　　要	典拠
天正2年	6月28日	三千院応胤法親王,東国真言宗に,本寺・東寺・醍醐寺の絹衣着用を認める令旨を下す.	5
	7月9日	天皇,東国天台宗・真言宗に真言宗本寺の絹衣着用を認める綸旨を下す.	6,7
	〃	応胤法親王,東国天台宗・真言宗に,綸旨を守るべき旨を命じる.	8,9
	〃	応胤法親王,東国真言宗・東国天台宗に,本寺・東寺・醍醐寺の絹衣着用を認める令旨を下す.	10,11
	7月11日	柳原資定,東国真言宗に,絹衣着用を認める綸旨が出されたことを伝える.	12
	〃	柳原資定,佐竹義重に対し,真言宗に絹衣着用を認める綸旨が発給されたことを伝え,力添えを命じる.	13
天正3年	(6月以前)	(常陸薬王院尊仁,青蓮院尊朝法親王に対し前年綸旨の非を摘発するため使僧中道院を上洛させる)	17
	5月21日	常陸宝蔵院宥範,真継兵庫助に前年七月綸旨の礼物を進上する.	14
	6月25日	上乗院道順,中御門宣教に新大典侍の女房奉書を示し,綸旨発給を要請する.	宣,15
	6月25日か	三条西実枝,理性院堯助に,絹衣相論のことで「上乗院卒爾の儀」があったことを伝える.	16
	(この間)	(天皇,前年綸旨発給に携わった柳原資定を勅勘する)	18,20,公
	6月27日	信長上洛.	湯
	(この間)	(信長,五人の奉行を定める)	18,25,湯,孝
	7月3日	尊朝法親王,薬王院尊仁に前年綸旨破棄の方針を伝える.	17
	(この間)	(五人の奉行衆,天皇に柳原資定の勅免を請う)	18
	7月13日	信長,五人衆・摂家以下公家衆の邸第を禁裏周辺に集中させようとする.	湯
	7月14日	天皇,柳原資定の勅勘を解く.	公
	(21日以前)	(仁和寺任助,勅問に答え,門下における素絹着用の基準を新大典侍に伝える)	19
	7月18日	五人の奉行衆,三条西実枝第にて評定(内容不明)を行なう.	孝
	7月21日	尊朝法親王,千妙寺亮春に相論の経過を報じる.	20
	〃	上乗院道順,薬王院前住尊忠に,相論の経過を報じる.	21
	7月24日	五人の奉行衆,庭田重保第にて評定(絹衣相論とは無関係)を行なう.	孝

天正3年

〃	五人の奉行衆，禁裏にて審議中の問題について報告する．	湯
（26日以前）	根来寺，絹衣相論についての天台宗側の申し入れについて朝廷に異を唱える．	23
7月26日	勧修寺晴右，理性院堯助に，相論落着を報告し，根来寺へ伝達するよう要請する．	23
〃	中山孝親，理性院堯助に，発給が内定した綸旨の内容を報じる．	22
7月27日	五人の奉行衆，勧修寺晴右第にて評定（絹衣相論とは無関係）を行なう．	孝
7月29日	五人の奉行衆，村井貞勝第にて小野郷公事の儀を議す．岩屋山住持職につき綸旨発給を決す．	孝
8月1日	下野宗光寺乗海，水戸天台宗十ヶ寺に，天台宗理運の綸旨等が発給される旨を祝す．	24
8月2日	五人の奉行衆，評定のため庭田重保第に集まる（さしたる議題なし）．	孝
8月4日	五人の奉行衆，誠仁親王御所に参じ，絹衣相論の綸旨案を議す．	湯
〃	天皇，江戸重通に宛て，絹衣相論につき，天文24年・前年の綸旨を破棄し，本寺の沙汰に任せる旨綸旨を出す．	26
〃	五人の奉行衆，江戸重通に綸旨発給を告げ，その旨を関東中に触れることを命じる．	27，28
8月5日	誠仁親王の招請により五人の奉行衆親王御所に参ずる．	孝
8月6日	中山孝親，親王御所に参ずる．	孝
8月10日	勧修寺晴右・甘露寺経元・庭田重通・中山孝親ら親王御所に参り，絹衣相論綸旨のことを議す．	孝
8月11日	三条西実枝・勧修寺晴右・甘露寺経元・庭田重通・中山孝親ら親王御所に参り，絹衣相論綸旨のことを議す．	孝
8月15日	中山孝親，三条西実枝第におもむき，絹衣相論綸旨について談合す．	孝
8月16日	三条西実枝・勧修寺晴右・甘露寺経元・庭田重通・中山孝親ら親王御所に参る．	孝
8月17日	前日と同じ五人，親王御所に参る．	孝
8月20日	絹衣相論綸旨を調え，江戸重通使者に渡す．	孝
8月21日	柳原資定，江戸重通に綸旨の内容について報じる．	29
8月24日	（尊朝法親王，誠仁親王に発給された綸旨の内容について問い合せる）	30
〃	誠仁親王，尊朝法親王の問い合せに答える．	30
8月28日	三条西実枝，江戸重通に綸旨の内容について報じる	31
9月5日	常陸月山寺舜承，水戸十ヶ寺に，絹衣相論の落着を祝す．	32
（この間）	（戒光院深増，綸旨を伝える使者として常陸に滞留）	33，36，37

天正3年	(冬頃)	(薬王院,真言宗僧の絹衣着用について尊朝に注進,尊朝はあらためて天台宗理運の叡慮を確認する)	34, 35
	12月30日	上乗院道順・鳥居小路経孝,(尊朝法親王の意を奉じ)薬王院に天台宗理運を伝える	34, 35
天正4年	2月6日	常陸天台宗僧,戒光院深増に対し絹衣着用を抗議する.	36
	〃	深増,天台宗僧たち対し,絹衣着用の是非は江戸重通の判断に委ねている旨を答える.	37
	(この間)	(天皇より三宝院義演に対し,真言宗僧の絹衣着用の是非について勅問あり)	38, 39
	3月25日	三宝院義演,天皇に対し真言宗僧絹衣着用の基準について回答する.	38
	4月3日	某,薬王院尊仁に対し,天皇が三宝院義演に出した勅問を伝達する.	39
	〃	青蓮院門跡坊官鳥居小路経孝,薬王院尊仁に義演への勅問の経緯を報じ,前年の綸旨に変更なき旨を伝える.	40
	〃	鳥居小路経孝,薬王院前住尊忠に任僧正の口宣案を伝達する.	41
	4月4日	上乗院道順,薬王院尊仁に,天皇が三宝院義演に出した勅問とその回答の経緯を伝える.	42
	4月5日	青蓮院門跡坊官林垣玄通,薬王院尊仁に天皇が三宝院義演に出した勅問とその回答の経緯を伝え,御礼を促す.	43
	〃	林垣玄通,薬王院前住尊忠に僧正補任を伝え,御礼を促す.	44
	4月23日	常陸天台宗の薬王院・観音寺,江戸重通に天台宗理運とする青蓮院尊朝令旨を伝える.	47
	4月24日	常陸天台宗の僧衆,江戸重通に天正三年八月四日付綸旨の解釈を伝える.	48
	4月25日	三宝院義演の請文と「内裏より奉書」が江戸重通のもとに到着する.	45
	4月29日	江戸重通,伝奏に対し,天台宗・真言宗それぞれを理運と主張する文書を提出し,その優劣の判断を求める.	45
	6月6日	信長,河内より上洛し,妙覚寺に宿す.	
	6月7日	信長,四人衆と談合する.中御門宣教,二条晴良から大乗院の書付を四人衆に届けるよう命ぜられ,四人のもとへおもむくが面会できず.信長,曇華院聖秀から興福寺別当職のことで申し入れを受ける.	
	6月8日	摂家門跡以下の公家衆,信長に面会する.信長,曇華院聖秀と面会する.また,別当職を氏長者晴良の決定事項とし,その旨の文書を出す.未刻(午後2時頃),信長,安土への帰途につく	
	6月9日	宣教,興福寺供目代に信長の判断を伝え,満寺に周知するよう要請する.	

	6月10日	信長の文書が興福寺へ届く.晴良からの文書も学侶に出され,興福寺は集会を開催してこの決定を諒承する.	
	6月11日	江戸重通の使者,受領口宣発給の御礼として禁裏・公家衆に金子を献上する.	49
	(9〜12日か)	興福寺東北院兼深,重ねて未探題別当補任の先例を勘進し朝廷に奏す.	
	6月12日	四人衆,勅使として安土へ下向する.	
	6月21日	宗光寺乗海,薬王院に対し,京都からの奉書・三宝院勅答を見せられた返事をする.	50
	6月21日	信長,両使万見仙千代・堀秀政を奈良に遣わし,筒井順慶・興福寺学侶らに別当職に関する興福寺の慣行を尋問する.	
	6月23日	四人衆,安土より上洛して天皇に祗候する.また夕方,この件について,安土より惟住長秀・瀧川一益が上洛する.	
	6月24日	(信長が興福寺別当を尋円とする朱印状を晴良に出したことを宣教が書きとめる.)惟住・瀧川両人が信長の使者として上洛し,尋円への別当宣下を督促する.宣教,長者宣を書し,飛鳥井雅教を介して禁裏へ送付する.	
	6月25日	三宝院義演,日野輝資に対し,戒光院深増の絹衣着用を非とし,末寺への絹衣許可を否定する.	51
天正4年	6月28日	天皇,三宝院義演に対し,深増の絹衣着用を咎め,前年の綸旨を守るよう命ずる.	52,湯
	6月29日	三宝院義演に対する綸旨が手交される.	湯
	6月29日	信長,別当職相論についての所感を飛鳥井雅教・烏丸光康両人宛の書状のなかで述べ,誠仁親王に真桑瓜を献上する.	
	6月30日	信長献上の真桑瓜(および書状),誠仁親王のもとに届く.	
	(上記の直後)	誠仁親王,信長に対し東北院理運の勅裁を取り消すことを伝え詫びる.	
	7月6日	朝廷政務を四人衆が談合のうえ信長の承認を得て進めることを定めたことについて,四人衆が相論の処理に不行き届きがあったことを信長が咎めた,と吉田兼見記す.	
	7月22日	天皇,前年の綸旨の内容を確認し,それぞれ本寺の法度に任せるべきことを定める.	53
	7月28日	理性院堯助,江戸重通に対し,両宗の相論は本寺の沙汰に委ねられたことを伝える.	54
	7月29日	天皇,青蓮院に対し,前年の綸旨に変更なく,本寺の法度に任せ,新儀の沙汰があったばあい注進すべきことを命じる.	55
	〃	天皇,天台宗側に対し,同日付綸旨を伝達する.	57

天正4年	〃	三宝院義演，江戸重通に対し，前年の綸旨を確認し，真言宗の絹衣着用について五箇条を守るべきことを伝える．	56
	8月4日	尊朝法親王，江戸重通に，五箇条の勅命・三宝院の下知，新儀の沙汰があった場合注進すべき綸旨を受けたことを伝える．	58
	8月6日	信長，四人衆を赦免する．	
	8月12日	日野輝資，江戸重通に，綸旨が下ったことを伝え，祝儀の到着を謝す．	59，60，61
	8月25日	楠長諳，村井貞勝に，天台宗から申請のあった朱印状発給の許可が出たので，使僧を下すべき旨を伝える．	62
	8月26日	醍醐寺僧尊忠，同寺奉行に，義演が天台宗に同心したことについて抗議し，信長へ真言宗の主張を伝えるべきことを申し入れる．	63
	9月2日	信長，三宝院義演に対し，前年の綸旨に反し，深増が絹衣を着したことを咎め，処罰することを伝え，前年の綸旨を再確認する．	64
	(この間)	深増，醍醐寺より離山する．	65
	9月7日	村井貞勝被官村井吉忠・光清，醍醐寺僧徒らとの間で，離山した深増の処遇について起請文を取り交わす．	65
	9月11日	実清(常陸の天台僧か)，薬王院尊仁に，相論の決着を祝し，礼物進納の遅延を詫びる．	66
	9月16日	三宝院義演，参内して深増処分を命じる信長の朱印状を見せ，その礼を申す．	言
	9月18日	尊朝法親王，江戸重通に，信長による深増処分を伝える．	67，68
	〃	上乗院道順，常陸十ヶ寺に，信長による深増処分を伝える．	69
	〃	三宝院義演，江戸重通に，信長の朱印状を下し，深増処分を伝え，国内真言宗に周知するよう要請する．	71，72
	〃	鳥居小路経孝，薬王院前住尊忠に，相論の決着を祝し，僧正口宣の礼物拝受を謝す．	70
	9月19日	青蓮院門跡坊官林垣玄通，薬王院前住尊忠に，相論の決着を祝し，僧正口宣の礼物拝受を謝す．	73
	9月29日	鳥居小路経孝・林垣玄通，薬王院以下常陸の天台寺院に，相論決着についての礼物進上を求める．	75
	(9月中)	上乗院道順，薬王院前住尊忠に，相論の決着を祝し，礼物の拝受を謝す．	74
	11月14日	仁和寺任助，三条西実枝を介し，信長に深増処罰について不服を申し立てる．	87
	〃	(信長，滝川一益・羽柴秀吉・松井友閑を奉行とし，鳥居小路経孝らを尋問し，それまでの綸旨に相違なきことを決す)	87
	12月13日	根来寺大伝法院の僧道僖，三宝院義演に，相論決着を祝す．	76

天正5年	（この間）	（前年冬頃から薬王院尊仁上洛か）	71, 77
	2月23日	宗光寺乗海，薬王院尊仁より，青蓮院尊朝・上乗院道順・鳥居小路経孝らの書状を見せられたことを謝す．	77
	3月21日	薬王院尊仁ら，輪王寺に，相論決着の経緯を報じ，披見のため関係文書を進上する．	78
	3月26日	宗光寺乗海，薬王院尊仁の京都往復の労をねぎらい，礼物進納の遅延を詫びる．	79
	4月3日	日野輝資家人松波資久，薬王院尊仁よりの礼物を謝す．	80
	4月9日	輪王寺惣徒，薬王院に対し，相論の落着を祝し，証文送付に礼を述べる．	81
	5月3日	孝久，薬王院尊仁に，相論決着を祝し，礼物進納の遅延を詫びる．	82
	6月10日	林垣玄通，薬王院尊仁に，礼物進上の遅延を責め，礼物目録の写を添えその進上を促す．	83
	6月22日	上乗院道順，薬王院尊仁に，礼物進上の遅延を責める．	84
	（時期不明）	（信長の第にて，仁和寺任助・青蓮院尊朝・三宝院義演が対決し，天皇の判断にしたがい，仁和寺の判断に委ねることに決する）	85
	6月27日	道信，関東の真言宗談義所に対し，仁和寺任助より絹衣着用を認める命が出ることを報じる．	85
	7月5日	鳥居小路経孝，薬王院尊仁に，礼物進納を促す．	86
	7月9日	鳥居小路経孝，前年11月の尋問の経緯を薬王院尊仁に報じ，江戸重通に真言宗絹衣着用の不許可を徹底させるよう要請する．	87
	8月9日	忠舜（常陸の天台宗僧か），薬王院尊仁に，相論の礼物遅延を詫びる．	88
	8月16日	鳥居小路経孝，薬王院尊仁に，御礼の使者を遣わすことを求める．	90
	〃	鳥居小路経孝，中道院に，年内に御礼の使者を遣わすことを求める．	89

※太線で囲んだのは節目となる綸旨発給の記事．灰色部分は興福寺別当相論に関する記事（本書第三部第二・三章参照）．典拠項の数字は史料番号．典拠項の略称は次のとおり．宣：宣教卿記，公：公卿補任，湯：御湯殿上日記，孝：孝親公記，言：言継卿記

第二章　天正四年興福寺別当職相論と織田信長

はじめに

織田信長にとって生涯最後の年明けとなった天正十年（一五八二）の正月、年始の挨拶のため安土城にやってくる家臣たちに対し、信長は百文（十疋）ずつ礼銭を持参せよという命令を出した。

太田牛一の『信長記』（巻十五）によれば、天主下の本丸御殿から建物に入り、御幸の間・江雲寺御殿など、城内の主要な殿舎をひととおり見物した参礼者たちは、最初に信長と面会した空間である白洲へ戻り、厩の入口に立っていた信長に持参した礼銭を直接手渡した。信長は受け取った礼銭を背後に放り投げたという[1]。〝見物料をとって安土城を見学させた〟とよくいわれる、有名な挿話である。

この話は、興福寺の寺院経営を担う重職である五師という立場にあった大和の僧侶釈迦院寛尊も日記に記している[2]。

寛尊はこの話の直後に、信長にまつわるもうひとつの興味深い噂話を書きとめた。

或人物語云、旧冬少田（織）七兵衛（信澄）殿当国被二申請一度由直訴、達而被二申入一之処、上様（信長）ヨリ、大和ハ神国ニテ、往代ヨリ在二子細一、其国人存知事也、無用之訴訟旨御気色候也、重而被二申出一旨無レ之、止畢、其故者、先年原田（直政）備中守当国為二異見一被二召下一処、無程少坂（大）表ニテ被二相果一、前之松永（久秀）以来、当国乱入武家何モ悉退散之間、

連々被レ及二聞召一歟、至レ于レ今他国等相替無レ別、殊寺門之事、無二異儀一被二相育一間、神光之倍々盛之故歟、
満寺大慶寺門面目也、

前年の冬、信長の甥にあたる織田（津田）信澄が大和を拝領したいと信長に申し出た。ところが信長は、「大和は神国であり、昔から事情があって当国の人間が支配をおこなっている」という理由からこれをしりぞけた。信澄は重ねて訴え出ることはなく、そのまま沙汰やみになったという。

寛尊はこれを知って原田直政や松永久秀の例を想起し、信長は彼らの失敗をふまえて大和を特別あつかいにし、寺門（興福寺）を保護したため、神仏の威光がいっそうこの国を覆うようになったからなのだろうと喜んでいる。信澄が大和拝領を望んだものの、「大和は神国にて」という理由で信長から拒絶されたという噂話をどこまで信用していいかわからない。また、かりに実際そういうことがあったとしても、信長が心の底から「大和は神国」と考えていたかどうかは別問題である。信澄の申し出を拒否する方便として持ちだしてきただけかもしれないからだ。

「大和は神国にて」という発言の真意はさておき、信長が大和という地域をどのように支配しようとしていたのかという問題は、信長の政治支配のあり方、また政治理念のあり方を考えるうえで重要な切り口になりうる。畿内の主要都市である奈良、またそこを拠点として所領支配を展開する興福寺・東大寺といった伝統的な宗教勢力、彼らと強いつながりをもつ朝廷社会、また彼らと密接にかかわりつつ在地に根ざす中小の武士（大和の国人）たちに対し、信長はいかなる考え方により支配をおよぼそうとしたのだろうか。

筆者はこれまで、春日社・法隆寺・東大寺といった奈良の寺社と信長との関係について、いくつかの検討をおこなってきた(3)。このなかで考察したことは、最終的に右に述べたような課題の解明へと収斂してゆくことになるのだろう。

本章では、こうした課題解明の一環として、天正四年に発生した興福寺別当職をめぐる相論を考察したい。相論の過程において信長がいかなる役割を果たしたのか、史料にそくして検討してゆくことで、右に述べた課題解明に一歩でも近づきたいと思う。

一　別当職相論の研究史ともうひとつの課題

天正四年（一五七六）の五月から六月頃にかけ、興福寺別当（寺務）職をめぐり、興福寺大乗院の前門主尋円と、当時権別当であった同寺東北院兼深があらそい、朝廷や信長を巻きこんだ結果、尋円が補任され、兼深を推したとみられる公家衆が信長によって処罰されたという事件が、本章で検討対象とする「天正四年興福寺別当職相論」である。

天正元年九月十七日に松林院光実が別当に、兼深が権別当に補任されて以来この二人の体制がつづいていたが、[4]同四年に別当を改替するにあたり、尋円・兼深二人が名乗りをあげた。結果的に補任された尋円は、すでに大乗院門主を附弟の尋憲に譲って「大御所」と呼ばれる立場にあった。また天文十八年（一五四九）から永禄六年（一五六三）まで一度別当職についていたので、[5]今回が再任になる。

信長との関わりでこの相論に注目したのは、奥野高広氏が最初と思われる。[6]奥野氏は、信長が「政治上で宮廷側を包摂していく過程」のなかで相論に注目し、公家衆への処罰がおこなわれたことから、「もうこの時点になれば、織田政権は公家衆のいわば生殺与奪の権を握り、天皇家の一員となり、天皇に代位して内覧か関白的な立場で宮廷政治を行ったと考えられる」と論じた。

奥野氏の研究とおなじ時期、脇田修氏と藤木久志氏も論文のなかで相論に言及している。このうち藤木氏は奥野氏の見解を受けつぎ、相論を「興福寺の別当職をめぐる寺内の対立紛争に対する宮廷の裁定が信長の反対によって逆転させせられ」たと評し、信長は「宮廷の裁判権の行使に実質的に関与」していると論じた[7]。本来朝廷がおこなうべき政務に信長が介入し、朝廷のもっていた諸権限を侵犯していくという流れのなかで、それを象徴する事件として取りあげられている。

いっぽう脇田氏のばあい、信長は朝廷の保護と政治的利用につとめ、天皇との一体化を目ざし公家権力の頂点に立つことで、公武の権力をあわせた統一権力たらんとしたという考え方に沿って検討を進めており、信長による朝廷への圧力という視座で政治史を把握する奥野氏・藤木氏とは姿勢を異にしている。相論も「国家公権を代表する機構を温存・利用しつつ、実質的支配を試みた」という評価がなされている[8]。

とはいえ、公家衆が信長によって処罰されたことを、足利義昭による公家の処罰の例と重ね、朝廷における信長の地位（武家の棟梁として実質的に権力をふるう）を示すとし、信長が門跡寺院の訴訟の最終決定権をもっていると論じている点、奥野氏・藤木氏の見解からそう距離があるとは思われない。

その後も、朝尾直弘氏が相論における信長の意図を「朝廷の経済と政治を自己の統御のもとにおこうとしていた」とし[9]、これを受けて今谷明氏も「天皇の勅断に大きな制限を加えるとともに、以後、信長が禁裏関係の公事すべてに介入する根拠となったもの」と論じた[10]。相論を信長による朝廷への「攻勢」とみなす考え方は、最近の藤井讓治氏の著書へと受けつがれている[11]。

もっとも近年は、右に紹介した議論とは一線を画した研究が目立つようになっている。きっかけは伊藤真昭氏の研究だろう[12]。従来の研究で依拠されていた史料は『兼見卿記』『多聞院日記』『言継卿記』など、活字化された古記録であった[13]。伊藤氏はさらに、相論が一段落した直後の六月二十九日付で烏丸光康・飛鳥井雅教両名に宛て出された信長の書状（写）に着目し、そこに記された「然時者禁裏被失御外聞之儀候、左候へハ信長も同前失面目候」という文言を重視する。

この部分を読み解いた結果、相論に裁定を下した背後にある信長の意図は、朝廷を意のままにしようとしたのではなく、「信長自身が、最終的な責任を持って、朝廷の「御外聞」を失わないようにしていく、つまり朝廷を支えていこうとした」ことの表明ではないかというのである。これまでの議論を百八十度転回させた大きな問題提起であった。

伊藤氏の見解はその後堀新氏・神田裕理氏に継承された。堀氏はやはり烏丸・飛鳥井宛書状を大きな根拠に、「これは織田権力による朝廷運営への侵犯ではなく、朝廷の腐敗によりやむなく朝廷運営に関与したもの」「織田権力の基本的スタンスは朝廷の保護（＝「朝廷再興」）とそれによる運営の正常化（＝公家一統）であった」と論じた。(14)

神田氏は堀氏の議論を受けて、この相論の結果定められた朝廷における訴訟処理の手続きについて強調する。やはり烏丸・飛鳥井宛書状が議論の重要な位置を占め、「当相論も彼ら公家衆で十分に対応していたならば、信長が乗り出すことはなかった」と論じる。(15)

右に概観した相論をめぐる先行研究の流れは、結局のところ、信長と朝廷（天皇）との関係を対立的とみなすか、協調的とみなすかといった大きな問題の研究史とほぼ重なりあっていることがわかるだろう。逆にいえば、相論の歴史的意義を明らかにすることは、この問題に何らかの示唆をあたえるにちがいない。

烏丸・飛鳥井宛の信長書状という一点の史料への着目が研究の流れを大きく変えたということにも、注目すべきである。堀氏は、この時期の信長と天皇の関係をめぐる評価が大きく揺れ動いている事態を克服するためには、基礎的な事実認識の共有と未刊史料の紹介が必要であると指摘する。(16)信長書状は未刊史料というわけではないが、これまでの研究で用いられてこなかったという意味では、ほとんどそれに準じるといってよい。

本章では、先行研究で触れられてきた史料に、興福寺・春日社に伝来した関係史料をくわえて、検討をおこなう。これらの史料には、興福寺の僧侶たちが別当職相論にどう対処したのかが、はっきりと記されているからだ。そのうえで、あらためて関係史料全体を読み直し、相論の時間的経過をたしかめながら、相論の歴史的意義について考えをおよぼしたい。

信長による大和支配のあり方、信長と朝廷との関係。このふたつの課題をつねに念頭におきながら、以下、天正四年の興福寺別当職相論をめぐる史料を検討してゆこう。

二　別当職相論の史料

天正四年興福寺別当職相論をめぐる関係史料を、史料のまとまりごとに掲出する。(17)

①『兼見卿記』天正四年

（七月）六日、丁酉、出京、三条（三条西実枝）・勧修寺（晴右）・徳大寺殿（公維）各罷向、勧修寺・中山（孝親）・甘露寺（経元）・庭田（重保）、此四人、禁中之義諸事加㆓談合㆒、以㆓其上㆒左（右）大将殿（信長）へ可㆑得㆓御意㆒之旨、自㆓左大将殿㆒被㆓相定㆒云々、今度大乗院殿（尋円）与東北院（兼深）有㆘被㆓申結㆒義㆖、其是非不㆓相届㆒之旨、自㆓左大将殿㆒被㆓仰出㆒、四人之衆被悉（迷カ）惑云々、於㆓禁中㆒度々糺明也、不㆑及㆓委記㆒之間、大方如㆑此、

（八月）六日、丙寅、向㆓村長（村井貞勝）㆒、面会、村長罷㆓向勧修寺所㆒、旧冬四人之公家、勧・中山・庭・甘折檻也、今度免許之由、自㆓左大将殿㆒被㆓仰出㆒、村長申㆓渡四人衆㆒也、予令㆑同㆓道村長㆒向㆓勧修寺㆒、右之旨承了、

②『言継卿記』天正四年

（六月）六日、戊辰、天晴、五墓日、

一、右大将自二河州一今日上洛、去夜逗二留八幡一、真木嶋へ被レ行、原田備中守(直政)雑具被二検知一云々、少々物小姓衆ニ被レ出云々、未刻被レ帰二妙覚寺一、二条殿(晴良)・近衛殿(信基カ)・公家・法中・地下之輩等四十人計有レ之、対面了、

(六月)七日、己巳、天晴、

一、葉室右少弁(長教)出京了、右大将へ礼之儀也、但今日四人衆計可レ被レ来云々、仍各加二斟酌一了、

(六月)八日、庚午、天晴、自二申刻一雨降、

一、朝飡以後右大将家へ罷出、予・葉室(頼房)・左督(竹内季治)・右少弁(葉室長教)・冷泉(為満)・薄(以継)等同道、一条殿(内基)以下公家・門跡・地下之輩迄四十余人礼申了、奏者瀧川伊与守(一益)、又村井長門守等也、次則帰宅了、

(六月)廿四日、丙戌、天晴、土用、十方、、五墓日、

一、竹内(長治)武衛来談、就二興福寺別当之儀一、四人衆笑止之沙汰有レ之云々、自二江州一維住五郎左衛門(長秀)・瀧川伊与守、此儀ニ昨夕上洛云々、

③『宣教卿記』天正四年（早稲田大学図書館所蔵、東京大学史料編纂所架蔵謄写本）

(五月)廿二日、寅、雨下、

一、従二日野(輝資)所一有レ使、如レ此従二南都一申云々、

興福寺別当職長□(者)宣之儀、無二相違一候様、申御沙汰可二畏入一候、恐々謹言、

五月廿二日　法印権大僧都兼深

謹上　南曹弁殿(中御門宣教)

興福寺別当職之事、任二理運一被レ成二下宣下一候様、御　奏聞所レ仰候、恐々謹言、

五月廿二日　法印権大僧都兼深

謹上　南曹弁殿

（五月）廿三日、卯、天晴、夜半時分大雨也、

一、二条殿（晴良）へ参、従二南都一之一通披露スル也、（下略）

（五月）廿四日、戌、天晴、

一、二条殿へ参、従二日野所一散々東福（北）院之事被レ申、成間敷之由返事スル也、

（五月）廿五日、巳、天晴、従二七時分一少ツヽ雨降、

一、日野来、東北院（兼深）之長者宣之事被レ申也、何茂関白（二条晴良）へ可二披露一之由申也、

（六月）六日、戌、天晴、

一、二条殿参之由有二御使一、則参、大乗院殿（尋憲）一昨日御上洛云々、東北院トノ両人ノ申分也、三大（実枝）・甘中（経元）・水無瀬（兼成）・予等也、御酒在レ之、小夜時分迄各祗候也、

（六月）七日、巳、天晴、

一、祇園祭礼也、今日右大将殿（信長）へ各可レ参之由申処、村井今日ハ四人衆計御談合云々、各無用之由申間不参也、

一、新清トキニ来也、次暮々ニ、従二殿下（二条晴良）一有二御使一、大乗院殿御一通、四人衆ニ披露之義被二仰下一、則各へ持行、各他行之由申也、則参、有様申入也、（下略）

（六月）八日、午、天晴、

一、右大将殿へ参也、先殿下へ早々ニ参之由御使有レ之、則参、四人衆へ大乗院殿御一通可レ被レ遣之由也、三大被レ参、種々存分共被レ申也、（下略）

（六月）廿四日、戌、天晴、

一、従㆓信長右大将殿㆒、大乗院・東北院両人御公事ニ付而、大乗院殿御理運之由被㆑申、朱印二条殿へ進上也、又従㆓十二日㆒、四人衆従㆓禁裏㆒為㆓勅使㆒右大将殿へ被㆓罷下㆒也、右大将殿御気色以外ニテ、四人衆ヘノ新地取被㆑返也、早々大乗院殿へ宣下被㆑成候への由、為㆑使瀧川・惟住両人被㆓指上㆒也、則宣下、予書、禁裏へ進上スル也、飛鳥井(雅教)大納言使也、宣下殿下へ進上也、

④『多聞院日記』天正四年

(五月)廿八日、

一、寺務儀付、東北院(兼深)未探題処、叡慮へ申掠、旧記在㆑之由ニテ、種々競望在㆑之、則在京了、大乗院大御所(尋円)御再任理運、則今日東林院(孝誉)・安藝(松井)両使、京へ被㆑上了、

(六月)五日、

一、大乗院殿御上洛、為㆓信長帰陣訴詔(訟)㆒、兼ハ寺家再任為㆓奏問㆒歟、

(六月)十日、寺務再任事、一昨日信長へ被㆓申分㆒之処、被㆓聞分㆒、大乗院御理運ニ落居了之由、信長一札写幷御書被㆑下了、則学侶ヘモ関白殿ヨリ状下、則集会相催、御請被㆑申、珍重々々、大夕立下了、

(六月)廿四日、

一、京ヨリ大乗院新御所(尋憲)御書使少輔来、昨日廿三日、アツチニテ寺務ノ事弥治定了、則勅使奉行庭田(重保)・甘露寺(経元)・勧修寺(晴右)・中山(孝親)、四人知行取上了、幷夕庵(武井)家中ヲ払了、厳重ノ事由也、去廿日寺門へ御両使、在姿被㆑尋、連判ノ一札取テ帰、ソレニテ如㆑此云々、東北院可㆑及㆓迷惑㆒云々、大乗院殿・寺門旁々天下ノ面目云々、

(六月)廿六日、

一、東北院信長ノ儀ニテ、今日順慶(筒井)ヨリ使ヲ入置、道具ヲイロメ検付了、沈思〳〵、諸公事一大事迄也、

⑤『五師職方日記』天正四年（金沢市立玉川図書館近世史料館加越能文庫所蔵『松雲公採集遺編類纂』第七十冊、東京大学史料編纂所架蔵写真帳『松雲公採集遺編類纂』四）

一、（六月）十日、午貝定、於二東室一学侶集会在レ之、当寺別当職之事、当年迄松林院光実被二相居一、年季相過付、次座へ可レ被二相遣一旨也、就レ之権別当東北院兼深可レ被レ任之旨、京都叡慮付、色々被二苦労一、雖レ然此躰之事者、未探題之間、可レ被レ任之儀不レ可レ然旨、学侶決諾而、去月廿九日宿院目代殿（島田久家）へ以二一札一被二申送一、以二其筋一今日従二京都一宿院目代殿一札到来之間、被レ相二催集会一也、先去月廿九日寺門訴状之旨、

当寺別当事、東北院僧都競望之儀、従二大乗院家一不レ謂之由、以二御一札一御披露候、委曲彼面可二相見一候、良家中未探題之躰、別当仁被レ任儀可レ為二如何一候哉、寺法仁不二相背一、近来如二在来一御下知肝要由、可レ預二御披露一候、恐々謹言、

五月廿七日　　供目代澄専

宿院目代殿

南曹内々人也、寺門ヨリノ書状関白殿へ付時、必々宿院目代へ付也、

東北院競望之旨者、未探題ニテ寺家被二相拘一旧記在レ之間、任二其旨一可レ被レ任由也、大乗院殿新御所尋憲被レ仰様、并寺門被レ申事ニハ、近代未探題之良家衆、寺務被二相拘一儀珍敷儀也、従レ昔さ様之例雖レ在レ之、可レ被レ任二近例一段、通途之条、非レ例者不レ可レ成二于例一旨也、但如何様之勝例在レ之候や被レ尋処、二百年計前ニさ様之儀在レ之旨、被二勘出一者也、雖レ然其例当時希也、殊更悪例而、天下乱各折節、東院円守僧都房之時、暫六ヶ月之間可レ被レ拘躰、依レ無レ之、無レ力被レ預レ各也、其子細者、頓而無レ程後実之寺務而、探題以後如レ常三年被二相拘一者ナレハ、不実儀次第也、其段難レ被二承引一、并其前八百年計前ニモ、未探題躰被レ拘例在レ之由、雖レ被二勘出一、是ハ又寺門之儀院家門跡ハンシン等之階級モ無レ之時歟、是又更非二勝列（例）一

殊東北院之次ニ権別当ニ可レ被二相任一躰無レ之由被レ申処、権別当モ兼テ被二相拘一タル先例在レ之由、被レ勘由ナレトモ、其モ可レ然例ニハアラサルトテ、於二京都一公家中色々取々被二判談一、東方被レ仰事不レ可レ然間、大乗院大御所尋円、再任可レ然之由ニテ、宿院目代殿ヨリ寺門ヘ書状相付間、任二其旨一、再任之儀於二学侶一被二治定一了、彼状云、

興福寺別当職、大乗院御再任之事、被レ任二理運一之段、満寺群議之旨、御奏聞候処、東北院掠二　叡慮一競望、以之外次第候、然処昨日従二　右大将殿(信長)一、為二御家門一任二寺法一可レ有二御下知一之由、厳重之書札被レ進之条、彼案為二大衆披見一被レ差二下之一候、弥可レ被レ成二其分別一之由、南曹弁殿御奉行所レ候也、恐々謹言、

六月九日　　左近将監久家(島田)

供目代御房

右大将殿書状案云、写、

昨日従二曇花院殿(聖秀)一、興福寺寺務事被レ仰候、今日令二直談一候処、一向相違候、所詮近代如二有来一任二寺法一為二　家門一可レ被二仰調一事専一候、自然申二掠　叡慮一、参差之儀候者、御異見簡要候、恐惶謹言、

六月八日　　信長在判

二条殿(晴良)

従二寺門一京都宿院目代殿御返条之趣云、

当寺別当職事、任二先例之寺法一、為二関白殿下一被レ成二御計一之由、不レ及二是非一候、則大乗院僧正御房御再任御理運之条、尤珍重候、於二満寺一弥先規之筋目奉レ仰候、随而右大将殿御一札被二見下一候、畏悦至候、可レ有二御披露一旨、学侶群議候也、恐々謹言、

六月十日　　　　供目代澄専

宿院目代殿

一、如レ此有テ事済ケルカト覚ユル処、又当月廿日従二右大将殿信長ノ事一、以二両使万見仙千代・堀久太郎（秀政）一寺門へ可レ被二相尋一儀在レ之間、早々一所へ可二相寄一由、官符順慶人被レ副被レ申間、則五人職衆成身院辺へ七之過ニ被二打寄一、来廿八日御得度之儀付、今日者一乗院殿（尊勢）へ各為二御見廻一被レ出、其座敷ヨリ直ニ被二相寄一了、然処、御寺家儀、大利様（内裏）（正親町天皇）幷関白殿（二条晴良）ヨリ左右ニ被レ仰事在レ之間、在様左可レ承之旨、キツメテ被レ申間、先段之旨以二一書一被レ申畢、

其一書云、

覚

一、興福寺別当之儀、預二御不審一候、一乗院殿・大乗院殿者、大会講師一度今日おこなわせられ、其会中ニ、別当御存知也、是則御門跡之規模により如レ此事、

一、平の良家中者、大会講師御執行以後、又大会ニおわせられて、別当御存知也、さやうニ無レ之てハ、別当御存知之儀、近代ハ不レ存事、

一、近代別当次第、一乗院殿（覚誉）・大乗院殿（尋円）・喜多院家（空実）・修南院家（光尊）・光明院家（実暁）・松林院家（光実）、近来御寺務如レ此也、是ハ御先途如レ右満故、如レ此御存知也、東北院家ハ一度大会講師御執行後者、于レ今大会無レ之間、別当に御すわりの儀可レ為二如何一候哉、久儀者慥覚不レ申候事、

以上、六月廿一日　　　　供目代判

万見仙千代殿　　　　摩（尼）口珠院判

堀久太郎殿　　　　三学院判

観禅院判
西発志院判
珍養(蔵)院判

如レ此被二沙汰一、被レ出以後、頓而従二寺門一以二両使節一両人へ御礼被レ申畢、両使節ハ珍蔵院・三学院、面ニテハ此題目菟角被レ申儀無レ之、右之指副ハ悉皆順慶幷井戸若狭(良弘)方沙汰也、サテ廿四日ニ、従二大乗院大御所一、以二西坊宗顕一被レ仰様ニ、今度御寺家之儀付、学侶各馳走御祝着也、則於二右大将殿前一、弥以令二一途一、寺門被二申分一フン事聞ユルニヨリ、落付条、珍重之旨被二仰出一間、於二寺門一モ大慶旨御返事申上畢、

⑥『天正四年丙子恒例臨時御神事記』(「春日社司祐礒記」、史料編纂所架蔵写真帳『春日大社史料』三二)

一、(六月二十一日)寺家之儀、大乗院大御所(尋円)於二細入一召而可レ持之由被レ仰レ之、此子細、従二殿下二条殿・同三条西殿(実枝)一、信永(長)江御入魂在レ之、又権別当東福(北)院殿可レ被レ持之由被レ仰レ之、此子細者、以二勅使一信永江被レ仰出之一、然間、従二信永一両使者千々世(万見仙千代)・同急太郎(堀秀政)、此両人筒井江召二下之一、寺家之儀、大乗院殿大御所御理運候哉、又東福院殿御理運候哉、於二寺門一先規様躰被二相尋一、⌈(虫損、以下同じ)⌋此□筒井順慶学侶被⌈⌋⌈　⌋両御□跡者、大会御沙汰在レ之⌈　⌋持事先規候、平之院家者大会沙汰在レ之而、其以後□自余人大会有二沙汰一而、其大会仁次第之先途沙汰在レ之、其以後寺家被レ持事、二百年三百年以来寺門先規候、一段人客先規者寺門仁不レ存候由、学侶之返条之、従二信永一使者成身院仁居レ之、筒井順慶上洛之、東福院殿者大会御沙汰在レ之而以後、大会無レ之間、御理運無之由被レ申レ之、

一、廿六日、大会之儀、大乗院殿大御所御理運之由、信永被レ申レ之、東福院殿者非レ謂非二公事一、被レ召間安堵不レ可レ叶由、信永則直逐二電之一、内裏之奉行被レ召二公家四人一、知行分被レ改二替之一、仍東福院今日被レ符二納之一、真巳(万見仙千代)千千世来之、

⑦『東大寺大仏殿尺寸幷私日記』（『松雲公採集遺編類纂』第八五冊、史料編纂所架蔵写真帳『松雲公採集遺編類纂』九）

一、南都大乗院之大御所（尋円）ト東北院（兼深）ト寺家別当職ヲ天中ヘ御申被レ成、又大御所ハ二条之関白殿ヲ以テ信長ヘ被二仰出一候処ニ、信長ヨリ両使ヲ下向、寺門之儀ヲ御尋被レ成候テ、東北院ノ御ヒカコト也、公家衆三人賓（ヒン）出、庭田殿（重保）・勧修寺殿（晴右）・広橋殿（兼勝）、幷院家内衆マテ逃散仕候、六月　日、

⑧『尊経閣古文書纂』編年文書五〇九号（奥野高広編『増訂織田信長文書の研究』一〇九二号、史料編纂所架蔵写真帳『尊経閣古文書纂』三二）

昨日従二曇花院殿（聖秀）一、興福寺々務事被レ仰候、今日令二直談一候処、一向相違候、所詮近代如二有来一任二寺法一、為二家門一可レ被二仰調一事専一候、自然申二掠叡慮一、参差之儀候者、御意見簡要候、恐々謹言、

六月八日　信長（花押）

二条殿

⑨『昭和四十三年六月古典籍展観入札目録』所収文書（奥野高広編『増訂織田信長文書の研究』補遺一八〇号）

今度南都寺務之出入、尤可レ有二納得一候、沙汰之限之子細候、万々　朝廷相滞候へハ、下々猥之段勿論、依レ之不二相紛一之様ニも、四人衆以二誓帋一申定候処、誠明鏡之段、不届之仕立無二申計一候、然時者　禁裏被レ失二御外聞一之儀候、左候へハ信長も同前失二面目一候、雖レ然為二自今以後一不二申沙汰一も如何之条、右分候、各併各未レ糺之故、口惜題目候、上御事不レ及レ申、傍輩中見限候、乍レ去為二冥加一候間、此瓜　親王（誠仁親王）様へ進上候、雖二些少候一、濃州真桑と申候て、名物候間、如レ此候、被レ成二其意一可レ然候様、奏達専一候、謹言、

六月廿九日　信長（花押影）

烏丸大納言（光康）殿

飛鳥井大納言（雅教）殿

以下それぞれの史料的性格を簡単にまとめる。

①から③としてならべた公家の日記のうち、これまでもっぱら利用されてきたのは、『兼見卿記』と『言継卿記』である。『兼見卿記』のばあい、公家の四人衆について注目すべき記事を含んでいるものの、別当職相論の具体的内容についてはほとんど触れられていない。記主吉田兼和（のち兼見）は正四位下右衛門督という官位にあり、別当職をめぐる朝廷の合議に関与する立場にはないのである。いっぽう『言継卿記』の記主山科言継は正二位権大納言であったが、やはり相論の帰結を伝聞で記すだけで、蚊帳の外であった。

これに対し『宣教卿記』は重要である。まったく利用されてこなかったというわけではないが、活字化されていないこともあり、注目度は低かった。記主中御門宣教はこのとき正五位上蔵人右中弁と官位こそ低いものの、南曹弁の立場にあった。南曹弁とは、南都諸寺と朝廷をむすぶ窓口として、命令伝達や訴訟受理などの実務を担う職務である。当然別当職相論についても、南都・朝廷間の意志伝達に関する見逃せない記事がある。

④から⑦は南都側の人間が記した史料である。このうち『多聞院日記』は、相論の経過をうかがう主要史料として取りあげられてきた。記主の多聞院英俊は、大乗院門跡の同学衆として深い学識を有し、学僧として門跡を支えただけでなく、所領経営などの俗事にも高い能力を発揮し、門跡の信頼が厚い僧侶であった。このため相論の重要史料という位置づけは変わらない。

対して⑤以下の三点は、従来の研究では用いられていなかった史料である。とりわけ『五師職方日記』は、相論に関する最重要史料であると言って過言ではない。この記録は興福寺摩尼珠院宗栄の日記からの抄出である（十七世紀末頃の加賀藩主前田綱紀が家臣に命じ収集編纂させた『松雲公採集遺編類纂』に収められている）。宗栄は天正三年十二月に興福寺の五師に補任され、相論の起きた天正四年には別会五師という重職にあった。このため相論をめぐる興福寺と朝廷・信長の文書のやりとりが克明に記されている。次節ではとくにこの『五師職方日記』を中心に経緯を整理することになるだろう。

『天正四年丙子恒例臨時御神事記』は当時春日社正預職にあった社司辰巳祐礒の神事日記[18]、『東大寺大仏殿尺寸并私日記』は東大寺僧と推測される人物による記録である。相論をめぐる人物関係の周縁にあった人物たちによるものだが、何より南都側の史料であり、それぞれ既知の史料に見られなかった記事を含んでいる点、検討に値する。

⑧⑨二点の信長書状は、いずれも奥野氏編『増訂織田信長文書の研究』に収められている。⑧は、奥野氏により別当職相論に関わると示唆されながらも年次未詳とされ、位置づけが定まっていなかった。ところが『五師職方日記』中にこの文書が写されていることから、天正四年の文書であることが確定された。相論に対する信長の判断を示す根本史料と言える。

⑨は前述のように伊藤氏の研究以降、信長と朝廷との関係をうかがう文書として注目をあつめている。ただし正文ではなく写しらしい。据えられている信長の花押影が、天正四年頃より以前の型である[19]というのが大きな根拠となっている（⑧と明瞭に異なる）。そのうえ判読に難渋する文字が多い。本章では写真を直接参照し、奥野氏による釈文を変更した箇所がいくつかあり、それによって逆に解釈がむずかしくなる部分が生じてしまうなど[20]、批判せぬまま用いるのに躊躇をおぼえる。

とはいえ宛所や日付をはじめ、内容的にも、相論が最終的決着をみた直後に書かれた文書として十分通用する。そうした限定つきで利用には細心の注意が必要な史料である。

次に節をあらため、以上九種の史料を中心に、別当職相論の推移を追いかけてみたい。

三　別当職相論の推移

1　東北院兼深の競望から信長の判断へ

相論はふたつの段階にわけられる。六月八日に信長の判断が示され、十日にそれが興福寺へ伝達され一段落するが、直後蒸しかえされるのである。まずは六月十日までの経緯を見てゆこう。

別当職の問題が最初に史料の表面にあらわれるのは五月二十二日である（③）。東北院兼深から日野輝資（正四位下蔵人頭左中弁）を介し、南曹弁中御門宣教のもとに別当職補任を望む申状が到来した。輝資は実は広橋国光の子、兼深は国光の弟、両者は叔父甥の関係にあたる（系図5）。(21)

翌日宣教はこの申状を関白氏長者二条晴良に報告した。興福寺別当職は最終的に朝廷の宣下を受けるが、興福寺は藤原氏の氏寺であって、実質的な決定権を持つのは氏長者であり、その下達文書である長者宣により命ぜられる。(22)二十四・二十五日両日にわたり輝資は宣教に働きかけるものの、宣教は晴良へ伝えると返すだけで確答をあたえない。兼深は早くから在京して運動をおこなっていたらしい（④⑤）。

この動きは興福寺の僧侶たちにも伝わった。兼深の競望は不当であると大乗院家が学侶に報じたのである。学侶はこれに対し、兼深は「未探題」であり、別当就任の条件を満たしていない、寺法に背かぬよう判断されたい（尋円補任を望む）、という要請を「宿院目代」という朝廷側の最初の窓口となる任にあった島田久家に宛て提出した（⑤）。学侶の申状は二十七日付であり、翌日それを朝廷に伝える使者が上洛した（④）。

兼深は別当補任を望む根拠として、未探題が別当に補任された先例を記す「旧記」をあげた（⑤④）。問題となっている探題とは、興福寺にとって最大の法会である維摩会において、竪義論義の出題者を務める立場の僧侶を指す。維摩会において重要な役割は、講問論義の論者たる講師だが、高山有紀氏によれば、探題もまた「諸寺の論義出題者としての資質を持つ学侶、すなわち論義の出題に適任とされた希代の碩学」が任ぜられる重職だという。[23] 兼深は永禄七年（一五六四）に一度講師を勤めているものの、[24] 門跡以外の良家（大乗院・一乗院より格下の院家）が探題を経験せず別当になる先例は最近ないとして、学侶は兼深の別当就任に否定的な見解を示した（⑤）。

系図5　興福寺別当職相論関係人物系図

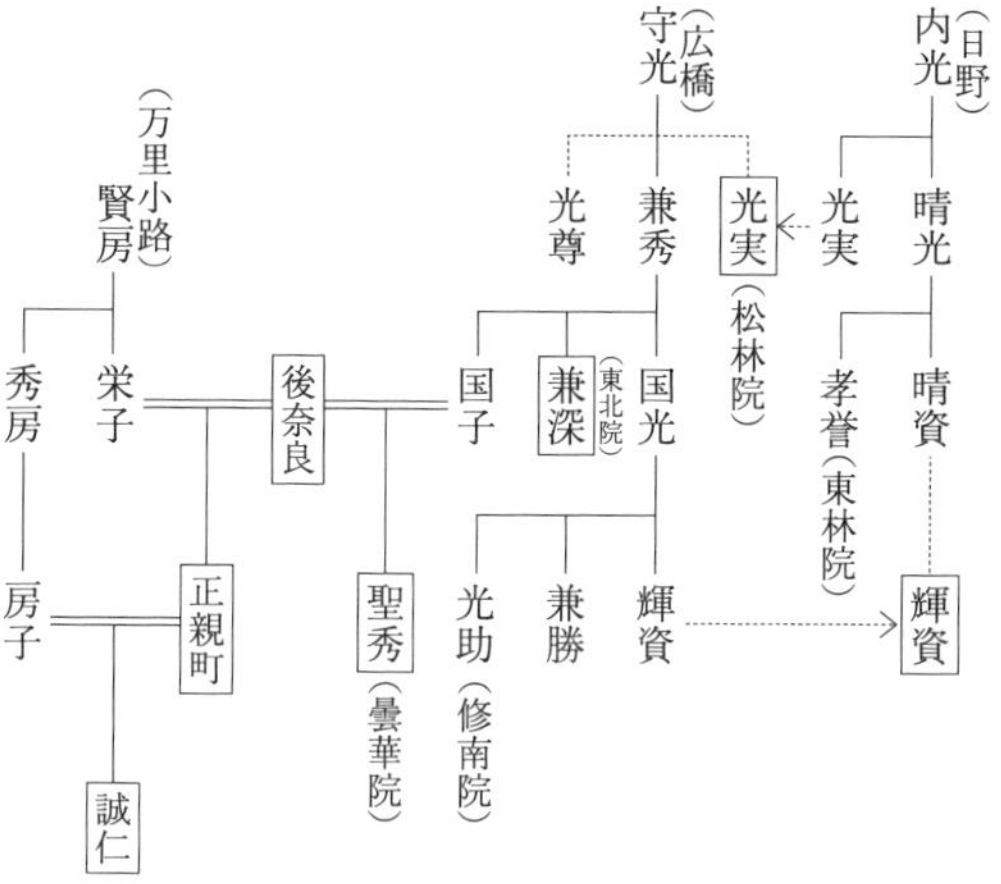

その後六月四日には、尋円の附弟で門跡を嗣いでいた尋憲が上洛している（③④）。師尋円に理があることを訴えるためだが、『多聞院日記』の五日条には、「信長帰陣訴訟のため、兼ねては寺家再任奏聞か」とある。信長は、前月から大坂本願寺攻めに出陣し、負傷しながらみずから陣頭指揮をおこなっていた。攻城戦のための付城構築を指示したあと、五日に陣を払い、六日にいったん帰洛したのである[25]（②）。尋憲は、実兄にあたる二条晴良（および南曹弁宣教）を通じ、信長が朝廷内の諸事を管掌する立場と定めた四人衆（勧修寺晴右・中山孝親・庭田重保・甘露寺経元、詳しくは後述）にみずからの主張を記した文書を提出したが（③）、信長の判断前に四人衆に届けられたかどうかはわからない。

ところで『多聞院日記』からは、尋憲上洛の目的が相論解決を信長に申し入れるためであるかのように読み取れるが、末尾に「歟」とあるように、あくまで英俊の推測にすぎない。信長はどの時点で相論を知ったのか、そのことが相論の歴史的意味を考えるうえで大切な論点となるため、慎重に関係史料を読み、比較しなければならない。

いま述べた論点を解く鍵となるのは、⑧の信長書状である。『五師職方日記』にあるように、「京都において公家中色々取々判談せられ」、尋円再任へと至る流れを決定づけたのが、この二条晴良宛の書状であった。意味は次のようになるだろう。

「昨日（七日）、曇華院殿（聖秀女王）から別当職について申し入れを受けた。今日八日に直接会って話を聞いたところ、まったくの食い違いがあった。この件は、近年慣例となっている寺法にしたがい、氏長者たるあなたが決定すべきことである。もし天皇の決定を掠めとり、間違った方向に向かいそうになったら、あなたから意見する必要がある」。

曇華院聖秀女王は後奈良天皇息女（正親町天皇妹）、母は広橋兼秀の女国子。つまり兼深の姪（日野輝資の従姉）にあたる（系図5参照）。そうしたことから考えると、聖秀の申し入れは兼深の推挙だった可能性が高い[26]。さらにいえば、このときはじめて信長は興福寺別当職をめぐる争いを知ったのではあるまいか。

『言継卿記』『宣教卿記』によれば、七日に信長は四人衆だけと会い、何ごとかを談合したという（②③）。推測を重ねることになるが、聖秀の申し入れを受けて急遽四人衆が招集され、別当職について問いただすことがあったのではないか。

⑧にある「今日直談せしめ候処」の部分について、信長は誰と「直談」したのか問題となる。七日に聖秀から申し入れがあり翌日彼女と直談した、『宣教卿記』同日条から、中御門宣教ら公家関係者（尋円を推す晴良の意向を汲んだ立場の人間）、大乗院側の人間、以上三つの可能性が考えられる。「直談せしめ」という表記から、相手を天皇妹である聖秀とするよりは、低い立場の者と考えたほうがいいかもしれない。

ここでは、『多聞院日記』六月十日条の伝聞記事ではあるが、「一昨日信長へ被申分之処」とあることから、このとき上洛していた尋憲と信長が「直談」し（また四人衆とも談合し）、前日あった聖秀からの申し入れと大乗院側の主張が「一向相違」という状態であることがわかったと解釈しておきたい[27]。

その結果、最終的な判断が下された。信長の示した判断は、旧来の寺法を尊重し、氏長者が決定すべきであるというものだった。すなわち尋円再任を意味する。これを受け、翌日興福寺（供目代）に宛て宿院目代奉書が発給され、信長書状の写しも添えられた。そして十日に学侶集会が開催され、尋円の別当職再任を歓迎する決議がなされて宿院目代へ報告された（④⑤）。

ここで別当職をめぐる相論は決着すべきところ、そうはならなかった。四人衆があらためて朝廷の判断を信長に持ちこんだのである。

2　勅使四人衆の安土下向とその処罰

六月二十日になり、突如安土の信長から万見仙千代・堀秀政の近習二人が使者として奈良に派遣されてきたことが『五師職方日記』に記されている。興福寺に尋ねる子細があるからということで、宗栄ら五師は急ぎ両使が滞在する成身院へ駆けつけた。「御寺家の儀、内裏様ならびに関白様より左右に仰せらるる事これあるの間」、つまり別当職の問題で天皇と関白それぞれの言い分が食い違うので、尋円・兼深いずれが適任なのか、興福寺の先例と考えをあらためて聞きたいという用件であった（⑤⑥）。

信長は八日に京都においてみずからの判断を示したあと、すぐ安土へ帰った[28]。その信長のあとを追うように、十二日、四人衆が「禁裏より勅使として」（③）安土へ下向したのである。四人衆が信長にどういった禁裏の意向を伝えたのか、史料には見えないけれども、後々の結末から考えれば、兼深を推すという内容だったと思われる。そこで信長はいま一度興福寺の先例を確認するための使者を派遣したわけである。十二日の四人衆安土下向から二十日の両使派遣まで八日間あるが、この間安土においていかなる審議がなされていたのかを示すような史料はない。

これに対し五師らは、二十一日付で三箇条の答申を両使に提出する（⑤④⑥）。（1）門跡たる一乗院・大乗院は、一度維摩会講師を務めれば、その法会中に別当になることができる。（2）良家は、一度維摩会講師を務め、その後もう一度維摩会を経れば（維摩会にて探題を務めれば、という含意か）別当補任の資格を得る。そうでない例は最近皆無である。（3）近年の別当はすべてこの条件を満たして補任された。東北院は一度講師を務めたものの、その後維摩会が開かれていないため、別当たるべき資格はない。

たしかに兼深は、前述のように一度講師を務めているが、その後この年まで維摩会は開かれていない[29]。あらためて先例に照らして兼深の別当就任に難色が示されたのである。

これを受け二度目の信長の判断が示されたのは、二十三日であった。この日安土から滝川一益・惟住（丹羽）長秀が両使として上洛し、翌日尋円に理があることが朝廷に伝えられた（②③④）。南曹弁宣教はさっそく長者宣を作成して禁裏へ進上する。

相論はようやく落着したが、事はこれですまなかった。四人衆のおこないは信長の「御気色以ての外」という事態をまねき、前年給付された所領を召し上げられてしまうのである（③④⑥）。また、四人衆に同調したのだろうか、信長の右筆である武井夕庵も織田家中より追放され[30]（④）、東北院は筒井順慶により道具の検封を受け、「逃散」したという（④⑥⑦）。

『公卿補任』天正四年条によれば、勧修寺晴右・晴豊父子、庭田重保・重通父子、甘露寺経元、中山孝親・親綱父子の計七人が六月某日に「武命に依り」蟄居となり、十一月二十一日に出仕を許されている。『言継卿記』にも「父子七人」が蟄居となったとある。『東大寺大仏殿尺寸并私日記』には、庭田殿・勧修寺殿にくわえ、広橋殿（兼勝）が処分を受けたとある。系図からもわかるように兼勝は兼深の甥にあたるため、その可能性も否定できないが、他に兼勝の処分を示す史料はない。蟄居となった七人のうち、勧修寺晴豊は晴右の代理として安土におもむいたらしい[31]。『兼見卿記』八月六日条には、四人が赦免されたとあるが（①）、彼らはその後も出仕できずにいる[32]。脇田氏は、八月の赦免は所領召し上げの撤回だと限定的に解釈しており[33]、あるいはそのようなことだったのかもしれない。

四　別当職相論の歴史的意義

以上見てきた相論の推移をふまえ、ここでは相論の歴史的意義を考えてみたい。

まず相論に対する信長の姿勢である。先行研究の一部では、「天皇に代位して内覧か関白的な立場で宮廷政治を行った」「信長の権門紛争に対する調停・裁判権への関与」「朝廷の経済と政治を自己の統御のもとにおこうとしていた」「天皇の勅断に大きな制限を加える」などと評価されていたが、そのように考えられないことは明らかだろう。

信長はみずから積極的に相論に関わろうとしたわけではなかった。本章では、六月七日に曇華院聖秀からの申し入れを受けてはじめて知ったのではないかと推測した。かりにその推測が誤りであったとしても、本願寺攻めから帰洛した六日以後に聞いたであろうことは間違いない。もとより帰洛は相論決裁が目的ではない。

判断にあたり双方の見解を聞き、四人衆を集め、また興福寺学侶の考え方を汲んだ結果、「近代ありきたりのごとく寺法に任せ」（⑧）、氏長者二条晴良が決裁すべきとした。その判断が実質的に人事を決めることになったわけだが、慣行や当事者の意志を無視したり、手続きを強引にゆがめようとはしていない。

次の段階に至っても、使者を奈良へ派遣し、あらためて興福寺に先例を示す文書を提出させたうえで判断した。ここでも興福寺の意向を尊重する姿勢を崩さない。

こうした信長の態度は、伊藤氏が「寺社からの訴訟に対応していただけ」「受動的」「秩序維持」「伝統的権威を尊重し、後援した」と論じたことや、[34]本書第二部第三章における法隆寺東西相論への対処、同第四章で検討した天正二年の蘭奢待切取りにおける態度とまったく共通している。神田氏の「相論も彼ら公家衆で十分に対応していたならば、信長が乗り出すことはなかった」という指摘もうなずける。別当職相論は、信長の寺社（およびそれに対する従来の朝廷の仕組み）を維持するという基本的姿勢を如実に示す例だといえよう。「大和は神国にて」云々という信長の発言も、あながち虚説ではないのかもしれない。

次に天皇・朝廷に対する姿勢はどうだろうか。

前年の天正三年六月頃、上洛した信長は、天台宗と真言宗の僧侶の絹衣着用をめぐる朝廷政治の乱脈ぶりを知り、三条西実枝・勧修寺晴右・中山孝親・庭田重保・甘露寺経元、以上五人の公卿を指名して、朝廷訴訟に関する諸事を合議のうえ奏聞するという政務のあり方を定めた。その後十一月頃までに実枝が抜け、四人体制となった。[35]別当職相論に深く関与し、処罰を受けた「四人衆」は彼らである。

『兼見卿記』の七月六日条には、右の四人が「禁中の義諸事談合を加え、その上を以て左大将殿（信長）へ御意を得べき旨、左大将殿より相定めらると云々」とある。この時点で四人衆が信長の「御意を得」るという手続きが定められたとする見解があるが、[36]約十日ほど前に信長から譴責を受けた公家が、ほとぼりも醒めぬうちにこれほど重大な職務を任されたとは考えがたい。また岩澤愿彦氏は、別当職相論についての審議のやり直しと信長への報告・承認を指示したものと論じている。[37]しかし、「禁中の義諸事」とあることから、別当職相論に限定される問題ではないと考える。伊藤氏の検討にもあるとおり、この部分は過去形と解釈すべきだろう。四人は禁中諸事の談合と信長への上申を命じられていたが、今回の別当職相論ではそれに違うおこないがあったため、処罰されたということである。

また、信長が安土に四人を呼び、安土城というおのれの政治空間において相論に決着をつけたことを重視する見解がある。[38]しかしいくつかの史料には、彼らは勅使として安土へ下向したと記されている（③④⑥）。したがって朝廷としての判断（四人が談合を加えた結果）について、信長の「御意を得」るために下向した（形式的には朝廷から派遣された）と考えるべきである。信長が八日にいったん判断を示した直後安土へ帰ってしまったため、四人衆はそこへおもむかざるをえなかったのである。

信長が激怒した理由には、自分がなした判断を反古にされたということもあったかもしれない。ただそれよりも、信長は⑧の書状に記した「叡慮を申し掠める」という行為を警戒していたことに注意すべきである。今回の相論における四人衆の動きは、まさにそこに抵触したため、怒りをあらわにしたのではあるまいか。⑨の書状にあるように、〝禁裏が外聞を失えば、信長も面目を失う〟という論理によって支えられた朝廷への基本的姿勢である。

「叡慮を申し掠める」ことを防がんとして四人衆を置いたはずなのに、彼らが逆に「叡慮を申し掠める」おこないをとったことで、とうとう堪忍袋の緒が切れてしまったのである。ほぼおなじ時期に問題化していた絹衣相論における朝廷政治の混乱ぶりに輪をかけるような事態に、信長はもはや我慢できなくなったのだろう。

前述のように、当初定められた五人の奉行衆から三条西実枝が早々に脱落した。津野倫明氏および伊藤氏の研究によれば、遅くとも天正三年十一月初旬までにはそうなり、老齢の実枝が訴訟処理に忙殺され疲れ果てたすえのことではなかったかと推測されている。[39]『兼見卿記』天正四年八月六日条に、「旧冬四人の公家、勧・中山・庭・甘折檻也」とあるのは（①）、旧冬、つまり天正三年冬、四人に編成替えされたということを意味するのではないか。あるいはこのとき、信長への上申も義務づけられたのかもしれない。

しかしながら、別当職相論においては、奉行から脱落したはずの三条西実枝が重要な役割を果たしていたことも見逃せない。辰巳祐議は、尋円を信長に推したのが二条晴良・実枝両人であったと書いている（⑥）。また六月六日に二条晴良第にて、晴良や宣教が尋憲の言い分を聞いていたとき、実枝と甘露寺経元も同席していた。八日には、内容こそ不明であるものの、実枝は晴良を訪れ、「種々存分共」を話している。

これをもって、実枝と他の四人衆の対立があったと主張するわけではない。たとえば、おなじ年の三月には、四人の奉行衆が実枝のもとへおもむき、なにごとか「談合」をしている。[40]また、相論の最中である六月十二日、上野唐沢城主佐野宗綱が信長の執奏により但馬守に任官したとき、「伝奏四人衆」へ礼として黄金各半枚が贈られたのにくわえ、三条按察大納言（実枝）にも同様に半枚が贈られている。[41]

このように、五人の奉行から抜けたあとも、実枝は残りの四人衆とともに、信長と朝廷の間に立ってそれなりに立ち働いているのである。では実枝の行動を支える論理は何なのか。実枝の行動にも目を配りつつ、五人（四人）の奉行衆の制度的実態とその推移を当時の朝廷政治のなかに位置づけてゆく研究の必要性を感じる。

くりかえすが、六月六日には実枝に加え、四人衆の一人である甘露寺経元も晴良第にあった。実は『公卿補任』写本のいくつかに、経元のみ蟄居記事が欠落しているものがある（九条家本・宮内庁書陵部蔵松岡本）。[42]安土へ向かった勅使四人衆もまた一枚岩ではなかったかもしれない、という穿った見方ができないでもない。

そもそも四人衆が兼深推挙に執着した理由も大きな謎である。この点については、摂家（および九条家出身の尋円・二条家出身の尋憲のような貴種門跡）と名家（および広橋家出身の「良家」である兼深）の対立といった公家内部の階層的対立を念頭において考える必要があるかもしれない。[43]そうなればたんに相論の検討だけではすまされない問題であり、やはりこの時期の朝廷社会のあり方全般を明らかにしたうえで、相論をとらえなおさなければならないだろう。

むすび

信長自身は朝廷や寺社に対する裁判権に関与・介入するつもりがなかったにしても、別当職相論のような大きな問題に直面すれば、朝廷や寺社は最終的な判断の拠り所を信長に求めるだろう。結果的に信長にそうした意図があったように見えてしまう。

相論が起きた年の十一月二十七日に催された春日若宮祭において、能を演じることの是非が問題となった。十月二日に元別当の喜多院空実が示寂して「諒闇」となっていたからである。別会五師宗栄が筒井順慶に相談したところ、順慶は次のように答え、能の挙行をうながした。

当年之儀者、天下静謐之時分而、寺社之儀アルヘキ様之折節也、若右大将殿(信長)ヱ聞ヘテ、寺門ニハ諸式アルヘキ様ニアリツル歟ト思ヱハ諸事略儀也トアラン時ハ如何之間、芸能以下先以被{二}申付{一}可{レ}然之由、(下略)

当年は天下静謐となり、寺社の儀式も従来どおりおこなうべき時分柄である。もし能を取りやめたことが信長の耳に入り、興福寺(ひいては大和)が略儀をおこなったと受けとられては問題なので、実施するのがよかろう[44]……。「アルヘキ様之折節」に「アルヘキ様」でなければ、信長の機嫌を損ねるかもしれない。ただしこれは順慶によるまったくの臆断であり、信長がそういう意志を示したわけではないのである。

翌天正五年には、維摩会にて尋憲が講師を務めることになったものの、法会の経費を賄うために賦課した反銭の収納状況が思わしくなく、最終的には反銭収納を命ずる信長の朱印状を請うことになった。朱印状は惟任(明智)光秀宛に出され(現在確認できず)、光秀の被官藤田伝五が奈良に下向して、反銭収納を督促するという事態に至る。[45]

結局南都の人びとは、信長の顔色をうかがい、その権力装置に頼らざるをえなかったのである。見ようによっては、信長の関与・介入と受けとめられても仕方ない。

こうした信長への依存は、朝廷の人びともおなじだった。天正二年の信長奈良下向における蘭奢待切取りのさいは、正倉院の御物であるにもかかわらず、関白氏長者二条晴良が長者宣を出して取り仕切ろうとしたため、正親町天皇の怒りを買った。[補註1] このとき晴良は「一段京都ニテ二条殿御ヲボヘノ由」「関白も信長へ被二相渡一候て可レ被レ下由」と、信長との親密な関係が噂になっていた。[46]

いっぽう別当職相論においては、逆に長者宣を優先すべきところ、四人衆が「叡慮を申し掠め」、信長に自分たちの判断を上申し、内定をくつがえそうとした。「禁中の義諸事談合を加え、その上を以て左大将殿へ御意を得べし」と信長が定めた四人衆の職務を、信長の協力の下で自分たちが自由に物事を決定できると勘違い（拡大解釈）した結果、発生したのがこの相論ではないだろうか。[補註2]

伝統・先例を何よりも重んじるはずの公家たちが、このようなふるまいに出たのはなぜだろう。背後に信長という権力者がいるという過信があったゆえと考えざるをえない。信長という強力な個性は、肥大化した権力者の像と変じて二条晴良以下の公家たち、また南都の僧侶たちを惑わせた。信長の像が肥大化してゆくありさまをとらえること、肥大化した虚像を取りはらうことにより見えてくる信長の実像をとらえること、史料を読み実例をひとつひとつ検討してゆくことで、このふたつの課題は解明できるはずである。

ところで相論の当事者の一人東北院兼深はその後どうなっただろう。彼は一年以上の逼塞を余儀なくされ、翌天正五年九月に帰寺が許された。[47] そしてこの年催された維摩会では他寺探題を勤める。[48] 晴れて別当の〝有資格者〟となったわけである。

興福寺別当職は、その天正五年の維摩会中に、講師を勤めた尋憲が補任され[49]、尋憲は天正十三年十一月二十日に寂するまでその任にあった。尋憲が亡くなったという報せを受けた兼深は、その翌々日、南曹弁（中御門宣光）に宛て別当職補任を望む申状を作成し、甥広橋兼勝に託した。いっぽう一乗院門跡尊勢に依頼して、彼の弟にあたる氏長者近衛信輔への書状を出してもらい、別当職補任の実現を乞うた。幸いこのときは他に争う人物がいなかったこともあり、兼深の望みが叶い、十二月二日、ついに別当に補任された[50]。九年越しの念願が成就したのである。これらの経緯は、別当職を望む申状を書いた十一月二十二日に起筆された『寺務初任日記』によって知られる。

それにしても、尋憲が寂するやすぐに別当職補任の運動を開始し、この間の経緯を日記に記す兼深の、別当職に対するこの執念は何なのだろう。寺法や近例に確信犯的にさからって別当職を望んだこの人物の欲望が引き金となり、信長を巻きこんで公家衆の処罰をもたらした相論の幕が切っておとされたことを考えれば、その罪深さを思わずにはおれないのである。

註

（1）奥野高広・岩澤愿彦校注『信長公記』（角川文庫、一九六九年）による。同文庫版の本文は、牛一の自筆本建勲神社本の写本である陽明文庫本を読み下したものだが、もうひとつの自筆本である岡山大学附属図書館池田家文庫本も内容的には変わらない。
（2）『蓮成院記録』天正十年正月六日条（『増補続史料大成　多聞院日記五』附録）。
（3）本書第二部の各章。
（4）『興福寺別当記』下（史料編纂所架蔵謄写本）、『御湯殿上日記』など（『大日本史料』天正元年九月十七日条・第十編之十八所収）。
（5）『興福寺別当記』下、『言継卿記』天文十八年十一月十三日条。
（6）奥野高広「織田政権の基本路線」（『国史学』一〇〇、一九七六年）、四七頁。

（7）藤木久志「織田信長の政治的地位について」（永原慶二、ジョン・W・ホール、コーゾー・ヤマムラ編『戦国時代』吉川弘文館、一九七八年）、一三五頁。
（8）脇田修『近世封建制成立史論　織豊政権の分析Ⅱ』（東京大学出版会、一九七七年）、第三章第四節、二七五頁。
（9）朝尾直弘『大系日本の歴史8　天下一統』（小学館ライブラリー、一九九三年、初刊一九八八年）、一七二頁。
（10）今谷明『信長と天皇』（講談社学術文庫、二〇〇二年、初刊一九九二年）、一五六頁。
（11）藤井讓治『天皇の歴史5　天皇と天下人』（講談社、二〇一一年）、一一二頁。
（12）伊藤真昭「織田信長の存在意義―特に京都の門跡・寺社にとって―」（『歴史評論』六四〇、二〇〇三年）。
（13）『多聞院日記』は三教書院から一九三五～三九年に全五冊（辻善之助編、その後増補続史料大成収録）にて刊行。『言継卿記』は天正四年分が刊本の第六冊に補遺三として収められ、続群書類従完成会から一九六七年に刊行。『兼見卿記』の天正四年分は史料纂集第一冊（一九七一年）に収録。
（14）堀新『織豊期王権論』（校倉書房、二〇一一年）終章、三三九頁。なお、同書第Ⅱ部第四章「織豊期の王権論をめぐって」（初出二〇〇四年）でも相論に言及されている。
（15）神田裕理『戦国・織豊期の朝廷と公家社会』（校倉書房、二〇一一年）の第一部第二章「絹衣相論とその裁決」、一二一頁。
（16）堀新「織田信長と武家官位」（註（14）書所収、初出一九九九年）、一〇三頁。
（17）以下取りあげる史料については、遠藤珠紀・和田裕弘両氏の多大なるご教示を得た。記して謝意を表したい。
（18）この時期前後の春日社司による日記については本書第二部第二章参照。
（19）滋賀県立安土城考古博物館編平成十二年度秋季特別展図録『信長文書の世界　第二版』（二〇〇七年）によれば、⑨は永禄九年から十一年頃に見られるE1型、対する⑧は天正三年七月以降のE6型である。
（20）たとえば「依レ之不レ相紛ニ之様ニも」から、「四人衆以ニ誓帋一申定候処、誠明鏡之段」へとつながる部分など。本文書の写真は別著『織田信長〈天下人〉の実像』（講談社現代新書、二〇一四年）第六章扉に収めた。
（21）『公卿補任』天正五年条。『広橋家譜』（史料編纂所架蔵写本）。
（22）たとえば大永二年（一五二二）における大乗院経尋の別当補任の例参照（『大日本史料』大永二年三月五日条・第九編之十五）。
（23）高山有紀『中世興福寺維摩会の研究』（勉誠出版、一九九七年）、第三部第一章、一九一頁。

(24)『三会定一記』第四（興福寺史料第二十四函、史料編纂所架蔵写真帳『興福寺史料』四十八所収）。
(25)『信長記』巻九、「別本御代々軍記」（金子拓編『『信長記』と信長・秀吉の時代』勉誠出版、二〇一二年）も参照。
(26)『言継卿記』天正四年七月十三日条に、「次帰路曇花院殿ニ参、就二東北院之儀一右大将無興之段、無二御心元一之由申入了」とあるのも、この推測の裏づけとなる。曇華院聖秀も信長の不興を買ったとみられる。
(27)この部分の解釈については、遠藤珠紀・桐野作人・堀新・山﨑布美各氏のご教示を賜った。
(28)『信長記』巻九、『兼見卿記』天正四年六月八日条。
(29)『三会定一記』第四（前掲）・第五（興福寺史料第二十四函、史料編纂所架蔵写真帳『興福寺史料』四十九所収）。
(30)従来の研究では夕庵が公家衆の家中を払ったと解釈されてきたが、素直に読めば夕庵も連座して処罰を受けたと解すべきだろう。
(31)『言継卿記』天正四年七月一日・五日条。たしかに晴右は六月十二日以降も洛中にあったことが確認できる（『言継卿記』同年六月十九日条）。
(32)『中山家記』（四人衆の一人中山孝親の日記、史料編纂所架蔵謄写本）天正四年十一月四日条。
(33)脇田註（8）論文、二七四頁。
(34)伊藤註（12）論文、三八～三九頁。
(35)伊藤真昭「織豊期伝奏に関する一考察」（『史学雑誌』一〇七―二、一九九八年）、津野倫明「「五人之奉行衆」設置と三条西実枝の苦悶」（『戦国史研究』三八、一九九九年）、本書第三部第一章。
(36)堀新「織田信長と絹衣相論」（註（14）書所収、初出二〇〇五年）、神田註（15）著書。
(37)岩澤愿彦「「三職推任」覚書」（『織豊期研究』四、二〇〇二年）、一三頁。
(38)朝尾註（9）書、藤井註（11）書。
(39)津野註（35）論文。
(40)『宣教卿記』天正四年三月二十三日条。
(41)『言継卿記』天正四年六月十二日条。
(42)黒板勝美編『新訂増補国史大系　公卿補任』第三篇（吉川弘文館、一九三六年）。
(43)遠藤珠紀氏のご教示による。

(44)『五師職方日記』。また『多聞院日記』天正四年十一月二十八日条にも同様の記事がある。

(45)『尋憲記』十一（国立公文書館内閣文庫所蔵、史料編纂所架蔵写真帳六）、『多聞院日記』、『大会方日記』（興福寺史料第十九函、史料編纂所架蔵写真帳『興福寺史料』六）など。なお『大会方日記』は、『尋憲記』十一の最終記事（十一月十二日条）の翌日十三日から書き出されており、形態（冊子・紙背文書あり）・字体・内容から見て、『尋憲記』そのものであると考えられる。

(46)『尋憲記』天正二年三月二十四日条（『大日本史料』同月十八日条・第十編之二十一）。本書第二部第四章。

(47)『尋憲記』天正五年九月二十五日・晦日条（『尋憲記』十一）。

(48)『三会定一記』第五（前掲）。

(49)『興福寺別当記』下、『多聞院日記』天正五年十二月二十二日条。

(50)『寺務初任日記』など（『大日本史料』天正十三年十一月二十日条・第十一編之二十二、同十二月二日条・第十一編之二十四）。

（補註1）大きく改稿した第二部第四章でも論じたように、現在ではこの解釈をあらためているが、本章では初出論文のままとした。

（補註2）ここで四人衆の動きを重く見たが、現在ではかならずしもそのようには考えていない。詳しくは別著『織田信長〈天下人〉の実像』第六章を参照されたい。

第三章　天正四年興福寺別当職相論をめぐる史料

はじめに

第二章において天正四年（一五七六）五月から六月にかけて発生した、興福寺別当職補任をめぐる大乗院尋円と東北院兼深のあらそい、およびその相論への織田信長の関わり方について、関係史料を紹介しながら流れを整理し、その歴史的意義を考察した。

ところが第二章初出論文の校了直前の段階で、京都御所東山御文庫所蔵史料中に関連史料があることを知り、さらに末柄豊氏から別の関連史料を教えていただいた。しかしながら、すでに校了直前であったためこれら史料を活かすことはできなかった。さらにその後、遠藤珠紀氏からもあらたな関連史料を教えていただいた。これらの関連史料は、第二章で紹介した相論関係史料に匹敵する重要な内容を含み、そこで整理した経緯に若干の追加修正を迫るものとなっている。

そこで本章では、これらを翻刻紹介するとともに、第二章で紹介した史料も含め、あらためて相論の経緯を整理しなおし、そこから見えてくる論点について若干の指摘をおこないたい。

一　別当職相論の経過

まず第二章で述べた別当職相論の経過を簡単にふりかえっておきたい。

相論はふたつの段階にわかれる。第一段階は天正四年五月二十二日から六月十日までである。当時の興福寺権別当東北院兼深が、甥にあたる日野輝資を介し南曹弁中御門宣教に宛て別当職補任を望む申状を提出する。これに対し大乗院前門主尋円もまた別当職を望む運動を開始した。双方の動きが活発化しはじめた直後、本願寺攻めのため大坂にいた信長が上洛してくる。

このとき信長に対し曇華院聖秀（正親町天皇妹・兼深姪）から、兼深を推す申し入れがあったらしく、信長は当時朝廷政務を合議・執奏する立場にあった公家の四人衆（勧修寺晴右・中山孝親・庭田重保・甘露寺経元）と談合した。最終的に信長は、関白氏長者二条晴良に宛て、これまでの興福寺の寺法にしたがい、晴良が決定すべきであるという書状を六月八日付で出し、その日のうちに安土への帰途につく。

すでにこの時点で興福寺学侶は、兼深の別当職補任は先例に違うため尋円が理運であるという決議を朝廷に提出していたので、右の信長の意思表明は、結果的に尋円補任を是とするものであった。この判断は十日に興福寺に伝えられ、一段落したと思われた。

その直後十二日から事態は大きく転回する（第二段階）。四人衆が天皇の意向を信長に伝えるため安土に下向したのである。おそらくそれがきっかけとなって、別当職に関する興福寺僧侶たちの見解を問いただすため、二十一日、信長のもとから側近の万見仙千代・堀秀政の二人が奈良に派遣されてきた。学侶たちは両人に別当職補任の慣例を報告し、あらためて尋円が理運たるべきことを申し入れている。

その結果、二十三日に安土より惟住長秀・滝川一益の二人が上洛し、別当職に関する信長の最終判断を伝えた。これは八日に示された内容から変化がなかったものと思われる。信長は四人衆のふるまいに怒り、彼らは処罰を受けた。兼深もまた興福寺を逐われた。四人衆が罰せられたことから推して、十二日に安土へ発った四人衆の意図は、兼深の別当職補任を重ねて申し入れるという内容だったとみられる。

二　興福寺別当職相論に関する追加史料

さて、第二章にて紹介した関係史料に加えられるべきなのは、次の四種である（一部重複あり）。目録は表18としてまとめた。

A『東北院寺務職競望一件』（東山御文庫所蔵史料第二十八函四号）

天正四年興福寺別当職相論に関わる十四点の史料を収めた一冊の写本。江戸時代中頃に写されたと推測される。これとほぼ同内容の写本一冊が興福寺所蔵『興福寺史料』中に存在する（第八十二函八号）。こちらは『天正四年寺務職競望之記』なる外題があり、東山御文庫本所収の十四点に加え、『公卿補任』天正四年条の抄出記事がある。(1) 相論に深く関わった四人衆をはじめとする公家たちの項を抜き書きしたものである。東山御文庫本と興福寺本の関係は明らかではない。

B『興福寺文書』（同右第二十八函二号三）

興福寺関係の文書を収めた写本一冊のうち、別当職相論に関係する史料を三点見いだすことができる。

C『大乗院後法乗院尋円記』

一般財団法人石川武美記念図書館（成簣堂文庫）所蔵。二冊が合綴されており、最初の一冊は『多聞院日記』

表 18　興福寺別当職相論関係史料

A 『東北院寺務職競望一件』

	年　月　日		史　料　名	宛　　所	備　　考
①	(天正 4 年ヵ)	2 月 17 日	東北院兼深申状	日野輝資	
②	(天正 4 年)	(5 月 12 日)	正親町天皇女房奉書	日野輝資	影写本久山峻氏所蔵文書所収／『思文閣古書資料目録』232
③	(天正 4 年)	5 月 12 日	日野輝資書状	松林院光実	
④	(天正 4 年)	5 月 17 日	日野輝資書状	松林院光実	
⑤	(天正 4 年)		大乗院尋円申分覚		
⑥	(天正 4 年)		東北院兼深申分覚		
⑦	(天正 4 年)		東北院兼深申状ヵ		
⑧	(天正 4 年)		東北院兼深申分覚		
⑨	(天正 4 年)	5 月 27 日	興福寺供目代澄専申状	島田久家	『五師職方日記』(第二章史料⑤)／『大乗院御門跡御文庫古文書写』54 号
⑩	(天正 4 年)	5 月 28 日	興福寺良家衆申状	中御門宣教	
⑪	(天正 4 年)	6 月 21 日	興福寺五師等覚	万見仙千代・堀秀政	『五師職方日記』／『大乗院御門跡御文庫古文書写』78 号
⑫			多聞院日記抄出		5/28，6/5・10・25・26 条
⑬	(天正 4 年)	(6 月ヵ)	正親町天皇女房奉書	なし	
⑭			某日記抄出		

B 『興福寺文書』

①	(天正 3 年ヵ)	7 月 16 日	東北院兼深申状	日野輝資	
②	(天正 4 年)	6 月 30 日以降	誠仁親王書状案	織田信長	
③			興福寺別当次第抄		

C 『大乗院後法乗院尋円記』

			多聞院日記抄出		5/28，6/10・25・26 条
①	(天正 4 年)	5 月 27 日	泰深・盛舜連署状	供目代澄専	
②	(天正 4 年)	6 月	東北院兼深勘例写		

③	（天正４年）	6月8日	大乗院尋円申分覚		A⑤におなじ
④	（天正４年）	6月8日	織田信長書状	二条晴良	尊経閣古文書纂（第二章史料⑧）
⑤	（天正４年）	6月10日	興福寺供目代澄専申状	島田久家	
⑥	（天正４年）	6月21日	興福寺五師等覚	万見仙千代・堀秀政	A⑪におなじ
⑦			不経権別当寺務直任勘例		江戸時代の覚書か

D『大乗院御門跡御文庫古文書写』

	（天正４年）		大乗院門跡申分覚ヵ		A⑤に通じる記事あり

から相論関係記事（天正四年五月二十八日・六月十日・同二十四日・同二十六日条）を抄出したものである。A⑫として収められている抄出とくらべると、こちらには六月五日条が脱落している。

もう一冊の表紙外題には「大乗院後法乗院殿尋円記／東北院家未探題ニ而正別当競望曲事之事」とある。ただし中味を見ると尋円の日記ではなく、Aと同様相論において出された文書や覚書を写したものである。関連史料は七点収められている。このうち六点が冊子冒頭から写され、あいだに白紙二十四丁をはさみ、冊子末尾に最後の記事が記されている。

末尾の記事を見ると、江戸時代貞享年間にも大乗院・一乗院・喜多院のあいだで別当職をめぐるあらそいがあったようであり、そのとき天正四年の相論に関する記録が成身院より一乗院に提出された。ところが大乗院からはあえて提出しなかったとある。そこから推せば、大乗院にも何らかのかたちで記録が残っていたようである。それがCなのかもしれない。いずれにせよ、天正四年の別当職相論をめぐる文書を集めた写本がA・B・Cのようにいくつか伝わっているのは、この江戸時代における相論がひとつの契機となっているように思われる。

D『大乗院御門跡御文庫古文書写』

興福寺所蔵（第四十五函二十五号）。末柄豊氏により収録文書全点の紹介がなされている(2)。別当職相論に関係する史料はこのうち三点あり、さらにそのうち二点はAおよび第八章にて紹介した『五師職方日記』にも収められている。つまり一点が他にも見られないD独自の関係史料である。

以下A・B・C三種二十四点の文書を翻刻する。（　）内は筆者による注である。収録文書は【　】の中に丸付数字にて表18に対応する文書番号を付した。Aについては、興福寺史料所収の写本『天正四年寺務職競望之記』（以下興福寺本とする）との異同について傍にて〔　〕内に示した。東山御文庫本になく興福寺本にある字については本文中の該当箇所に〔　〕に入れ補入した。そのほかの史料も含め、注記が必要なばあいは文書末の※印以下に記した。

A

（内題）「東北院寺務職競望之事」

天正四年東北院家兼深于レ時未探題寺務職競望之事、

【①】

当寺別当職之儀付、権別当躰無レ之故、則未探題尓而別当職存知仕旧例候内、先々近例之分写進上候、自然正本被レ成二 叡覧一度候ハヽ、可レ上二置一候、弥々勅許無レ相違一様、預二御申沙汰一候者、可二畏入一候、恐々謹言、

二月十七日　　法印大僧都兼深

日野（本ノマヽ）左大弁殿

※興福寺本は「勅許」の箇所で改行（平出）している。

【②】

こうふく寺へつたうの事、そうりんゐんそう正ことししたいにて候ハんまゝ、とうほくゐんきりくちにて候よし申され候ほとに、ちよくやく候へハ、いまにそのさた候ハす候、やかてしたい候てしかるへく候よしお

ほせ事候、かしく、

　頭さ中弁とのへ

※この原本とおぼしき文書の写真が、『思文閣古書資料目録』二三二号（二〇一三年五月）に掲載されている（端裏書に「仰　天正四　五　十二」とあるとのこと）。末柄豊・山﨑布美両氏のご教示を得た。

【③】

当寺別当職之事、年季已満之上者、可レ有二御辞退一之由、女房奉書如レ此候、恐々謹言、

　五月十二日　　　輝資

　　松林院僧正御房

【④】

就二寺務之儀一、以二女房奉書一被二仰出一之、御請者曾以無レ之候、其上御文躰何共無二分別一候間、此御一札者難二披露申一候、肝要年季已満之上者、御辞退候ハてハ不レ叶事ニ候、兎角被レ失二御面目一候てハ御為不レ可レ然レ候間、重而令レ啓候、恐々謹言、

　五月十七日　　　輝資

　　松林院殿

【⑤】

尋円大乗院門跡申分

　覚

一、興福寺別当職事、東北院為二未探題之輩一競望、曲事之題目、御両門跡者、未探題之時拝任為二規模一、仍於二良家衆一者、探題之後被レ補レ之、是寺門之法度候、

一、良家未探題之旧例勘進之由ニ候、曾以非二当時相応之儀一、希有之先例一両度雖レ有レ之、皆有二子細一事候、或碩徳之仁、或師範之故、両門以二許可一被レ免之儀、稀代之先蹤候、不レ弁二其子細一、以二普通之覚悟一及二勘例一歟、無二有職一之至也、

一、於レ被レ用二希有之先例一者、未遂講之門跡被レ補二寺務一之条、為二勿論一之儀、先例数度候上者、定不レ可レ及二異論一哉、

一、未探題之良家寺務事、若於二御裁許一者、門跡・良家之階級此時可二相破一之条、満寺歎此事候、

一、対二両門跡一者、良家之当職雖レ為二年季未満一、辞退候故実常例也、然処再任之障碍可レ謂二傍若無人一者也、

【⑥】

兼深東北院家申分

一、興福寺別当職之事、未探題以前拝任事申沙汰候段、曲事候由、無二分別一候、先例度々無レ紛候上ハ、更不レ可レ背二寺門法度一候、

一、良家未探題之寺務旧例付、或碩徳之仁、或者就二師範一、両門御許可之由候哉、於レ于レ今不二承及一候、両門依二御許可一被レ任レ之者、公儀之御沙汰者不レ入者哉、為二先代未聞一者也、

一、於レ被レ用二希有之先例一者、未遂講之門跡可レ被レ補二寺務一哉之事、近比恐候被レ仰事ニ候、別当職之事者、権別当次第ニ以二順路之義一令二言上一候処、如レ此之御存分者毎事可レ被レ背二正儀一御造意候哉、

一、未探題之良家寺務之事、於二御裁許一者、門跡・良家之階級此時可二相破一由候哉、惣別御門跡・良家階級候段も可レ依レ事候段不レ珍候、幷未探題之事、自然拙僧依二未練一令二遅々一者、無二是非一候、拙僧遂講以来大会依レ無二執行一、于レ今未探題〔ナシ〕之段者、不レ及レ力次第也、於二当年一も大会於レ有レ之者、探題勿論候、所詮数度之先例勘進之上者、満寺更不レ可レ為レ歎事、

一、対二両門跡一者、良家之当職雖レ為二年季未満一、辞退候故実常之例ニ候由候哉、以二時之故実一可レ令二辞退一候、不レ可レ為二証例一候、依二理〔利〕運之次第一、既達二　上聞一候処、如レ此障碍不慮之至歟、

【⑦】

興福寺別当職之儀付、拙僧以二理運之次第一致二言上一、被レ成二　勅約一候処、今度大乗院家之号二御再任一、御違乱候条、重而旧例令二勘進一、達二　上聞一候、弥以叡慮無二御別義一候処、従二一条殿一大将様被二仰掠一之由候、(注)然共可レ為二有様一候旨被二仰出一由候、幸数度之旧例無レ紛事候条、大将様懸二御目一、御理可二申上一存候処、早被レ成二御下向一候間、不レ及二了簡一候、於二　叡慮一者、最前以二旧例一言上候趣、難レ被二捨置一存候間、弥大将様江可レ然様御披露肝要存候、

未探題任別当例

喜多院真善	永観元年四月任別当	未探題
住中院定澄	長保二年八月任別当	同
喜多院林懐	長和五年五月任別当	同
住山階東妻室扶公	万寿元年六月任別当	同
東院円守	康暦二年八月任別当	同
修南院光憲	長禄三年四月任別当	同

以上、

一、権別当者、正之別当ニ可二拝任一下地也、拙僧此中権別当ニて、ことしより正の別当ニ可二罷成一理運候、殊ニ御勅約之文致二拝領一事、

一、拙僧事ハ未探題之間不レ謂之よし、大乗院家より被レ申由、一向御無案内候、更探題の有無ニよらす、大

会さへ懃候へハ、理運ニ罷成旧例右ニ記之、
一、如レ此旧例をまもる事、法度不レ珍事、
※（注）部分、興福寺本は「仰掠之由候処」となっており、「処」の右傍に「然共」の注記がある。

【⑧】

就二興福寺別当職一東北院申様之事、
一、当年までの別当ハ、松林院と申仁ニ候、来年よりの別当ハ東北院存申切ロニ候、則当年まてハ権別当を東北院補申候、是ハ本別当ニまかりなるへき下地にて候、
一、如レ此候処、不慮ニ大乗院の大御所来年より御さいにんあるへきとの御造意ニ候へとも、大御所の御ことハ、去天文十八年より永禄六年まて十五ヶ年之間彼職を御存知被レ成候、其以来次第〳〵ニ各存知被レ来、只今東北院切口に罷成候処ニ、ヶ様にすちなき御競望、一向いはれさる事、
一、大御所被二仰分一ニ、東北院別当ニ罷成候へハ、来年よりの権別当を可レ補仁躰するゑニ無レ之由被レ申、雖レ然仁躰無レ之時ハ、権別当なくしてくるしからす候、更末の仁躰の有無ニよらさる先例在レ之事、
一、来年よりの別当不レ可レ有二相違一之旨、対二東北院一去年　禁裏様より後点の御奉書を頂戴仕候間、此上者弥他之望あるへからさる事、
一、右之分ニ候へハ、聊爾之儀彼方より殿様江被二申入一儀なと候へハ如何ニ候間、有様之旨殿様へ御取合候て、無二別儀一候様ニ御馳走頼存候、

【⑨】

一、就二当寺別当之事一、東北院僧都競望之儀、従二大乗院一不レ謂之由、以二御一札一御披露候、委曲彼面可二相見一候、良家中未採題之躰別当被レ任之儀、可レ為二如何一候哉、寺法不二相背一、近来如二在来一御下知肝要之由、

可レ預二御披露一旨、学侶群議候也、恐々謹言、

五月廿七日　　　　供目代澄専

宿院目代殿

【⑩】

一、就二当寺別当職之儀一、不慮之申事、近比不レ可レ然候、惣別寺社之輒（趣）、則被レ任二近来之筋目一儀候処、越二常篇一濫訴、太以無二勿躰一候、所詮以二尽レ理之上一、理運之方於レ被二再任一者、不レ及二是非一候、東北院被二申分一者、背二寺法一候条、各難レ有二同心一候、此等之趣被レ達二　上聞一候者、可レ致二畏悦一之旨、評定候、恐々謹言、

五月廿八日　　　　良家衆等

南曹弁殿

※興福寺本では「上聞」の箇所で改行（平出）あり。

【⑪】

覚

一、興福寺別当之儀、預二御不審一候、一乗院殿・大乗院殿御儀者、大会講師一度御執行、其会中ニ別当御存知候、是ハ御門跡御規模如レ此候事、

一、平之良家者、大会之講師一度御執行候て、其以後又大会ニあわせられ候ハて（本ノママ）ハ、別当御存知也、以上両二度大会ニあわせられ候ハてハ、別当御存知之儀、近来者不レ存候事、

一、近代之別当之次第、両御門跡・喜多院家・修南院家・光明院家・松林院家、近来御寺務如レ此候、是ハ先途右如二申入一被二相満一故、御存知也、東北院家之儀者、大会之講師一度御執行以後、于レ今大会無レ之候

間、別当に御すわり候儀可レ為二如何一候哉、久敷儀者慥覚不レ申事、

以上、

六月廿一日

供目代　澄専在判
摩尼珠院　宗栄在判
三学院　穏英在判
勧禅院　教英在判
西発志院　興尋在判
珍蔵院　融舜在判

万見仙千世殿
堀久太郎殿

【⑫】

天正四年長実房日記（多聞院住〔英俊〕）

五月廿八日

一、寺務儀ニ付、東北院未探題之処、叡慮へ申掠、旧記在之由ニテ、種々競望在レ之、則在京了、大乗院大御所御再任理運、則今日東林院・安芸両使京へ上了、

六月五日

一、大乗院殿御上洛、為二信長帰陣訴詔一、兼ハ寺務再任為二奏聞一歟、

同十日

一、寺務再任事、一昨日信長へ被二申分一之処、被二聞分一、大乗院御理運ニ落居了候〔之〕由、信長一札写并御書被

レ下、則学侶へも関白殿ヨリ状下、則集会相催、御請被レ申、珍重々々、

廿五日

一、京ヨリ大乗院新御所御書・使少輔来、昨日廿三日アツチニテ寺務ノ事弥治定了、則　勅使奉行庭田・甘露寺・勧修寺・中山四人知行被レ上了、幷夕庵家中ヲ払了、厳重ノ事由也、去廿日寺門へ以二両使一在姿御尋、連判ノ一札取テ返、ソレニテ如レ此云々、東北院可レ及二迷惑一云々、大乗院殿・寺門旁々天下ノ面目云々、

廿六日

一、東北院信長儀ニテ、今日順慶ヨリ使ヲ入置、道具ヲイロメ検付了、沈思々々、諸公事一大事迄也、

※『多聞院日記』の関連記事抜書。

【⑬】

今度興福寺別当の事、東北院に勅約をなされ候、そのうへにて猶未探題にての勘例ともしるし、進上候へハ、りうんと思食候まゝ、宣下の事おほせいたされ候処に、大乗院より競望候て、かミにまきれ被入候やうにさた候とても、先例の筋目おほせいたされ候へハ、いかにも未断の御沙汰もあらす候、なおやうたい四人さしくたされ、おほせ事候、かしく〔ナシ〕、

※興福寺本末尾に「私推、此四人、庭田・甘露寺・勧修寺・中山歟」とあるが、墨線にて抹消されている。

【⑭】

　或日記云、

寺家未探題近来不レ叶故、口宣・女房奉書マテトラル、トナレトモ、信長弾正忠ヨリ子細尋使仙千代・堀久太郎被越両人被越（衍カ）処、未探題寺家不レ叶旨、満寺被二理申一ニヨテ、東北院殿信長ヨリ離寺セラレ畢、

※興福寺本、このあとに「公卿補任六十二」として、天正四年の三条西実枝・勧修寺晴右・庭田重保・甘露寺経元・庭田重通・勧修寺晴豊・中山親綱・同孝親の記事を載せる。

B

【①】

当寺別当職之事、松林院僧正之次拙僧理運之条、被レ経二　奏聞一、後点　勅許之御奉書頂戴、無二相違一之様、中御沙汰可二畏入一候、恐惶謹言、

七月十六日　　法印兼深

日野殿

【②】

興福寺々務の事につきて、両人かたまての書札のおもむき、くハしく見給候、申さたの段尤のよし候て、宣下なされ候つる、朝廷の儀いよ／＼心をそへられ候ハん事肝要候、一日も女房奉書にて仰せられ候ことく、東北院旧例候よし申候まゝ、一端さもと思召、四人さしくたされ候つる、各も一段めいわく申候、毎に南都よりの一書御覧せられ候て、此間御さたの様、御後悔の事候、此うへにても、何事もよきやうに御いけん申され候へく候、みな／＼もあいとゝき候ハぬ事候とも、此たひハめしいたし、向後の事かたく申つけられ候ハヽ、悦入まいらせ候、まつ／＼此瓜名物と候へハ、一入めつらしくなかめ入候、猶両人申候、かしく、

右大将とのへ　　判

【③】

興福寺

寺務近年之次第、

大乗院
喜多院
修南院
光明院
松林院当寺務、当年まて、〈来年再任〉
大乗院
権別当
　東北院
　此仁不㆑遂㆓探題㆒

C

（表紙外題）「天正四丙子年
大乗院後法乗院殿尋円記
東北院家未探題ニ而正別当競望曲事之事、」

【①】

天正四丙子五月廿七日自㆓門跡㆒寺門へ折紙、
就㆓当寺別当之儀㆒、東北院僧都為㆓未探題㆒可㆓存知㆒之由、京都江付掠㆓叡慮㆒申入之段、近比曲事之至、曾有㆓越常篇㆒候、則京都江茂被㆓仰上㆒候、此等之義、能々被㆓分別㆒、厳重之寺訴可㆑為㆓珍重㆒候、如㆘令㆓申分㆒候㆖者、失㆓門跡・良家之階級㆒、寺門之方軌等可㆓相破㆒造意候、太以不㆑可㆑然之由、学侶集会砌可㆑有㆓披露㆒之旨、被㆓仰出㆒所㆑候也、恐々謹言、

五月廿七日　相模権寺主 泰深
伊予権上座 盛舜

供目代御房

【②】

天正四丙子六　東北院出勘例写

無二権別当一而唯別当計之例記

幷未探題ニ而別当存知之例記

東院住

円守　康暦二年八月廿七日　宣下、任別当、

未探題、于レ時法印権大僧都、

同二年九月任権僧正、

此別当之時権別当無レ之、

法雲院住

実遍　永徳元年三月十六日　宣下、任別当、

此時茂権別当無レ之、

円守　永徳二年三月十日　宣下、任別当、再任、

猶未探題也、

此時茂権別当無レ之、

自二永和二丙辰一至二永徳元辛酉一六ヶ年之間、依レ無二大会一、権別当も無レ之、然間円守僧正未探題也、

永徳二年壬戌十一月十日、大会始行、孝憲、来迎院住、
此時別当円守探題懃レ之、
永徳三癸亥孝憲則任権別当、
　已上
此以前ニも権別当も無レ之、又未探題ニ而別当之例多候、不レ及レ記、

【③】
天正丙子六八　叡慮江申状、四人奉行へ於二二条殿一南曹弁・宮内少輔・東林院・安藝、此方ヨリモ四人以相渡者也、
　此時寺門状・大乗院寺門への状・良家衆状・此一書ノ覚四通渡者也、

覚
一、興福寺別当職事、東北院為二未探題之輩一競望、曲事題目候、両門跡者未探題之時、拝任為二規模一、仍於二良家衆一者、探題之後被レ補レ之、是寺門之法度候、
一、良家未探題之旧例勘進之由候、曾以非二当時相応之義一、希有之先例一両度雖レ有レ之、皆有二子細一事候、或碩徳之仁、或師範之好、両門以二許可一被レ免之儀、稀代之先蹤候、不レ弁二其子細一、以二普通之覚悟一及二勘例一歟、無二有職一之至也、縦両門雖レ為二許達一、寺門当二確執一之由、見二旧記一畢、
一、於レ被レ用二希代之先例一者、未遂講之門跡被レ補二寺務一之条、為二勿論之儀一、先例数度之上者、定而不レ可レ及二異論一候哉、
一、未探題之良家寺務事、若於二御裁許一者、門跡・良家之階級此時可二相破一之条、満寺之歎此事候、
一、対二両門一者、良家之当職雖レ為二年季未満一、辞退故実常例也、然処再任之障碍可レ謂二傍若無人一歟、

【④】

天正（丙子）六八　寺務再任之儀付右大将殿書状写

昨日従㆓曇華院殿㆒、興福寺寺務事被㆑仰候、今日令㆓直談㆒候之処、一向相違候、所詮近代如㆓有来㆒任㆓寺法㆒、為㆓家門㆒可㆑被㆓仰調㆒事専一候、自然中㆓掠叡慮㆒、参差之儀候者、御意見簡要候、恐惶謹言、

六月八日　信長在判

二条殿閣下

【⑤】

天正四六十二　（自寺門状第二度也、）宿院目代殿　（興福寺）供目代証専

当寺別当職事、任㆓先例之寺法㆒、為㆓関白殿下㆒被㆑成㆓御計㆒之由、不㆑及㆓是非㆒候、則大乗院僧正御房御再任御理運之条、尤珍重候、於㆓満寺㆒弥先規之筋目、奉㆑仰候、随而右大将殿御一札被㆓見下㆒候、畏悦至之由、可㆑有㆓披露㆒旨、学侶群議候也、恐々謹言、

六月十日　供目代証専

宿院目代殿

【⑥】

天正（丙子）六廿四　従㆓大将殿㆒、万見仙千代・堀久太郎両使以、南都へ寺務之事被㆓相尋㆒時、自㆓寺門㆒一書ニ致㆓連判㆒返事写、

覚

一、興福寺別当之儀、預㆓御不審㆒候、一乗院殿・大乗院殿御儀者、大会講師一度被㆓執行㆒、其会中ニ別当御存知候、是者御門跡依㆓御規模㆒如㆑此候事、

一、平之良家者、大会之講師一度御執行候て、其以後又大会ニあわせられて、別当御存知也、以上両二度大

会ニあわせられニ候ハてハ、別当御存知之儀近来者不レ存事、

一、近代之別当之次第、両御門跡・喜多院家・修南院家・光明院家・松林院家、近来御寺務如レ此候、是ハ
先途右如ニ申入一被ニ相満一故、御存知也、東北院家之儀者、大会之講師一度御執行以後、于レ今大会無レ之候
間、別当に御すわり之儀可レ為ニ如何一候哉、久敷義者慥ニ覚不レ申候事、

以上

六月廿一日

供目代 証専在判
广尼珠院 宗栄在判
三学院 穏英在判
観禅院 教英在判
西発志院 興尋在判
珍蔵院 融舜在判

万見仙千代殿
堀久太郎殿

※次の記事との間二十四丁白紙。

【⑦】

□□之輩書抜書留紛乱御近々記レ之、
不レ経ニ権別当一
寺務直任之例

東北院

覚円　嘉元四年丙午探題執行、
元応元年迄十四年間在レ之、
于レ時僧正、
元応元年十二月廿九日拝任、
右覚円不レ経二権別当一寺務ニ直任ニて候得共、会式御探題迄被レ勤候而、遥ニ後直任ニて御座候、

光明院
隆秀　大納言僧正、
永享九年十二月十二日拝任、
依二武家執奏一、不レ経二権別当一直任二寺務一畢、凡人直任二寺務一、希代次第也、
応永廿九年壬子探題、永享九年迄十六年間在レ之、不レ経二権別当一直任ニ候へ共、遥ニ後ニ直任ニ而候、

此外先規数多之間、不レ載レ之、

御門跡方ニも、昔ハ探題不レ被レ成候へハ、寺務御抱不レ被レ成候、院家衆ハ昔之例之通、只今ニ而も探題不レ勤候てハ寺務持事難レ成候、然共昔より両御門跡闕レ之時者、右之段不レ構被二抱申一候事、

同紙裏書ニ、
大乗院信賀寺務御抱御座候内、貞享四年一乗院殿（真敬）寺務職競被レ成候ニ付、喜多院空英者権別当ニて候ニ付、此節同競望被レ申ニ付、一乗院殿ゟ閉門被二仰付一畢、
未探題ニ而寺務職競望先例無レ之、不レ可レ然之由被二申上一、

一、喜多院開門ハ元禄十二年五月ニ而御座候、
此時大乗院尋円と東北院との申分之記、成身院ゟ一乗院殿へ進候由、依レ之其段一決、御申立ニて喜多院閉門ニ成申候、其砌此方江茂京ゟ尋ニ参候由ニ候へ共、一乗院殿理不尽之競望之節故、其記無レ之旨被二仰遣一候事、

三　東北院兼深の別当職補任運動から尋円・兼深の対決まで

前節であげた史料によってあらたにわかるのは、次のようなことである。

兼深が別当職補任を望んだのが史料上明らかになるのは天正四年五月であったが、それ以前から運動をおこなっていたことがわかった。A①によれば、兼深は未探題（興福寺僧侶たちが別当職補任の必要条件としてあげる維摩会探題を務めていないこと）にて別当職に補された旧例を奏聞し、勅許を求めている。宛名は日野輝資。日付の二月十七日は天正四年と推測される。すでにこの時点で兼深は、自らが別当職に補されるために乗り越えるべき障碍が未探題問題であることを自覚している。

さらにB①で兼深はおなじく輝資に宛て、現別当松林院光実の後任には自分が適任であるという奏聞を経て勅許を得ているので、交替の手続きを進めてもらいたいと申し入れている。日付は七月十六日。光実が興福寺別当に補されたのは天正元年九月十七日だから、[3]年次は天正二年か三年のいずれかしかない。光実別当就任の翌年七月の時点ですでにこうした確約を得たというよりは、翌々年天正三年の可能性のほうが高いだろう。つまり、別当職相論が朝廷を揺るがす天正四年五月の前年天正三年時点で兼深は次期別当職補任の運動をおこなっており、勅許を得ていたのである。彼は少なくとも天正三年七月以前から動いている。このことはA⑦に「拙僧（兼深）

以二理運之次第一致二言上一、被レ成二　勅約一候処」とあることからもわかる。

三年七月の時点で兼深は次期別当職の内約を得ていたものの、光実が別当職を退こうとしなかったため、翌年二月に輝資に対し正式手続きを進めるよううながしたが、それでも事態は変わらなかった。A③を見ると、五月十二日付で輝資は光実に対し、年季がすでに満ちているので辞退するよう命じる女房奉書を示している。A②がその女房奉書に該当しよう。

しかし光実は、なおこれを拒否する姿勢を見せたようである。五月十七日付の書状A④にて輝資は、光実の返事の中味が「何共無分別」であるため天皇に披露しがたいことを詰り、あらためて辞退を強くうながしている。

第二章において、兼深の別当職補任を望む動きが史料上わかるのは五月二十二日（『宣教卿記』同日条）であることを指摘した。くりかえしになるが、以上の史料を見ると、すでにそれ以前から、日野輝資を媒介にして兼深と光実とのあいだで別当職に関する綱引きがくりひろげられていたことがわかる。また、いかなる内容かは不明だが、兼深に「勅約」があり、その証拠となる「後点勅許之御奉書」があたえられていたことも判明する。

C①を見ると、五月二十七日に大乗院家より、兼深の競望を非とし、学侶集会にてその旨の披露を求める申状が供目代宛に出されている。第二章で紹介した『五師職方日記』に収められた同日付供目代澄専書状（宿院目代島田久家宛）のなかに、「当寺別当事、東北院僧都競望之儀、従二大乗院家一不レ謂之由、以二御一札一御披露候」とある「御一札」がこのC①に該当する。

A⑤⑥は、兼深と対抗するように大乗院尋円が別当職に名乗りをあげたあとのものである。⑤に尋円の、⑥に兼深の申し分がまとめられている。このうち尋円の申し分についてはC③にも収められているが、C③では、この覚書が出されたときの状況についての記事があり重要である。

それによれば、覚書は六月八日に二条晴良第において奉行四人衆に提出された。そのとき立ち会っていたのは、南曹弁中御門宣教・宮内少輔（不明）・東林院孝誉・松井安芸の四人。このうち東林院・松井の二人は、尋円を推す寺門の使者として上洛しているから（『多聞院日記』五月二十八日条）、宮内少輔は兼深側の使者だろうか。

尋円から四人衆に提出された「寺門状・大乗院寺門への状・良家衆状・此一書ノ覚」とは、それぞれ五月二十七日付供目代澄専書状（A⑨）・同日付大乗院家申状（C①）・五月二十八日良家衆申状（A⑩）・尋円覚書（A⑤＝C③）に該当しよう。

A⑩では、興福寺学侶のみならず、東北院とおなじ身分的階層にあたる良家衆もまた、兼深の主張は先例にないことであり、濫訴であることを南曹弁に回答していることがわかる。これら学侶・良家衆の答申が興福寺側の総意として朝廷に伝えられたのである。

ところで六月八日付の信長書状には、七日に曇華院聖秀より別当職について何らかの申し入れがなされ、八日に「令直談」たところ、「一向相違」であることがわかったと書かれていた。C③の記事を見ると、これら「直談」は晴良第においてなされ、尋円・兼深双方からそれぞれの主張を支える文書が提出されたのである。兼深側から出されたのがA⑥であると思われる。

「直談」に同席していたのは、少なくとも関白二条晴良・四人衆・南曹弁中御門宣教・東林院・松井安芸・宮内少輔であった。その結果が信長に報告され、八日付の書状発給となったのではあるまいか。

四　別当職相論をめぐる正親町天皇の立場

先に少し触れたA⑦も兼深がみずからの主張を展開したものである。ここで重ねて未探題にて別当職に補任された旧例が書き上げられている。このなかに「幸数度之旧例無レ紛事候条、大将様（信長）懸二御目一、御理可二申上ニ存候処、早被レ成ニ御下向一候間」とあるので、A⑦は信長が二条晴良に対し書状を出して自らの判断を示し安土に帰った直後、信長への披露を前提に作成されたものであった。

C②にも円守・実遍二人の先例についてとくに詳細に書き上げられているが、A⑦との関係が不明確である。年記（天正四年六月）より、あるいはA⑦以前の「直談」のおりA⑥と一緒に提出されたものかもしれない。

またA⑧も兼深の言い分が五箇条にまとめられている。ただしこれは兼深自身の文章ではなく、第三者が兼深の主張を聴取し、整理したものだと思われる。五箇条目に「聊爾之儀彼方(尋円)より殿様(信長)江被ニ申入一儀なと候へハ如何ニ候間、有様之旨殿様へ御取合候て、無ニ別儀一候様ニ御馳走頼存候」とあることから、ここでの兼深の主張は、A⑦同様相論が信長の耳に入ったあとの時点で、信長の理解を得るのが目的であったことがわかる。A⑦の申し入れを信長に伝えるため四人衆が兼深の言い分をまとめたものかもしれない。

A⑦を読むと、「従ニ二条殿一大将様被ニ仰掠一之由候」とあるので、兼深は、六月八日に信長が二条晴良に示し、十日までに（十日付で興福寺供目代から宿院目代島田久家に宛て信長の判断を受け入れる請文が出されているため）興福寺へ伝達された第一段階での判断（興福寺の先例寺法に任せ尋円が理運だという内容）を知り、それは晴良が「仰掠」めた不本意な内容であると認識したうえで、信長が「近代如ニ有来一任ニ寺法一」とした部分を「可レ為ニ有様一」と、なお自身が補任される余地が残されていると解釈し、信長下向後も自分に有利な前例を勘進したとおぼしい。さらにいえば、正親町天皇・四人衆もまた、信長の判断を尋円理運とは受けとめなかったようである。これはA⑬・B②の二点の史料を読むことにより裏づけられる。

まずB②から見ていこう。日付はなく、宛名は右大将、差出は「判」とあるのみでただちには明らかにしがたい。宛名の右大将は信長であろう。重要な文書なので、現代語訳を次に掲げる。

興福寺寺務の事について、両人宛の書状を詳しく拝見しました。あなたの処置はもっともでありますので、別当の宣下をしました。朝廷の事、ますますの心添えをいただきたいと思います。先日も女房奉書を出したように、東北院から旧例があるという注進をしてきたので、一端はさもと思い、四人を安土へ差し下しました。彼らも戸惑っていることと思います。ことに南都からの申し立てを読んで、先日の判断を後悔しております。これからも何事もしかるべくご意見を下さい。四人衆も相届かぬ点があったとは思いますが、どうか召し出して今後の事を堅く申し付けていただければ喜ばしく思います。さて、この瓜名物とのこと。ひとしお珍しく眺めいっております。なお詳しくは両人が申します。

差出者は信長に対し、東北院兼深からの旧例の勘進にもとづき、兼深を別当職に補す決定を下し四人衆を安土に遣わしたことを後悔し、四人衆の赦免を望み、信長の「申さた」を受け入れ、別当宣下をなしたことを伝えている。

このなかで「一日も女房奉書にて仰せられ候ことく」とある女房奉書が、A⑬にあたると考える。A⑬は、兼深に別当職の勅約がなされ、兼深からも未探題にて別当職補任の先例が勘進されていたところに尋円から別当職の競望があったものの、先例があることなので兼深補任の方針は変更しない、詳しくは四人衆を差し下して伝えるという内容である。

すなわち第二段階、六月十二日に安土へ下った四人衆が携えた女房奉書がA⑬であって、ここで兼深補任の決定があらためて信長に伝えられた。ところが信長はこれに異を唱え、前述のような経緯をたどり、最終的にその判断は誤りだったとB②の差出者が信長に詫びを入れたことになる。八日の時点でみずからの考えを示しながら、直後にそれが無視されたかのような申し入れを受けたのだから、信長の驚きと反発は当然だったろう。

それではB②の差出者は誰で、出された日はいつだろうか。ふつうに考えれば、差出者は別当職補任の最終決定権者である天皇だが、文書の内容にそくして検討してみたい。

冒頭と末尾に出てくる「両人」は、第八章で紹介した六月二十九日付書状にて信長が書状を宛てた烏丸光康・飛鳥井雅教を指すと思われる。この文書も重要なので再掲する。

今度南都寺務之出入、尤可レ有二納得一候、沙汰之限之子細候、万々　朝廷相滞候へハ、下々猥之段勿論、依レ之不二相紛一之様ニも、四人衆以二誓帋一申定候処、誠明鏡之段、不届之仕立無二申計一候、然時者　禁裏被レ失二御外聞一之儀候、左候へハ信長も同前失二面目一候、雖レ然為二自今以後一不二申沙汰一も如何之条、右分候、各併各未レ糺之故、口惜題目候、上御事不レ及レ申、傍輩中見限候、乍レ去為二冥加一候間、此瓜　親王様へ進上候、雖二些少候一、濃州真桑と申候て、名物候間、如レ此候、被レ成二其意一可レ然候様、奏達専一候、謹言、

六月廿九日　　信長（花押影）

烏丸（光康）大納言殿

飛鳥井（雅教）大納言殿

（『昭和四十三年六月古典籍展観入札目録』所収、奥野高広編『増訂織田信長文書の研究』補遺一八〇号）

この文書の後半傍線部と、Ｂ②の「まつ〳〵此瓜名物と候へハ、一入めつらしくなかめ入候」が対応するから、相論が最終的に落着した六月二十九日の段階で信長が烏丸・飛鳥井両人に宛てて出した書状の返事として、この両人を媒介にして信長に宛てたのがＢ②であると考える。真桑瓜を進上した相手は正親町天皇嫡子の誠仁親王なので、Ｂ②の差出者も親王ということになろう。

これと関連して注目したいのは、『御湯殿上日記』天正四年六月三十日条である。ここに「なかよりよるいぬのくわなのうり、めい所として二こ、宮の御かたへまいる」という記事がある。記録時点の誤解と書写のさいの誤りが混在している模様で、そのままでは文章の意味が通らないが、「なか」を信長のこと（「のぶ」の脱落）、「いぬのくわなのうり」は「伊勢の桑名の瓜」（実は美濃の真桑瓜）のことと考えれば、六月二十九日付書状とＢ

②をつなぐ史料であるとみなすことができる。(4) 二十九日付の書状とともに信長から誠仁親王に真桑瓜二個が贈られ、翌三十日夜にそれが親王に届いた。それを受けて書かれた返事がB②というわけである。したがってB②が書かれたのは、六月三十日かそこからそう遠くない時期であると推測される。

むすび

以上第二章と本章にて紹介した興福寺別当職相論に関する史料にもとづき、相論の経過を再構成したので、年表を表19としてまとめた(章末)。

本章で紹介した史料中、A⑬とB②はとくに重要である。六月八日に二条晴良に示された信長の真意が、当事者の一人東北院兼深はおろか、正親町天皇・四人衆にも正しく伝わらなかったと思われるからである。

このため信長が安土に帰ったあとも、兼深は未探題の別当職補任の先例を勘進して自身の有資格者たることを執拗に主張し(A⑦)、また天皇も、それを受けて兼深の別当職補任の方針を変更せず、四人衆をもって安土へ伝えた(A⑬)。

信長が興福寺の意向をふまえて判断しようとしているようにみえて、実はその背後にある二条晴良―大乗院尋円のため事を運ぼうとしていたのか、天皇・四人衆側も双方の意見を聴く姿勢を見せながら、実はあくまで兼深補任に固執していたのか。いずれもこれ以上史料の表面からはうかがい知ることはできない。ただB②での謝り方をみると、天皇・四人衆側に深い意図があったとも思えない。さほどの審議も経ぬまま、大きな声をあげていたほうの言い分をそのまま聞き入れてしまったようにも受けとめられる。

六月二十九日付書状において、信長が「然時者禁裏被失御外聞之儀候、左候へハ信長も同前失面目候」「上御事不及申、傍輩中見限候」と強く叱責したとき、念頭にあったのは、当然別当職の最終決定権者たる天皇（「上」）だろうが、なぜか書状後半において、自らの怒りを鎮めようとするかのように誠仁親王に対する瓜献上の話題に転じている。

叱責に対する詫び状（B②）の差出者を誠仁親王としてよいのであれば、その親王が天皇に代わって判断の過ちを陳謝している。ここで突如信長と向き合う朝廷の代表者として親王が登場してくることは興味深い。親王は、前年の天正三年に問題となった絹衣相論においても、事態収束をはかる中心人物として活発に動いていた。絹衣相論や別当職相論における親王の立場については、この時期の信長と朝廷の関係という大きな問題の枠組みのなかで論じなければならない。絹衣相論については第一章、誠仁親王の活動については第五章を参照されたい。

註

（1）この興福寺所蔵『天正四年寺務職競望之記』は、もともと興福寺一乗院旧蔵文書のなかに含まれていた（史料編纂所所蔵『史料蒐集目録』二四四、一九三〇年）。

（2）末柄豊「興福寺所蔵『大乗院御門跡御文庫古文書写』」（二〇〇五～二〇〇七年度科学研究費補助金・基盤研究(C)研究成果報告書『興福寺旧蔵文書による古文書と古記録との関連についての史料学的研究』研究代表者安田次郎氏、二〇〇八年）。

（3）『興福寺別当記』下（史料編纂所架蔵謄写本）など（『大日本史料』天正元年九月十七日条・第十編之十八所収）。

（4）ちなみに、信長は、前年の天正三年にも真桑瓜を献上している。こちらには「のふなかよりみのゝまくはと申すめい所のうりとて、二こしん上申す」とある。天正四年以降も、七年七月七日・八年六月二十一日・九年六月二十八日に真桑瓜もしくは瓜の献上例がある。神田裕理『戦国・織豊期の朝廷と公家社会』（校倉書房、二〇一一年）第三部第一章、黒田智「信長の真桑瓜」（『文学』一三―五、二〇一二年）参照。黒田論文を参照するかぎり、伊勢・桑名の瓜が献上瓜とされたふしは見られない。

表19　天正4年興福寺別当職相論の経過

日　付	概　要	典　拠
（天正3年カ） 7月16日	東北院兼深，興福寺別当松林院光実の後任として理があることを述べ，申沙汰を請う（それ以前何らかの勅約があったか）．	B①
（天正4年） 2月17日	東北院兼深，日野輝資に宛て，未探題別当補任の旧例を勘進し，別当補任を請う．	A①
5月12日	日野輝資に宛て，興福寺別当松林院光実の辞退を促すよう女房奉書を発給し，輝資これを光実に伝達する．	A②③
（この間）	松林院光実，別当辞退を拒む書状を日野輝資に宛て出す．	なし
5月17日	日野輝資，光実に対し重ねて辞退を促す書状を出す．	A④
5月22日	中御門宣教，日野輝資をとおし，東北院兼深が興福寺別当を所望する申状（南曹弁宛）を受け取る．	宣
5月23日	宣教，二条晴良（氏長者）へおもむき，兼深の申状を披露する．	宣
5月24日	宣教，晴良へおもむき，兼深の申し出の却下を伝えるよう命ぜられる．	宣
5月25日	輝資が宣教をおとずれ，兼深への長者宣発給を申し入れる．宣教は晴良へ披露することを約束する．	宣
5月27日	大乗院家，兼深の別当職競望を非とする申状を供目代に提出する．これを受け，興福寺学侶は大乗院家の訴えにつき議し，兼深の不適任を宿院目代に訴える．	C① 五
5月28日	多聞院英俊，別当職について勅許を得ようとして兼深が在洛していることを書きとめる．興福寺から東林院・松井安藝の両使が，尋円が適任であることを申し入れるため上洛する．	多
	興福寺良家衆，別当職につき兼深の競望を非とする申状を宣教に宛て提出する．	A⑩
6月4日	兼深との相論のことにつき，大乗院尋憲上洛する．	宣
6月5日	英俊，尋憲が別当職を信長・禁裏に申し入れるため上洛したことを書きとめる．	多
6月6日	宣教，晴良第におもむき，三条西実枝・甘露寺経元らと談ずる（尋憲も同席？）．	宣
	信長，河内より上洛し，妙覚寺に宿す．	言
6月7日	信長，四人衆と談合する．宣教，晴良から大乗院の書付を四人衆に届けるよう命ぜられ，四人のもとへおもむくが，いずれも留守で面会できず．	宣
	信長，曇華院聖秀から別当職のことで申し入れを受ける．	五・尊
6月8日	宣教，晴良より大乗院の書付を四人衆へ届けるよう命ぜられる．実枝，晴良第に来る．	宣
	摂家門跡以下の公家衆，信長に面会する．	言
	尋円・兼深双方の使者，及び四人衆・宣教が二条晴良第に集まり，双方の主張を聞く．	C③
	信長，別当職を氏長者晴良の決定事項とし，その旨の文書を出す．	五・尊 C④
	未刻（午後2時頃），信長，安土への帰途につく．	兼

6月9日	宣教，興福寺供目代に信長の判断を伝え，満寺に周知するよう要請する．	五
6月10日	信長の文書が興福寺へ届く．晴良からの文書も学侶に出され，興福寺は集会を開催してこの決定を諒承する．	多
	興福寺学侶，上記諒解の旨を宿院目代に伝える．	五・C⑤
	(9～12日の間か)兼深，重ねて未探題別当補任の先例を勘進し朝廷に奏す．	A⑦
6月12日	四人衆，勅使として安土へ下向する．	宣
	佐野但馬守，任官の御礼を信長・四人衆・三条西実枝・村井貞勝に贈る．	言
6月20日	英俊・宗栄，信長からの両使(万見仙千代・堀秀政)がこの日やって来たと書きとめる．	五・多
6月21日	信長，両使万見仙千代・堀秀政を奈良に遣わし，筒井順慶・興福寺学侶らに別当職に関する興福寺の慣行を調査させる．	祐
	興福寺学侶，別当職補任の慣例について両使に文書にて報告する．	五・C⑥
6月23日	四人衆，安土より上洛して天皇に祗候する．また夕方，この件について，安土より惟住長秀・瀧川一益が上洛する．	言
	英俊，安土において別当相論が決着したという報せを受ける．この処罰により四人衆の知行が召し上げられ，武井夕庵が家中を追放される．山科言継，四人衆の処罰についての報を耳にする．	多・言
6月24日	(宣教，信長が興福寺別当を尋円とする朱印状を晴良に出したことを書きとめる．)惟住・瀧川両人が信長の使者として上洛し，尋円への別当宣下を督促する．宣教，長者宣を書し，飛鳥井雅教を介して禁裏へ送付する．	宣
	尋円，学侶に対し，相論における馳走に謝意を表する．	五
6月26日	信長，興福寺別当を大乗院尋円と決定したことを祐礒が書きとめる．	祐
	筒井順慶，兼深所持の道具を検する．	多
6月28日	尋円，信長への礼のため安土へおもむいたと英俊記す．	多
6月29日	信長，別当職相論についての所感を飛鳥井雅教・烏丸光康両人宛の書状のなかで述べ，誠仁親王に瓜を献上する．	古
6月30日	信長から献上された瓜が誠仁親王のもとに届く．	湯
	(上記の直後)誠仁親王，信長に対し東北院理運の勅断を取り消すことを伝え詫びる．	B②
7月6日	信長，朝廷政務について，四人衆が談合のうえ信長の承認を得て進めることを定めたことについて，四人衆による相論の処理の不行き届きについて咎めることがあったことを，吉田兼見記す．	兼
8月6日	信長，四人衆を赦免する．	兼

※灰色部分は第二章初出論文発表後確認されたA・B・Cなどによって新たに判明する事柄．
宣：宣教卿記　多：多聞院日記　五：五師職方日記　言：言継卿記　兼：兼見卿記　祐：春日社司祐礒記　湯：御湯殿上日記　尊：尊経閣文庫所蔵文書　古：昭和43年6月古典籍展観入札目録所収文書

第四章　天正九年正親町天皇譲位問題小考

はじめに

本章は、天正九年（一五八一）に持ちあがった正親町天皇の譲位をめぐる一件について考察をおこなうものである。

天正九年二月二十八日に挙行された京都馬揃えの直後、朝廷は織田信長を左大臣に推任しようとした。信長はこれに対し、譲位を執行してから受けると返事をする。その後方角禁忌の遊行神である「金神」の忌みに抵触することが判明し、この年の譲位はおこなわれないことになった。当然左大臣推任も沙汰止みとなる。

以上がこの年の譲位をめぐる一件のあらましである。詳しい経緯はのちに関係史料を提示したうえで再述する。

この一件は、馬揃えや譲位といった点からは、信長と朝廷の関係を考えるうえで注目すべき事件であり、また左大臣推任とその頓挫といった点からは、信長の官位に対する考え方をうかがうための格好の材料ともなっている。立花京子氏は、「信長の官職問題はまさに信長権力と朝廷との接点にほかなら」ないと指摘する(1)。それゆえこの時期の政治史叙述のなかで無視することができない問題として、多くの研究者が注目し、その歴史的意義について言及している。とりわけ近年では堀新氏と立花京子氏とのあいだで論争にもなった。

決着の鍵を握る金神について、このとき陰陽道官人が朝廷に提出したとみられる勘進状（勘文）が、禁裏の文庫である東山御文庫に蔵されている。一九〇九年（明治四十二）に東京帝国大学文科大学史料編纂掛（東京大学史料編纂所の前身）が写した謄写本『京都御所東山御文庫記録』乙二十七巻（架番号二〇〇一―一―二四二）に収められていながら、これまでの研究のなかでまったく利用されてこなかった。(2)

この勘文は、天正九年の譲位問題を考えるうえで重要な示唆を与える存在である。そこで本章では、この勘文を含めた関係史料を検討し、あらためてこの一件の経緯をたどり直したい。

一　関係史料

まずこの一件の関係史料を掲げる。

【史料1】『御湯殿上日記』天正九年（史料編纂所所蔵旧高松宮本）

二月

廿八日、ひんかし（東）の野にて、のふなか（信長）馬そろへ（揃）ありて、御めにかけらるゝ、ひんかしのほりのきわに御さしき（桟敷）うたれて御らん（覧）せらるゝ、きよけん（御剣）はく（白川雅朝）中将、九てう（九条兼孝）のくわんはく・二条（二条昭実）の右ふなとこゝに御まいり、むま（馬）過て、やかて御ふく（服）一かさね、ちよくしよ（勅書）庭田大納言（重保）・かんろし（甘露寺経元）の中納言・くわんしゆ寺（勧修寺晴豊）中納言・中山中納言（親綱）・広橋左大弁宰相（兼勝）五人つかはさるゝ、城介（織田信忠）に八折十合十荷つかはさるゝ、御つかい（使）かんろし・くわんしゆ寺なり、ちか比むまそろへ（馬揃）み事なり、

廿九日、昨日のむまそろへみ事とて、けふ上らふ（上臈局）・なかはし（長橋局）、宮（誠仁親王）の御かたよりは御あちや（阿茶）ゝ・御ち（乳）の人つかはさるゝ、一たんのきけん（機嫌）なり、すき（はら脱ヵ）御あふき（扇）しん上申、（下略）

三月

三日、（中略）けふ又むまそろへのよしさたありつれとも、雨ゆへのふる、（下略）
五日、けふの御かんきん（看経）あり、又けふも前右ふのふなか、むまそろへひんかしにてあり、右少弁よりかまほこまいる、宮の御かた・わかみや（和仁王）の御かた・五のみや（のち聖護院興意法親王）、みな〱こよひ二て（条）うへくもしなる、
七日、（中略）又のふなか左ふ事に、にわかに宮の御かたへしやくせんゐん（積善院尊雅）御つかいにまいらるゝ、
九日、くわん（官）位の事に、上らふ・なかはしのふなかへ御いて、しあはせよくてかへりなり、上らふ・なかはしへしろかね（白銀）三まいつゝいたす、くわん位の事おほせらるゝ、御かへり（返）事に、しやうい（譲位）の事申て、その時宮の御かたをかみ（上）へ入まいりて、御そくい（即位）をやかて申さたし候わんまゝ、その時くわんいの事は御うけ申へきよし、かへり事なり、
十九日、しやういの事に、とさま（外様）・ない〱（内々）みな〱小御所へ御まいり、
廿四日、（中略）あつち（安土）より、しやういの事に御かへり事よろしくて、めてたし〱〱、

【史料2】『兼見卿記』天正九年

三月
十一日、乙亥、向㆓春長軒（村井貞勝）㆒、蛤弐百持遣、面会、将碁数盤在㆑之、参㆓下御所㆒、中山黄門（親綱）・水無瀬黄門（兼成）其外各参会、御譲位之事、於㆓右府信長㆒其沙汰也、然間各内々御談合云々、

四月
一日、（中略）次参㆓下御所㆒、卒度申入了、烏丸黄門（光宣）参会、御譲位之事、当年依㆓金神㆒御延引之由其沙汰云々、

【史料3】『左京亮宗継入道隆佐記』（立入家文書）

（前略　二月二十八日の馬揃に関する記事）
則為㆓禁裏様㆒被㆑成㆓御勅書㆒、今度之見物、筆にも御言にもつくしかたく、唐国にもかやうの事有間敷と被

レ遊候、信長へ忝候由御礼被二申上一候、［五人御勅使被レ立候、庭田大納言（重保）・中山殿・甘露寺殿（経元）・広橋殿（兼勝）・勧修寺殿（晴豊）、］然は御官位を被二仰出一候はんとて、上臈御局さまを三月朔日ニ為二勅定一、御勅書を被レ参候、左府に被二仰出一由候、其内々為二御使一、村井長門守入道春長軒を二月晦日夜、初夜以後立入処迄御出候て、庭田大納言殿・勧修寺中納言殿・甘露寺殿・中山殿・［広橋殿］五人御内談子細有レ之、立佐入道（立入隆佐）馳走仕、則叡慮様へ被二仰上一候、為二其御使一、上臈様信長之御屋敷本能寺へ御成候、上下京之小屋方材木方より、御さんしきの道具出、用意仕候、御馬乗大名国々馳走不レ得レ申候、江州・越州・若州・丹波・丹後・津国・河内・泉州・和州・伊勢・美濃・尾州・山城、京之御公家衆には、日野殿（輝資）・正親町殿（季秀）・藤中納言殿（高倉永相）・御子息衛門佐殿（高倉永孝）・竹内兵衛佐殿（長治）、以上五人御馬乗候、其外公方衆ハ沼田殿・彦部殿・小笠原殿・荒川殿・松田監物殿・才阿弥・正実坊、其外名字不レ存候、又三月五日ニ御馬乗有レ之、はや馬共［を］すくられ、三百［余］騎にて、くろき赤き頭巾、思々出立、とうふく皮袴、［皮］立付にて、御見物は　御方之御所様御忍にて、御かつきの仕立にて［御女房衆ニうちまきれられ］御見物なされ候、信長之御出立は、はたにこうはい、叡慮より白御ふく御拝領、則色々御小袖［を］めされ度ニ候へ共、御ふく拝領を御うわきにて、きんらんのそはつき、しやうふかわの皮袴、なんはんすきん、［幷］秋田城介殿（織田信忠）は、しやう〳〵皮の御とうふくに、同すきん、黒皮袴、其外思々御馬乗ニ御出候、御子立城介殿・伊勢之御本所・三七殿御三人、以上御子立ニ候、男女五十人計有レ之之由候、

（※［　］内は行間傍書）

【史料4】「古キ文」所収条書案（史料編纂所所蔵徳大寺家史料）

（付箋）「晴季公　一公家衆」

一、公家衆御談合之事、

一、後日其きわと成、きろく出、何かと被レ申事有間敷事、
一、日取・日限之事、
一、御いみ可レ有二御座一候間、当年中如何可レ有レ之候哉、さやうの儀もまつのかへられ候事可レ成候哉事、
一、何も摂家・清花・少心なる御公家迄被レ寄二御談合一、可レ有レ之事、以後一円ニ我々ニは無二御知一候之間、
違目之事者不レ存なと可レ被レ申候之間、為レ其如レ此候事、
一、下御所様（誠仁親王）へも切々御参候て、可レ得二御意一候事、
一、諸職昔之置目者被二打置一、今又改事ニ候、万事被レ成二御覚悟一、かる〳〵と御談合肝要候事、
以上、
三月十七日（天正九年ヵ）

【史料5】「賀安両家当年方角吉凶勘進状御写」（『東山御文庫所蔵史料』百二十函五―三）

当年金神、子丑寅卯午未、金神事、天上之神也、天有二五方一、帝王星光明第一星也、犯二此方一者、其災不レ軽、仍レ之古来貴賤不レ挙二用之一、若誤而犯レ之者、致二祈謝一有二鎮札一、知而犯レ之者、無二祈謝一者乎、不祥之義不レ可二勝計一、仍粗所二勘申一如レ斯、
天正九年三月廿一日
従五位上安倍朝臣久脩（土御門）
当年金神、子丑寅卯午未之方ニ御座候、然則
上之御所二条之御所金神ニ相当方不レ可二御座一候、天正九三廿一日　暦博士賀茂在昌

この一件を考えるうえでの基本史料が、禁裏女官の日記たる史料1であることは言うまでもない。公家の日記たる史料2もそれに比肩しうるが、推任が持ちあがって以後の記事末尾に「云々」とあるように、記主吉田兼和

なければならない。

史料3は、推任の舞台裏で動いていたとおぼしき禁裏御倉職立入隆佐（宗継）の自筆記録とされる。直接の当事者による記録である点、重要史料であることは間違いない。しかしながら、掲出した部分からもわかるように、二度にわたる馬揃えと推任の記事が入り組んでいるかのように記録され、かならずしも時系列に沿って事柄が書き記されていない可能性がある。しかも主語と目的語・述語の関係も曖昧で、論理的な文章構造からはほど遠く、文意が取りにくい。書かれた時期も不明であり、[3]利用にあたっては史料の慎重な解釈と、他の関係史料との整合性に気を配る必要があるだろう。

史料4は遠藤珠紀氏が見いだした、[4]史料編纂所特殊蒐書『徳大寺家史料』中にある「古キ文」と題された巻子に貼り継がれた条書案である。日付のみであるが、一緒に成巻された史料の性格、三月十七日の日付、公家衆による談合、下御所（二条御所の誠仁親王）に対する配慮といった記事内容から天正九年と推測される。史料5同様、天正九年譲位問題に関する新出史料である。

史料5について詳しくは後述するが、これが収められている東山御文庫所蔵史料勅封百二十函について若干触れておきたい。勅封百二十函には、即位・改元・院号・立親王・親王元服・禁裏修理・装束・叙位任官・諒闇など朝廷儀礼に関する勅問・次第・勘例のほか、御文庫の目録、公家日記の写本、大臣名などの人名録、禁秘抄などの年中行事書のようなさまざまな種類の史料が多く収められている。[5]

このなかで本史料と類似の勘文がいくつかある。誠仁親王元服に関する日時勘文（百二十―四―七、永禄十一年十一月一日、土御門有春）、和仁親王（後陽成天皇）元服・譲位に関する日時勘文（百二十―四―九、天正十四年八月二十日、土御門久脩）、禁裏修理に関する方角吉凶勘進（百二十―五―一、永禄十二年閏五月、土御門有春・同有脩）

などである。そのひとつとして、史料5の勘文もここに収められているのである。

二　先行研究

天正九年の左大臣推任・譲位問題をめぐる研究については、すでに立花京子氏による簡潔な整理があるが、あらためて筆者なりにまとめたい(6)。

信長と朝廷との関係をめぐる問題については、両者が対立していたと見るか、協調していたと見るか、大きく分けてふたつの立場がある。

天正九年における一連のできごとに関連づければ、前者においては、信長は正親町天皇の（誠仁親王への）譲位を強く求め、馬揃えを挙行して軍事的威圧をあたえたと考える。朝尾直弘氏・奥野高広氏・藤木久志氏・今谷明氏らがこの立場の論者だが、奥野氏のばあい、信長による譲位申し入れの先に、氏の持論である征夷大将軍任官の目論見を想定している。

ただそのように信長と朝廷とのあいだに軋轢があったと考えると、そもそもなぜ朝廷は先に信長の左大臣推任を提示したのかという矛盾に逢着する。それもあって近年では、馬揃えが朝廷に対する圧力であるとする見方はしりぞけられつつあるといってよい。

しかも、これにさかのぼること約七年半前の天正元年における譲位問題も合わせて検討すると、天皇は一貫して譲位を希望していた、つまり信長が天皇に譲位を強制していたわけではないという見解が打ち出され、多くの研究者の賛同を得る状況となっている。筆者もこれに同感である(7)。

対立説を採らない立場から信長と朝廷との関係を検討した橋本政宣氏はそこで、朝廷は信長に譲位を執行してもらうために左大臣推任を持ちだした、つまり推任は譲位促進のためであるという考え方を提起した。天正九年の一件に関して、朝廷の真意は譲位にあり、推任はそれを実現するための手段だったというわけである。

これに対し、この一件を動かした主体をあくまで信長と見る立花氏は、橋本氏とは正反対の考え方をする。その主張は、馬揃えを朝廷への圧力とみなし、左大臣推任を強要するためであるという内容である。天皇・誠仁親王は当初これを拒否し、信長側からの要請をすぐ受け入れなかったため、信長も譲位を執行するという譲歩条件をあとから付け加えた。後半部分は立花氏による史料の裏づけのない推測だが、要は推任促進のための譲位ということである。

堀新氏は立花氏の説を、氏の持論である「公武結合王権」の立場から批判し、やはり天皇は譲位を歓迎していたとする。ただしそうなると、朝廷が信長に左大臣推任を提案し、信長も朝廷側の懸案であった譲位を執行するという、双方に利のあるはずの約束が金神という理由のみで延期されたのが不可解に映る。

そこで堀氏は、譲位延期には「真の理由」があると想定する。そもそも信長は左大臣任官を回避したいと考えており、すでにこの年が金神のため譲位執行不可能とわかっていながら、あえて譲位執行を交換条件とし、婉曲的に左大臣推任を拒否したのだというのである。桐野作人氏も同意見である。左大臣任官を断った理由については、右大臣辞官時の上奏文などを根拠にあげる。

ところで、金神の忌みは誰が言い出したことなのだろうか。右に紹介した先学の研究のなかで、とくに左大臣推任・譲位問題の専論がある立花氏・堀氏が、それぞれ根拠は異なるもののいずれも信長側であると一致している。最近では藤井譲治氏も信長から言い出したと述べている。

以上概観した先行研究は、すべて前節で掲出した史料1から3にもとづいて論じられている。それにもかかわらず見解が大きく異なってしまう。(8) むろんそこには史料的制約という事情がある。知られている史料はすべてを語っていないから、その隙間を埋め、整合的な理解を得るために、前後の歴史的文脈をふまえ、そのなかに天正九年の一件を位置づけようと試みる。歴史研究の基本的方法といってよい。

歴史的文脈とは研究者それぞれの歴史観に依拠するところが少なくなく、このばあい、朝廷と信長の対立論から協調論まで幅広い差異があることは認めなければならない。ただし、文脈をかたちづくる一個一個の点については、研究者による見解の幅を極小にするための実証作業に裏打ちされていることが望ましい。そうした方向に一歩でも近づけるようなあらたな史料が見いだされたのであれば、面倒でも解釈のし直しが必要となろう。

先行研究を一望したところ、史料1から3に書かれた記事を深読みせず解釈しているのは、朝尾氏である。朝尾氏は、三月九日の左大臣推任（史料1）、同日の信長譲位提案（同前）、十一日・十九日の朝廷における談合（史料1・2）、譲位提案の拒否・二十四日以前の信長に対する報告（史料1）と経緯をまとめている。

ここまで言及しなかったが、脇田修氏は、朝尾氏の譲位強要説を早くから批判し、次のように述べている。すなわち天皇側から譲位の意向を伝えられているのに対し、信長がそれを承知したのであり、ついで親王の践祚・即位にも言及し、それらも信長が「申沙汰」するとしたのである。「申沙汰」は事柄を処理するとか、取りしきるということで、当時の用例からいえば、即位の設営・費用などを信長がもつということである。信長はこの天皇一代の儀式を申沙汰する功績により官位をうけてよいと、当面の官位授与を辞退したのであった。朝廷側では実力者の一言であり、ただちに相談したが、結局延期となった。

右に脇田氏が述べている経緯自体、朝尾氏の解釈と大差はない。引用元となる論説の主題にもよるが、脇田氏の解釈は事態の推移を淡々と描くことにとどまり、なぜ譲位が延期になったのかという細部の問題にまで論及されていない(9)。

朝尾氏のばあい、二十四日以前の信長に対する報告の背後に、朝廷による譲位提案の拒否という氏固有の歴史的文脈による解釈が動員されている。ほぼ同様の史料解釈ながら異なる着地点に至る典型的な事例である。

ところで先行研究において解釈が分かれているもう一つの問題が、譲位提案を受けたあと、二十四日以前に朝廷から信長になされた報告がいかなる内容だったのかという点である。朝尾氏・橋本氏は金神による譲位延引を伝える内容、今谷氏は譲位の拒否、立花氏・藤井氏は譲位の意思確認とするように、論者によるこの部分の解釈の違いと結論が微妙にもつれており、先行研究の整理に混乱をきたす一因となっている。

以上、先行研究のなかで解釈が分かれる論点として、金神を言い出した側、『御湯殿上日記』天正九年三月二十四日条にある朝廷から信長への報告の内容がある。これらの点に注意しながら、関係史料の解釈をおこなっていきたい。

三　史料解釈

そもそもの発端となった京都馬揃えが挙行されたのは、前述のとおり天正九年二月二十八日であった。史料1を見ると、馬揃え終了後、正親町天皇から御服と勅書を下すための使者が信長のもとへ遣わされた。勅使は庭田重保・甘露寺経元・勧修寺晴豊・中山親綱・広橋兼勝の五人。勅使の面々は史料3にも書かれている。史料3によれば、勅書は「今度之見物、筆にも御言にもつくしかたく、唐国にもかやうの事有間敷」という「忝候由御礼」を述べていた。嫡子信忠にも経元・晴豊の二人が遣わされ、酒肴を下されている。

翌二十九日、あらためて天皇から上﨟局・長橋局、誠仁親王から御阿茶局・御乳人の女官が使者として信長に遣わされた。使者の目的は「昨日のむまそろへみ事」を伝えるためであり、信長は機嫌良くこれに応対した。

史料3によれば、この日（二月晦日）の夜、信長を左大臣に推任するための談合が持たれた。推任理由が明記されている史料はないが、史料1・3を読むかぎり、先行研究で考えられているように馬揃えに対する褒賞であったと見てよいだろう。

立花氏は、信長のもとから村井貞勝が使者として派遣され、朝廷に推任を要請したと解釈する。堀氏は、貞勝派遣後、列挙された五人の公家衆（前記の庭田重保以下の五人）とともに推任のための相談をおこなったと理解している。史料3からこの談合は、翌三月朔日に左大臣推任を記した勅書をもたらすためのものだったと読める。

この箇所をめぐり、朔日に勅使が派遣されたかどうかについて立花氏と堀氏とのあいだに見解の相違がある。堀氏は朔日・九日の二度にわたり勅使が派遣されたとし、立花氏は朔日に派遣されず（朝廷は信長・貞勝側からの推任要請を渋った）、九日に一度派遣されたのみだと論じる。そこで史料3の『左京亮宗継入道隆佐記』を検討してみよう。

鍵は「其内々為御使、村井長門守入道春長軒を二月晦日夜、初夜以後立入処迄御出候て」の解釈にある。両者とも主語を信長と考えているが、前後の文章の主語を考えれば、ここだけ唐突に信長を主語とするのでなく、朝廷側と考えるべきではないだろうか。また「其内々為御使」と、そのあとに出てくる「為其御使」はおなじことを指していると思われる。馬揃えの御礼がなされた直後から意味をとってみよう。従来の解釈と異なる部分については〔　〕内に対応する原文を示した。

それでは官位をあたえようということになり、天皇の判断にて、上﨟局をもって三月朔日に勅書が下された。内容は左大臣に任ずるというものであった。上﨟局はその内々の使者であった〔「其内々為御使」〕。二月晦日の初夜（戌刻）以後、村井春長軒（貞勝）に立入第までお出で願い〔「立入処迄御出候て」〕、庭田重保・勧修寺晴豊・甘露寺経元・中山親綱・広橋兼勝五人を交え内談がおこなわれた。この内談は隆佐がお膳立てをしたのである〔「立佐入道馳走仕」〕。そして（五人の衆は）内談の結果（信長の推任）を天皇に奏上した。

それを伝える御使者として、（三月朔日に）上臈局が信長の宿所であった本能寺へ出向いた。史料1の三月一日条に勅使派遣が記されていないことが、勅使派遣を九日一度のみとする立花説の根拠のひとつとなっていた。たしかに女官の派遣が『御湯殿上日記』に記録されていないのは不審である。ただ右のように、この日の上臈局の立場を内々の使者と考えれば、多少は納得しうるのではあるまいか。

また、村井貞勝が立入第を訪れた理由を、信長から派遣された使者としてではなく、朝廷側（公家衆・立入宗継）が招請したと解釈した。公家衆は信長推任の如何をまず貞勝に相談したのである。

それではなぜ、一日に勅使をもってなされた推任の結果が史料上示されていないのか。その後の経過から推測するしかないが、すでにこの時点で信長は二度目の馬揃えを実施する腹づもりであり、勅使はそれが済んだのち、あらためて迎えたいということだったのかもしれない。太田牛一の『信長記』（池田家文庫本）に、二度目の馬揃えは「従　禁裏御所望ニ付て」とある。二十八日当日もしくは翌日の勅使派遣のさい、あるいは一日当日のこのときに二度目の開催が要請され、決まっていたのかもしれない。

実際、二度目の馬揃えはその翌々日三日に開催される予定だった。しかしながら雨のため延期され、五日に開催された【史料1・3】。

二度目の馬揃えののち、七日に「のふなか左ふ事」について、にわかに積善院尊雅が二条御所にある誠仁親王のもとに遣わされた。尊雅は万里小路家出身で誠仁の従兄弟にあたり、禁裏に近侍した僧侶である。立花氏は、譲位に反対する誠仁親王を説得するための使者だったと推測するが、朝廷の譲位拒否という事態は想定しかねるので、別の理由がある。一日の勅使が天皇による内々のものであったため、再度の勅使には親王の同様の意志を添えて信長に示そうとした（たとえば書状のようなかたちで）のかもしれない。

二度目の左大臣推任勅使は九日に派遣された。上臈局と長橋局二人である。このとき信長は、「譲位の申沙汰をして、誠仁親王の即位を実現してからお受けする」と回答した。橋本氏のように、天皇の譲位希望を実現するため左大臣推任を申し入れたと考える論者もあるが、推任のきっかけが馬揃えにあることを前提とするなら、天正九年においては、この三月九日時点ではじめて譲位の話が浮上したのではあるまいか。推任がなければ、譲位の話も出てこなかったのである。

天正元年に一度持ちあがったまま宙吊りにされていた譲位[10]がふたたび信長の口から出たことにより、朝廷では慌てて検討を開始したというのが真相に近いのではないかと思われる。十一日に廷臣のうち内々の衆が譲位について談合している【史料2】。また十九日には、内々・外様の衆が小御所に集まり、譲位の談合をおこなった。内々衆・外様衆とは、天皇に近仕して禁裏小番を輪番にて勤める堂上公家衆のことである。[11]

堀氏は十一日の談合が下御所（誠仁親王の二条御所）において持たれたと解しているが、[12]情報自体は伝聞なので談合場所は禁裏の可能性もある。さらにいえば、十一日にかぎらないかもしれない（少なくとも九日の信長回答以後兼和が耳にした十一日までのあいだ）。

天正九年に比定した史料4は、伝来や付箋などから推せば、当時前内大臣であった菊亭晴季が草した条書の案が、清華家の一人前内大臣徳大寺公維を媒介に徳大寺家に伝わったものである。一箇条目にあるように「公家衆御談合」にあたっての申し合わせであり、御談合とは、すなわち譲位に関する談合にほかならない。

そこでは次のようなことが決められている。後日間際になってから記録が出現したとき、何かと（異議を）申すことはしない（第二条）。譲位日取と日限のこと（第三条）。譲位をめぐる御忌も想定されるが、本年がそれに当たることはないかどうか、もし該当するばあい回避することは可能かどうか（第四条）。摂家・清華以下、小身の公家まで招集して談合すべきこと。そうしないと、事後になって自分たちには何の報告もなかったので先例に反していることを知らなかったなどと申してくることも想定され、こうした取り決めが必要であること（第五条)。下御所に対してもこまめに参上し、誠仁親王の了解をとるべきこと(第六条)。(おそらく譲位に関係する)諸職のなかの昔の決めごとを差し置いて今回改めた事であるので、万事その覚悟をもって率直に談合をおこなうべきこと(第七条)。

第二・五・七各条に見えるように、譲位にあたり廷臣が談合し、ときには先例を勘案せず物事を決めるといったやり方は特例であり、事後そうした決め方に対する不満が出ることを抑えるため、あらかじめ了解を取りつけようとしたとおぼしい。十一日には「内々の衆」による談合だったのに対し、十九日には「外様・内々の衆」へと参加者が広がっていることから、十七日のこの条書が談合参加者拡充のきっかけとなった可能性もある。しかしこの集団が第五条にある「摂家・清花・少心なる御公家衆迄」と合致しているかどうかは、かならずしも明らかではない。

また堀氏が明らかにしたように、譲位にあたって「諸家勅答」が求められている[13]。そうしたことも、譲位が不意に提案されたため、先例を調査しそれをふまえて手続きを進める時間的余裕が得られぬまま、何らかの決定に迫られた朝廷の焦燥をあらわしているかのようである。

さて、史料4の第四条において、この年何らかの忌みがないかどうか、あったばあいにどう対処すべきかが課題とされていた。これに関係するのが史料5である。

史料5の日付は、十九日に小御所における談合が開催された二日後の三月二十一日。陰陽頭兼天文博士土御門久脩・暦博士賀茂在昌という当代を代表する陰陽師二人による金神の勘進が一紙に写されている。東山御文庫本目録に「賀安両家当年方角吉凶勘進状御写」とあり[14]、筆者は天皇であることが示唆されているが、筆跡を見るとそのとおり正親町天皇である可能性が高い。

久脩は、当年の金神が子丑寅卯午未の六方にあること、金神の由来と犯した時に生じる災い、誤って犯したばあいの対処、知りつつ犯したばあいの結果を勘進している。[15] いっぽうの在昌も久脩とおなじ金神の方位を示したうえで、「上の御所（禁裏）は二条御所の金神に当たる方角にはない」と勘進する。しかしながら実際には、禁裏は二条御所の北北東（子丑）にあって、まさしく金神の方角にある。二条御所を住まいとする誠仁親王が践祚後禁裏に移ることを考えれば、在昌はまったく勘違いしていると考えざるをえない。

ただしこの史料が正親町天皇による写しであるという点に注意しなければならない。東山御文庫所蔵史料中には正親町天皇みずからが筆をふるって記した書付類が多く存在する。それらのうちには、原本を正確に写したのではなく、取意（抄出）文であるものも少なくなく、なかには字面をそのとおり読むと、他の関係史料と不整合をきたす史料もあるという。[16] この程度の判断を職業的陰陽師たる賀茂在昌が誤るとは考えがたく、結果的に譲位は金神により延引となったことは明らかだから、天皇は内容をわかっていながら、実際文字にした時逆に解釈されるような文章を書いてしまった、つまり勘文原本はこの逆（上御所は二条御所の金神にあたるといった内容）であった可能性が高い。

久脩の勘文のほうも何を言いたいのか明確でない憾みがあるけれども、金神の方位を明示したうえで、知っていながら金神を犯せば祈謝しても効験はなく、災いが起こると述べていることから、二人の勘進はやはり「金神なのでこの年の譲位は回避すべき」という方向性を示唆していると考えてよいのではあるまいか。[17]

この時期、日時勘文のたぐいが下命から勘進までどの程度の時間を要するのかを、久脩の子土御門泰重の日記『泰重卿記』[18]にうかがうと、大半が即日、遅くても数日後にはなされている。したがって天正九年のこのときも、二十一日当日か、さしてそこからさかのぼらない日に二人に対し下命がなされたはずである。史料4第四条にあるように、公家の談合のさい忌みの有無が問題となり、当年は金神が該当することが確認され、陰陽師の勘進が要請されたという流れを想定できる。

あらたに見いだされた史料4・5をふまえて経緯をたどるかぎり、金神が信長側から言い出されたと考える余地はまだ残されているものの、そうは考えがたい。信長からの譲位申し入れにあたり朝廷では廷臣が集って談合をおこなった結果、当年の譲位は金神の忌みに抵触するため執りおこなわないことに決したと考えるのが素直な解釈だろう。

そうなると、勘進の三日後二十四日の記事として書かれた信長に対する使者の用向きはおのずと明らかになる。二十一日の勘進を受け、安土の信長のもとへ譲位延引を説明する勅使がさし向けられ、信長はこれを了承した。せっかく信長が申し出た提案を断らざるをえなかったのだから、二十四日に安土から帰った勅使がもたらした信長の「かへり事よろし」という結果は、朝廷をして「めてたし〳〵」と安心させたのである。

四月一日になって、吉田兼和が烏丸光宣からの伝聞として、金神により譲位延引を知った点、この間兼和は禁裏小番に候したり、中山親綱ら関係者と会っていながら知らなかったはずがないと立花氏が訝るのも無理はない。しかし以上のような経緯から、この日記に書かれてあるとおりと考えざるを得ない(19)。

むすび

天正九年の京都馬揃え後における信長への左大臣推任と正親町天皇の譲位問題について、あらたに見いだされた史料を含め関係史料を検討した結果、事態の推移を次のようにまとめることができる。

二月二十八日に開催された最初の馬揃え後、村井貞勝と公家衆が信長の左大臣推任について話し合い、三月一日に内々の勅使が信長に遣わされた。しかしこのとき推任の諾否は示されなかった。五日に二度目の馬揃えが開催された後、九日になって朝廷はあらためて信長に対し左大臣推任を申し入れたところ、信長は譲位を申沙汰したあと受けると回答した。これを受けて朝廷では、廷臣たちが譲位に関する談合をおこなった。そうした経緯のいずれかの段階で当年は金神の忌みに抵触することが判明した。朝廷は金神についての陰陽師の勘文をもって信長に譲位の延引を伝え、信長もこれを了承した。当然左大臣推任の話も立ち消えとなった。

先学も指摘するように、金神はたしかに年頭からわかるはずの方角禁忌である。『兼見卿記』記主吉田兼和は吉田神社神主であり、自筆本の表紙には金神の方位が記入してある。[20] また山科言継・言経父子それぞれの日記『言継卿記』『言経卿記』各年年頭においても同様である。[21] しかしそれが意識されるのは、何らかの行動を起こそうとするとき、また多くは行動後当事者の身に何らかの凶事が発生したときなのではあるまいか。

たとえば、天正十三年七月二十七日、兼和は、秀吉家臣細井方成の妻室より、方成が二月に大坂の新居（巽に向かって建てた）に移ったあと病を発したため、平癒の祈禱を依頼された。兼和は、当年の金神は巽であるので、病の原因はその祟りであると答えている。

また、同十九年八月二十九日には、宇喜多秀家室の産後の肥立ちが悪いのでその祈禱を依頼された。兼見（兼和から改名）は使僧に私宅作事の有無を問い、当年は「六金神」で「御方角多塞」であることを告げたところ、たしかにその方角に作事をおこなったというので、その祟りであろうと判断し、祈禱を請け負っている。ちなみに天正九年も「六金神」であったため、他の年にくらべ身動きがしにくかった。

譲位は朝廷の重要行事であるから、右の二件のような迂闊な事態は起こり得ないだろうが、金神に対する武士たちの認識はせいぜいこの程度だったのではあるまいか。信長が朝廷以上に金神のことに知悉して、これを政治的駆け引きの道具としていたとは考えにくい。

結局、朝廷の信長に対する左大臣推任に深い理由があるわけでなく、馬揃えの褒賞と素直に解釈すべきである。信長がこれに対して譲位を持ちだしてきたのにも同様に深い理由が存しているわけではない。天正元年以来の懸案を実現しようとしたのだろうし、馬揃えという催しの褒賞と左大臣任官が釣り合わないと感じたのだろう。譲位が延引された理由について、背後に朝廷もしくは信長による思惑が介在したと考えるのは深読みに過ぎ、史料にあるとおり、金神の忌みが原因と考えるべきである。

ただ、以上のような本章の結論は、先行研究において提示された論点すべてに答えているわけではない。堀氏や立花氏がそうであったように、天正九年の左大臣推任・譲位問題は、それ以前の右大臣辞官問題、また翌年のいわゆる「三職推任」問題までを視野に含めた歴史的文脈のなかでとらえるべき主題である。

本章にて取り組んだのは、それら歴史的文脈をかたちづくる一個の〝点〟の実証作業に過ぎない。右に掲げたような大きな問題は、近年筆者が検討してきた信長と朝廷との関係に関するさまざまな主題とともに、別著『織田信長〈天下人〉の実像』のなかで論じたので参照していただきたい。

註

（1）立花京子「信長への左大臣推任について」（同著『信長権力と朝廷　第二版』岩田書院、二〇〇二年、初出一九九三年）。
（2）現在は『東山御文庫所蔵史料』百二十函五―三として整理公開されている。
（3）下限は隆佐が没する元和八年（一六二二）である。
（4）遠藤珠紀「東京大学史料編纂所特殊蒐書徳大寺家本「古キ文」の紹介」（『古文書研究』七八、二〇一四年）。
（5）目録は、小倉慈司編「東山御文庫本マイクロフィルム内容目録（稿）（2）」（田島公編『禁裏・公家文庫研究』第二輯、思文閣出版、二〇〇六年）参照。
（6）以下本章で言及する先行研究を掲げる。特記しないかぎり各研究者の議論は左記の文献による。
朝尾直弘「「将軍権力」の創出」（同著『将軍権力の創出』岩波書店、一九九四年、初出一九七二年）。
今谷　明『信長と天皇』講談社学術文庫、二〇〇二年、初出一九九二年。
奥野高広「織田政権の基本路線」（『国史学』一〇〇、一九七六年）。
桐野作人『織田信長　戦国最強の軍事カリスマ』新人物往来社、二〇一一年（新人物文庫版、二〇一四年）。

立花京子「信長への左大臣推任について」（前掲）。

橋本政宣「織田信長と朝廷」（同著『近世公家社会の研究』吉川弘文館、二〇〇二年、初出一九八二年）。

藤井讓治『天皇の歴史5　天皇と天下人』講談社、二〇一一年。

藤木久志「織田信長の政治的地位について」（永原慶二、ジョン・W・ホール、コーゾー・ヤマムラ編『戦国時代』吉川弘文館、一九七八年）。

堀　新「織田権力論の再検討―京都馬揃・三職推任を中心に―」（同著『織豊期王権論』校倉書房、二〇一一年、初出一九九八年）。

脇田　修『近世封建制成立史論　織豊政権の分析Ⅱ』（東京大学出版会、一九七七年）第三章第四節。

また本章脱稿後、堺有宏「天正九年京都馬揃えと朝廷」（『日本歴史』七八八、二〇一四年）が発表された。堺氏の問題関心はとくに馬揃えにあり、本章ではその後の譲位の延期に焦点をあてて検討していることなどから、とくに本文の論述を変更する必要はないと考え、そのままとした。堺氏の議論を十分反映できなかったことをお詫び申し上げたい。
(7)　第二部第四章および拙著『織田信長〈天下人〉の実像』（講談社現代新書、二〇一四年）参照。
(8)　この点は谷口克広氏も同様の意見を述べ、脇田氏の説に賛意を示している（『信長の政略』学研パブリッシング、二〇一三年、一〇五頁）。
(9)　脇田氏は本文にて引用した部分のあと、信長が譲位を提案した意図について、「信長は猶子（誠仁親王―引用者注）を天皇の位につけ、その儀式一切を取りしきることで、彼の権威を一段と示すつもりだった」と論じているが、この点については異論がある。
(10)　堀註（5）論文、註（7）拙著。
(11)　池享「戦国・織豊期の朝廷政治」（同著『戦国・織豊期の武家と天皇』校倉書房、二〇〇三年、初出一九九二年）、桐野作人『真説本能寺』（学研M文庫、二〇〇一年）第四章、神田裕理「禁裏小番衆と朝廷」（同著『戦国・織豊期の朝廷と公家社会』校倉書房、二〇一一年、初出二〇〇一年）など参照。
(12)　堀新「正親町天皇の譲位に関する一史料」（『日本歴史』六九三、二〇〇六年）。
(13)　同右。東山御文庫所蔵史料を見ると、即位に対する勅問の例は確認される（百二十函一―一）。
(14)　小倉慈司編「東山御文庫本マイクロフィルム内容目録（稿）（2）」（田島公編『禁裏・公家文庫研究』第二輯、思文閣出版、二〇〇六年）。

(15) 金神の遊行神としての一般的理解については、金井德子「金神の忌の発生」（村山修一他編『陰陽道叢書1』名著出版、一九九一年）、岡本充弘「院政期における方違」（同前）参照。

(16) 本章のもととなる研究成果を「日本目録学の基礎確立と古典学研究支援ツールの拡充―天皇家・公家文庫を中心に―」二〇一三年度第一回研究会において口頭報告したさいの末柄豊氏のご教示による。

(17) 以上の解釈は、前記口頭報告のさい尾上陽介・末柄豊両氏より頂戴したご意見や、個別に遠藤珠紀氏より頂戴したご意見に教えられたところが大きい。

(18) 史料纂集（武部敏夫・川田貞夫・本田慧子校訂、三冊、続群書類従完成会、一九九三〜二〇〇四年刊）。

(19) 『兼見卿記』三月十一日の伝聞記事といい、この四月一日の伝聞記事といい、吉田兼和も堂上公家として譲位の談合に参加していいはずの立場であるが、直接これに関与した形跡がないのが不思議である。この点、史料4第四条に記された、公家衆を集めて談合をおこなうという申し合わせが結局守られなかったことを示唆しているのかもしれない。

(20) 天理大学天理図書館所蔵の『兼見卿記』自筆本のうち、文禄二・三・四・五、慶長二・十三・十四年年頭の各冊、および京都豊国神社所蔵の自筆本慶長十五年記、いずれにも金神方位の記載がある。

(21) 『言継卿記』は続群書類従完成会・八木書店刊行、『言経卿記』は東京大学史料編纂所編纂『大日本古記録』所収。

第五章　誠仁親王の立場

はじめに

天正十四年（一五八六）十一月七日、正親町天皇は嫡孫和仁親王に譲位した。このとき七十歳。和仁親王（後陽成天皇）は十六歳である。なぜ嫡孫和仁が皇位を継承したかといえば、和仁の父、天皇の嫡男にあたる誠仁親王が、譲位を目前にひかえていたこの年七月二十四日に、三十五歳で急逝したためである。

織田信長と朝廷（天皇）との関係をめぐる研究において、彼誠仁親王が鍵を握る人物としてよくとりあげられる。もともと信長が京都滞在用の屋敷にするため天正四年に作事をおこなった二条晴良旧第（以下二条御所と呼ぶ）を、天正七年十一月に誠仁親王一家のため進上したことが、とくに注目されるところとなっている。

このできごとの政治性に着目したのは朝尾直弘氏である。朝尾氏は信長の政権構想という大きな問題を考えるなかで、信長がみずからの屋敷であった場所を親王に進上したことの意味を、親王を「手元に抱えこむ」ことだと表現し、それ以降の馬揃えなどの挙行も含め、「意のままに動く道具としての天皇への誠仁親王の擁立」が信長の目的であったと論じている。(1)

こうした見解をより先鋭化させたのが今谷明氏であり、誠仁を「自己（信長）の〝人質〟」「信長の傀儡」のように表現する。(2)また立花京子氏は、誠仁の二条御所移徙を「天皇からの隔離」「その自由の束縛」と論じている。(3)

右にあげた研究者は、いずれもこの時期の信長と天皇の関係をどちらかといえば対立的とみなしたり、信長が天皇に対して政治的圧力をかけていたと考える立場をとる。朝尾氏の説に対し、脇田修氏のように早くからそれを批判していた論者もいるが、(4)最近では両者の関係を逆に協調的と考える立場からの発言が目立つようになった。ただしその論者にあっても、「朝廷はすでに親王を中心として運営する体制に移行しつつあった」「誠仁親王は即位したわけではなかったが、世間では天皇同様に見られていく」（桐野作人氏）、(5)「（誠仁親王は―引用者注）正親町天皇の代理を務めていることもあり、朝廷内において発言力があった」（神田裕理氏）(6)のように、信長が畿内の政治的中心にあった天正年間前半期（二年から十年頃まで）の朝廷は誠仁中心であったと考える傾向が強い。

たしかに誠仁が、それまで住んでいた禁裏（上京）から二条御所（下京）に居住空間を移したことは大きなできごとである。それを「抱えこむ」「傀儡」「束縛」のように表現する論者は、二条御所移徙だけに注目してそう指摘する。しかし移徙前後の彼の行動に対する目配りが見られない点、筆者はそう断ずることにためらいをおぼえる。

また「親王を中心として運営する体制」「正親町天皇の代理」とは、いかなる場面のどういった体制を指すのか、「発言力」とはどの程度の効果を持ちえたのか、これまた裏づけとなる検討を欠き、印象論の感が否めない。この時期の王権論・公武関係論という広い視野の研究のなかで誠仁が注目され、存在が強く印象づけられてきたわりに、その人物像については具体性にとぼしいのである。

そこで本章では、天皇の嫡男で譲位を予定されていながら急逝した一人の歴史的人物としての誠仁親王について、彼の行動について知りうる史料を可能なかぎり集め、その一生を追いかけて全体を見渡したうえで、右にあげた諸研究においてかたちづくられた誠仁親王の立場に対し批判的検討をおこない、この時期の政治史に彼を位置づけてみたい。

一　誠仁親王の一生

誠仁の一生を略年譜にまとめた（表20）。以下かいつまんで概略を述べる。彼は天文二十一年（一五五二）四月二十三日に生まれた。父は正親町天皇（当時三十六歳）、母は万里小路秀房女房子（新大典侍局）。永禄十年（一五六七）十一月、十六歳のとき勧修寺晴右女晴子を上﨟（室）として迎え、以後没するまでの十九年間、彼女とのあいだに六男七女をもうけた。[7]

永禄十一年十二月十五日、親王宣下を受け、名を誠仁と賜わった。親王家の勅別当は菊亭晴季、家司に甘露寺経元・庭田重通・山科言経・中山親綱・烏丸光宣、職事に飛鳥井雅敦・水無瀬親具・白川雅英という陣容である。形式的ではあれ、すでにこの時点でのちのち親王を取り囲む廷臣の面々がほぼ顔を揃えている。

誠仁は正親町天皇にとってただ一人の男子であり、当然〝次の天皇〟と目されていたが、立太子礼をおこなっていないため、正式には皇太子ではない。もとより同時代史料のなかには、彼を「春宮」「東宮太子」のように呼ぶ者もあった。[8] 実質をそう表現したのだろう。「儲君」「皇儲」と呼ぶ研究者もいるが、「儲君」には皇太子の異称を指すほか、それを予定された皇子に宣下された称号という語意もある（『日本国語大辞典第二版』）。[9] つまりこれも公称である。儀礼の有無や呼称はどうあれ、〝次の天皇〟の地位が約束された天皇の嫡男であったことに変わりはない。

薨じたのは前述のとおり天正十四年（一五八六）七月二十四日のことである。陽光院と諡された。すでに前年あたりから譲位の準備は始まっており、[10] 十四年に入った六月七日には日取りが決定するところまで進んでいた。そこにきての文字どおりの急逝であった。薨去からほどなくして書かれたとみられる草紙『陽光院を悼み奉

表20　誠仁親王略年譜

年	月日	年齢 天	年齢 誠	できごと	典拠
天文21年	4月23日	36	1	誕生	湯・継
	12月11日			練粉始(米粉を練った母乳の代用)	湯
天文22年	12月22日	37	2	御髪置の祝(頭髪を初めて伸ばす)	湯
天文23年	12月23日	38	3	御色直の儀(白小袖から色物に着替える)	湯(断簡)
弘治2年	12月26日	40	5	御深曾木の儀(髪のすそを切りそろえる)	湯
弘治3年	11月1日	41	6	正親町天皇践祚後初めて参内する	湯
	12月30日			御方御所に移徙する	湯
永禄2年	3月26日	43	8	当座和歌御会に参ず．禁中の蹴鞠を覧ず	継
永禄3年	3月16日	44	9	箏稽古始．四辻公遠の稽古を受ける	湯
	4月25日			連歌会に列し初めて発句を詠む	湯
	8月7日			四辻季遠らと初めて平調の楽を奏す	湯
	12月8日			御帯直の儀(初めて普通の帯を用いる)	湯
永禄4年	2月13日	45	10	誠仁親王御所にて和歌会あり？	湯
	7月3日			誠仁親王御所御楽始	湯
	7月7日			初めて禁裏御楽始に参り，平調の御楽を奏す	湯
	9月19日			御手習始	湯
永禄7年	12月21日	48	13	御涅歯の儀(初めてお歯黒をつける)	湯
永禄10年	1月19日	51	16	禁裏和歌御会始に初めて参ず	湯・継
	11月23日			勧修寺晴秀(晴右)の女(晴子)を上﨟とする	湯・継・右
永禄11年	12月15日	52	17	親王宣下，名を誠仁と賜わる	10-1-458
	12月19日			元服	10-1-478
永禄12年	12月	53	18	晴子との間の第一子永卲女王(第二王女)誕生	10-3-688
元亀2年	12月15日	55	20	晴子との間に第一王子(和仁)誕生	湯
				(この間，第二王子空性誕生)	実
天正2年		58	23	晴子との間に第三王子(三宮・良恕)誕生	実
天正3年	7月22日	59	24	晴子との間に第四王子(四宮)誕生	湯・孝・師
	7月28日			第四王子薨ず	湯・師
天正4年	10月12日	60	25	晴子との間に第五王子(五宮・道勝)誕生	中・経・継
天正5年		61	26	晴子との間に第三王女誕生	実

天正7年	1月8日	63	28	晴子との間に第六王子(六宮・智仁)誕生	湯・経
	11月22日			二条御所移徙	湯・兼・信
天正8年	7月6日	64	29	冷泉為益女との間に第七王子誕生か	実
	10月25日			晴子との間に第四王女誕生	湯
天正9年	12月9日	65	30	晴子との間に第五王女誕生	豊
天正11年	2月7日	67	32	晴子との間に第六王女誕生	湯
天正12年	1月15日	68	33	三品に叙せられる	11-5-664
	4月2日			第五王女薨ず	11-6-434
天正13年	4月22日	69	34	晴子との間に第七王女誕生	兼
天正14年	7月24日	70	35	薨去	湯

※年齢項の「天」は正親町天皇，「誠」は誠仁親王の年齢.
※典拠項の略称は以下のとおり．湯：御湯殿上日記，継：言継卿記，右：晴右卿記，
実：正親町天皇実録，孝：孝親公記，中：中山家記，師：大外記中原師廉記，
経：言経卿記，豊：晴豊公記，兼：兼見卿記，信：信長記
※典拠項の数字は，『大日本史料』編－冊－頁．以下の表も同じ.

表21　誠仁親王の御成・寺社参詣

年　月　日	年齢	行き先	典　拠
永禄2年2月19日	8歳	祇園社・知恩院	湯・継
永禄3年3月22日	9歳	賀茂	湯・継
永禄4年4月30日	10歳	祇園社・知恩院	湯
永禄7年5月17日	13歳	相国寺(勧進猿楽御覧)	継
永禄8年3月28日	14歳	北野社・石不動	湯・継
永禄11年3月16日	15歳	嵯峨	湯
天正1年9月25日	22歳	鞍馬	湯
天正3年3月16日	24歳	曇華院	湯
天正3年10月8日	〃	高雄	宣・龍
天正4年3月11日	25歳	石山寺	湯・継・経・宣
天正4年3月24日	〃	賀茂	湯・継・宣
天正4年10月9日	〃	鞍馬	継
天正4年12月23日	〃	大聖寺	孝・継
天正5年9月11日	26歳	宇治橋	兼
天正7年2月16日	28歳	北山	湯・豊

天正 7 年 3 月 8 日	〃	上乗院	湯・豊
天正 7 年 3 月 14 日	〃	鞍馬	湯・豊
天正 7 年 10 月 19 日	〃	曇華院	湯・兼
天正 7 年 10 月 30 日	〃	双林寺（東山）	湯
天正 7 年 11 月 22 日	〃	二条御所移徙	
天正 8 月 11 月 2 日	29 歳	曇華院	湯
天正 9 年 6 月 26 日	30 歳	賀茂	湯
天正 9 年 10 月 19 日	〃	貴布禰社	貴
天正 12 年 5 月 5 日	33 歳	賀茂（競馬）	賀
天正 12 年 10 月 11 日	〃	嵯峨（松尾社・西芳寺・天龍寺・清涼寺）	11-19-31
天正 13 年 3 月 19 日	34 歳	醍醐寺理性院	11-14-70/26-394
天正 14 年 3 月 2 日	35 歳	上乗院	湯
天正 14 年 3 月 8 日	〃	曇華院	湯
天正 14 年 5 月 6 日	〃	大聖寺	湯・兼
天正 14 年 5 月 27 日	〃	大覚寺	湯・兼

※典拠項の略称は表 20 に同じ．ただし以下を加える．宣：宣教卿記，龍：龍安寺文書，貴：天正九年貴布禰奥社御造営日記（國學院大學宮地直一コレクション），賀：賀茂別雷神社文書

る詞』[11]や『御湯殿上日記』によれば、七月十四日頃より病を発し、その後いっとき快復のきざしを見せ周囲を安心させたものの、二十四日に熱を発して倒れ、そのまま帰らぬ人となったという。

　譲位すべき相手である子息を喪った正親町天皇の悲しみは尋常でなく、数日間食べ物も喉を通らないほどの憔悴ぶりを示し、秀吉をはじめとした廷臣らの説得により、ようやく食事をとったほどであった。誠仁薨去時、興福寺僧多聞院英俊のもとには、疱瘡か麻疹だという死因のほか、実は誠仁は切腹した、正親町天皇も切腹しようとして秀吉に強く諫止され、その後絶食して餓死したという虚報が舞いこんでいる。[12] これは右のような天皇の悲嘆の様子がゆがめられて伝わった噂話にすぎない。

　表20にもあるように、幼少の頃より和歌や、笙をはじめとした御楽などの帝王学を身につけた。とりわけ和歌については熱心であったらしく、頻繁に親王御所で歌会を催していたことなどから、「正親町院の歌壇の中心にいて、実質的に歌壇を主催していた」と評されている。[13]

京都周辺の社寺への遊覧も好んだようだ。表21にまとめたような御成・参詣[14]が史料上確認できる。天正四年三月の石山寺参詣は公家をはじめ四百～五百人の人びとが随従し[15]、同九年の貴布禰社参詣でも二百五十人ほどの人が随ったとある[16]。当然これらの御成・参詣は人びとの関心を引いたにちがいなく、その意味では、京都の人びとにとって、禁裏の深くにあって顔を見せない天皇とはまた違った存在感を放っていたと言えるだろう。

二　誠仁親王と俗事の関わり（一）

以下、本節と次節にわたり、誠仁が宮中行事以外の俗事（おおよそは政治的問題）に何らかのかたちで関与したことが確認される事例について検討をおこなう。本節では便宜的に天正七年（一五七九）十一月の二条御所移徙以前をあつかう。

1　久我通俊（通堅）の勅勘免許問題

永禄十一年（一五六八）十一月、権大納言兼右大将久我通俊（のち通堅）は、正親町天皇寵愛の官女目々典侍（飛鳥井雅綱女）との密通を疑われて勅勘をこうむり、解官のうえ在所への逼塞を余儀なくされた[17]。

彼の赦免問題が浮上したのは一年五ヶ月後の永禄十三年（元亀元）三月である。通俊の父久我愚庵（晴通）は、信長の斡旋で三条西実澄・万里小路惟房を通じ天皇に赦免を申し入れたが許されず、二日、再度長橋局を通じて申し入れをおこなった。十日には通俊自身逼塞先の堺から上洛し、「密々儀」をもってまず誠仁に面会している[18]。

結局通俊は勅勘を解かれぬまま天正三年四月に堺で没するのだが、永禄十三年の上洛時まず誠仁に会ったのは、天皇へのとりなしを期待したからだろう。このとき誠仁は十九歳。そうした行動が廷臣より期待される年齢に達していたのである。

2　信長に対する使者

元亀元年（一五七〇）六月に起きた姉川の戦いにおいて勝利をおさめたのち、上洛した信長に対し、天皇から「属二本意一早速上洛珍重之由」を伝達する勅使山科言継が派遣された。そのさい言継は「同親王御方・大典侍殿・長橋等之言伝」も一緒に伝えている。[19]

また同年八月に信長が本能寺に入ったときも言継が勅使として派遣され、「御方御所・御局衆同前之由」を伝えている。[20] 信長に対し天皇が何らかの意志を発信しようとしたとき、付随して誠仁も同様の意志伝達をおこなうようになった。元服にあたり用途を提供されたという信長に対する恩誼もあったのかもしれないが、信長に対する天皇・親王からの使者派遣はのちのちまでつづいてゆくことになる。

3　正親町天皇譲位問題

天正元年（一五七三）十二月、天皇の譲位問題がにわかに浮上する。前月十日に上洛し妙覚寺に滞在中の信長のもとに、十二月八日、関白二条晴良を使者として「勅書」がもたらされた。勅書の内容は、信長が譲位のことを「頻申入」てきたことを受けてのもので、「譲位の事、申さた候へき由、内々申入候つる、御土御門院以来、此御のそミにて候つれとも、事ゆき候ハて、御さたに及候ハす候つる、只今存しより候処、奇特さ、朝家再興の時いたり候と、たのもしく祝おほしめし候」とそれを歓迎する文言が記されている。[21]

譲位問題については、信長と朝廷の関係をめぐる研究のなかでも、焦点となる問題として注目されてきた。[22] これについては別著で論じたので、[23] ここでは誠仁の関与について触れるにとどめる。

さてこの一件を記録した史料である前権大納言中山孝親の日記『孝親公記』では、八日に二条晴良が信長のもとにおもむいた五日前の十二月三日、「依レ召参二親王御方一、密々有二御談合事一、被レ下二一盞一」という記事がある。この「密々」の談合が譲位に関する内容かどうかわからず、ほかに関係史料は一切ないけれども、時機の面でその可能性もじゅうぶん考えられる。

かりに「密々」の談合が、信長からの譲位申沙汰申し入れに対する勅書発給に関係するものだとすれば、そのあと天皇となるはずの誠仁自身が父帝の譲位に主体的に動いていたことになる。いかなる意図でそのような談合に加わったのか興味深いが、ここではこれ以上の論及は避けたい。

4　絹衣相論

東国真言宗僧と同天台宗僧の絹衣着用をめぐる相論である。天正二年七月に真言宗僧の絹衣着用を認めた綸旨が発給されたが、翌三年六月頃、これに反発した天台宗側が、天皇に近い上乗院道順（誠仁母新大典侍局の兄弟）を動かして、前年の綸旨発給のさい中心となったとみられる柳原資定を勅勘に処し、あらためて天台宗側有利の綸旨を作成させようとした。

ところが、たかだか一年を隔てたにすぎないにもかかわらず、指針が極端に振れる朝廷の裁定に不審を抱いたとおぼしき信長により、綸旨発給に待ったがかけられた。信長の指示により朝廷の政務を審議・奏上する五人の奉行が廷臣中から選ばれ、絹衣相論についても談合が持たれることになる（なお相論の詳細は第一章参照）。

五人の奉行の一人中山孝親の『孝親公記』によれば、天正三年八月五日・六日・十日・十一日・十六日・十七日に奉行たちが誠仁のもとに集まり、絹衣相論の綸旨の事について談合をおこなっている。最終的に綸旨が作成されたのは八月二十日であるが、現在残っている綸旨の日付は八月四日付[24]である。

この綸旨には五人の奉行連名の副状も付けられた。『願泉寺文書』にある副状写の端裏書に「以二親王御方御自筆一写レ之」とある。また、七月二十一日付で道順から常陸吉田薬王院僧正に出された書状に添えられた誠仁の天台宗青蓮院門跡尊朝法親王宛書状には、すでにこの時点で柳原資定の勅勘解除と発給予定の綸旨の趣旨が述べられている。(25)さらに綸旨発給後その裁定に異論を唱えた尊朝に対し、綸旨の意図を説明している。(26)以上のことから、誠仁が綸旨および副状の文案検討と作成の中核的役割を担い、門跡へ説明する窓口となっていたことがうかがわれる。

5　興福寺別当職相論

天正四年五月から六月にかけ発生した、興福寺別当職補任をめぐる大乗院尋円と東北院兼深の相論である。第二・三章にて論じたので、経過など詳しくはそちらを参照していただきたいが、前年の絹衣相論にさいし設けられた五人の奉行（天正四年当時は三条西実枝一人が抜けて四人）をもってしても、なお朝廷の政治判断の混乱を拭いきれなかったため、信長がこのありさまに憤り、四人衆の処罰にまで発展した。

このとき信長が六月二十九日付で烏丸光康・飛鳥井雅教に宛てて出した強い調子の書状（以下たんに信長書状と呼ぶ）中にある、「然時者　禁裏被レ失二御外聞一之儀候、左候へハ信長も同前失二面目一候」という文言は、(27)伊藤真昭氏の研究以来注目されるところとなり、(28)堀新氏によって「公武結合王権」のあり方を示す象徴的表現とされるに至った。

ところで第二章初出論文の校正中、筆者は別当職相論に関するあらたな史料を得た。この紹介と、それらの史料を含めた別当職相論の再検討については第三章を参照されたい。新出史料のひとつに、右の信長書状の返事として誠仁が信長に宛てて出したと推定される書状写が含まれている。(29)重要文書なので再掲する。

興福寺々務の事につきて、両人かたまての書札のおもむき、くハしく見給候、申さたの段尤のよし候て、宣下なされ候つる、朝廷（テイ）の儀いよ〳〵心をそへられ候ハん事肝要候、一日も女房奉書にて仰遣され候ことく、東北院旧例候よし申候まゝ、一端さもと思召、四人さしくたされ候つる、各も一段めいわく申候、毎に南都よりの一書御覧せられ候て、此間御さたの様、御後悔の事候、此うへにても、何事もよきやうに御いけん申され候へく候、みな〳〵もあいとゝき候ハぬ事候とも、此たひハめしいたし、向後の事かたく申つけられ候ハゝ、悦入まいらせ候、まつ〳〵此瓜名物と候へハ、一入めつらしくなかめ入候、猶両人申候へく候、かしく、

判（誠仁カ）

右大将（織田信長）とのへ

右の書状の発給者を天皇でなく誠仁とした根拠（末尾にある瓜記事の対応など）については第三章を参照されたい。ここで誠仁は、東北院兼深の望みを受け入れ彼を別当職に補任しようとした天皇が、その判断を「御後悔」されていると代弁し、処罰された四人衆の赦免を懇願している。別当職補任の主体が天皇であったにもかかわらず、それに対して信長が強く反発し、抗議したことに対する〝詫び状〟の発給者が、当事者たる天皇ではなく誠仁になっており、信長も天皇を飛び越えて、瓜進上を誠仁相手におこなっていることを確認しておきたい。

6　本願寺と信長の講和

ここまで触れたできごとと時期が前後し、また一部二条御所移徙後の行動も含まれているが、ここで論じておきたい。

天正三年の十月、大坂本願寺と信長とのあいだで講和がまとまりつつあった。これを担っていたのは、三好康長および信長の堺代官松井友閑である。五日付にて「令㆓赦免㆒候畢」という信長の朱印状[30]が出されたが、本願寺

側は信長に対する警戒をゆるめず[31]、十二月に講和交渉が再開される。

十二月の講和交渉では例の四人の奉行衆（勧修寺晴右・庭田重保・甘露寺経元・中山孝親）が摂津にあった友閑のもとに派遣される。このときの目的を孝親は「大坂与信長卿一和之儀、対二友閑一為二談合一也、依二親王御方仰一也」と書いている[32]。その結果十二月付で友閑・康長と本願寺側の下間上野法眼らとの間で起請文が取り交わされるに至る。誠仁が講和交渉に携わる四人の奉行に対して指示を出していることに注意したい[33]。

本願寺と信長の軍事衝突（石山合戦）が最終的に決着するのは天正八年になるが、このときも誠仁は積極的に講和に動いている。顕如宛にて「今度は、和談の事無別儀とゝのおり、前右府（信長）馳走のよし、いよ／＼仏法繁昌の基と珍重候」と書き出される大坂退城を促す書状を出しており[34]、『東山御文庫所蔵史料』中にこの案文がある[35]。案文には「此分可レ然候歟、源大納言（庭田重保）と御談合候て、やかて可レ給候」と袖書があり、本文にも若干の異同がある。誠仁が講和を担当した勧修寺晴豊にみずから示した書状案だと思われる。

これにつづけて、おそらく同筆にて（天正八年）閏三月二十七日付顕如書状（庭田重保・勧修寺晴豊宛）・（同年）閏三月付信長朱印状が写し収められている。これらのことから推せば、顕如・信長両者間での和睦合意を受け、右に触れた誠仁書状が作成されたという流れになるだろう。文書起草をはじめ、誠仁は八年の講和にも積極的に関与した。講和後顕如から天皇・親王両者に御礼として太刀・馬が進上されたのも、その実際の行動に報いたゆえに違いない[36]。

7　小　括

以上ここまでの誠仁の活動をまとめる。永禄十一年の元服・親王宣下のあと、彼が俗事に関わる事例が散見されるようになる。相応の年齢に達し、〝次の天皇〟となる立場であることも手伝って、問題が生じたとき天皇にそれを取りなすような役割を廷臣から期待された。また信長に対し朝廷から使者が派遣されるとき、天皇とは別個に親王からも何らかの意思表示がなされるようになった。これは最終的に天皇・親王の両使というかたちになる。

そうした前提のうえに、信長が畿内政治の中心的役割を担うようになる天正元年末、誠仁のもとに廷臣が集い、譲位のような朝廷の重要事に関する談合がもたれた可能性がある。以降、絹衣相論や興福寺別当職相論など、朝廷政務のあり方を動揺させる大問題に直面したとき、枢要な立場にあって廷臣らと談合し、みずからの判断を示すこともあった。本願寺と信長の講和への関与も含めて概括すれば、大寺院（門跡）や信長が当事者となるようなもめごとについて、仲裁を買って出たということになるだろうか。

天正三年十一月、信長は公家門跡に対し所領の一斉給付をおこなった。そのさい醍醐寺理性院は何らかの事情でそこから漏れたらしく、翌年になって朝廷に働きかけた。そこで所司代村井貞勝に宛て、「こそしよもんせき（諸門跡）ミな〳〵へ新地としてしゆ印出候つれ共、りしやう（理性）院へはかりいたされ候ハぬまゝ、きと申つけられ候やうに、大将（織田信長）とのへの御とりあはせたのミ入おほしめし候よし申入候」という女房奉書が出される。[37]奉者「こ大夫」は誠仁妃勧修寺晴子の官女だが、[38]包紙上書に「陽光院御筆」とあり、これを信じれば、晴子の女房奉書の体裁をとった誠仁の要請と考えることもできる。ちなみに理性院尭助は誠仁生母新大典侍局の兄弟（上乗院道順とも兄弟）であった。これまた、誠仁が大寺院（門跡）と信長とのあいだを取りもつ役割を担っていた一例と言えるだろう。

以上のような誠仁の行動は、朝廷が「親王を中心として運営する体制」にあったとみなす材料にはなる。ただし誠仁が関与するのは重要案件ではあるもののごく例外的である。また右の事例で気になるのは、誠仁が表面に出てくる問題（とくに絹衣相論や興福寺別当職相論）にかぎって、肝心の天皇が後景に退き（ある意味蚊帳の外に置かれ）、顔を見せなくなることである。史料の表面上に過ぎず、実は天皇もそれなりの役割を果たしていたのか、あるいは誠仁が〝代理〟で事を進めたのか。そうだとすればなぜ天皇は誠仁に事を委ねたのか。これらの疑問は次の時期の行動を検討してから、あらためて考えることにしたい。

三　誠仁親王と俗事の関わり（二）

本節では天正七年（一五七九）十一月の二条御所移徙以後における誠仁をめぐるできごとについて、前節同様の検討をおこなう。

1　二条御所移徙

本章冒頭にて言及したように、誠仁の二条御所移徙の背後に信長の政治的意図を探ろうとする研究者は、「抱えこむ」「人質」「傀儡」「自由の束縛」といった表現で、誠仁を信長がみずからの影響下に置いたととらえている。それでは二条御所に移ったあと、実際誠仁は信長によって〝籠の鳥〟となったのだろうか。翌天正八年における禁裏と二条御所のあいだの人の動きをまとめたのが表22である。

これを見ると一目瞭然、毎月一日の御祝や節句など禁裏において祝宴がもよおされる日をはじめ、演能や月待といった行事、さらに特定の目的が記されていない機会に至るまで、誠仁はきわめて頻繁に禁裏と二条御所とのあいだを往復していることがわかる。誠仁単独のばあいもあれば、一緒に二条御所に移徙した若宮（和仁）・五宮（のち聖護院興意法親王）・六宮（のち八条宮智仁親王）ら子息を伴ってのときもあった。禁裏を訪れそのまま数日間滞在することもあった。また逆に生母新大典侍局やおじ上乗院道順・従兄弟積善院尊雅が二条御所を訪れることも多い。以上のような実態を知れば、「人質」「自由の束縛」などといえないことは明らかである。

それではなぜ誠仁一家は二条御所へ移ったのか。禁裏を訪れていた誠仁が二条御所に還御したとき、官女が「宮の御かたにはかに二条へくもしなりて、あとのさひしさいはんかたなし」と日記に記している。[39]「くもし」とは「くわんきよ」（還御）の女房詞である。天正八年にはほかにもいくつか寂しさを吐露した文言が『御湯殿上日記』中に見える。[40]すでに先学が指摘していることだが、王子・王女の誕生により親王御所が手狭になったというのが、現実的な理由ではあるまいか。[41]少なくとも「人質」「隔離」といった意図がないことは確かである。

2　官位の執奏

朝尾氏は、誠仁の二条御所移徙後、「除目のごときも実質上ここを通して行われるようになった」と論じている。この点を検証してみよう。当時「除目」はほとんどおこなわれていない。それが官位の叙任（およびその執奏）を意味するとすれば、誠仁は二条御所移徙以前からそれに関与した事例が見られる。天正四年、左大将の補任をめぐり徳大寺公維は誠仁に天皇への斡旋を依頼している。[42]

また二条御所移徙後天正十年の本能寺の変直前までのあいだの叙任事例を表23にまとめたが、このおびただしい叙任案件のほとんどは、正親町天皇が主体になっていると考えるべきである。誠仁が何らかのかたちで関与しているのがわかる事例はごく一部にすぎない。廷臣らにとって誠仁は、叙任主体ではなく、叙任について執奏を依頼できる有力者の一人であった。逆に正親町天皇は、人事関係をはじめとする政務にはまめに対処しており、『東山御文庫所蔵史料』には、天皇自筆の綸旨・口宣案の控え（もしくは案）、あるいはそのたぐいの覚書が多く伝わっている。[43]

なお叙任についてではないが、堀新氏も、重要事項（このばあい譲位）がやはり禁裏で決定されていたことを指摘している。[44]

表 22　天正 8 年の禁裏と二条御所間の人の移動

	禁裏		二条御所	行事その他
1月1日		⇆	誠	御祝
1月5日	長	⇄		
1月7日		⇆	誠	御祝
1月11日		←	誠	誠仁親王の禁裏滞在
	若・新	⇄		
1月13日	誠	→		
1月15日		⇆	誠	
1月16日	若・新	⇄		二条御所和歌御会始
1月19日		←	誠	禁裏和歌御会始
1月20日	誠	→		
1月23日	若・晴	⇄		
1月24日	若・上・積	⇄		
1月26日		⇆	誠	
2月1日		←	誠	御祝
2月3日	誠	→		
2月15日		←	誠	
2月16日	誠	→		
2月17日	藤・岡	⇄		
3月13日		←	誠	禁裏御能
3月14日	誠	→		
3月16日	大・新	→		新大典侍 29 日まで滞在か
閏3月1日		←	誠	御祝
閏3月3日	誠	→		
閏3月20日	上	⇄		
閏3月26日		←	誠	禁裏御能
4月3日	誠	→		
4月4日	若・新	→		
4月10日		←	若・新	
4月11日	上・積	→		
4月12日		←	上・積	
4月13日		←	誠	
4月14日	誠	→		
4月17日	新	⇄		
4月20日	藤	⇄		
4月23日	若・大・新	→		大典侍のみ日帰り
4月24日	上	⇄		
4月25日		←	若・新	
4月28日	上	⇄		
5月5日		←	誠	節句
5月6日	誠	→		
5月11日	長	⇄		
5月13日	上	⇄		
5月15日	若	⇄		
5月16日	新・藤	⇄		
5月23日	大	→		24 日還御か
6月1日		⇆	誠	御祝
6月9日	上	⇄		
6月10日	上・若・新	⇄		
6月14日		←	誠	還御日不明
6月22日		⇆	誠	
6月25日	上	⇄		
6月26日	新	→		
6月28日		←	新	
6月30日		←	誠	六月祓
7月1日	誠	→		御祝
7月14日		←	誠	盂蘭盆会
7月15日	誠	→		
7月17日	積	⇄		
7月19日	二・五・六	→		
7月20日	若・新・積	→		積善院日帰りか
7月22日	上	⇄		
7月29日		←	若・新	
8月1日		⇆	誠	八朔
8月2日		←	誠	
8月3日	誠	→		
8月9日	上・積	⇄		
8月10日	積	⇄		
8月15日	積	⇄		
8月17日	新	⇄		
8月19日	積	⇄		
8月21日	藤	⇄		
8月23日	積	→		
8月24日		←	積	
8月29日	積	⇄		
9月1日		←	誠	御祝
9月2日	誠	→		

	禁裏		二条御所		行事その他
9月6日	上	⇄			
9月9日		←	誠	↑	重陽節句
9月11日	誠	→		↓	
9月12日	若・新	⇄			
9月17日		←	誠・若・五・六	↑	
9月23日	誠	→		↓	
	積	→			二条御所月待
10月1日		←	誠	↑	御祝
10月4日	誠	→		↓	
10月5日	積	⇄			
10月6日	若・御・新	→			
10月14日		←	誠・若・五・新	↑	15日禁裏日待
10月16日	誠・積	→		↓	
10月21日	積	⇄			
10月22日	積	⇄			
10月23日	積	⇄			二条御所月待
10月25日	積	⇄			
10月27日		←	誠	↑	
11月4日	誠	→		↓	1日御祝
11月6日	上	→			
11月7日		←	上		
11月10日	積	⇄			
11月14日	上	⇄			
11月23日	上・積	⇄			二条御所月待
12月1日		⇆	誠		御祝
12月10日	持明院基孝	⇄			新大典侍見舞
12月19日		←	誠・若・五・新		誠仁翌日までに還御
12月21日		⇆	誠		
12月29日	積	→			誠仁万里小路第へ

誠：誠仁親王　若：若宮(和仁)　五：五宮　六：六宮　長：長橋局　大：大典侍局
新：新大典侍局　藹：上﨟局　上：上乗院道順　積：積善院尊雅
⇄：その日のうちの往復．このうち灰色部分は推測(多くは帰りが史料に明記なきもの)

表23　二条御所移徙後の任官事例(本能寺の変まで)

年	月　日	被叙任者	対象官位等	備考
天正8年	1月5日	竹内長治	従三位	※
		東坊城盛長	従三位	
	1月6日	大炊御門頼国	従五位上	
	1月17日	水無瀬兼成	中納言	※
	2月21日	正親町季康	従五位上	
	3月25日	葉室定藤	従四位下	
	6月26日	中御門宣光	左少弁ヵ	
	8月10日	伊勢宝福寺領誉	香衣	
	9月4日	某僧	香衣	
	9月7日	真光院禅海	法眼	
	9月9日	中山慶親	四品	不許可
	9月21日	和泉上善寺しゅん誉	香衣	
	9月28日	三条実綱	正三位	

	10月7日	吉田兼治	堂上成	※
	11月3日	近衛信輔	内大臣	
	11月6日	薄諸光	従五位下	※
		五辻元仲	従五位下	※
	11月11日	薄諸光	左衛門権佐	※
	11月13日	五辻元仲	左馬頭	
	11月15日	西園寺実益	右大将	
	12月21日	勧修寺晴豊	従二位	
		庭田重通ヵ	従二位	
		富小路秀直	中務大丞	
		五条為名	文章博士	
	12月23日	久我季通	正三位	
		土御門久脩	正五位下	
		同	天文博士	
天正9年	3月13日	中山慶親	蔵人頭	
	3月17日	正親町季康	侍従・禁色	
	7月24日	土佐一条家臣	従五位下	
		同	加級	
	10月6日	伊勢悟真寺住誉	出世	
	10月10日	中山慶親	従四位上	
	11月11日	鷹司信房	権中納言	
	11月29日	万里小路充房	従四位上	
天正10年	1月5日	万里小路充房	正四位上	
	1月6日	広橋総光	従五位下	
		薄諸光	正五位下	
	1月8日	五辻元仲	従五位上	
	1月12日	四辻季満	左中将ヵ	
（晴）	1月22日	下間少進	法眼	※
（兼）	5月3日	吉田兼和	従三位	※

※備考欄の※印は誠仁親王による執奏.
※基本的に『御湯殿上日記』に拠る．勅許の日と任官の日が異なる場合があるが，勅許日にかけた．略称のうち（晴）は勧修寺晴豊の『日々記』，（兼）は『兼見卿記』を典拠とする．

3　馬揃え

天正九年二月二十八日と三月五日、二度にわたり京都において開催された馬揃えの意図については、信長による朝廷（天皇）への軍事的示威・圧力であるとみなす考え方が現在なお根強く残っている。堀氏は示威説を否定し、誠仁生母新大典侍局の急死により「京都を覆った沈滞ムードを一掃する目的」があったのではないかと推測している。[45] この堀氏の指摘にみちびかれ、若干の検討をおこなってみたい。

新大典侍局が死去したのは、天正八年十二月二十九日のことである。[46] 以降馬揃え挙行までの動静を、『御湯殿上日記』をもとに表24として整理した。年が明け正月恒例の千秋万歳が中止され、廃朝がなされるなど、正月行事からそれ特有の華やぎはたしかに失われていた。もっとも、行事にともなう囃子こそ遠慮されたものの、毎年正月十五日・十八日に開催される小左義長・大左義長は例年どおり開催された。いっぽう安土でも、十五日に派手派手しく左義長がおこなわれ、一族や近江衆が思い思いのいでたちで城下に参集し、にぎやかに馬を乗り回した。[47] これが一ヶ月半後の馬揃えにつながることは周知のとおりである。

さて、朝廷から信長に年頭の使者広橋兼勝が遣わされることになった。天正九年正月九日に安土より鯨が献上され、まず「あつちへの事に御たんかうに」兼勝が村井貞勝のもとへ派遣された。談合の内容は不明である。十二日には、「宮の御かたへ、あつちへひろはしくたさるゝに、御やうたいいかゝとたつねて、中山中納言まいらせらるゝ」とある。安土へ下る兼勝が誠仁の様子を報告するため、天皇が中山親綱を二条御所へ見舞いに遣わしたのだろう。兼勝はその結果を安土の信長に伝えたに違いない。[48]

十五日に安土において左義長が開催されたあと、二十四日に天皇は勧修寺晴豊・兼勝を貞勝のもとに遣わし、京都にて左義長御覧の要望を伝えた。貞勝はこれに対し、こちらでもそれを朝廷に申し入れるつもりであったと回答した。実際のところ前日の二十三日付で惟任光秀に対し責任者として馬揃えの準備を命じる信長の朱印状が出されていた。[49] 公式な申し入れの有無にかかわらず、その準備は進められていたのである。

そのあとは、いつ信長が上洛し、いつ馬揃えをおこなうかという日取りが課題となる。二月九日・十二日に信長上洛について談合するため積善院尊雅が二条御所に遣わされた。ここで話し合われた内容（おそらく日程のこ とだろう）に誠仁の意向が反映されていたことがうかがわれる。信長の上洛は当初の十五日から十八日へと延期

表 24　新大典侍局死去より馬揃えまでのできごと

年	月日	没後日数	摘要
天正 8 年	12 月 29 日	1	新大典侍死去.
	12 月 30 日	2	
天正 9 年	1 月 1 日	3	和仁参内.
	1 月 2 日	4	
	1 月 3 日	5	新大典侍贈位について二条御所に通知.
	1 月 4 日	6	千秋万歳中止.
	1 月 5 日	7	初七日のため千秋万歳中止.
	1 月 6 日	8	新大典侍葬儀. 今日より触穢（乙の穢).
	1 月 7 日	9	この日より三日間廃朝.
	1 月 8 日	10	15 日の安土における左義長の準備を近江衆に命ず（信長記).
	1 月 9 日	11	安土より年始の鯨献上. 村井貞勝に広橋兼勝を遣わす.
	1 月 10 日	12	
	1 月 11 日	13	
	1 月 12 日	14	二七日. 天皇より二条御所へ見舞のため中山親綱を遣わす. 安土へ賜わる薫物を兼勝に預ける.
	1 月 13 日	15	上臈局・長橋・伊予局等二条御所に御経を進む. 15 日の左義長の賛否を中山親綱を通して公家衆に問う.
	1 月 14 日	16	中山親綱参り、15 日左義長実施、18 日は囃なしにすべきことを返答する.
	1 月 15 日	17	安土にて左義長あり. 内裏にても左義長（小左義長)あり.
	1 月 16 日	18	
	1 月 17 日	19	
	1 月 18 日	20	内裏にて大左義長あり. ただし囃なし.
	1 月 19 日	21	新大典侍死去のため和歌御会始なし.
	1 月 20 日	22	
	1 月 21 日	23	
	1 月 22 日	24	
	1 月 23 日	25	
	1 月 24 日	26	貞勝に勧修寺晴豊・広橋兼勝を遣わし、京都にて左義長御覧の要望を伝える.

1月25日	27	誠仁諸人に精進解を勧める．
1月26日	28	
1月27日	29	
1月28日	30	
1月29日	31	新大典侍御月忌始にて看経あり．
2月1日	32	
2月2日	33	
2月3日	34	晴子参内、天皇より誠仁に言伝あり．
2月4日	35	新大典侍三十五日．施餓鬼あり．
2月5日	36	上乗院･積善院二条御所へ参る．
2月6日	37	上﨟局の佐子局が安土へ下る．
2月7日	38	
2月8日	39	佐子局安土より帰洛．信長機嫌よく、乗馬して見せることを伝える．
2月9日	40	信長上洛の件につき積善院を二条御所へ遣わす．
2月10日	41	
2月11日	42	上乗院二条御所へ参り、臨時御拝あり．
2月12日	43	積善院二条御所へ参り、信長上洛について談合する．
2月13日	44	
2月14日	45	
2月15日	46	
2月16日	47	二条御所へ積善院を遣わし、新枕･玉椿などを賜う．
2月17日	48	
2月18日	49	万里小路第にて新大典侍四十九日の法事あり．
2月19日		誠仁精進解にて天皇より酒饌を賜う
2月20日		誠仁除服宣下．誠仁参内する．信長上洛．広橋兼勝を使者として遣わす．(15日から18日へ延引し、さらに延引〔兼見卿記〕)
2月21日		上乗院二条御所に祗候．
2月22日		
2月23日		
2月24日		
2月25日		積善院を使者として二条御所に遣わす．
2月26日		誠仁参内する．

2月27日		
2月28日		馬揃え.
2月29日		馬揃えの礼として天皇より上臈局・長橋局、誠仁より晴子・大御乳人を信長に遣わす.
2月30日		
3月1日		
3月2日		
3月3日		馬揃えは雨にて延期.
3月4日		
3月5日		馬揃えあり．誠仁・和仁・五宮二条御所還御.

され、さらに実際は二十日となった。前々日十八日に新大典侍局の四十九日法要があり、二十日当日には誠仁の除服宣下があった。

こうした一連の動きをみると、信長の上洛と馬揃えが、新大典侍局の四十九日に配慮されていた可能性が高く、信長の念頭には、母を喪った誠仁の存在があっただろう。馬揃えを実行した直接的な契機は、京都の沈潜した空気を解消するというより、誠仁を元気づけることに（実行した信長にも観覧を希望した天皇にも）あったのではなかろうか。

4　左大臣推任

二度目の馬揃えがおこなわれた翌々日の天正九年三月九日、その褒賞の意味合いもあるのか、信長を左大臣に推す話がもちあがった。その二日前の七日、「又のふなか左ふ事に、にわかに宮の御かたへしやくせんゐん御つかいにまいらるゝ」とあり、左大臣推任も天皇の独断でなく、誠仁の意向も配慮されていた。

詳しくは第四章で検討したのでそちらを参照していただきたいが、信長は「しやういの事申て、その時宮の御かたをかみへ入まいりて、御そくいをやかて申さたし候わんまゝ、そのときくわんいの事は御うけ申へきよし」を返事している(50)。推任こそ辞退したものの、その使者の背後に、信長は誠仁の存在をはっきり認識していたのである。

5　三職推任

天正十年三月に武田勝頼を討ったあと、朝廷が信長を「太政大臣か関白か将軍か」に推任しようとした動きである。この問題についてはとくに激しい論争となっており、容易に決着を見そうにない。筆者の見解は別著を参照いただくことにして、ここではこの問題に対する誠仁の関与のあり方のみを確認しておきたい。

四月二十三日、戦勝祝の勅使として安土に下った勅使勧修寺晴豊は、天皇から下された懸香三十、誠仁からの薫物十を携えた。翌二十四日に帰洛した晴豊はすぐ二条御所に祗候した。翌二十五日、村井貞勝の宿所において「安土へ女はうしゆ御くたし候て、太政大臣か関白か将軍か、御すいにん候て可然候よし」が話題となり[51]、翌日誠仁は禁裏に参上して「人くたし」に関する談合がおこなわれた。誠仁が禁裏にわざわざ赴いて談合がなされていることから、この問題を議するため誠仁は欠かせない構成員の一人であり、また言うまでもないが主体は天皇であることがわかる。

そうして派遣された勧修寺晴豊以下の勅使が信長にもたらしたのが、「天下弥静謐に申付られ候、奇特日を経てハ猶際限なき　朝家の御満足、古今無二比類一事候へハ、いか様の官にも任せられ、無二由断一馳走申され候ハん事肝要候」[52]という文言をもつ誠仁の書状である。現在確認できないものの、勅使は「両御所より御書」を携えたとあるので[53]、おなじような内容を述べた正親町天皇の御書もあったことは確実である。

6　両使

前節の小括でも述べたように、誠仁元服後信長に対し、天皇・親王の両使が派遣される場面が散見されるようになる。ほかに同様の事例をうかがえば、天正三年四月の河内高屋城攻めよりの帰陣[54]、信長上洛時の音信[55]、天正九年の信長・信忠父子の和解への祝儀[56]、天正十年正月から二月にかけ発生した雑賀における鈴木孫一と土橋平次の対立に対し本願寺顕如に示された和睦勧告などが確認される[57]。

この両使派遣は、さらに信長の時期に限らない。信長没後羽柴秀吉が政治の中心を担うようになってからも、ひきつづき秀吉に対し両使が派遣された[58]。天正十三年五月、秀吉が四国攻め直前に病を得たとき、見舞いとして勅使が派遣されるにあたり、誠仁は出馬を控えるよう諫止する書状を秀吉に宛てて書き、これに添えた[59]。こうした体制は誠仁が没する直前まで変わっていないのである。信長没後も基本的に天下人への対応は両使をもっておこなっていると考えるべきだろう。

7　小　括

以上本節で検討した事項をまとめる。1にあるように、二条御所移徙は「意のままに動く天皇」への誠仁の擁立ではありえない。また2にあるように、二条御所移徙後も基本的に官位叙任は正親町天皇主体でなされている。ただし、前節で検討した絹衣相論や興福寺別当職相論もそうだが、4・5のような信長が関係する重要案件については、誠仁もかならず一枚嚙んでおり、6のように二条御所移徙以前から変わらず天皇との両使により信長に何らかの意思表示をおこなった。天皇との両使ということでは、信長没後政治的実権を握った秀吉に対しても同様の体制である。

む す び

以上見てきたように、信長の意のままに制御できる人物として誠仁親王をとらえることは、信長が朝廷を意のままに動かそうとしていたと考える立場にもとづく評価であり、したがいがたい。また、決して当時の朝廷が誠仁を中心として運営されていたわけでもない。信長のときと同様、秀吉に対しても天皇との両使派遣というかたちで関与していたことを考えるとき、誠仁の立場を信長の時代に限定して考えることの危険性を指摘しておかなければならない。

とはいえ、とくに信長への対応という局面において、誠仁が天皇より前面に出ていることもたしかである。この点をいかに考えるべきだろうか。

本能寺の変直後、一時的に京都周辺の支配権を掌握した惟任光秀に対し、朝廷は京都の安全保障を申し入れるための使者派遣を企図した。そのとき使者として白羽の矢が立った吉田兼和（兼見）に対して直接指示を出したのは天皇ではなく、誠仁であった。この使者兼和を勧修寺晴豊は「勅使」と呼んでいる[60]。光秀も兼和のことを「自㆓禁裏㆒御使」と認識していた[61]。ただしその後光秀が秀吉に討たれたあと、上洛してきた秀吉に対してさし向けられた朝廷からの使者は、天皇・親王の両使であった[62]。

本能寺の変直後の混乱状況にあるとき、朝廷の意志発動を制御していたのは誠仁だが、相対的にそうした状況が鎮静化すると、天皇も表面に出てくる。第二節で検討した絹衣相論・興福寺別当職相論を思い起こしてほしい。興福寺別当職相論のさい、「御後悔」の気持ちを天皇は直接示さず、誠仁に代弁させている。

信長から朝廷の判断（それはとりもなおさず天皇の判断を意味する）の是非について強く詰問されたとき、天皇はかげに隠れてしまうのである。実際の行動として「かげに隠れる」のか、史料上そう見えてしまうのか。いまあげたような複数の事例を考えれば、前者の可能性が高い。気持ちに恐慌を来して政務を執る状態になかったのかもしれない。

そのとき代わって矢面に立つのが、誠仁であった。信長も興福寺別当職相論のときは「上御事不㆑及㆑申、傍輩中見限候[63]」と強く天皇を非難するいっぽう、あてつけのように誠仁に真桑瓜を進上した。二条御所の提供、譲位の確約、馬揃えのおり見せた気づかいなどを考えると、元服以来、信長は誠仁に対して一貫して好意を寄せていた。もちろんこのばあいの「好意」は、「傀儡」などのことばにすぐ転じるたぐいのものではない。

誠仁もそのこと（対信長の案件についてはみずからも積極的に関わるべきこと）は自覚していたのではあるまいか。絹衣相論や興福寺別当職相論のときの誠仁の行動を見ると、そう考えざるをえない。実際誠仁は、天皇が病気になって朝儀への出席ができなくなると代理をつとめたり、手を痛めると代筆を仰せつかっており、日常的に父帝の代理をつとめる場面はよくあり、その能力も備えていた[64]。代理をつとめうる立場であるという自覚のうえに、対寺社門跡・対信長の局面で天皇とともに（あるいは天皇に代わって）朝廷の政務を主導していたのである。ただしこのように誠仁が表に出てくる局面はごく限られており、日常的な朝廷の政務主体は、権力者が秀吉に代わっても正親町天皇であったことに変わりはない。生まれてから薨ずるまでの史料を集めて見えてくる誠仁親王の実像とは、以上のようなものであった。

朝尾氏が描くような信長と誠仁親王の関係に疑問を呈した以上、それでは信長が描いた政権構想とはいかなるものであり、そこに朝廷はいかなる位置を占めていたのか、自分なりの考え方を示さなければならないだろう。朝尾氏の研究は誠仁親王のみに注目するものではもちろんなく、中世から近世へと推移する時代の流れのなかで、織田信長という権力者の政権構想を見定めようとした壮大な意図をもっていた。本章はそのうちほんの一部の実証的問題をあげつらったにすぎない。別著でも多少この点について考えはしたが、まだ不十分である。さらなる課題としたく思う。

註

（1）　朝尾直弘『将軍権力の創出』（岩波書店、一九九四年、初出一九七二年）。一般書では、「信長のねらいは、ずばり正親町天皇の譲位、そして自分の意のままに制御できる誠仁親王の即位であった」とする（『大系日本の歴史8　天下一統』小学館、一九八八年）。

(2) 今谷明『信長と天皇』（講談社学術文庫、二〇〇二年、初出一九九二年）一六一、一七一頁。

(3) 立花京子『信長権力と朝廷　第二版』（岩田書院、二〇〇二年）、一七三頁。

(4) 脇田修『近世封建制成立史論　織豊政権の分析Ⅱ』（東京大学出版会、一九七七年）。

(5) 桐野作人『真説本能寺』（学研M文庫、二〇〇一年）、二九一頁、同『織田信長　戦国最強の軍事カリスマ』（新人物往来社、二〇一一年）四八四頁。

(6) 神田裕理『戦国・織豊期の朝廷と公家社会』（校倉書房、二〇一一年）、二三九頁。ただし神田氏は別の箇所では、朝尾氏のように誠仁に「実質上決定権が委譲」されていたと見ることには慎重である（同書一五九頁）。

(7) 誠仁・晴子・新大典侍局および誠仁子女についての事蹟は、藤井譲治・吉岡眞之監修『天皇皇族実録一〇〇　正親町天皇実録』第二巻（ゆまに書房、二〇〇五年）も参照。

(8) 『龍安寺文書』四（史料編纂所影写本）、『堯雅大僧正自筆之記』（『大日本史料』第十一編之二十六）。

(9) 初出論文発表後、石田実洋氏より、儲君の立場は宣下されるものではないというご指摘をいただいた。ここはあくまで『日本国語大辞典第二版』の語釈引用ということでご理解いただきたい。

(10) 遠藤珠紀「消えた前田玄以」（山本博文・堀新・曽根勇二編『偽りの秀吉像を打ち壊す』柏書房、二〇一三年）。

(11) 史料編纂所謄写本。作者不明。天正十八年八月三日松木宗満（当時前権中納言）の書写奥書あり。

(12) 『多聞院日記』天正十四年七月二十六日・八月七日条。

(13) 井上宗雄『改訂新版中世歌壇史の研究　室町後期』（明治書院、一九八七年）、林達也「後陽成院とその周辺」（近世堂上和歌論集刊行委員会編『近世堂上和歌論集』明治書院、一九八九年）。

(14) 初出論文では「行啓」と表記していたが、石田実洋氏より、皇太子の地位にないと本文で論じている誠仁親王にこの語は使用できないのではないかというご指摘をいただいたので、訂正した。

(15) 『言継卿記』天正四年三月十一日条。『宣教卿記』同日条。

(16) 『天正九年貴布禰奥社御造営日記』（國學院大學所蔵宮地直一コレクション）。

(17) 『公卿補任』永禄十一年条。経緯は『晴右記』永禄十年十一月の各条。目々典侍が天皇寵愛であることは『兼右卿記』永禄八年三月一日条参照。
(18)『言継卿記』永禄十三年三月二日・十日条。
(19)同右元亀元年七月四日・五日条。
(20)同右元亀元年八月二十三日条。
(21)以下関係史料は『大日本史料』第十編之十九・天正元年十二月八日条。
(22)堀新『織豊期王権論』(校倉書房、二〇一一年)、神田前掲書、藤井譲治『天皇の歴史5　天皇と天下人』(講談社、二〇一一年)参照。
(23)拙著『織田信長〈天下人〉の実像』(講談社現代新書、二〇一四年)第二章。
(24)史料編纂所影写本『願泉寺文書』。
(25)『吉田薬王院文書』・『輪王寺文書』(『茨城県史料』Ⅱ・Ⅳ)。
(26)天正三年八月二十四日付誠仁親王書状。『種村信子氏所蔵文書』(現在明治大学所蔵青蓮院文書)所収。
(27)奥野高広『増訂織田信長文書の研究』(吉川弘文館、一九八八年)補遺一八〇号(『昭和四十三年六月古典籍展観入札目録』所収文書)。以下同書収録文書は信長文書補遺一八〇号のように表記する。
(28)伊藤真昭「織田信長の存在意義―特に京都の門跡・寺社にとって―」(『歴史評論』六四〇、二〇〇三年)。
(29)『東山御文庫所蔵史料』勅封三十五函乙一―十九。末柄豊氏のご教示を賜った。
(30)信長文書下五五九号(ただし写)。
(31)天正三年十月八日雑賀衆岡了順・松田源三大夫連署起請文(『体系真宗史料』文書記録編十二所収)。
(32)『孝親公記』(史料編纂所影写本『記録切』所収)天正三年十二月十日条。
(33)堀・神田両氏とも、このときの講和は本願寺側が望んだもので、天皇は関わっていないとされるが、少なくとも誠仁・四人の奉行は何らかのかたちで関与していた。
(34)史料編纂所影写本『本願寺文書』一。
(35)『東山御文庫所蔵史料』勅封三十五函甲五―三。
(36)太刀・馬が贈られたことに対する返書も天皇・親王それぞれから出されている(史料編纂所影写本『本願寺文書(石山退城一件)』一)。

(37) 史料編纂所影写本『理性院文書』二。
(38)『宣教卿記』天正四年四月五日条、『兼見卿記』同十一年十二月二日条。
(39)『御湯殿上日記』天正八年十一月四日条。
(40) 天正八年三月二十日条・閏三月十六日条頭書。
(41) 橋本政宣『近世公家社会の研究』（吉川弘文館、二〇〇二年、初出一九八二年）、二五三頁。桐野前掲『織田信長　戦国最強の軍事カリスマ』、四八二頁。
(42)『言継卿記』天正四年七月二日・二十三日条。
(43) 一例をあげれば、『東山御文庫所蔵史料』勅封三十五函乙十一―十七として、実如の僧正補任の申状を写したうえで、「代々カヤウニ申由申候間勅許、大典侍披露」と経緯を記す天正八年三月二十一日付の宸筆覚書が残る。
(44) 堀新「正親町天皇の譲位に関する一史料」（『日本歴史』六九三、二〇〇六年）。
(45) 堀前掲書。山室恭子氏は、天皇側が観覧を望んだ以上、天皇を恐怖させるような意図はないと論じ（『黄金太閤』中公新書、一九九二年）、桐野作人氏も、安土における左義長から爆竹の要素を排除する（自主的な鳴物停止）という配慮があった点を理由に示威説を否定する（前掲『真説本能寺』二六一頁）。
(46)『御湯殿上日記』。ただし天正八年九月二十九日条として錯簡となっている。小高恭『お湯殿の上の日記の基礎的研究』（和泉書院、一九八五年）、五九頁。
(47)『信長記』巻十四。
(48) 二月六日にも佐子局が安土へ遣わされ、信長と対面している。
(49)『左京亮宗継入道隆佐記』（立入隆佐記）など（信長文書下九一一号）。
(50)『御湯殿上日記』天正九年三月九日条。
(51) この発言を誠仁のものとする説があるが、筆者は村井貞勝だと考える。詳しくは別著『織田信長〈天下人〉の実像』（講談社現代新書、二〇一四年）第八章参照。
(52)『畠山記念館所蔵文書』（史料編纂所架蔵台紙付写真『陽光院誠仁親王御自筆消息』堀江瀧三郎氏所蔵、同影写本『堀江瀧三郎氏所蔵文書』）。
(53)『天正十年夏記』（勧修寺晴豊の日記、内閣文庫所蔵『日々記』所収）天正十年五月三日条。

(54)『御湯殿上日記』天正三年四月二十一日条。
(55)『御湯殿上日記』天正五年正月十八日・十九日条。
(56)『御湯殿上日記』天正九年七月二十八日・八月二日条。
(57)『日々記』三（晴豊公記）天正十年二月六日条、『本願寺文書』三（史料編纂所影写本）、『本願寺文書（石山退城一件）』二（同前）。
(58)矢部健太郎『豊臣政権の支配秩序と朝廷』（吉川弘文館、二〇一一年）。
(59)『阿伎留神社文書』（『大日本史料』第十一編之十六・天正十三年五月二十四日条）。
(60)『兼見卿記』天正十年（正本）六月六日条。『天正十年夏記』同日条。
(61)『兼見卿記』天正十年（正本）六月九日条。
(62)『天正十年夏記』天正十年六月十四日条。
(63)註（27）に同じ。
(64)『御湯殿上日記』『言継卿記』天正四年六月一日条、『御湯殿上日記』天正八年閏三月一日条。

あとがき

五年ほど前に出した旧著『織田信長という歴史　『信長記』の彼方へ』（勉誠出版）のあとがきに書いたことのくりかえしになるが、まさか自分自身が織田信長に関する論文集を上梓することになろうとは、夢にも思わなかった。

室町時代頃の研究をしていたわたしが、東京大学史料編纂所に助手として採用されることとなり、配属先が『大日本史料』第十編に決まったと知らされたとき、はなはだ当惑した。正直に告白すれば、それまで『大日本史料』は第九編までしかめくったことがなく、「十編って、いつの時代？」という体たらくだったからだ。

着任して、同室の染谷光廣氏と中島圭一氏に仕事のあらましを教えていただき、十編の時代について勉強をはじめてからも、なかなか当惑は払拭されなかった。こんな素人同然の人間がこの時代の基幹的史料集を編む資格があるのだろうか、と頭を抱えた。

しかし室主任であった染谷さん（と呼ばせていただく）はわたしに向かって何度か、「金子君が十編に来てくれて良かった」と言ってくださった。このことばは、自分が史料編纂所のなかにいてもいい、十編にいてもいいのだという強い安心感をもあたえてくれた。あの染谷さんのことばがなければ、いま信長の時代を研究していなかったかもしれない。

躑躅が咲くか咲かないかという頃だったから、四月の後半、着任して間もない時期だったろう。昼休み染谷さんから散歩に誘われ、お供したことがある。サンダル履きだったので、どこに行くのだろうと訝りながらついてゆくと、しばらく歩いてたどり着いたのが、白やピンクの花びらがちらほらほころび始めていた根津神社の境内だった。そこで何を話したのかすっかり忘れてしまった。でも染谷さんというといまでもその場面を思い出す。現在では根津神社は境内も、鳥居を出た先にあるS字坂辺の風景もすっかり様変わりしてしまったけれども、春風駘蕩とした空気に包まれていた二十世紀末の史料編纂所と根津神社がひどく懐かしい。

染谷さんに励まされはしたものの、その後もしばらくのあいだそれまでの自分の研究と仕事の乖離に悩んだ。双方をこなせるほど器用ではないのだ。仙台にいた頃から話が進み、着任した年に本書とおなじ版元から上梓した論文集が、学術雑誌の書評にほとんど取り上げられず黙殺といっていいほどの扱いだったことに、気を腐らせたこともあった。

信長の時代のことを勉強しようにも、どうしてよいかわからなかったところ、たまたま堀新氏と会い、堀氏が主宰されていた『晴豊公記』の輪読会に誘われたことが大きな転機になった。まだ仙台にいた頃、堀さん（と呼ばせていただく）が武家官位を主題として歴史学研究会近世部会の大会報告をなさることになり、堀さんのご指名でその批判報告を仰せつかって以来、あまり学会には顔を出さないわたしにとって、数少ない研究者の知り合いの一人が堀さんであったのである。

その会には桐野作人氏・堀越祐一氏・矢部健太郎氏・久野雅司氏・竹本千鶴氏・神田裕理氏らも参加しておられ、そこで皆さんから織豊期のことを教わった。その後『兼見卿記』の輪読会にも誘っていただき、これらの会が、いまなおほとんど唯一の研究者仲間との接点となっている。こうした勉強会を通じて、信長の時代を研究するという自分自身の芯が自然にできあがったような気がする。堀さんはじめ皆さんには感謝してもし尽くせない学恩を感じている。ありがとうございました。

さて、着任からあっという間に十年が過ぎ去った頃。

同僚の林譲氏が代表となっていた科研費基盤研究(S)「史料デジタル収集の体系化に基づく歴史オントロジー構築の研究」(二〇〇八～二〇一二年度)に加わり、そこでわたしは故奥野高広氏の労作『増訂織田信長文書の研究』に収録されている文書をフルテキストデータベースとして史料編纂所のデータベースに搭載するプロジェクトを担当することになった。

搭載にあたり、奥野氏の著作権継承者や版元の吉川弘文館から快諾をいただいたのはありがたいことであった。その交渉のなかで、版元のご担当であった一寸木紀夫氏の知遇を得、いろいろと話す機会があったなかで、信長に関する研究を本にまとめてはどうかというご提案を受け、できあがったのが本書である。

前述のように、最初に出した論文集に対する反応は鈍く、それゆえ売行きも芳しくなかったのだろう、倉庫のお荷物となってご迷惑をおかけしてしまった。それでわたし自身も深い傷を負っていたため、吉川弘文館からお声がかかることはないだろうと覚悟していた。しかし自分の研究テーマも変わり、心のなかにも変化が生じ、時間が経つなかで状況も変わっていったということだろうか。

本書に収めた既発表論文の多くは、職場の紀要や科研報告書など、ほとんど一般の目に触れない(ものによっては研究者の目にも入りにくい)媒体に発表された。いわゆる〝査読〟といった厳しい批評にさらされることなく発表されたものばかりである。そんな研究が陽の目を見るような機会をあたえてくださり、構成案の段階から相談に乗っていただき、適切なご助言を賜わった一寸木氏、また編集実務をご担当してくださった並木隆氏に感謝申し上げたい。

「はじめに」でも述べたが、本書よりひと足先に上梓した『織田信長〈天下人〉の実像』(講談社現代新書)は、本書で考察した事象がもとになっている。とはいえ新書が結論というわけではない。本書に収めた論文での検討を重ねるにつれ織田信長という人物に対するこれまでの見方に違和感を抱きはじめ、そこに一石を投じてみようと組み立てた仮説である。確実にいえるのは、本書における史料の検討がなければ、新書は書かれなかったということだ。

史料編纂所に勤めているなかで、史料の読解から歴史像を構築するためには、史料を正確に理解するための〝道具〟が必要であることを強く感じるようになった。もちろんこれはわたし、そして史料編纂所に勤めている人間にかぎらず、歴史研究者全般に通じるものだろう。すでにそうして作られた〝道具〟の恩恵を受け、人名などが容易に判明するという学恩を受けている。

それでもなお行き届かないところも出てくる。第二部第一章で論じた賀茂別雷神社文書のばあいがそうである。算用状を分析してゆくにあたり人名を明らかにする必要があると感じ、まず算用状を脇に置いてそのための〝道具〟作りをすることにした。結局本書に収めたほかの論文も、そんな〝道具〟づくりのなかから生まれてきたと言えなくもない。この作業こそが自分の研究生活の基礎であることを断言できる。

賀茂別雷神社文書との対峙からは、別の意識も生まれてきた。できるかぎり史料に出てくる人名を特定させたい、と意固地になるほどその作業に執着した。彼らが自分とおなじ人間であることに、あたりまえのように気づいたのである。

地球という星の悠久なる歴史にとってみれば、賀茂別雷神社の氏人たちの生きた時代からいままでの四百年は一瞬である（大好きなシング・ライク・トーキングの曲に「ぼくが生きてる今は一瞬にも足りない」という詞があって、聴くたびに時の流れの雄大さを噛みしめている）。また、大きな星である地球にとって、東京と京都の約五百キロなど、取るに足らない距離である。

そんな時間差、地域差でおなじ列島に生まれあわせたのは奇跡でなくてなんであろう。彼らの活動痕跡が史料として残されているのであれば、一度きりの限られた人生のなかで史料を編纂刊行するという仕事に従事することになった、地球の歴史から見れば〝同時代人〟である者として、彼らがこの星に生きた証しを史料集のなかに刻みたい、そう考えたのである。

もっともこれは、史料編纂という立場の者の不遜な考え方なのかもしれない。先人たちからは「余計なお世話だ」と叱られるかもしれない。しかし自分にとっては、自分とおなじ人間がこの惑星に生きたという痕跡を、一人でも多く、何らかのかたちで残したい、そんな気持ちでひたすら研究に取り組んでいたのである。

東北の町から東京に出てきて十五年以上が過ぎた。東京で生まれた長男は高校生になり、次男も小学校高学年となった。子どもたちが学校に通うために早起きするので、自然わたしも彼らに合わせることになり、もともと朝型だった生活スタイルがさらに早まった。おかげで朝の時間を有効に使うことができた。

また毎週週末（ときには土日両日のこともあった）になると彼らは、所属するサッカーチームの練習のため、千葉の海辺の町まで出かけなければならなかった。最初は電車を乗りついで一緒に（ただし多くのばあいは妻の役目だった）通っていたが、いまではほぼ毎週車を運転して送り迎えをしている。このように毎週末子どものために拘束されているのが辛いかといえば、まったくそうでないのである。

逆に毎週車を運転して千葉まで出かけることがとてもいい気晴らしになるし、練習中の数時間は、近くにある大型スーパーのフードコートで珈琲を啜り、ドーナツを囓りながら、携えた本を読んだり、抱えていた仕事の校正をしたり、ノートパソコンを前に思索にふけったりと、これまた有意義な時間を過ごすことができたのであった。

フードコートの喧噪に身を置くと、かえって集中力が研ぎ澄まされる。サッカー練習がなかったら、『織田信長という歴史　『信長記』の彼方へ』以降の仕事はなしえなかったのではないかと思えるほどだ。次男が中学に入ってサッカーチームを離れ、千葉に行くことがなくなったら、週末をどのように過ごしてゆけばよいのだろうか。悲しいけれど、家族の成長に合わせて自分の生活習慣も変えてゆかねばならないのだろう。

人生というものは偶然の積み重なりである。とくに東京に移り住んでからの日々をふりかえるとそう強く感じる。そもそも東京に住むようになったのも偶然であり、家族が増え成長してゆくのに合わせた生活をすることも偶然のなりゆきであった。さまざまな偶然の要素が重なりながら仕事に携わり、それらの成果をこうしてまとめることができたのは、つくづく幸せなことである。ふるさとを離れ好きな道を歩むことを見守ってくれた両親と、これまでともにおなじ時間を過ごしてきた家族に感謝したい。

二〇一五年一月

金　子　拓

成稿一覧

はじめに　新稿。

第一部　信長と同時代の人びと

第一章　「室町幕府最末期の奉公衆三淵藤英」（『東京大学史料編纂所研究紀要』一二、二〇〇二年）に加筆修正。

第二章　「久我晴通の花押と文書」（『東京大学史料編纂所附属画像史料解析センター通信』六六、二〇一四年）に加筆修正のうえ、第三節以降を追加。

第三章　「織田信直と「伝織田又六画像」」（『東京大学史料編纂所附属画像史料解析センター通信』二三、二〇〇三年）に加筆修正。

第二部　信長と寺社

第一章　「賀茂別雷神社職中算用状の基礎的考察」（二〇〇九～二〇一二年度科学研究費補助金・基盤研究(B)（一般）研究成果報告書『中近世移行期における賀茂別雷神社および京都地域の政治的・構造的分析研究』、研究代表者野田泰三、二〇一三年）に加筆修正。

第一章附録　「天文～天正年間賀茂別雷神社氏人一覧」（同右書）。

第二章　「春日社家日記のなかの織田信長文書―大和国宇陀郡の春日社領荘園と北畠氏に関する史料―」（『古文書研究』五四、二〇〇一年）に加筆修正。

第三章　「法隆寺東寺・西寺相論と織田信長」（『東京大学史料編纂所研究紀要』一七、二〇〇七年）に加筆修正。
第四章　「織田信長の東大寺正倉院開封と朝廷」（『国史学』一九六、二〇〇八年）を改稿のうえ、「東大寺龍松院筒井寛秀氏所蔵「蘭奢待切取指図」をめぐって」（二〇〇四～二〇〇七年度科学研究費補助金・基盤研究(A)研究成果報告書『画像史料解析による前近代日本の儀式構造の空間構成と時間的遷移に関する研究』、研究代表者加藤友康、二〇〇八年）の一部を追加。
第四章附録　「三蔵開封日記」（同右『画像史料解析による前近代日本の儀式構造の空間構成と時間的遷移に関する研究』）。

第三部　信長と朝廷
第一章　新稿。
第二章　「天正四年興福寺別当職相論と織田信長」（天野忠幸・片山正彦・古野貢・渡邊大門編『戦国・織豊期の西国社会』日本史史料研究会、二〇一二年）に加筆修正。
第三章　「天正四年興福寺別当職相論をめぐる史料」（田島公編『禁裏・公家文庫研究』第五輯、二〇一五年）に加筆修正。
第四章　新稿。
第五章　「誠仁親王の立場」（『織豊期研究』一五、二〇一三年）に加筆修正。

本書は、ＪＳＰＳ科研費一六二〇二〇一四（研究代表者加藤友康）・一七七二〇一四八（同金子拓）・二〇二二二〇〇一（同林譲）・二〇三〇〇二八七（同保立道久）・二一二四二〇二一（同近藤成一）・二一三二〇一二七（同野田泰三）・二三二四二〇三七（同山本博文）・二四二二二〇〇一（同田島公）・二四二四二〇二〇（同榎原雅治）・二四三二〇一二五（同佐藤孝之）・二四三二〇一二三（同金子拓）・二五二四〇〇五二（同近藤成一）・二五三七〇七六二（同遠藤珠紀）・二六二四〇〇四九（同久留島典子）、および二〇一〇〜二〇一四年度史料編纂所共同利用・共同研究拠点特定共同研究（複合史料領域）による研究成果の一部である。

索　　引

人名・事項

・僧侶名は門跡号・院号などは省いた(三宝院義演は義演，青蓮院尊朝法親王は尊朝法親王など).
・第二部第一章附録・同第四章附録・表(キャプション含む)・系図からは採らなかった.

あ　行

か　行

さ　行

た　行

な　行

は　行

ま　行

や　行

ら・わ　行

史　料　名

あ　行

か　行

さ　行

た　行

な　行

は　行

ま　行

や　行

ら　行

著者略歴
一九六七年　山形県山形市に生まれる
一九九五年　東北大学大学院文学研究科博士課程後期単位取得退学
現在　東京大学史料編纂所教授・博士（文学）

〔主要著書〕
『中世武家政権と政治秩序』（吉川弘文館、一九九八年）
『織田信長という歴史　『信長記』の彼方へ』（勉誠出版、二〇〇九年）
『記憶の歴史学　史料に見る戦国』（講談社、二〇一一年）
『織田信長〈天下人〉の実像』（講談社、二〇一四年）

織田信長権力論

二〇一五年（平成二十七）五月十日　第一刷発行
二〇二三年（令和　五　）五月十日　第二刷発行

著　者　金子(かねこ)拓(ひらく)

発行者　吉川道郎

発行所　株式会社 吉川弘文館
郵便番号一一三―〇〇三三
東京都文京区本郷七丁目二番八号
電話〇三―三八一三―九一五一（代）
振替口座〇〇一〇〇―五―二四四番
http://www.yoshikawa-k.co.jp/

印刷＝株式会社 精興社
製本＝株式会社 ブックアート

ISBN978-4-642-02925-4